Das Buch

Die Nachkriegszeit scheint endgültig vorüber zu sein, für die Historiker sind die Jahre der Besatzung, des Wiederaufbaus und der wirtschaftlichen und staatlichen Konsolidierung, der Gründung der Bundesrepublik Deutschland und ihre allmähliche Aufnahme in die internationalen Zusammenschlüsse längst zum Arbeitsgebiet geworden. Damit werden Gestalt und Werk Konrad Adenauers, der wie kein anderer diese zweieinhalb Jahrzehnte deutscher Geschichte bestimmt und geprägt hat, dem parteipolitischen Für und Wider immer mehr entrückt und gleichfalls zum Gegenstand historischer Forschung.
Zum 100. Geburtstag des ersten deutschen Bundeskanzlers am 5. Januar 1976 möchten wir in diesem Band einige besonders wichtige Arbeiten aus der Adenauer-Forschung, die sich vornehmlich mit der Deutschland-Politik und den außenpolitischen Konzeptionen Adenauers befassen, einem größeren Leserkreis zugänglich machen. Insgesamt bilden die wissenschaftlich nüchternen, kritischen, auf eingehendem Aktenstudium und zum Teil neuesten Ergebnissen basierenden Abhandlungen so etwas wie eine Adenauer-Biographie in vier Teilen.

Die Autoren

Prof. Dr. Hans Maier ist Ordinarius für Politische Wissenschaft an der Universität München und Bayerischer Staatsminister für Unterricht und Kultus.
Prof. Dr. Rudolf Morsey ist Ordinarius für neuere Geschichte an der Hochschule für Verwaltungswissenschaften in Speyer.
Prof. Dr. Hans-Peter Schwarz ist Ordinarius für Politische Wissenschaft an der Universität Köln.
Dr. Klaus Gotto ist Wissenschaftlicher Mitarbeiter bei der Kommission für Zeitgeschichte in Bonn.

Klaus Gotto, Hans Maier,
Rudolf Morsey, Hans-Peter Schwarz:
Konrad Adenauer
Seine Deutschland- und Außenpolitik
1945–1963

Mit einem Vorwort von Hans Maier

Deutscher
Taschenbuch
Verlag

Die Beiträge stammen aus den von Rudolf Morsey und Konrad Repgen herausgegebenen ADENAUER-STUDIEN I, 1971, und III, 1974 (Veröffentlichungen der Kommission für Zeitgeschichte, Reihe B, Band 10 und 15).
Der Beitrag von Rudolf Morsey ist stark überarbeitet und erweitert.

Dezember 1975
Deutscher Taschenbuch Verlag GmbH & Co. KG,
München
© 1971 und 1974 Matthias-Grünewald-Verlag, Mainz;
Beitrag Maier: 1971 C. H. Beck'sche Verlagsbuchhandlung
(Oscar Beck), München
Umschlaggestaltung: Celestino Piatti
Gesamtherstellung: C. H. Beck'sche Buchdruckerei,
Nördlingen
Printed in Germany · ISBN 3-423-01151-3

Inhalt

Vorwort 7

Konrad Adenauer 1876–1967 9
  von HANS MAIER

Der politische Aufstieg Konrad Adenauers 1945–1949 38
  von RUDOLF MORSEY

Das außenpolitische Konzept Konrad Adenauers 97
  von HANS-PETER SCHWARZ

Adenauers Deutschland- und Ostpolitik 1954–1963 156
  von KLAUS GOTTO

Personenregister 287

Vorwort

Wenige Jahre nach seinem Tod am 19. April 1967 in Rhöndorf ist Konrad Adenauer bereits Gegenstand einer umfangreichen, weitverzweigten zeitgeschichtlichen Forschung. Neben früh einsetzenden Gesamtporträts und größeren Monographien (Paul Weymar 1955, Edgar Alexander 1957, Arnold J. Heidenheimer 1960, Karl Dietrich Erdmann 1966, Arnulf Baring 1969, Bruno Bandulet 1970, Anneliese Poppinga 1970, 1975, Terence Prittie 1971) sind in den letzten Jahren eine Fülle spezieller Untersuchungen über Leben und politische Wirkung des »Alten von Rhöndorf« erschienen, während die Erschließung von Akten und Dokumenten – sieht man von den immer noch grundlegenden ›Erinnerungen‹ Adenauers selbst (Bd. I-IV, 1965-1968) ab – naturgemäß langsamer voranschritt; immerhin sind aus jüngster Zeit so beachtliche Veröffentlichungen zu melden wie die Publikation des Globke-Plans zur Wiedervereinigung (Erstfassung 1958/59 und Fassung 1961) sowie der Aufzeichnungen Heinrich Krones zur Deutschland- und Ostpolitik 1954-1969 durch Klaus Gotto (1974) und das erste Verzeichnis von Adenauers Reden und Interviews 1945-1953 durch Wolfgang Stump (1974).

Während die Anstöße Konrad Adenauers in der gegenwärtigen Politik noch weiterwirken, rückt seine Gestalt allmählich ins Historische: an die Stelle des politischen Pro und Contra treten Quellenkritik und wissenschaftliche Betrachtung. Darin spiegelt sich die Verkürzung des historisch-politischen Arbeitsrhythmus' wider: Akten werden heute schneller zugänglich als früher, politische Arcana entschleiern sich rascher, die Grenzen zwischen Zeitgeschichte und Historie sind flüssig geworden, und so hat der Zeitgenosse die Chance, noch zu Lebzeiten zu erfahren und mitzufühlen, »wie aus Geschäften Geschichte wird« (Ranke). Das sichert der Arbeit des Historikers zugleich eine höhere Aktualität und ein breiteres Publikum: nicht selten werden die politischen Kämpfe von gestern eine Generation später in Gestalt historischer Kontroversen ausgetragen.

Die Adenauer-Forschung verfügt seit kurzem über einen lokalen Mittel- und Sammelpunkt: die Stiftung Bundeskanzler-Adenauer-Haus in Rhöndorf. Ihr wissenschaftliches Zentrum hat sie in den seit 1971 erscheinenden, von Rudolf Morsey und Konrad Repgen herausgegebenen ›Adenauer-Studien‹ (Matthias-Grünewald-Verlag, Mainz). Den Bänden I und III dieser Reihe sind auch die folgenden vier Arbeiten entnommen, die ausnahmslos nach Adenauers Tod erschienen sind, jedoch z. T. auf längere Vorarbeiten zurückgehen. Den Autoren und dem Matthias-Grünewald-Verlag sei für die Erlaubnis zum Nachdruck herzlich gedankt, ebenso dem Deutschen Taschenbuch Verlag für die Bereitschaft, diese Aufsätze zum 100. Geburtstag Konrad Adenauers einer größeren Öffentlichkeit zugänglich zu machen. Mögen Sie den Lesern ebenso Einblick geben in Arbeit, Verfahrensweise und Ergebnisse der Adenauerforschung wie in Gestalt und Werk des Staatsmannes, der die Bundesrepublik Deutschland in den Jahren ihrer Gründung und Entfaltung wie kein anderer geprägt hat.

München, im Oktober 1975   Hans Maier

HANS MAIER
Konrad Adenauer 1876–1967*

Daß sich besiegten Völkern im Zerfall von Kriegskoalitionen die
Möglichkeit des Wiederaufstiegs eröffnet, ist nicht neu: das Frankreich nach 1815 ist wohl das bekannteste Beispiel aus jüngerer Zeit,
und Talleyrands politische Leistung war es, diesen Sachverhalt erkannt und genutzt zu haben. Auch das Einrücken mittlerer und
innerlich keineswegs krisenfreier Mächte in eine diplomatische
Schlüsselrolle ist eine Erscheinung, die nach Kriegen und Revolutionen häufig auftritt: wiederum drängt sich aus der Zeit nach den
napoleonischen Kriegen das Beispiel Österreichs und die Metternichsche Politik als Beispiel auf. Kaum je ist Politik auf dieser Basis
freilich mehr als behutsames Wiederherstellen des Verlorenen, vorsichtiges Equilibrieren der Gegensätze gewesen. Ein geschichtlicher
Anstoß, eine neue, die Zeit bewegende Idee ist von ihr nur selten
ausgegangen. Um so höher ist die staatsmännische Leistung Konrad
Adenauers nach dem Zweiten Weltkrieg zu bewerten, in der Elemente staatlicher Wiederherstellung und diplomatischer Machtbalance mit in die Zukunft weisenden Entwürfen einer gemeinsamen
Politik des freien Europa verbunden waren, wenn auch ihre Wirkung zeitlich begrenzt blieb und in Deutschland eng an die Person
ihres Urhebers gebunden war.

I. Der lange Anlauf zur Politik

Adenauer war bereits ein Siebziger, als er – nach 1945 – maßgeblichen Einfluß auf die deutsche Politik gewann. Eine längere politische Karriere in der rheinischen und preußischen Politik des Kaiserreiches und der Weimarer Zeit lag hinter ihm. Sie hätte ihn, wenn er
ernstlich gewollt hätte, bereits in den zwanziger Jahren in die verantwortliche Leitung der deutschen Politik emporgetragen. Nach der
vom NS-Staat erzwungenen langen Zäsur und nach dem Zusammenbruch des Reiches hätte freilich niemand dem Altgewordenen
ein politisches come back zu prophezeien gewagt.

___

* Erstdruck in: POLITIKER DES 20. JAHRHUNDERTS. Zweiter Band: Die geteilte Welt, hrsg. von
ROLF K. HOČEVAR, HANS MAIER, PAUL LUDWIG WEIHNACHT, München 1971, S. 1–34.

Der gebürtige Kölner, Sohn eines Sekretärs am dortigen Oberlandesgericht, Rheinländer bis in Gestus und Mundart hinein, dem so katholischen wie freiheitlichen Geist dieser nach Westen geöffneten Landschaft verbunden, war in bescheidenen Verhältnissen aufgewachsen[1]. Sein Vater hatte bei Königgrätz auf seiten der Preußischen gekämpft und war – eine damals seltene Auszeichnung – wegen Tapferkeit vor dem Feind zum Offizier befördert worden. Später hatte er jedoch den Dienst quittiert, um seine Braut, die Tochter eines Kölner Bankbeamten, heiraten zu können[2]. Strenger Pflichtsinn, Fleiß und Frömmigkeit prägten das Leben der Familie in dem kleinen Haus in der Balduinstraße in Köln. Weil das Geld zum Studium fehlte, war Konrad, der dritte Sohn, zunächst für das Bankfach vorgesehen; ein Stipendium machte schließlich das Studium der Rechte möglich, in Freiburg i. Br. und später in München, wo Adenauer zwei Semester lang auch Volkswirtschaft bei Lujo Brentano hörte, endlich in Bonn, wo er nach sechs Semestern, der kürzesten Zeit, die möglich war, das Referendarexamen ablegte. Über die Schüler- und Studentenzeit des jungen Adenauer wissen wir wenig: aus Berichten von Mitschülern geht hervor, daß er, trotz großer Härte gegen sich selbst, durchaus kein Musterknabe und noch weniger ein intellektuelles Wunderkind gewesen ist. Und obwohl er sich in Freiburg und München der Geselligkeit einer katholischen Verbindung sorglos überließ – schon weil das Elternhaus seinem Umgang enge Grenzen setzte[3] –, zeigte sich bei ihm doch sehr früh ein Zug von Sprödigkeit und Distanz, der verhinderte, daß engere Bindungen entstanden: *er machte immer den Eindruck, als ob er durch eine unsichtbare Isolierschicht von den anderen getrennt lebte*, berichtet ein Studienkamerad aus dieser Zeit[4]. Nichts von Abenteuern und Ausgelassenheit, keine Spur von Studentenlieben; höchstens ein rasch verwehtes Interesse für Wagnermusik und eine in der Münchener Pinakothek geweckte, lebenslang anhaltende Neigung zur Kunstbetrachtung; wenig Lektüre außerhalb des Fachlichen; aus einer religiösen Krise befreit den rheinischen

---

[1] Die häuslichen Verhältnisse waren beengt, da die Familie die zweite Etage und die Hälfte der ersten an Untermieter abgetreten hatte; bis zum siebzehnten Lebensjahr mußte Adenauer sein Bett mit einem seiner Brüder teilen. Vgl. PAUL WEYMAR, Konrad Adenauer, München 1955, S. 14ff.; ANNELIESE POPPINGA, Meine Erinnerungen an Konrad Adenauer, Stuttgart 1970, S. 182f., S. 247. Taschenbuchausgabe: München (dtv) 1973.

[2] Die Familie seiner Braut war nicht in der Lage, die Kaution zu stellen, die von der Braut eines Offiziers verlangt wurde, dem Leutnant Adenauer wäre also die Heiratserlaubnis verweigert worden; s. P. WEYMAR, S. 18.

[3] A. POPPINGA, S. 247. Wie Adenauer später berichtete, wurde er nicht von allen Familien in Köln eingeladen, da sein Vater nur mittlerer Beamter war.

[4] P. WEYMAR, S. 32.

Katholiken Hiltys, des Schweizer Protestanten, »praktisches Christentum«[5].

Doch dann beginnt eine ungewöhnlich geradlinige, zielstrebig nach oben führende juristische und politische Laufbahn. Trotz eines mäßigen Assessorexamens (1901 in Berlin) bewährte sich Adenauer in der Praxis, bei der Staatsanwaltschaft beim Landgericht Köln, später als Vertreter des Zivilanwalts beim Oberlandesgericht, Justizrat Kausen, der zugleich als Führer der Zentrumsfraktion im Kölner Stadtparlament eine maßgebende politische Rolle spielte. Bei ihm erlernte er die Kunst, einen Rechtsfall völlig zu beherrschen und in freier Rede darzulegen. Sie sollte ihm in seiner späteren politischen Tätigkeit sehr zugutekommen[6]. Kausen öffnete ihm auch den Weg zur Politik. Als 1906 die Stelle eines Beigeordneten bei der Kölner Stadtverwaltung frei wurde, bewarb sich Adenauer gegen einen auswärtigen Konkurrenten. Er wurde mit den Stimmen des Zentrums und der Liberalen im ersten Wahlgang gewählt[7]. Phantasie, Initiative und die frühzeitig ausgeprägte Willenskraft und Arbeitsökonomie trugen ihn weiter: schon 1909 wurde er Erster Beigeordneter, er übernahm das Finanz- und Personaldezernat, später mit Ausbruch des Krieges auch das Ernährungsdezernat. 1917 wurde er, nachdem er häufig den Oberbürgermeister Wallraf bei Abwesenheit vertreten hatte, nach dessen Ernennung zum Staatssekretär zum Oberbürgermeister der Stadt Köln gewählt, mit 41 Jahren der jüngste Oberbürgermeister einer deutschen Großstadt.

Bei dieser kommunalpolitischen Karriere sollte es jedoch nicht bleiben. Vielmehr wurde Adenauer durch das Kriegsende und die alliierte Rheinlandbesetzung unversehens vor größere politische Probleme gestellt. Dies betrifft vor allem seine Stellung zu der 1918/19 aufkommenden Bewegung zugunsten einer staatlichen Verselbständigung des Rheinlandes. Es darf zwar nach den klärenden Untersuchungen von Morsey[8] und Erdmann[9] als erwiesen gelten, daß Adenauer am ersten Aufwallen des rheinischen Selbständigkeitsdrangs gegenüber den Berliner »Novembermännern« im No-

[5] P. WEYMAR, S. 38. Folgender Satz hat Adenauer angetrieben: *Das praktische Christentum sagt: ›Handle recht, dann wirst du bald glauben können, gehorche zuerst, dann wirst du sehen‹.* KARL DIETRICH ERDMANN, Adenauer in der Rheinlandpolitik nach dem Ersten Weltkrieg, Stuttgart 1966, S. 29, deutet das als »Präponderanz des Pragmatischen vor dem Theoretischen, des Ethos vor dem Logos«. Zur religiösen Dialektik von Tun und Glauben im Katholizismus und im Judentum vgl. jetzt die bemerkenswerten Feststellungen von MAX HORKHEIMER, Die Sehnsucht nach dem ganz Anderen, Hamburg 1970, S. 58 ff.

[6] P. WEYMAR, S. 41; A. POPPINGA, S. 226, S. 247; vgl. auch S. 188.

[7] P. WEYMAR, S. 47.

[8] RUDOLF MORSEY, Die Deutsche Zentrumspartei 1917–1923, Düsseldorf 1966.

[9] Siehe Anm. 5.

vember/Dezember 1918 nur indirekten Anteil nahm: er war auf der berühmten Versammlung des rheinischen Zentrums am Abend des 4. Dezember – dem Vorabend des Einmarschs alliierter Truppen in Köln – nicht anwesend und hatte es, bei grundsätzlicher Sympathie für die Autonomiebestrebungen, abgelehnt, sich an die Spitze der Bewegung zu stellen[10]. Vom erklärten Separatismus, wie er später vor allem in den linksrheinischen Gebieten hervortrat (Dorten), hat er sich als Patriot stets deutlich abgegrenzt, und auch die theoretisch fundierten föderalistischen Ideen seines Freundes, des Kölner Professors Benedikt Schmittmann, die sich auf den Gedanken einer organischen Volksordnung stützten, blieben dem Pragmatiker Adenauer fern. Aber zweifellos war die rheinische Bewegung[11], aus den verschiedensten Antrieben erwachsen und rasch sich verbreiternd, eine reale, unübersehbare Macht, und Adenauer hat in jenen stürmischen Monaten durchaus ernsthaft die Möglichkeit einer Verselbständigung des Rheinlands als eines eigenen, von Preußen getrennten Bundeslandes im Rahmen des Reichsverbandes erwogen, wobei auch der Gedanke mitspielte, sich durch eine solche Verselbständigung gegen eine möglicherweise drohende Annexion durch Frankreich zu sichern. Freilich legte er auf ein überparteiliches Vorgehen Wert, war auf Abstimmung mit den Berliner Stellen bedacht und lehnte einen Separatstaat, *in welchem der Pastor und der Küster herrschten*, scharf ab[12]. Als prominentester Sprecher der rheinischen Städte berief er zum 1. Februar 1919 die inzwischen in die Nationalversammlung und in die Preußische Landesversammlung gewählten Abgeordneten des linksrheinischen Gebiets zusammen mit den Oberbürgermeistern der besetzten rheinischen Städte nach Köln – nach eigenem Zeugnis in der Absicht, eine überstürzte Proklamation der Rheinischen Republik zu verhindern[13]. Sein Hauptziel war es, die zahlreich wuchernden Propagandakomitees im Lande auszuschalten, die Kräfteverhältnisse abzutasten und die rheinische Bevölkerung auf eine gemeinsame Linie zu einigen. Tatsächlich gelang es ihm durch hinhaltende Taktik, sofortige Festlegungen zu vermeiden und die Option nach allen Seiten offenzuhalten. Der auf der Versammlung zur Bildung eines Rheinstaats eingesetzte Ausschuß ist nicht ein einziges Mal zusammengetreten.

Die Rede vor der Kölner Versammlung war Adenauers erster Schritt über die rheinische Kommunalpolitik hinaus. Sie ist bemer-

---

[10] R. MORSEY, Zentrumspartei, S. 122 f.

[11] Eingehend dargestellt bei R. MORSEY, Zentrumspartei, S. 125 ff.

[12] R. MORSEY, Zentrumspartei, S. 126 f.

[13] R. MORSEY, Zentrumspartei, S. 247 ff. mit Anm. 12.

kenswert, weil sie – weit entfernt von der damals üblichen emotionalen Betrachtungsweise – die außenpolitische Situation Deutschlands schonungslos nüchtern analysierte. Als Kern enthüllte sich für Adenauer das deutsch-französische Verhältnis. Alle politischen Schritte der neuen Republik waren für ihn vergeblich ohne befriedigende Regelung in diesem Bereich. Adenauer erkannte das französische Sicherheitsbedürfnis als berechtigt an. Er suchte nach einer Lösung, *die den Forderungen Frankreichs Genüge trägt und doch eine derartige Schädigung Deutschlands, wie sie mit der Abtrennung des linken Rheinufers von Deutschland notwendigerweise verbunden sein würde, vermeidet*[14]. Sie lag für ihn in einem Zusammenschluß links- u n d rechtsrheinischer Gebiete zu einer *Westdeutschen Republik im Verbande des Reiches*. Damit könne die vom Ausland gefürchtete preußische Hegemonie in Deutschland endgültig ausgeschaltet werden:

In der Auffassung unserer Gegner ist Preußen der böse Geist Europas, Preußen ist in ihren Augen der Hort des kulturfeindlichen, angriffslustigen Militarismus; Preußen ist dasjenige Land gewesen, das zu diesem Kriege getrieben hat. Ich betone nochmals, damit kein Mißverständnis entsteht, ich spreche aus dem Gedankengut unserer Gegner heraus. Preußen wurde nach ihrer Meinung von einer kriegslüsternen, gewissenlosen, militärischen Kaste und dem Junkertum beherrscht, und Preußen beherrschte Deutschland, beherrschte auch die in Westdeutschland vorhandenen, nach ihrer ganzen Gesinnungsart an sich den Ententevölkern sympathischeren Stämme. Würde Preußen geteilt werden, die westlichen Teile Deutschlands zu einem Bundesstaate der »Westdeutschen Republik« zusammengeschlossen, so würde dadurch die Beherrschung Deutschlands durch ein vom Geiste des Ostens, vom Militarismus beherrschtes Preußen unmöglich gemacht; der beherrschende Einfluß derjenigen Kreise, die bis zur Revolution Preußen und damit Deutschland beherrscht haben, wäre endgültig, auch für den Fall, daß sie sich von der Revolution wieder erholten, ausgeschaltet. Diese Westdeutsche Republik würde wegen ihrer Größe und wirtschaftlichen Bedeutung in dem neuen Deutschen Reiche eine bedeutungsvolle Rolle spielen und demgemäß auch die außenpolitische Haltung Deutschlands in ihrem friedensfreundlichen Geiste beeinflussen können[15].

---

[14] Adenauers Rede ist abgedruckt bei K. D. ERDMANN, Rheinlandpolitik, S. 212 ff. (221); dort auch die folgenden Zitate.
[15] Die hier entwickelte Konzeption bildet eine Konstante des politischen Denkens und Handelns bei Konrad Adenauer; vgl. unten S. 18 f.

Adenauer zog aus seiner Analyse den Schluß: *Entweder wir kommen direkt oder als Pufferstaat zu Frankreich, oder wir werden eine Westdeutsche Republik; ein Drittes gibt es nicht*[16]. Das war zwar als Prognose, wie sich zeigen sollte, falsch; denn die französische Politik – in sich keineswegs geradlinig – war jetzt und später nicht bereit, Sicherheitspfänder und Reparationsaussichten nur für den Preis einer bloßen innerstaatlichen Umgruppierung des Reichsverbands aufzugeben. Auch in einem zweiten Punkt täuschte sich Adenauer: die Tendenz zur staatsrechtlichen Konservierung Preußens war in Deutschland noch sehr viel stärker, als man im Rheinland angenommen hatte. Nachdem sich die neue Republik, trotz der Versailler Bürde, konsolidiert hatte, verlor die »Los-von-Preußen-Bewegung« auch im Rheinland schnell an Gewicht. Die deutsche Politik kehrte fast geräuschlos in die Bahnen der Vorkriegszeit zurück. Damit war Adenauers erster Vorstoß in die Politik mißglückt. Er hatte ihn mehr tastend als mit letzter Konsequenz und eigener Zielvorstellung unternommen.

Wie recht er freilich mit seiner Analyse der Probleme hatte und wie sehr das Sicherheitsbedürfnis Frankreichs die Grundfrage der Weimarer Republik blieb, sollte sich schon wenige Jahre später in der Staatskrise des Jahres 1923 zeigen. Hier stellte sich die politische Problemlage des Jahres 1918/19 – verschärft und zum existenzbedrohenden Dilemma gesteigert – wieder her. Nachdem der passive Widerstand im Rheinland gescheitert, die deutsche Währung rettungslos devaluiert war und die Franzosen sich darauf einrichteten, auf Dauer im Westen zu bleiben, da ihnen Sicherheit vor Reparationen ging, schien die Annexion der Rheinlande oder doch die Bildung eines Pufferstaates drohend bevorzustehen. Der Reichsfinanzminister sah sich im November 1923 außerstande, weitere Zahlungen an die besetzten rheinischen Gebiete zu leisten, um die neuzuschaffende Rentenmark nicht zu gefährden. Die Rheinländer fanden sich damit unmittelbar der französischen Politik gegenübergestellt. In dieser Lage wurde der Kölner Oberbürgermeister erneut zum Sammelpunkt jener Kräfte, die einerseits gegenüber der Berliner Tendenz, das besetzte Gebiet *versacken* zu lassen, die Reichszugehörigkeit des Rheinlands erhalten wollten, die jedoch zugleich einen Ausweg aus der drohenden deutsch-französischen Konfrontation suchten und nach einer dauerhaften Lösung der französischen Sicherheitsfrage strebten[17].

---

[16] Hierzu K. D. ERDMANN, Rheinlandpolitik, S. 57.
[17] Grundlegend: K. D. ERDMANN, Rheinlandpolitik, S. 71 ff.

Adenauers Vorstoß blieb lange Zeit hindurch im Zwielicht. In der Tat waren die Umstände für eine Lösung der deutsch-französischen Fragen denkbar ungünstig. Vieles trug dazu bei, daß die politischen Absichten des Kölner Oberbürgermeisters den Zeitgenossen und den Späteren nicht recht begreiflich wurden: die komplexe inner-deutsche Situation, die Schwierigkeit halbprivater Verhandlungen, die nicht von allen Mitgliedern des Reichskabinetts gedeckt wurden, die später einsetzende öffentliche Polemik im Zeichen nationalisti-scher Emotionen und Frontbildungen zu Ende der Weimarer Repu-blik, endlich der Verzicht Adenauers auf eine eingehende Darstel-lung von Verlauf und Ergebnis der Gespräche und die spätere Ver-schiebung seines Erinnerungsbildes[18]. Dennoch heben sich aus dem Taktisch-Situationsgebundenen deutlich einige Grundlinien der Adenauerschen Politik in dieser Phase ab. Sie bestimmten seine Haltung gegenüber der Reichsregierung unter Stresemann wie ge-genüber dem französischen Präsidenten der Hohen Interalliierten Rheinlandkommission Tirard, mit dem er mehrfach verhandelte. Gegenüber Stresemann versuchte Adenauer eine finanzielle Preisga-be der Rheinlande im Sinne der von Jarres, Otto Braun und anderen unterstützten *Versackungspolitik* um jeden Preis zu verhindern: in einer dramatischen Sitzung am Abend des 13. November 1923 er-klärte er, das Rheinland müsse *mehr wert sein als ein oder zwei oder selbst drei neue Währungen,* und wies mit Recht darauf hin, daß die Schaffung einer wertbeständigen Währung ohnehin von der Lösung des Reparationsproblems abhänge[19]. Gegenüber der französischen Seite lehnte Adenauer die Idee eines Rheinbundstaates mit eigenem Parlament und Haushalt, eigener Währung und diplomatischer Ver-tretung klar ab und nahm gegen Separationspläne willig die Schüt-zenhilfe der britischen Diplomatie in Anspruch, so daß der *gallige und zähe Adenauer*[20] bei den Franzosen lange Zeit als Mann der Briten galt[21]. Gleichwohl war er bereit, dem von ihm stets anerkann-ten französischen Sicherheitsverlangen entgegenzukommen.

In einem Gegenvorschlag zu Tirards Rheinbund-Staatsplänen verknüpfte er den Gedanken eines westdeutschen Bundesstaates im Verband des Reiches mit einer deutsch-französischen Gesamtrege-

---

[18] Vgl. K. D. ERDMANN, Rheinlandpolitik, S. 187ff. und die Rezension dazu von RUDOLF MORSEY, in: RHEINISCHE VIERTELJAHRSBLÄTTER 33 (1969), S. 549ff.

[19] K. D. ERDMANN, Rheinlandpolitik, S. 134; an der Sitzung nahmen Mitglieder des Reichskabi-netts, der Länderregierungen und des rheinischen Fünfzehnerausschusses teil.

[20] K. D. ERDMANN, Rheinlandpolitik, S. 108, mit Anm. 4.

[21] Es ist bezeichnend, daß Adenauer schon in seiner Kölner Rede (vgl. Anm. 4) damit rechnete, daß sich England, seiner traditionellen Politik folgend, auf die Seite der schwächeren Kontinentalmacht Deutschland schlagen werde; K. D. ERDMANN, Rheinlandpolitik, S. 219.

lung, die auch die Reparationsfrage umfaßte[22]. Wiederum leitete ihn, wie schon 1919 vor dem Kölner Verhandlungsausschuß, die Idee, das preußische Trauma der französischen Politik zu überwinden. Durch Verflechtung der rheinisch-westfälischen, lothringischen und luxemburgischen Industrie sollten gemeinsame Interessen zwischen der Bevölkerung dieses Bundesstaates und Frankreich geschaffen und künftige Kriege unmöglich gemacht werden. Zusammen mit dem Großindustriellen Stinnes hat Adenauer durch Mittelsmänner den Spielraum einer solchen Politik in Paris abzutasten versucht. Die Erfolgschance war jedoch gering. Die Zeit war für eine Überwindung der nationalen Antagonismen noch nicht reif. Eine deutsch-französische Wirtschaftsverflechtung stieß auf den Widerstand der britischen Diplomatie und des auf ihre Unterstützung angewiesenen Stresemann. Die Erholung der deutschen Finanzen, der Sturz Poincarés und die Annahme des Dawes-Plans auf der Londoner Konferenz lenkten die europäische Politik 1924 nochmals in die traditionellen Bahnen nationalstaatlicher Balance zurück, ohne daß die aus dem Krieg resultierenden Probleme gelöst worden wären. Und mit der Ära Stresemann, den »trügerischen Jahren« der Weimarer Republik (K. D. Erdmann), verschwand der Name Adenauer ein zweites Mal aus der Reichspolitik[23].

Lag es, wie man gemeint hat, an der allzu taktischen Situationsgebundenheit seiner Politik, am Fehlen überzeugender Argumente, an mangelnder rhetorischer Begabung?[24] Tatsächlich mußte die Figur Adenauers gegenüber der schillernd-beweglichen Bonhomie Stresemanns spröde und undurchschaubar wirken. Plädierend sachbezogen, mehr Debatter als Rhetor, der großen Geste abgeneigt, einfach im Prinzipiellen bei taktischer List im Detail, beschäftigte er die Phantasie weit weniger als sein großer Gegenspieler, zumal da ein großer Teil seines Tuns im Dunkel blieb. Mehrfach ist Adenauer in den Weimarer Jahren als Reichskanzlerkandidat genannt worden: Aber es ist kein Zufall, daß er unter den Konstellationen der Weimarer Politik nie in dieses höchste Amt gelangte. Das lag nicht nur an gegnerischen Vorbehalten gegen den Rheinländer, zumal in Berlin; es lag auch an seiner eigenen ausgeprägten Skepsis gegenüber der Weimarer politischen Szene: stand er doch der Neigung zur außen-

[22] K. D. Erdmann, Rheinlandpolitik, S. 153 ff.
[23] Eine spätere Reichskanzlerkandidatur Mitte 1926 wurde von Stresemann scharf bekämpft; vgl. R. Morsey, Preußen, S. 551, und die dort in Anm. 9 genannte Literatur. Ferner Hugo Stehkämper, Konrad Adenauer und Reichskanzleramt während der Weimarer Zeit, in: Aus kölnischer und rheinischer Geschichte, Festgabe für Arnold Güttsches zum 65. Geburtstag, hrsg. von Hans Blum. Köln 1969, bes. 244f.
[24] So K. D. Erdmann, Rheinlandpolitik, S. 186.

politischen Schaukelpolitik ebenso ablehnend gegenüber wie dem innenpolitischen Koalitionsspiel, in dem kurzlebige Regierungen sich zwischen hoffnungslos fraktionierten Klassen- und Weltanschauungsparteien zu behaupten suchten. Sowohl mit seiner Westpolitik wie mit seinem Vorschlag einer mehrheitsfähigen Partei aus beiden christlichen Konfessionen[25] eilte Adenauer der Zeit voraus. Seine Ziele, im Grundsatz klar, in der taktischen Umsetzung oft verschleiert und mühsam zu erkennen, konnten in Weimar nicht realisiert werden. So ist der »Maire de Cologne« hauptsächlich als Kommunalpolitiker großen Stils in die Weimarer Geschichte eingegangen, als Städtebauer, Schöpfer des Rheinhafens und der Universität, der der rheinischen Metropole in schwieriger Zeit eine großzügige Entfaltung gab[26].

In politischer Reservestellung blieb er freilich. Als Harold Nicolson ihn am 15. März 1929 in Köln besuchte, hörte er erzählen, man würde Adenauer eines Tages nach Berlin rufen, wenn der Parlamentarismus versagen sollte. Der *seltsame Mongole mit seinen schlauen Augen im gelben Gesicht* schien dem englischen Aristokraten – der Hindenburg für einen *prächtigen alten Mann* hielt – ein echter Diktator zu sein: *Keine Art, die mir zusagt, aber* [...] *eine Art, die man, hat man sie einmal gesehen, nie wieder vergißt*[26a]. Doch auch als potentieller *Diktator* hatte Adenauer keine Chance. Die letzten Weimarer Präsidialregierungen griffen auf anderes politisches Personal zurück. Und der Einbruch des Nationalsozialismus – dem Adenauer in Köln tapferen Widerstand leistete[27] – warf den mächtigen und angesehenen Mann über Nacht aus seinen Ämtern und machte ihn aus einem von Popularität Verwöhnten zu einem Verfemten und Verfolgten, der die Jahre des Dritten Reiches still und mit Mühe überdauerte[28].

---

[25] Diesen Gedanken hat Adenauer zuerst auf dem Münchener Katholikentag von 1922, dem er präsidierte, geäußert; vgl. KONRAD ADENAUER, Erinnerungen 1945–1953, Stuttgart 1965, S. 50.

[26] Bisher ausführlichste Darstellung bei P. WEYMAR, S. 91 ff.; H. STEHKÄMPER, S. 215 ff.

[26a] HAROLD NICOLSON, Tagebücher und Briefe 1930–1941, Frankfurt 1969, S. 14.

[27] P. WEYMAR, S. 144 ff. Nach der Machtergreifung weigerte sich Adenauer unter Hinweis auf die parteipolitische Neutralität der Stadtverwaltung, auf dem Kölner Rathaus die Hakenkreuzflagge zu hissen, und lehnte es ab, Hitler bei einem Besuch in Köln am Flughafen zu empfangen.

[28] Am 12. 3. 1933 wurde Adenauer seines Amtes als Oberbürgermeister enthoben und vorzeitig pensioniert, wenig später verlor er auch sein Amt als Vorsitzender des Preußischen Staatsrats. Je ein Jahr lebte er, da er die Stadt Köln nicht betreten durfte, in Maria Laach und in Neubabelsberg; später zog er nach Rhöndorf. Während des Röhmputschs 1934 wurde er festgenommen, ebenso war er nach dem 20. Juli 1944 vier Monate in Gestapohaft.

II. Adenauer als Kanzler

Adenauers Rückkehr in die Politik nach dem Zweiten Weltkrieg ging wiederum von Köln aus: nach ihrem Einmarsch im März 1945 setzten ihn die Amerikaner erneut als Oberbürgermeister der rheinischen Metropole ein. Doch bereits im Oktober wurde er von den neuen britischen Besatzungsbehörden *wegen Unfähigkeit* entlassen – wohl weil er versucht hatte, mit amerikanischen Regierungsstellen in Verbindung zu treten – und erhielt vorübergehend politisches Betätigungsverbot[29]. Adenauer überwand den Rückschlag schnell. Bereits am 22. Januar 1946 wurde er, nach Aufhebung des Verbots, zum Vorsitzenden der CDU in der britischen Zone gewählt. Von dieser Basis her begann er – der gegenüber den CDU-Führern der ersten Stunde zunächst in einer schwächeren Position war – zielsicher und zäh seinen politischen Aufstieg vorzubereiten, der ihn 1948 ins Amt des Präsidenten des Parlamentarischen Rates brachte und ihm 1949 die Kanzlerwürde der Bundesrepublik Deutschland, 1950 das Amt des Bundesvorsitzenden der CDU eintrug.

Adenauers Lagebeurteilung in den ersten Monaten nach Kriegsende berührt sich auffallend mit früheren Äußerungen aus den Jahren 1918/19 und aus der Weimarer Zeit. Wiederum steht für ihn das deutsch-französische Problem und die Organisation Westeuropas im Mittelpunkt; wiederum wird das Sicherheitsbedürfnis der westlichen Nachbarn als politisches Faktum ernstgenommen; wiederum lehnt Adenauer eine Abtrennung deutscher Gebiete ab und schlägt eine enge wirtschaftliche Verflechtung als geeignete Lösung der Sicherheitsfrage vor. Nachdrücklich hat er in mehreren Äußerungen zwischen 1945 und 1948 seine alte Rheinlandkonzeption erneuert. Das Rheinland sollte eine Brücke sein zwischen dem zentralisierten Norden und dem landsmannschaftlich eigenwilligen Süden[30]; es sollte zugleich, gelöst von der Schwerkraft preußischer Staatstradition, als Brücke des neuen Deutschland zu den westeuropäischen Ländern dienen. So hat Adenauer die Schaffung des Landes Nordrhein-Westfalen durch die Briten im Juli 1946 als *Maßnahme von weitreichender politischer Bedeutung für uns Deutsche und für Europa* lebhaft begrüßt[31]. Sein Rückblick in den »Erinnerungen« nimmt fast wörtlich Überlegungen der Jahre 1919 und 1923 auf[32]:

---

[29] K. ADENAUER, Erinnerungen 1945–1953, S. 33 ff.

[30] Die entsprechenden Äußerungen – z. T. wörtlich in die Erinnerungen übernommen – sind analysiert bei HANS-PETER SCHWARZ, Vom Reich zur Bundesrepublik, Neuwied-Berlin 1966, S. 432 ff.

[31] K. ADENAUER, Erinnerungen 1945–1953, S. 100.

[32] Hierauf hat K. D. ERDMANN, Rheinlandpolitik, S. 203, hingewiesen.

Ich erklärte, daß man die bisherige Rheinprovinz möglichst weit mit westlichen und östlichen deutschen Gebieten verklammern müsse, um das linke Rheinufer gegen die von Frankreich erhobene Forderung auf dessen Abtrennung von Deutschland zu sichern [...]. In der Bildung eines großen westdeutschen Landes innerhalb Deutschlands, wie es jetzt durch den Beschluß der britischen Militärregierung geschaffen wurde, lag meines Erachtens eine zuverlässige Garantie für Frieden in Europa. Nordrhein-Westfalen bot nach meiner Meinung die sicherste Gewähr dafür, daß nicht von Deutschland, auch nicht nach seiner Erholung, Aktionen ausgehen würden, die zu einem Kriege führen könnten. Ein derartiges westdeutsches Land mußte ganz naturgemäß nach den Anschauungen seiner Bewohner und nach seiner ganzen Wirtschaftsstruktur auf eine Zusammenarbeit mit den westlichen Nachbarn Deutschlands, mit Holland, Belgien, Luxemburg, Frankreich und England gerichtet sein ... Von der Bildung des Landes Nordrhein-Westfalen erwarte ich insbesondere, Frankreich könne allmählich davon überzeugt werden, daß die Schaffung eines solchen Landes eine größere Sicherheit für dauernden Frieden gewähre als eine ständige Besetzung oder sogar Abtrennung deutscher Gebiete[33]. Die Briten hatten zwar die Zustimmung der Franzosen zur Bildung des Landes Nordrhein-Westfalen mit dem Zugeständnis erkauft, daß das Saarland aus dem deutschen Wirtschaftssystem ausgegliedert wurde – für Adenauer ein *negativer Aspekt* des neuen Landes[34]. Doch hoffte er, der rheinische Föderativstaat werde den Franzosen die Sorge vor einer Wiederherstellung Preußens nehmen, und es werde dann auf die Dauer leichter möglich sein, das Saarland bei Deutschland zu halten.

Die überraschende Kontinuität der politischen Überlegungen Adenauers darf freilich nicht darüber hinwegtäuschen, daß der Hintergrund seiner Rhein- und Westeuropapolitik sich nach 1945 radikal verändert hatte. Adenauer gab sich darüber keinen Illusionen hin. In einer seiner ersten politischen Äußerungen, einem Brief an den Duisburger Oberbürgermeister Weitz vom 31. Oktober 1946, schilderte er die weltpolitische Situation in dunklen Farben: *Rußland hat in Händen: die östliche Hälfte Deutschlands, Polen, den Balkan, anscheinend Ungarn, einen Teil Österreichs. Rußland entzieht sich immer mehr der Zusammenarbeit mit den anderen Großmächten und schaltet in den von ihm beherrschten Gebieten völlig nach eigenem Gutdünken. In den von ihm beherrschten Ländern*

---

[33] K. ADENAUER, Erinnerungen 1945–1953, S. 9ff.
[34] K. ADENAUER, Erinnerungen 1945–1953, S. 103.

herrschen schon jetzt ganz andere wirtschaftliche und politische Grundsätze als in dem übrigen Teil Europas. Für Adenauer war damals, Ende 1945, die Trennung Ost- und Westeuropas bereits eine vollendete Tatsache, eine Einsicht, die zu jener Zeit nur wenige deutsche Politiker besaßen. Er war deshalb überzeugt, daß nur ein Zusammenschluß der freien Teile Europas eine weitere Ausdehnung der russischen Macht nach Westen verhindern könne. Insbesondere galt es, *den nicht russisch besetzten Teil Deutschlands politisch und wirtschaftlich zu beruhigen und wieder gesund zu machen.* Ein *vernünftiges staatsrechtliches Gefüge* mußte wiederhergestellt werden – nicht in der Form eines zentralisierten Einheitsstaates, sondern *in der Form eines bundesstaatlichen Verhältnisses*[35]. Es fällt auf, daß Adenauer in seinen ersten Äußerungen die USA noch kaum erwähnte und die führenden Großmächte Westeuropas in Großbritannien und Frankreich sah. Auf beide setzte er politische Hoffnungen: auf Großbritannien, daß es sich einer wirtschaftlichen Verflechtung zwischen Westdeutschland, Frankreich, Belgien, Luxemburg und Holland anschließen werde; auf Frankreich, daß es gemäß einem Wort de Gaulles im August 1945 handeln werde, der gesagt hatte: *Franzosen und Deutsche müssen einen Strich unter die Vergangenheit machen, zusammenarbeiten und eingedenk sein, daß sie Europäer sind*[36]. In den zukünftigen Vereinigten Staaten von Europa sah Adenauer die sicherste Bürgschaft für eine politische und wirtschaftliche Gesundung der noch freien europäischen Länder und damit ihrer Selbstbehauptung gegenüber der kommunistischen Bedrohung. So erweiterte sich seine bilaterale deutsch-französische Politik in den Jahren 1945–1948 in seinem Denken in eine multilaterale westeuropäische, die zugleich – vor dem Hintergrund der sowjetischen Expansion in Zentraleuropa – den Charakter einer Verteidigungsstellung der westeuropäischen Demokratien und ihrer freiheitlichen Wirtschafts- und Verfassungsordnung gewann. Dabei diente der europäische Gedanke Adenauer als Lösungsformel für eine Reihe disparater Probleme: er sollte ebenso französische, holländische und belgische Gebietsansprüche abwehren helfen wie anderseits die Möglichkeit einer Integration des freien Deutschland in eine europäische Föderation offenhalten und damit eine dauerhafte Lösung des westeuropäischen Sicherheitsproblems möglich machen[37]. Innenpolitisch sollte er an die Stelle der preußisch-deutschen Traditionen treten, wobei der rheinisch-westfälische Schwerpunkt

[35] K. ADENAUER, Erinnerungen 1945–1953, S. 39ff.
[36] K. ADENAUER, Erinnerungen 1945–1953, S. 41.
[37] H.-P. SCHWARZ, S. 445.

eines möglichen neuen deutschen Staates eine doppelte Bedeutung als neue Achse eines demokratisch-liberalen Deutschland und als Bindeglied zu den westlichen christlich-freiheitlichen Überlieferungen gewann[38].

Was in Adenauers Äußerungen bis 1949 als politische Konzeption relativ kompakt hervortrat, entfaltete sich in seiner politischen Praxis als Bundeskanzler pragmatisch-taktisch in einzelnen Schritten. Zuerst mußte die unter Besatzungsverwaltung stehende Bundesrepublik ihre Handlungsfähigkeit zurückgewinnen; dann mußte das westdeutsche Territorium gegen den sowjetischen Druck gesichert werden, und schließlich galt es, die Gleichberechtigung gegenüber den anderen Staaten zu erreichen[39]. Adenauer hat dabei, um erst einmal die Vertrauensbasis zu den westlichen Völkern wiederherzustellen, gewisse deutsche Vorleistungen als unvermeidlich angesehen; er war im Gegensatz zu seinem Gegenspieler Kurt Schumacher bereit, mit den westlichen Besatzungsmächten zusammenzuarbeiten, so gut es möglich war, und nahm dafür die Kennzeichnung als *Kanzler der Alliierten* in Kauf. So trat die Bundesrepublik 1949 der Internationalen Ruhrbehörde bei, obwohl die Bundesregierung damit die alliierte Kontrolle über die Ruhrindustrie anerkannte; sie schloß sich als assoziiertes Mitglied dem Europarat an, obwohl auch das von Deutschland getrennte Saargebiet assoziiertes Mitglied wurde. Adenauers Politik erwies sich als richtig, denn die Diskriminierungen Deutschlands wurden im Lauf der Zeit allesamt abgebaut. Die Bundesrepublik konnte in wenigen Jahren die volle Gleichberechtigung erlangen. Schon in der Europäischen Gemeinschaft für Kohle und Stahl, die von Robert Schumann zunächst als deutsch-französischer Vertrag mit Beitrittsmöglichkeit für andere Staaten konzipiert war, wirkte die Bundesrepublik als gleichberechtigter Partner mit, und die gleiche Linie verfolgte die Bundesregierung, als sie den von Frankreich ausgehenden Plan einer Europäischen Verteidigungsgemeinschaft (EVG) unterstützte, der das deutsche militärische Potential in eine europäische Streitmacht integrieren sollte, um dadurch die Gefahr eines deutschen Alleingangs zu bannen. Da Deutschland im Zeichen zunehmender weltpolitischer Spannungen (Ausbruch des Koreakrieges im Juni 1950) nicht die Wahl hatte, sich an den von den USA geforderten Verteidigungsbemühungen zu

[38] Adenauer sah (vgl. Erinnerungen 1945–1953, S. 44 f.) den Ursprung der deutschen Katastrophe in den auf Hegel und Marx zurückgehenden Lehren der Staatsomnipotenz und des Materialismus. Preußentum und Sozialismus hat er stets identifiziert.

[39] So HANS BUCHHEIM in einem unveröffentlichten Manuskript, Die Deutschland- und Außenpolitik Adenauers, an dessen Darstellung ich mich im folgenden anschließe. (Buchheim hat als bisher einziger Forscher die Akten des Bundeskanzleramtes der vier Kabinette Adenauer einsehen können.)

beteiligen oder nicht[40], sondern es allein um annehmbare Bedingungen für einen solchen Verteidigungsbeitrag ging[41], verknüpfte Adenauer das Sicherheitsproblem mit der Frage der Souveränität: der deutsche Wehrbeitrag sollte geleistet werden unter der Bedingung einer formellen, durch Truppenverstärkungen unterstrichenen Sicherheitsgarantie der Alliierten für Westdeutschland und der Zuerkennung voller Gleichberechtigung. An diesem Junktim hat Adenauer während der schwierigen internationalen Verhandlungen und der stürmischen innenpolitischen Auseinandersetzungen über den deutschen Wehrbeitrag hartnäckig festgehalten. Als die Französische Nationalversammlung im August 1954 den EVG-Vertrag ablehnte, drohte seine Politik zu scheitern. Er hat dieses Datum als einen schwarzen Tag für Europa bezeichnet. Doch mit britischer und amerikanischer Hilfe konnte eine Ausweichlösung gefunden werden, die dem deutschen Souveränitätsverlangen sogar noch stärker entgegenkam, wenngleich sie das Integrationselement der geplanten Vereinbarungen zugunsten einer multilateralen Lösung abschwächte: Die Bundesrepublik Deutschland trat einerseits direkt der NATO, anderseits dem zur Westeuropäischen Union (WEU) erweiterten Brüsseler Pakt bei; damit war die Wiederherstellung der völkerrechtlichen Souveränität Deutschlands durch den Deutschlandvertrag verbunden (Pariser Verträge vom 23. Oktober 1954). Daß in diesem Rahmen dann, trotz der Belastungen des deutschfranzösischen Verhältnisses, auch das Saarproblem schrittweise einer Lösung zugeführt werden konnte (1956 Deutsch-französischer Saarvertrag, 1957 Aufnahme des Saarlands in den politischen Verband der Bundesrepublik), war eine besondere Leistung der abwartend-pragmatischen Verhandlungsführung Adenauers.

Die Sowjetunion hatte die Politik der Westintegration Deutschlands von Anfang an mit Mißtrauen verfolgt. Obwohl sie selbst ihren westlichen Verbündeten jeden Einfluß auf die eigene Besatzungszone verwehrte, versuchte sie, zusammen mit Pankow, unter Berufung auf das Potsdamer Abkommen und unter Ausnutzung gemeindeutscher Gefühle (*Deutsche an einen Tisch*) den Prozeß der Eingliederung des westdeutschen Potentials in eine europäische Ordnung hintanzuhalten. Am 10. März 1952 schlug Stalin in einer Note an die westlichen Alliierten den Abschluß eines Friedensvertrages, freie Wahlen, eine Neutralisierung Deutschlands und die

---

[40] H. Buchheim, Deutschlandpolitik, S. 5.

[41] Die ersten Pläne sahen deutsche Arbeitsbataillone und kleine bewaffnete Einheiten im Rahmen der alliierten Verbände vor; das deutsche Territorium bot sich – ohne jede Verteidigungsgarantie – als Feld für Kampfhandlungen an.

Schaffung einer deutschen Nationalarmee vor. Sein Angebot war vage formuliert, mußte aber in der gespannten Situation vor dem Abschluß des EVG- und Deutschlandvertrages Hoffnung auf eine Wendung der sowjetischen Deutschlandpolitik erwecken. In Wahrheit erlaubte das Verhalten der Russen auf den Außenministerkonferenzen der Nachkriegszeit keinen Schluß auf eine Erfolgsaussicht von Verhandlungen; vieles spricht dafür, daß es ihnen nur darauf ankam, die Westmächte in langwierige Verhandlungen mit unsicherem Ausgang zu verstricken. Adenauer, stets beherrscht von *der Angst, die Kriegsalliierten könnten zu einer gemeinsamen Politik gegen Deutschland zurückkehren,* ging daher trotz innenpolitischer Kritik auch in den eigenen Reihen, auf das russische Verhandlungsangebot nicht ein. Er nahm in Kauf, daß um dieses Angebot bald eine Legende von der »verpaßten Chance« entstand, aus der sich nationalistische wie »linke« Kritik an den außenpolitischen Grundentscheidungen der Bundesrepublik gemeinsam nährten[42].

Mit den demokratischen Parteien im Deutschen Bundestag war sich Adenauer darin einig, daß die deutsche Wiedervereinigung nicht um den Preis der Freiheit anzustreben sei. Er dachte deshalb in dieser Frage in längeren Fristen als die meisten deutschen Politiker, wobei er mit einer allmählichen Schwächung der sowjetischen Position durch innere Schwierigkeiten, wachsende Selbständigkeit der Satellitenstaaten und latente Konflikte mit der Volksrepublik China rechnete[43]. In der Zwischenzeit kam es darauf an, freie Selbstbestimmung für die Deutschen in der sowjetischen Zone zu fordern, die westlichen Alliierten auf das Ziel der Wiedervereinigung zu verpflichten und alles zu vermeiden, was zu einer rechtlichen Sanktionierung des status quo beitragen konnte. Das hieß, daß man festhalten mußte an der Vier-Mächte-Verantwortung für Gesamtdeutschland[44]. Nach Adenauers Überzeugung war die Wiedervereinigung nur aus einer gleichwertigen Verhandlungsposition gegenüber dem Osten erreichbar. Man hat dieses Konzept als »Politik der Stärke« bezeichnet. Es war nicht gemeint im Sinn eines Auftrumpfens gegenüber dem östlichen Verhandlungspartner, sondern entsprang nüchterner Einschätzung der seit 1945 vorliegenden ost-westlichen

---

[42] Vgl. etwa KLAUS ERDMENGER, Das folgenschwere Mißverständnis. Bonn und die sowjetische Deutschlandpolitik 1949–1955, Freiburg 1967; wesentlich abgewogener: WALDEMAR BESSON, Die Außenpolitik der Bundesrepublik, München 1970, bes. S. 122ff. Zur Kritik an den Erdmengerschen Thesen vgl. jetzt: BRUNO BANDULET, Adenauer zwischen Ost und West. Alternativen deutscher Außenpolitik, München 1970, S. 111ff.

[43] Dies geht aus vielen Stellen der Erinnerungen hervor; vgl. bes. Erinnerungen 1953–55, S. 15ff., S. 521ff.

[44] H. BUCHHEIM, Deutschlandpolitik, S. 4.

Verhandlungsergebnisse und genauem Studium der sowjetischen Taktik auf internationalen Konferenzen.

1953 schien der »Alpdruck von Potsdam« soweit gebannt zu sein, daß sich die deutsche Politik vorsichtig aus der weltpolitischen Gefahrenzone eines Bündnisses der Siegermächte herausmanövrieren konnte. Ja innerhalb der westlichen Bündnisverflechtungen Deutschlands begann sich jetzt ein spezielles Verhältnis zwischen den USA und der Bundesrepublik zu entwickeln, das im gleichen Maße intensiver wurde, in dem Frankreich wegen seiner inneren Schwäche als Bündnispartner ausfiel und Großbritannien den Sonderweg einer Entspannungspolitik mit unmittelbaren Kontakten zur Sowjetunion einschlug[45]. Bei einem Treffen in Paris im Dezember 1953 gab Dulles Adenauer zu verstehen, die amerikanische und die deutsche Regierung sollten einen richtungweisenden Einfluß auf die politische Entwicklung ausüben, da viele andere Regierungen mit der Flut trieben. Später erklärte er, von den Mitgliedern der NATO seien nur zwei, nämlich die USA und die Bundesrepublik, wirklich verläßlich[46]. Die gemeinsame Politik der Bundesrepublik und der Vereinigten Staaten in den Jahren 1953–59 war nur möglich im weltpolitischen Schlagschatten des Ost-West-Gegensatzes; sie beruhte auf der stillschweigenden Übereinkunft, keine Beziehungen zur Sowjetunion auf Kosten des Partners zu fördern[47], und sie kulminierte in einer gemeinsamen deutsch-amerikanischen Sicherheitspolitik, der Strategie der massiven Vergeltung, wie sie von der Regierung Eisenhower verfochten wurde. Hierauf beruhte ihre starke Wirkung auf die deutsche Innenpolitik, denn ungeachtet der Pluralität des NATO-Bündnisses ruhte das Sicherheitsgefühl der wirtschaftlich aufstrebenden Bundesrepublik maßgeblich auf der Präsenz amerikanischer Truppen – ein Faktor, der als psychologische Konstante der deutschen Politik weit über Adenauer hinaus wirkte und die deutsche Politik noch in der Ära Erhard bestimmte, als die realen Grundlagen der »special relationship« längst zerfallen waren.

Denn gerade auf dem Höhepunkt der deutsch-amerikanischen Zusammenarbeit in den fünfziger Jahren begann sich die Peripetie der Adenauerschen Politik vorzubereiten. Es ist ein ebenso faszinierendes wie tragisches Schauspiel, zu beobachten, wie hinter dem freundschaftlichen und weltpolitisch bedeutsamen persönlichen Bündnis Dulles-Adenauer seit 1955 die sachlichen Dissonanzen

---

[45] Eine eingehende Analyse bei B. BANDULET, S. 50ff.

[46] B. BANDULET, S. 52.

[47] Daher die stillschweigende Verpflichtung zu gegenseitiger Konsultation über direkte Fühlungnahmen mit der Sowjetunion.

24

zwischen amerikanischer und deutscher Politik immer stärker auf-
brechen. Der Grund für die weltpolitische Lageveränderung lag im
atomaren Patt der Großmächte. Bestrebungen um eine internationale Rüstungskontrolle begannen jetzt den sowjetisch-amerikanischen
Interessenkonflikt zu überlagern. Dementsprechend trat die Stellung der Bundesrepublik als des amerikanischen Juniorpartners auf
dem Kontinent zurück. Adenauers Politik nahm in dieser Lage
defensive Züge an. Es galt, die Amerikaner »vor der Versuchung zu
bewahren, für Fortschritte in der Rüstungskontrolle bzw. überhaupt im Arrangement mit Rußland mit der Preisgabe deutscher
sowie westeuropäischer Interessen zu bezahlen«[48]. Als die Sowjetunion nach Stalins Tod zu einer diplomatischen Offensive ansetzte
und unter der Führung von Bulganin und Chruschtschow überraschende Verständigungsbereitschaft zeigte (Staatsvertrag mit Österreich, Einladung Adenauers nach Moskau), trat die Problematik der
auf den Pariser Verträgen begründeten deutschen Politik in aller
Schärfe hervor. Weder auf der Genfer Gipfelkonferenz (1955) noch
bei den Verhandlungen der UNO-Abrüstungskommission in London (1956) blieben die Westmächte dem Konzept des Deutschland-
vertrages – erst Fortschritte in der Wiedervereinigung, dann Verhandlungen über Abrüstung – treu. Sie gingen jetzt vielmehr auf die
sowjetische These ein, daß Sicherheits- und Deutschlandfrage
gleichzeitig und nebeneinander zu behandeln seien. Das zwang Adenauer, seine Deutschlandpolitik zu revidieren: seit 1956 begann er
selbst dafür einzutreten, daß die Deutschlandfrage nicht mehr auf
der Tagesordnung jeder Ost-West-Verhandlung stand – vorder-
gründig, um Fortschritte in der Abrüstung nicht durch das deutsche
Problem zu belasten, in Wirklichkeit, um die deutschen Probleme in
der Ost-West-Annäherung nicht »zur Diskussion und damit zur
Disposition« zu stellen[49] und so wenigstens Rückschritte und eine
Zementierung des status quo zu verhindern. Aus dieser Sicht ist auch
seine Haltung in der Berlin-Frage zu verstehen[50]. Seit 1958 hat

[48] H. BUCHHEIM, Deutschlandpolitik, S. 11.
[49] H. BUCHHEIM, Deutschlandpolitik, S. 16.
[50] H. BUCHHEIM, Deutschlandpolitik, S. 17ff. Demnach war Adenauer der Meinung, daß man den
Amerikanern den bequemeren Weg einer garantierten Minimallösung für Berlin nicht zugestehen
dürfe. Da sie gar nicht anders könnten, als ihre Stellung in Berlin entschlossen zu verteidigen, warum
sollte man ihnen das Risiko auf Kosten gesamtdeutscher Interessen erleichtern? Verhandlungspolitisch
zog Adenauer daraus die Konsequenz, daß die Berlinfrage aus dem Verhandlungspaket der geplanten
Ost-West-Gipfelkonferenz herausgenommen werden müsse, weil es dann für die Amerikaner schwieriger sein würde, auf den von den Russen angeregten Handel einzugehen. Alle anderen deutschen
Politiker, auch die der CDU, die die Zusammenhänge nicht voll erfaßten, meinten dagegen, Berlin
müsse ausdrücklich in das Verhandlungspaket hineingenommen werden, denn, was gut für Berlin sei,
sei auch gut für Deutschland. Eben das aber war unter den besonderen Umständen der Jahre 1958/59
nicht der Fall (a. a. O., S. 18).

25

Adenauer dann, zunehmend beunruhigt über die amerikanische Haltung, einen direkten Kontakt mit der Sowjetunion gesucht. Die diplomatische Initiative, die Botschafter Kroll in Moskau ergriff, hatte seine stillschweigende Billigung[51]. Adenauer schwebte ein Stillhalteabkommen zwischen der Sowjetunion und der Bundesrepublik und eine Österreich-Lösung für die DDR vor. In diesen Zusammenhang gehört seine berühmte spätere Formulierung im Bundestag am 2. Oktober 1962, die Bundesregierung sei bereit, über vieles mit sich reden zu lassen, wenn nur die Bevölkerung der DDR ihr Leben so einrichten dürfe, wie sie wolle[52]. Erfolg war diesen Fühlungnahmen freilich nicht beschieden[53]. An der Wende zu den sechziger Jahren kehrte die deutsche Politik deshalb wieder in ihre Anfangssituation zurück: ihr Hauptziel war es jetzt zu verhindern, daß die Großmächte über den Status Deutschlands eine endgültige Entscheidung trafen und sie durch einen Friedensvertrag sanktionierten.

Bot in dieser Lage eine Wiederaufnahme der Integrationspolitik einen Ausweg? Bereits 1955 war in Westeuropa eine »relance européenne« in Gang gekommen, die auf eine engere Zusammenarbeit auf den Gebieten eines gemeinsamen Marktes und der Atomwirtschaft hinzielte. Dabei ging man, wie schon bei Montanunion und EVG, von einer supranationalen Gestaltung im Sinn eines europäischen (Teil)-Bundesstaates aus, der in eigener Zuständigkeit Entscheidungen für alle Mitgliedstaaten treffen konnte. Das führte zunächst zum Einspruch Großbritanniens und zu den Gegengründungen der EFTA und ENEA[54], während die amerikanische Regierung das Projekt des gemeinsamen Marktes, trotz wirtschaftlicher Bedenken, wegen seiner politischen Vorteile für die USA unterstützte[55]. Adenauers Politik war darauf gerichtet, diese amerikanische Unterstützung zu erhalten und zugleich Frankreich wirtschaftspolitisch so weit wie möglich entgegenzukommen, um die politischen Entwicklungsmöglichkeiten der Wirtschaftsgemeinschaft nicht zu gefährden. Umgekehrt verhielt er sich gegenüber späteren Beitritts-

[51] Vgl. Hans Kroll, Lebenserinnerungen eines Botschafters, Köln-Berlin 1967.

[52] Hierzu H. Buchheim, Deutschlandpolitik, S. 20.

[53] Chruschtschow beharrte darauf, es müsse ein Friedensvertrag mit zwei deutschen Staaten geschlossen werden und die Bundeswehr habe auf Trägerwaffen für Atomwaffen zu verzichten. Das hätte aber, wie H. Buchheim, a. a. O., S. 21, hervorhebt, die von Adenauer vorgeschlagene Politik des wechselseitigen Stillhaltens in eine Sanktionierung des Status quo verfälscht; außerdem wäre der deutsche Beitrag zum NATO-Bündnis illusorisch geworden.

[54] EFTA = European Free Trade Association; ENEA = European Nuclear Energy Agency.

[55] Ein politischer Zusammenschluß der europäischen Staaten war aus amerikanischer Sicht erwünscht, weil er Möglichkeiten eröffnete, das amerikanische politische und militärische Engagement in Europa zu verringern.

wünschen reserviert, da er von der Hinzunahme Großbritanniens eine Abschwächung der politischen Dynamik der Gemeinschaft befürchtete.

Die Szene der europäischen Integration veränderte sich erneut und grundlegend, als die Vierte Französische Republik – kaum ein halbes Jahr nach Inkrafttreten des EWG-Vertrages (1. Januar 1958) – zerfiel und de Gaulle die Leitung der französischen Politik übernahm. Adenauers Politik geriet damit in weitere Schwierigkeiten, die um so bedrohlicher waren, als wenig später die Sowjetunion ihr Berlin-Ultimatum stellte und im folgenden Jahr mit dem Tod von Dulles das »besondere Verhältnis« zur amerikanischen Macht sich aufzulösen begann. Da de Gaulles nationalstaatliche Konzeption (»Europa der Vaterländer«) jedoch nicht schlechthin gegen die westeuropäische Kooperation – auch nicht gegen die EWG –, sondern allein gegen das supranationale Element der bisherigen Integrationspolitik gerichtet war, versuchte Adenauer den Kern der bisherigen Zusammenarbeit in neuen multi- und bilateralen Formen zu retten. Er gab die europäische Kommission in Brüssel und ihren Präsidenten Hallstein weitgehend preis und ging bereitwillig auf de Gaulles Angebot einer bilateralen Zusammenarbeit ein. Während die amerikanische Politik in der Kennedy-Ära sich endgültig vom Konzept des Deutschlandvertrags löste und dem weltpolitischen Ausgleich mit der Sowjetunion Priorität einräumte, kam Adenauer so in den letzten Jahren seiner Kanzlerschaft noch einmal auf sein altes Konzept einer engen deutsch-französischen Zusammenarbeit als Kern eines europäischen politischen Zusammenschlusses zurück. Am Ende seines politischen Wirkens steht der deutsch-französische Vertrag vom 22. Januar 1963. Doch inzwischen war Adenauers Stellung in seiner Partei so geschwächt, daß er dieses Instrument nicht mehr im Sinne einer politischen Einigung Europas nutzen konnte, und auch seine Nachfolger wußten damit nichts anzufangen[56].

Adenauer war 1949 mit nur einer Stimme Mehrheit – seiner eigenen – zum Bundeskanzler gewählt worden. 1953 und vor allem 1957 hatte sich in den Wahlen zum Bundestag seine politische Basis so verbreitert, daß er in drei Legislaturperioden die deutsche Politik maßgeblich prägen konnte. Auch der einzige ernsthafte Gegenspieler, die SPD, schwenkte einige Jahre nach dem Tod Kurt Schumachers, wenn auch verspätet, auf seine außenpolitische Linie ein[57]. Doch gegen Ende der fünfziger Jahre nahm die Kritik an seiner

[56] H. BUCHHEIM, Deutschlandpolitik, S. 27; B. BANDULET, S. 201 ff.
[57] W. BESSON, S. 247 f.

Politik stark zu. Daß er 1959 die Kandidatur zum Amt des Bundespräsidenten erst annahm, dann jedoch (nach Dulles' Tod) wieder
zurückzog, schwächte seine Autorität ebenso wie sein Kampf gegen
eine Kanzlerkandidatur Erhards, von dem er fürchtete, daß er die
Sanktionierung des status quo in der Deutschlandfrage nicht werde
verhindern können[58]. Der Zerfall des deutsch-amerikanischen Verhältnisses in der Kennedy-Zeit und vor allem der Bau der Berliner
Mauer am 13. August 1961, der empfindlichste Rückschlag der
Wiedervereinigungspolitik, leiteten dann das Ende der politischen
Macht Adenauers ein: durch Koalitionsvertrag mußte er sich nach
den Bundestagswahlen 1961 gegenüber der FDP zum Rücktritt in
der Mitte der Legislaturperiode verpflichten, eine Auflage, der er am
15. Oktober 1963 nachkam. Als Vorsitzender der CDU (bis März
1966) behielt er freilich noch lange einen erheblichen Einfluß auf die
deutsche Politik. Er hat den Sturz seines Nachfolgers Ludwig Erhard und die Bildung der Großen Koalition im Herbst 1966 noch
miterlebt. Am 19. April 1967 starb er hochbetagt in Rhöndorf.

III. Person und Werk

Adenauer hat nie Berufspolitiker werden wollen. Eine politische
Karriere, planvoll angelegt und Zug um Zug realisiert, war nicht
seine Sache. Es ist nicht nur Koketterie, wenn er in den letzten
Lebensjahren zu Vertrauten äußerte, er habe eigentlich Notar auf
dem Land werden wollen[59]. Ein Stück liberales Honoratiorentum –
Erbe des 19. Jahrhunderts – ist immer in ihm gewesen, und die große
Familie, die behäbige Bürgerlichkeit seines Rhöndorfer Hauses mit
weitem Blick über den Rhein, das Kunstsammeln, ineins mit Gar-
tenbau und Rosenzucht, gehörten nicht zufällig, sondern essentiell
zu seiner politischen Tätigkeit. Es war die Not des Vaterlandes, die
den Kölner Oberbürgermeister in die Politik drängte. Schlicht pa-
triotisches Aufbegehren gegen scheinbar unwiderrufliche politische
Verhängnisse trieben ihn zum Handeln – 1918/19 wie 1923 und nach
1945. Die Worte Volk und Vaterland hatten für Adenauer noch
einen direkten, unvermittelten Sinn. Staatsmännischen Einsatz verstand er als bürgerliche Pflicht[60]. Dies erklärt die Fähigkeit dieses

---

[58] Die Außenansicht dieser Dinge jetzt breit bei THEODOR HEUSS, Tagebuchbriefe 1955–1963,
Tübingen-Stuttgart 1970, S. 420 ff.; zu Adenauers Gründen: H. BUCHHEIM, Adenauer, in: STAATSLE-
XIKON, Ergänzungsbände zur 6. Aufl., Freiburg 1970, S. 22 ff. (27).

[59] A. POPPINGA, S. 247.

[60] Das von Adenauer gewählte Motto zur autorisierten Biographie P. WEYMARS lautet: *Ich habe den
Wunsch, daß später einmal, wenn die Menschen über den Nebel und Staub dieser Zeit hinwegsehen,
von mir gesagt werden kann, daß ich meine Pflicht getan habe.*

nüchternen und von Haus zurückhaltenden Menschen[61] zum unmittelbaren Appell an das Volk und zur sparsam eingesetzten, aber sehr bewußt verwendeten großen Geste – und auch das Echo, das er bei den breiten Massen fand[62]. Nie war Adenauer nur ein reiner Verwaltungsfachmann, nie ein bloßer Parteifunktionär, so souverän er sich des Instruments moderner Verwaltung und der vielfältigen Möglichkeiten der Parteiendemokratie zu bedienen wußte.

Kritiker haben darauf hingewiesen, daß Adenauers Wortschatz bescheiden, seine Redeweise einfach, ja simpel gewesen sei. Das trifft zu. Viele unterschätzten ihn deswegen. In der Tat fehlt seinen Reden und schriftlichen Äußerungen phantasievolle Beweglichkeit und literarischer Glanz. Überall herrscht die kunstlose Genauigkeit, der nüchterne Geschäftsstil des Juristen. Doch hing dieser stilistische Grundzug, was oft übersehen wurde, aufs genaueste mit dem Charakter und der Arbeitsweise des Politikers Adenauer zusammen. Adenauer verfügte über eine reduzierende Intelligenz. Er schälte an jedem politischen Problem das Zufällige ab, bis der Kern bloßgelegt war. Dann entwarf er Technik und Taktik der Problemlösung. Von seiner Person sah er dabei ganz ab[63]. Seine Äußerungen sind stets situationsbezogene Plädoyers, nicht Deutungen seiner Politik und seiner Persönlichkeit, und da ihnen das Bindemittel literarischer Selbstdarstellung fehlt, erscheinen sie dem Betrachter oft punktuell und spröde. Sie zwingen ihn in die verhandelte Sache hinein. Aber sie sagen wenig über die Person des Handelnden aus. Daher mußte Adenauer jenen, die ästhetisch »in Politik schwelgen« wollten (F. Schlegel) und die vor Entscheidungen in eine faltenreiche und konsequenzlose Rhetorik auswichen, immer ein Rätsel – oder ein Greuel – bleiben.

Daß der nervenlose Mann – einen *dünnen Dickhäuter* nannten ihn Freunde unter Anspielung auf seine hagere äußere Erscheinung – in Wahrheit keineswegs frei von Leidenschaften und Gemütsbewegungen war, haben Zeugnisse aus den letzten Jahren an vielen Beispielen klargemacht. Adenauer verfügte über ein ungewöhnliches polemisches Potential. Seine Physis wurde durch den Kampf ange-

---

[61] A. POPPINGA, S. 226.

[62] Vgl. etwa die Schilderung der Rede Adenauers zum Abzug der Engländer am 31. 1. 1926 in Köln (P. WEYMAR, S. 104 ff.) und A. POPPINGAs Bericht über die Wahlversammlungen des fast Neunzigjährigen (a. a. O., S. 226 f.).

[63] Adenauer verfügte über die Kunst, sich völlig in die Person und die Interessenlage seiner Gegner hineinzudenken und von daher seine Verhandlungstaktik aufzubauen; er überraschte dabei seine Partner durch genaue Kenntnis ihrer Liebhabereien. So präparierte er sich auf ein Gespräch mit Kurt Schumacher durch ein Studium der Hundezucht, nachdem er erfahren hatte, daß Schumacher Hunde liebte.

regt[64]. An Willenskraft und Zähigkeit war er noch im hohen Alter seinen Gegnern überlegen[65]. Aber er hatte zugleich die Fähigkeit des Beobachtens und Wartenkönnens. Seine rationale Härte hatte starke sentimentale Widerlager. Man hört, daß er im kleinen Kreis gern Gedichte aus der Schulzeit rezitierte, die er auswendig kannte – Eichendorff und Heine –, daß er lange vor Gemälden verweilte, mit Hingebung Musik hörte; auch die Gartenarbeit hat in dieser musischen Lebensökonomie ihren Platz. Bei aller Energie und Unerbittlichkeit in der Verfolgung einmal gesteckter und als richtig erkannter Ziele – der Erfolg Adenauers als Politiker lag wesentlich darin, daß er warten konnte. Auch als er, ungewöhnlich spät, die Chance politischer Gestaltung erhielt, verzehrte er sich nicht in kleinlicher Detailarbeit, verwendete aber ein großes Maß an Zeit auf genaue und umfangreiche Information[66] und auf das Durchdenken der politischen Grundprobleme.

War er rücksichtslos im Umgang mit Menschen? Nicht nur Kritiker[67], auch Freunde[68] haben tadelnd vermerkt, daß er in seiner Umgebung instrumentellen Gehilfennaturen ohne starken persönlichen Umriß den Vorzug vor eigenständigen, zum Widerspruch geneigten Geistern gegeben habe – wie er dies seinerseits kritisch an de Gaulle feststellte[69]. Man mag den autoritativen Amtsstil, das Bedürfnis nach reibungsfreiem und schnellem Umsetzen von Entscheidungen auf die Oberbürgermeisterzeit zurückführen, wo Adenauer in einem überblickbaren Kreis wirkte und gewohnt war, die Wirkung seiner Anweisungen zu kontrollieren. Kompliziertere Systeme mit unwägbarer Fortpflanzung von Anstößen waren ihm – als Schranke des gestaltenden Willens – fremd und lästig: Heidenheimer hat dies an seinem Verhältnis zur pluralistischen CDU[70], Hausenstein an seinem Verhältnis zum Föderalismus gezeigt[71]. Kein Zweifel, daß er im Umgang mit Menschen und politischen Karrieren wenig Sentimentalität zeigte, daß die Leichtigkeit, mit der er bewährte Mitarbeiter fallen ließ, wenn politischer Kalkül oder äußerer

---

[64] Vgl. Th. Heuss, Tagebuchbriefe, S. 419: *Adenauer hat sich an den Wahlreden (nicht von den Wahlreden) so gut erholt, daß er jetzt höchst mobil in den Urlaub fährt.* Ähnlich A. Poppinga, S. 227: *Für den bald Neunzigjährigen hingegen waren diese Anstrengungen Medizin. Er nahm während dieser Wahlkampfzeit zur größten Freude von Frau Dr. Bebber drei Pfund zu.*

[65] Vgl. auch Wilhelm Hausenstein, Pariser Erinnerungen, München ³1961, S. 94ff.

[66] Die bisher beste Darstellung der Informationspolitik Adenauers und des von ihm geschaffenen Instrumentariums bei Arnulf Baring, Außenpolitik in Adenauers Kanzlerdemokratie, München 1971 (dtv), Bd. 1, S. 69ff.

[67] So durchgehend A. Baring.

[68] W. Hausenstein, S. 75f.

[69] K. Adenauer, Erinnerungen 1959–1963, S. 54ff.

[70] Arnold J. Heidenheimer, Adenauer and the CDU, Den Haag 1960, passim.

[71] W. Hausenstein, S. 72f.

Druck es forderte, oft ans Schnöde grenzte. Dennoch ist auch bezeugt, daß er Widerspruch und eigenes Urteil schätzte, soweit sie außerhalb der Tagesroutine der Geschäfte – die er ungern stören ließ – an ihn herangetragen wurden. Er beschränkte sich dann auch keineswegs auf die Mächtigen, deren politischen Einspruch er zu respektieren hatte und die er – oft mit erstaunlicher taktischer Einfühlung – zu beeinflussen und zu überzeugen suchte[72].

In seinem langen Leben hatte Adenauer viele Beispiele menschlicher Anhänglichkeit und Freundestreue, aber ebensoviel Niedertracht, Verrat und Opportunismus erlebt. Wie rasch war der gefeierte Oberbürgermeister 1933/34 seinen Kölnern aus den Augen aus dem Sinn gewesen, so daß ihn Bekannte auf der Straße plötzlich nicht mehr grüßten; und umgekehrt: wie steil stieg von 1949 bis 1953 seine Popularitätskurve in den Umfragen über die großen Deutschen an, selbst Bismarck überflügelnd[73]! Zu verwundern wäre es nicht, wenn der alte Mann die Menschen, und insbesondere seine politische Umgebung, für eine »race méchante« gehalten hätte wie weiland der Alte Fritz. Doch Menschenverachtung, obwohl sie ihm oft nachgesagt wurde, wäre für Adenauers Verhältnis zu seinen Mitmenschen eine zu handgreiflich-vereinfachende Formel. Zumal gegenüber Freunden und Bekannten seiner eigenen Generation und Lebenserfahrung hat Adenauer immer wieder ein Vertrauen gezeigt, das sich deutlich abhebt von der abwartenden Skepsis, mit der er Jüngeren gegenübertrat[74]. Und die Rücksicht und Herzenshöflichkeit, die er gegenüber Untergebenen an den Tag legte, muß als Kontrast zur legendären Kälte gegenüber politischen Konkurrenten ebenso erwähnt werden wie die Ritterlichkeit und Aufopferung des Ehemanns gegenüber seiner früh erkrankten und verstorbenen ersten Frau und das bei aller patriarchalischen Strenge ungezwungene und herzliche Verhältnis zu seinen sieben Kindern und vierundzwanzig Enkelkindern und zu seiner zweiten Frau, die seinen abermaligen politischen Aufstieg nach dem Zweiten Weltkrieg – sie starb 1948 – nicht mehr erlebt hat.

Adenauer kam aus der Tradition des rheinischen Katholizismus und des rheinischen politisch liberalen Bürgertums. In der christlichen Überlieferung hat er sich, wie Wilhelm Hausenstein hervorgehoben hat, wie in einer selbstverständlichen Realität bewegt[75]. Sie

[72] Siehe Anm. 63.

[73] ERICH P. NEUMANN/ELISABETH NOELLE, Umfragen über Adenauer, Allensbach-Bonn 1961, S. 131 ff., S. 145 ff.

[74] W. HAUSENSTEIN, S. 16 ff.

[75] »Der Kanzler bewegt sich in seinem Christentum ohne die geringste Auffälligkeit, vielmehr mit aller Zurückhaltung einer unmittelbaren Realität, die gar nicht auf den Gedanken kommt, sich zu beweisen« (a. a. O., S. 77).

verschmolz bei ihm mit humanistischen[76] und naturrechtlichen[77] Überlieferungen, die in seiner Politik ein beträchtliches, bisher noch kaum gewürdigtes Gewicht besaßen. Dabei war sein Verhältnis zur kirchlichen Hierarchie alles andere als das des unterwürfigen Dieners und Befehlsempfängers. Zwischen Theologie und Politik hat er stets einen reinlichen Trennungsstrich gezogen. Es fehlt nicht einmal an gelegentlichen herben Äußerungen der Kirchenkritik[78], ein Umstand, der mit seiner persönlichen, ganz aufs Praktische gerichteten Frömmigkeit nicht im Widerspruch stand. Adenauer hat den Schutz der Kirche im Dritten Reich als Verfolgter erfahren, als er bei seinem Freund Abt Ildefons Herwegen in Maria Laach Zuflucht suchte und fand. Er lebte in seinem Familienkreis in Rhöndorf im sichernden Rhythmus kirchlicher Feste und Gebräuche. Gleichwohl hat er nicht gezögert, kirchliche Ansprüche zurückzuweisen, wo sie ihm das Gesetz der Freiheit der Kirchen im demokratischen Verfassungsstaat zu verletzen schienen: daß nämlich die Kirchen nur unter der Voraussetzung allgemeiner politischer Freiheit frei sein können[79] und daß daher ihr Ziel nicht Privilegienbewahrung, sondern Mitarbeit in diesem Staate sein solle.

Aus dem rheinisch-katholischen Schwerpunkt von Person und Politik Adenauers ergaben sich – neben der starken Öffnungsbereitschaft nach Westen – auch Abgrenzungen nach verschiedenen Seiten hin. Zunächst nach Osten: Adenauer stand, wie oft hervorgehoben[80], dem eigentlichen östlichen Preußen innerlich fern, obwohl man den straff aufgerichteten, pünktlich agierenden Mann gelegentlich mit einem preußischen General vergleichen wollte. Weniger bekannt aber ebenso bedeutsam ist, daß er auch zum deutschen Südosten, zu Bayern, kein näheres Verhältnis gefunden hat, und auch nicht zur donauländischen Sphäre: Wien war ihm ähnlich fremd wie Berlin. Kein Zweifel, daß er seine Zugehörigkeit zur Zentrumspartei und seinen Vorsitz im Preußischen Staatsrat (1921–1933) ganz aus der rheinischen Perspektive sah, wie er auch

[76] Einer der Leitsprüche Adenauers (neben dem augustinischen »Inquietum est cor nostrum«) war Ciceros »Homo sum . . .« Noch im Alter beherrschte er Griechisch und Latein. Über die humanistische Komponente seiner Erziehung hat er sich 1964 in der Zeitschrift WORT UND WAHRHEIT geäußert (Heft 1, S. 11).

[77] Im Naturrecht sah Adenauer einen Damm gegen den Einbruch des Rechtspositivismus und der Funktionalisierung des Rechts. Eben deshalb stand er den Äußerungen des Zweiten Vatikanischen Konzils, in denen er eine Abkehr von der naturrechtlichen Tradition zu sehen meinte, kritisch gegenüber.

[78] Als ich nach einem recht kritischen Vortrag über die Lage der Kirche in Köln 1966 Adenauers Sohn Paul ansprach, äußerte dieser zu meinem Erstaunen, sein Vater sei noch wesentlich kritischer in seinen Bemerkungen über die Kirche.

[79] H. Buchheim, Adenauer, S. 23.

[80] Vor allem von W. Hausenstein, S. 71 f.

nach dem Zweiten Weltkrieg mit der Wahl Bonns als Hauptstadt die Bundesrepublik auf die rheinische Achse hin konzipiert hat[81]: links des Stromes, auf das Nachbarland Frankreich bezogen, mit dem nordrhein-westfälischen Zentrum als politischem Schwerpunkt und fern von der alten Kapitale des Preußentums.

Adenauers Abneigung gegen Preußen scheint – sieht man von seiner generellen Fremdheit gegen alles »Östliche« ab – auf die Erfahrung der Bismarckschen Innenpolitik zurückzugehen. Kulturkampfreminiszenzen spielen dabei eine zentrale, wenn nicht gar ausschließliche Rolle. Mit gleichaltrigen Freunden war der junge Rheinländer früh der Ansicht, daß im Kampf des Bismarckschen Staates gegen Katholiken und Sozialisten die bedenkliche Kehrseite des sonst bejahten und wegen seiner außenpolitischen Mäßigung sogar gepriesenen Zweiten Kaiserreiches lag[82]. Adenauers ablehnende Haltung hat sich auch während der Weimarer Republik nicht geändert, als die führenden Politiker des Zentrums, vor allem Wirth und Brüning, in einer historischen Nachholbewegung die preußisch-deutsche Tradition aufzuarbeiten und dem Katholischen einzuverleiben strebten – in ihrer großzügigen Anverwandlung nationaler Überlieferungen weit kompromißbereiter als der rheinische Katholik Adenauer, dessen Politik nie im Nationalstaatlichen aufging und der in seiner ganzen Art, Politik zu machen – etwa auch im großzügigen Umgang mit den Finanzen[83] – mehr wie ein Nachfolger rheinischer Kurfürsten und Erzkanzler wirkte denn als ein Mann des kleindeutschen, preußisch-deutschen Staates.

Der innerkatholische Streit um die politische Orientierung gegenüber dem deutschen Nationalstaat hatte bereits in der Weimarer Republik begonnen. (*Den Kölschen Klüngel lassen wir nicht ran* hieß damals die Losung des Berliner Germania-Kreises.) Er setzte sich nach dem Zweiten Weltkrieg in verwandelten Formen fort und wirkte noch in die Richtungskämpfe der CDU um die außen- und innenpolitische Zielbestimmung hinein, an denen Adenauer führenden Anteil nahm. Die Kräfte, die seiner Konzeption entgegenstanden, waren in der ersten Nachkriegszeit fast übermächtig. Bei J. Kaiser, J. Müller, K. Arnold dominierte das Programm einer außenpolitischen Brückenfunktion Deutschlands zwischen Ost und West, verbunden mit weitgehenden Sozialisierungsvorstellungen im In-

---

[81] W. HAUSENSTEIN, S. 70; H.-P. SCHWARZ, S. 432 ff.

[82] Das wird jetzt besonders deutlich aus A. POPPINGA, S. 188 ff.

[83] Darauf beruhte sein Zerwürfnis mit Brüning. Deutliche Reflexe noch in Brünings Memoiren: HEINRICH BRÜNING, Memoiren 1918–1934, Stuttgart 1970, S. 214. Taschenbuchausgabe: München (dtv) 1973.

nern und dem Gedanken einer großen Koalition mit den Sozialdemokraten. Daß es Adenauer gelang, in mehrjährigem Ringen diese
Kräfte zurückzudrängen und seine politische Konzeption innerhalb
der CDU durchzusetzen, war ein Meisterstück kluger Taktik und
geduldigen Abwartens. Es ist kein Zweifel, daß in dieser innerparteilichen Auseinandersetzung auch die Würfel fielen für den künftigen
Kurs des neuen Staatswesens unter seinem ersten Kanzler in den
Jahren 1949 bis 1963.

Zwei Dinge hat Adenauer dabei wohl schärfer erkannt als seine
Gegner: daß das niedergeworfene Deutschland zur Politik einer
aktiven Vermittlung zwischen Ost und West nicht fähig war und
jeder Versuch, es in diese Richtung zu drängen, eine gefährliche
Überforderung der deutschen Möglichkeiten gewesen wäre; sodann
daß eine innenpolitische Orientierung nach links die schwierige
Aufbauphase nach dem Krieg nicht gefördert, sondern gestört und
gefährdet hätte. Die Politik des Schaukelns und Pendelns, unglückli-
ches Kennzeichen der Weimarer Jahre, sollte sich nach Adenauers
Willen nach 1945 nicht wiederholen. Die strikte Westorientierung
der Bundesrepublik war für ihn die einzige Politik, die Deutschland
wieder Vertrauen gewinnen konnte. An diesem Kurs hielt er, gegen
alle Kritik auch aus den eigenen Reihen, unbekümmert fest. Die
Ereignisse bestätigten die Richtigkeit seiner Analyse. Adenauer,
nicht in der Länderpolitik engagiert, bis 1949 ein relativ distanzierter
Betrachter der politischen Szene, erkannte schärfer als andere die
neue Situation des Ost-West-Konflikts und der weltpolitischen Pol-
bildungen, die fortan die deutsche Politik bestimmen sollten; er zog
daraus die Konsequenzen einer klaren Westintegration der freien
Teile Deutschlands. Um die deutsche Politik auf dieser Linie zu
stabilisieren, hat er ein bewegliches, oft gerissenes Spiel sowohl in
seiner Partei wie später im Bundestag gegen die SPD Kurt Schumachers gespielt; denn so einfach seine Politik in ihren Zielen war[84], so
erfindungsreich war sie in ihrem personellen Instrumentarium und
ihren taktischen Mitteln.

Innenpolitisch ging Adenauer davon aus, daß der Sozialismus in
Europa seinen Höhepunkt überschritten habe. Eine Koalition mit
ihm wäre nach seiner Meinung Aufopferung an eine tote Sache
gewesen. Es versteht sich, daß er dabei an den Sozialismus in seiner

---

[84] Adenauer hat mehrfach betont, Politik müsse einfach sein (so zu W. HAUSENSTEIN, S. 73). Zu
GÜNTER GAUS sagte er in einem Interview 1965 auf die Frage, ob er negativ berührt sei, wenn man ihn
als einen großen Vereinfacher der Politik bezeichne: *Das halte ich für ein ganz großes Lob, denn in der
Tat, man muß die Dinge auch so tief sehen, daß sie einfach sind. Wenn man nur an der Oberfläche der
Dinge bleibt, sind sie nicht einfach; aber wenn man in die Tiefe sieht, dann sieht man das Wirkliche, und
das ist immer einfach* (zit. bei W. BESSON, S. 59).

34

alten Form dachte, einen Sozialismus marxistischer Provenienz, mit stark nationalistischem Einschlag, mit dem Ziel einer Verstaatlichung der Grundindustrien und eines gesamtgesellschaftlichen Umbaus. Die Differenz zum demokratischen Sozialismus westlicher Prägung war ihm kaum hinreichend deutlich – wobei zuzugeben ist, daß die sozialistische Planwirtschaft der britischen Militärregierung in Deutschland und der ungestüme Nationalismus des Westpreußen Kurt Schumacher kein geeignetes Lehrstück waren, Adenauer von seiner vorgefaßten Meinung abzubringen, Sozialismus und Nationalismus entstammten der gleichen Wurzel eines ebenso antieuropäischen wie antiliberalen Denkens[85]. Wie dem auch sei: die Prognose erwies sich als richtig, daß es im Prozeß des Wiederaufbaus nach dem Krieg nicht auf die gleichmäßige Verteilung des Mangels, sondern auf die Kräfte individueller Selbsthilfe und individuellen Leistungswillens ankam. So lag für Adenauer das innenpolitische Bündnis mit dem politischen Liberalismus und der Wirtschaftspolitik Ludwig Erhards nahe. Zugleich aber sprang hier noch eine andere Erwägung ein. Schon auf dem Münchener Katholikentag von 1922 hatte Adenauer die Meinung vertreten, daß eine stabile Innenpolitik in Deutschland nur möglich sei, wenn eine große Partei der Mitte aus beiden Konfessionen gebildet werde[86]. Nach 1945 war er – obwohl nicht Mitbegründer der CDU – maßgebend daran beteiligt, daß die Union in den rheinischen katholischen Gebieten, die zunächst recht zentrumsfreundlich waren, sich durchsetzte. Dabei leitete ihn nicht nur, aus leidvoller Weimarer Erfahrung, das pragmatische Ziel einer regierungsfähigen Mehrheit. Es ging ihm auch darum, die Evangelischen, die seit dem Zusammenbruch des Zweiten Kaiserreiches politisch heimatlos waren, in den neuen Staat zu integrieren. Adenauer war sich bewußt, daß dies das Ende der alten politischen Orientierung des Zentrums bedeutete und daß die Union, je mehr sie die evangelischen Wähler anzog, infolge der sozialen Verfassung des deutschen Protestantismus eine Gravitation zum Liberal-Konservativen entwickeln mußte. Er hat diese Konsequenz als Mann des rheinischen liberalen Katholizismus wohl auch gewollt. Die Situation war günstig. Es gab nach 1945, anders als in Weimar, keinen Konkurrenten auf der rechten Seite. Und die verbindenden Erfahrungen der Konfessionen im Kirchenkampf hatten fast selbstverständlich zu gemeinsamen Initiativen in der Politik geführt. Gewiß war das Risiko einer Unionspolitik der Konfessionen die Entfremdung mindestens eines großen Teils der politisch aktiven Katholiken

[85] K. ADENAUER, Erinnerungen 1945–1953, S. 50ff.
[86] Siehe Anm. 25.

von den alten Bündnispartnern zur Linken, aber höher wog Adenauer der potentielle Gewinn: die Bindung des protestantischen Elements einschließlich seiner deutschnationalen Gruppen; sie war die entscheidende innenpolitische Voraussetzung seiner Politik der Westintegration.

Über den vielen personellen und taktischen Gelegenheiten und Zufällen, die Adenauers Politik begünstigten, darf das allgemeine Zeitklima nicht vergessen werden. Die Zeit war müde. Die weltpolitischen Träume Deutschlands waren nach dem Zweiten Weltkrieg wie es schien für immer ausgeträumt. Die Strapazierung öffentlicher Tugenden, die gewaltsame Totalpolitisierung durch ein zynisches Regime hatten eine allgemeine Leere hinterlassen, in der das Persönliche und Private fast naturnotwendig nach Revanche verlangten. Was lag in dieser Situation näher, als daß man sich einen Politiker hielt, dessen sachliche Nüchternheit wohltuend vom Maßlos-Missionarischen der vorangegegangenen Epoche abstach und dessen wortkarger Realitätssinn eine verläßliche Bürgschaft gegen neue politische Abenteuer zu sein schien?

Adenauers eigener Erfolg hat, wie so oft im politischen Leben, die geradlinige Fortsetzung seiner Politik erschwert und schließlich unmöglich gemacht. Das Ende des Wiederaufbaus stieß die Deutschen wieder in die alte Problematik ihrer politischen Form – Freiheit oder Einheit – zurück, und die Veränderung der weltpolitischen Szene zwang zu Anpassungen, die eine Rückkehr zu nationalstaatlicher Bündnispolitik bedeuteten, ohne doch den »cauchemar des coalitions« von Deutschland bannen zu können. Während der Erfolg der Adenauerschen Bündnis- und Sicherheitspolitik im Äußern und des steigenden Wohlstands im Innern eine trügerische Euphorie schuf, begannen die 1945 im Blick auf den Nationalsozialismus verdrängten Probleme des Wohlfahrtsstaates, der Planung, der technischen Entwicklung und des gesellschaftlichen New Deal wiederum die Geister zu beschäftigen, und eine ebenso gedächtnisarme wie tatendurstige Jugend griff, der Skepsis ledig, erneut zum Geländer vereinfachender Ideologien.

Es wäre töricht, Adenauer die Last für die Entwicklung zuzuschreiben. Jeder Staatsmann hat seine Stunde, und die politische Phantasie der Deutschen läßt sich offensichtlich leichter vom Reiz unsteter Dynamik gefangennehmen als von der Sicherheit ruhiger Führung. Daher eignet dem Werk Adenauers etwas charakteristisch Bruchstückhaftes, Unvollendetes. Zwar wirken seine Anstöße in der europäischen Politik bis heute fort. Seine Grundkonzeption, postnationalstaatlich und darin alles andere als restaurativ, ist unverändert und harrt der Fortsetzung. Aber die unmittelbare politische Realisierung seiner Vorstellungen – und damit die weltpolitische Wirksamkeit – blieb doch auf die Nachkriegszeit und auf die fünfziger Jahre beschränkt. Es war die Zeit des pragmatischen Anfangs – eine Zeit heilsamer Ernüchterung nach einem Zeitalter politischer Illusionen. Ihr hat der patriarchalisch regierende Erzzivilist aus Köln mit sparsamer Geste und dürrem Wort die geschichtliche Richtung gewiesen.

RUDOLF MORSEY
Der politische Aufstieg Konrad Adenauers 1945–1949

Jede Beschäftigung mit der historischen Gestalt und dem politischen Werk Adenauers für die Zeit nach 1945[1] muß von zwei Feststellungen ausgehen: Von dem Hinweis auf das hohe Lebensalter (geb. 1876), in dem Adenauer eine politische Laufbahn begann, und auf die Tatsache, daß er weder zu den Initiatoren noch zu den Gründern der Kölner bzw. (nord-)rheinischen CDU gehörte[2], wenngleich er in den zwanziger Jahren die Umbildung des Zentrums zu einer interkonfessionellen Volkspartei befürwortet hatte. Erst mit seiner Wahl zum Vorsitzenden der CDU des Rheinlands am 5. Februar 1946 begann Adenauers parteipolitische Laufbahn. Von diesem Zeitpunkt an verknüpft sich die Geschichte der CDU mit seinem Namen.

Das Denken und Handeln dieses rheinischen Politikers ist ohne seinen landschaftlichen Hintergrund und Lebenskreis – Köln bildete einen Schwerpunkt des politischen Katholizismus, in dessen Zeichen Adenauer seinen kommunalpolitischen Aufstieg begonnen hatte[3] – nicht zu verstehen. Seit 1918/19 war Adenauer der prominenteste Verfechter des Gedankens der Brücken- und Mittlerfunktion des Rheinlands zwischen dem Reich und Westeuropa: Ein deutscher Patriot föderalistischer und antipreußischer Grundhaltung, kein Nationalist, kein Separatist. Sein rascher politischer Aufstieg bis 1949 vollzog sich in jener ersten Nachkriegsepoche, die bisher noch keineswegs zureichend erforscht ist[4]. Die gleiche »Mi-

[1] Der erste Teil dieses Beitrags (Kapitel I–IV) bietet eine Skizze des politischen Aufstiegs Adenauers, wobei zahlreiche bisher ungedruckte Materialien verwendet werden konnten; einbezogen wurde ferner ein Abschnitt (S. 44–48) meines Aufsatzes *Vom Kommunalpolitiker zum Kanzler* (s. Anm. 5). Der zweite Teil (Kapitel V–IX) ist eine stark überarbeitete und erweiterte Fassung meiner Studie *Die Rolle Konrad Adenauers im Parlamentarischen Rat* (VIERTELJAHRSHEFTE FÜR ZEITGESCHICHTE 18, 1970, S. 62–94, abgedruckt in: AUS POLITIK UND ZEITGESCHICHTE B 8 vom 21. Februar 1970, S. 25–46). Für die Neubearbeitung konnten insbesondere die Protokolle der Sitzungen der CDU/CSU-Fraktion des Parlamentarischen Rats ausgewertet werden, die wesentliche neue Ergebnisse vermittelten.

[2] Noch in CDU-Publikationen des Jahres 1970 wird Adenauer zu den Männern der *ersten Stunde* gerechnet. So JOSEPH BOLLIG, Die CDU, in: AUF DER SUCHE NACH DEM KURS, Zur Erinnerung an die Gründung der CDU im Rheinland vor 25 Jahren, hrsg. von LEO SCHWERING, Köln 1970, S. 6. ADENAUERS unpräziser Hinweis (Erinnerungen 1945–1953, Stuttgart 1965, S. 54), er habe nach dem Zusammenbruch *von Anfang an* für die CDU gearbeitet, trifft nur zu, wenn man von der formellen Gründung der Partei in Köln ausgeht, nicht aber, wenn man deren Vorgeschichte einbezieht.

[3] Dazu vgl. neuerdings das Sammelwerk KONRAD ADENAUER. OBERBÜRGERMEISTER VON KÖLN, hrsg. von HUGO STEHKÄMPER, Köln 1975.

[4] Vgl. die Quellen- und Literaturhinweise in dem in Anm. 1 genannten Aufsatz in VIERTELJAHRSHEFTE FÜR ZEITGESCHICHTE, S. 62 mit Anm. 3 und 4.

nusbilanz« besteht ebenso für die Erforschung der »Vorgeschichte« der Bundesrepublik Deutschland einschließlich der Geschichte des Parlamentarischen Rats, aber genauso auch für die Entwicklung der CDU und CSU nach Abschluß ihrer »Gründerzeit«. Für eine Biographie Adenauers fehlen noch wesentliche Vorarbeiten.

I. Anfänge und Zielsetzungen des CDU-Politikers

Seit langem ist bekannt, daß sich Adenauer gegenüber den wiederholten, von April bis Ende Juli 1945 unternommenen Versuchen des Kölner CDU-Gründerkreises (Leo Schwering, Wilhelm Warsch), den alten und neuen Oberbürgermeister als prominentestes Mitglied für die junge Partei zu gewinnen, reserviert verhalten hat. Dabei spielte seine exponierte Stellung eine entscheidende Rolle, die ihn zwang, das Verbot der Besatzungsmacht zu beachten, wonach zunächst keine Parteigründung erlaubt war, ein Verbot, von dem der Oberbürgermeister nicht glaubte, daß es rasch aufgehoben werden würde (was am 18. September 1945 geschah). Daneben aber gehörte es zu den aus langer Erfahrung gewonnenen Eigenschaften Adenauers, bei *nicht ganz geklärten Verhältnissen,* – wozu die Ungewißheit über den Erfolg des Wiederauflebens der früheren Zentrumspartei gehörte, in der Adenauer eine führende Stellung eingenommen hatte und deren Namen aufzugeben ihm nicht leicht fiel – vorsichtig abzuwarten, um dann in einem selbstgewählten Moment das eigene Gewicht zur Geltung zu bringen[5]. Und endlich bildeten einzelne Persönlichkeiten des rheinischen Gründerkreises (insbesondere L. Schwering) und deren Zielsetzungen, insbesondere die starke Betonung des *christlichen Sozialismus,* für Adenauer Anlaß zu mißtrauischem Abwarten.

Diese Haltung gab der Oberbürgermeister, der über den Leiter des städtischen Nachrichtenamtes, Peter Josef Schaeven, Fühlung mit dem Gründerkreis besaß, Ende Juli 1945 auf. Zu diesem Zeitpunkt hatte er sich trotz der unzureichenden Informations- und Kommunikationsmöglichkeiten ein Urteil über die Lage in Deutschland und die Situation in Europa gebildet. Es fand seinen

---

[5] Vgl. HERMANN PÜNDER, Von Preußen nach Europa, Stuttgart 1968, S. 314. In einem Schreiben ADENAUERS vom 5. September 1945 an Pünder hieß es: *Die ganzen Dinge sind noch außerordentlich in Fluß.* Ebd., S. 198. Dazu vgl. RUDOLF MORSEY, Wie und wann kam Adenauer zur CDU? in dem Aufsatz *Vom Kommunalpolitiker zum Kanzler,* in: KONRAD ADENAUER. ZIELE UND WEGE, hrsg. von der KONRAD ADENAUER-STIFTUNG, Mainz 1972, S. 37 ff. mit weiteren Einzelheiten; KLAUS DREHER, Der Weg zum Kanzler, Düsseldorf 1972, S. 94 ff.

Niederschlag in verschiedenen öffentlichen und privaten Äußerungen seit dem 10. Juli[6]. Bezeichnenderweise gelang es dann am 31. August zwei Mitgliedern des Düsseldorfer Gründerkreises, Karl Arnold und Walther Hensel, Adenauer für den Beitritt zur CDU zu gewinnen[7]. Dabei spielte die Zusicherung eine Rolle, dem Kölner Oberbürgermeister einen Platz im ersten Landesvorstand in Aussicht zu stellen, der zwei Tage später gewählt werden sollte. Arnold und Hensel gehörten in den kommenden Monaten zu seinen tatkräftigsten Stützen im Landesvorstand und damit zu den Kontrahenten von Leo Schwering.

Am 2. September erfolgte in Köln mit 180 : 6 Stimmen die Wahl eines sechsköpfigen Vorstands der CDU des nördlichen Rheinlands, da in der französischen Besatzungszone noch keine Parteigründungen erlaubt waren. Den *geschäftsführenden Vorsitz* dieses Gremiums erhielt der Kölner Bibliotheksdirektor Leo Schwering (1921–1932 Zentrumsabgeordneter des Preußischen Landtags). Unter den Gewählten befand sich auch Adenauer, der an der Sitzung nicht teilgenommen hatte[8]. Er war die einzige überregional bekannte Persönlichkeit des neuen Vorstands. Die Vermutung Hermann Pünders, daß Adenauer der *Berufung* (!) in den Vorstand *noch immer kein Interesse* habe abgewinnen können[9], trifft nicht zu[10]. Im Gegenteil: Der Verzicht auf die Wahl eines (echten) Vorsitzenden hatte den Zweck, diesen Platz von vornherein für Adenauer freizuhalten[11] – eine Absicht, die vermutlich in dessen Gespräch mit Arnold und Hensel am 31. August von den Düsseldorfern zum Ausdruck gebracht worden war.

Diese Zielsetzung wurde vier Wochen später deutlich. Bei einer Sitzung des neuen Landesvorstands am 30. September in Köln, an

[6] Der Inhalt eines UP gegebenen Interviews vom 10. Juli (abgedruckt am 13. Juli im KÖLNISCHEN KURIER) ist teilweise referiert bei LEO SCHWERING, Frühgeschichte der CDU, Recklinghausen 1963, S. 137f.

[7] Vgl. WALTHER HENSEL, 3x Kommunalpolitik 1926–1964, Köln 1970, S. 71. Die Annahme von HANS GEORG WIECK, Adenauer sei *spätestens Anfang Juli* für die CDU eingetreten, ist unzutreffend. Die Entstehung der CDU und die Wiedergründung des Zentrums im Jahre 1945, Düsseldorf 1953, S. 57. Das gilt auch für die Darstellung der Vorgänge bei der Wahl des ersten Vorstands am 2. September 1945 (S. 99).

[8] Nach dem Protokoll der Sitzung. Akten der CDU Rheinland, Köln. Dazu vgl. ARNOLD J. HEIDENHEIMER, Adenauer and the CDU, The Hague 1960, S. 57; L. SCHWERING, Frühgeschichte, S. 131.

[9] Von Preußen nach Europa, S. 241.

[10] Auch nicht das rückblickende Urteil von OTTO SCHMIDT, dem Gründer der CDU in Wuppertal: Adenauer habe vornehmlich deswegen gezögert, an dieser Sitzung teilzunehmen, *weil ihm die gemeinsame christliche Aktion noch nicht genügend fundiert erschien.* Zur Frühgeschichte der CDU Wuppertal, in: AUF DER SUCHE NACH DEM KURS, S. 45.

[11] Das geht aus den Ausführungen HENSELS am 30. September 1945 in einer Sitzung des Landesvorstandes in Köln hervor. Nach dem Protokoll (s. Anm. 8). Dazu vgl. L. SCHWERING, Frühgeschichte, S. 171, der Adenauer irrtümlich als Teilnehmer der Sitzung aufführt.

der Adenauer nicht teilnahm, erklärte Hensel – als über die Frage von Zuwahlen debattiert wurde – schlicht, daß es der Zweck dieses *Rates der Vorsitzenden* gewesen sei, Adenauer *herauszustellen*. Er fuhr fort: *Man entschied sich dann, noch einige andere Persönlichkeiten herauszustellen*. Dem Vorschlag des Kölner Gewerkschaftlers Johannes Albers, den Rat, der eine *Verlegenheitslösung* gewesen sei, möglichst rasch zugunsten eines echten Vorstands abzuschaffen, wurde wenige Wochen später entsprochen. Er hatte inzwischen seinen Hauptzweck erfüllt: Adenauer zu gewinnen.

Über parteipolitische Aktivität des Oberbürgermeisters zwischen dem 2. September und dem 6. Oktober 1945 ist bisher nichts auszumachen. Am 30. September ergriff er bei einem Treffen zwischen CDU- und SPD-Politikern in Godesberg, das von Carl Severing angeregt und mit einem Referat eingeleitet wurde, in der Diskussion zweimal das Wort zu kurzen Bemerkungen[12]. Zunächst teilte er Severings Ansicht über die Nützlichkeit derartiger Treffen (wenn sie *mit dem Glauben an den guten Willen der anderen Seite* geführt würden); sodann unterstützte er den Hinweis von Hans Böckler, wonach die *kleinen Beamten* in der NSDAP nicht besonders bestraft werden dürften und hob schließlich (in Aufnahme von Äußerungen Robert Görlingers) die Notwendigkeit einer *ordentlichen Presse* hervor.

Eine Woche später war Adenauer von der Militärregierung ausgeschaltet. Mit seiner abrupten Entlassung als Oberbürgermeister am 6. Oktober 1945 – in deren Vorgeschichte eine Denunziation des Kölner SPD-Vorsitzenden Görlinger beim Secret Service gehörte – war das Verbot gekoppelt, sich parteipolitisch zu betätigen. Noch am gleichen Tage schrieb er lakonisch an den Kölner CDU-Vorsitzenden Leo Schwering: *Die Militärregierung hat mir jede politische Tätigkeit verboten. Daher scheide ich hiermit aus dem Landesvorstand der Partei aus*[13]. Dieses Verbot wurde fünf Tage später auf das Gebiet des Regierungsbezirks Köln beschränkt und am 13. Dezember 1945 aufgehoben. An diesem Tage erhielt Adenauer (aus Bünde?) die schriftliche Mitteilung, daß er an der von Andreas Hermes (Berlin) einberufenen *Reichstagung* der CDU in Godesberg

---

[12] Nach dem Protokoll dieser Besprechung. Photokopie im Besitz des Verfassers. Entsprechend ist L. SCHWERING, Frühgeschichte, S. 145, zu berichtigen, wo es heißt, Adenauer sei in Godesberg nicht dabei gewesen.

[13] HISTORISCHES ARCHIV DER STADT KÖLN (künftig: HAStK), Abt. 1193, Kasten 6, Fasz. X. Vgl. L. SCHWERING, Frühgeschichte, S. 145; PAUL WEYMAR, Konrad Adenauer, München 1955, S. 283, 288; K. ADENAUER, Erinnerungen 1945–1953, S. 37 f. Im HANDBUCH DES LANDTAGES NORDRHEIN-WEST=FALEN, 1. Wahlperiode 1947 (Düsseldorf 1949, S. 255), findet sich unter Adenauers Personalangaben der Satz: *Am 6. Oktober 1945 von der britischen Militärregierung wegen Unfähigkeit entlassen*. Der Zusatz *wegen Unfähigkeit* fehlt in den späteren parlamentarischen Handbüchern.

teilnehmen könne[14]. Ein Vertreter der Besatzungsmacht ersuchte ihn sogar ausdrücklich, dabei öffentlich aufzutreten[15] – vermutlich, um auf diese Weise in der Öffentlichkeit den Fehler der Militärregierung vom 6. Oktober abzuschwächen.

Die fünf Monate zwischen dem 6. Oktober 1945 und dem 5. Februar 1946, an dem Adenauer in Krefeld-Uerdingen zum Vorsitzenden der CDU-Landespartei (Nord-)Rheinland gewählt wurde, waren eine erzwungene Ruhepause vor seinem Eintritt in die aktive Parteipolitik. In dieser Zeit entwickelte bzw. überprüfte Adenauer noch einmal seine politische Konzeption – oder soll man angesichts der Lage von 1945 eher sagen: Vision –, die er mit Hilfe der neuen Partei zu realisieren trachtete. Die Tatsache, daß er in Rhöndorf in Zusammenarbeit mit Maria Schlüter-Hermkes den Entwurf eines CDU-Programms ausarbeitete[16], unterstreicht nur, mit welchem Elan sich Adenauer parteipolitischer Tätigkeit zuwandte, die er bis zu seinem 70. Lebensjahr gemieden hatte.

Seine damalige politische Konzeption bestand in der Ausformung einer Zielsetzung, die Adenauer nach dem Ersten Weltkrieg entwickelt hatte[17] und deren Gültigkeit und Aktualität er durch die Erfahrungen der nationalsozialistischen Ära nur bestätigt sah. Die Vorstellungen und Zielsetzungen Adenauers brauchten durch die Entwicklung der nächsten vier Jahre nicht verändert, sondern nur ergänzt bzw. konkretisiert zu werden, insbesondere in bezug auf die zentrale Rolle der USA beim Wiederaufbau Westeuropas und Westdeutschlands, die erst seit 1947 deutlich wurde. Sie lassen sich in aller Kürze (mit zeitlichen Ausblicken bis 1947/48 hin) folgendermaßen umschreiben[18]:

[14] ADENAUER teilte das dem Kölner Beigeordneten Ernst Schwering am gleichen Tage mit und ergänzte: *Gleichzeitig bekam ich heute ein Telegramm des Oberpräsidenten* [Lehr], *der Brigadier B[arraclough] bitte mich, morgen um 10.15* [Uhr] *zu ihm in den Stahlhof* [nach Düsseldorf] *zu kommen!* HAStK, Abt. 904/1144.

[15] Vgl. K. ADENAUER, Erinnerungen 1945–1953, S. 39 (allerdings ohne Daten und Namen).

[16] Vgl. P. WEYMAR, Adenauer, S. 289; L. SCHWERING, Frühgeschichte, S. 183. Kopie mit Adenauers Korrekturen an der 1945 erschienenen Broschüre des Kölner CDU-Mitbegründers THEODOR SCHARMITZEL, Christliche Demokratie im neuen Deutschland (Schriftenreihe der rheinischen CDU, H. 1) im Besitz des Verfassers. Ferner L. SCHWERING, Auf der Suche nach dem Kurs (in dem gleichnamigen Sammelwerk; s. Anm. 2), S. 102; K. DREHER, Der Weg zum Kanzler, S. 290.

[17] Dazu vgl. RUDOLF MORSEY, Die Deutsche Zentrumspartei 1917–1923, Düsseldorf 1966, S. 125 ff., 246 ff.; KARL DIETRICH ERDMANN, Adenauer in der Rheinlandpolitik nach dem Ersten Weltkrieg, Stuttgart 1966. Zum Thema Adenauer und die Weimarer Republik vgl. HUGO STEHKÄMPER, Konrad Adenauer und Reichskanzleramt während der Weimarer Zeit, in: AUS KÖLNISCHER UND RHEINISCHER GESCHICHTE, Festgabe für Arnold Güttsches zum 65. Geb., hrsg. von HANS BLUM, Köln 1969, S. 215–254.

[18] Dazu vgl. K. ADENAUER, Erinnerungen 1945–1953, passim; HANS-PETER SCHWARZ, Vom Reich zur Bundesrepublik, Neuwied 1966, S. 425 ff.; DERS., Konrad Adenauer: Erinnerungen 1945–1953, in: POLITISCHE VIERTELJAHRESSCHRIFT 6, 1965, S. 497 ff.; ARNULF BARING, Außenpolitik in Adenauers Kanzlerdemokratie, München 1969, S. 50 ff., 57 ff.

In seiner politischen Konstellationsanalyse ging Adenauer von der faktischen Zweiteilung Europas und damit Deutschlands aus. Daraus leitete er die Forderungen ab, den bis in die Mitte Europas vorgedrungenen Bolschewismus an weiterem Vormarsch zu hindern. Als Lehre der Geschichte hielt er es für notwendig, die vor 1933 zwischen Ost und West hin- und hergerissenen Deutschen künftig vor sich selbst dadurch zu schützen, daß ihnen die außenpolitische Entscheidungsfreiheit (mit der Möglichkeit einer *Schaukelpolitik,* die Adenauer an Stresemann häufig kritisiert hat) abgenommen werde. Diejenigen Deutschen, die westlich des Eisernen Vorhangs lebten, sollten so rasch wie möglich aus ihrer Machtlosigkeit und Isolierung herausgeführt und unwiderruflich mit den Staaten des europäischen Westens verbunden werden.

Mit dieser Westbindung sollte eine *organische* Verflechtung der deutschen und westeuropäischen Schwerindustrie Hand in Hand gehen, um das berechtigte Sicherheitsverlangen der Nachbarvölker zu befriedigen, eine Aussöhnung mit Frankreich in die Wege zu leiten und zugleich zu verhindern, daß die benachbarten Staaten auf einer Abtretung deutschen Gebiets bestehen würden. Diese wirtschaftliche Union sollte die Grundlage einer weitgehenden politischen Integration Westeuropas unter Einschluß Großbritanniens bilden. In Konsequenz dieser Situationsanalyse hielt Adenauer eine längere Besetzung Deutschlands durch die Siegermächte für notwendig, wobei allerdings den Deutschen soviel *Bewegungsfreiheit wie möglich* gegeben werden sollte, um – bereits im Juli 1945! – eine *Art deutsche Zentralverwaltung* zu schaffen, die mit der alliierten Militärregierung zusammen Deutschland regieren sollte[19].

Die Alliierten hatten die innerdeutschen Voraussetzungen geschaffen, um diese Zielsetzungen realisieren zu können; denn erst die nach der Zerschlagung Preußens vorgenommene Neubildung der Länder machte eine stärkere Westorientierung des größten Teils von Deutschland möglich. Adenauer befürwortete einen föderalistisch gegliederten Bundesstaat mit weitgehender finanzieller Autonomie der Länder[20], um die Macht der Regierung beschränken zu können. Die *politische Zentrale eines neuen Deutschlands* wollte er von Berlin nach dem Westen verlagert wissen, *gleichgültig, ob und von wem Berlin und der Osten besetzt seien*[21]. Dabei sollte der neue

---

[19] So in dem UP-Interview vom 10. Juli 1945 (s. Anm. 6).

[20] Vgl. Pierre Arnal, Conrad Adenauer sous l'occupation britannique (1945–1947), in: Revue d'Histoire Diplomatique 81, 1967, S. 57–85.

[21] So am 8. April 1946 in einem Schreiben an die Landesvorsitzenden der CDU und CSU. Walter Berberich, Die historische Entwicklung der Christlich-Sozialen Union in Bayern bis zum Eintritt in

Bundessitz genauso wie der Sitz der CDU *in der Gegend des Mains* errichtet werden[22], *wo die Fenster Deutschlands nach dem Westen weit geöffnet sind*[23].

In Konsequenz dieser Zielsetzungen wollte Adenauer die Freiheit und Sicherheit der 46 Millionen Deutschen in den drei Westzonen nicht um eines überholten nationalstaatlichen Souveränitätsprinzips willen aufs Spiel gesetzt wissen, da angesichts der gegebenen Kräfteverhältnisse eine Wiederherstellung der deutschen Einheit eine sowjetische Einflußnahme auf Gesamtdeutschland bedeuten mußte. Der CDU-Politiker trat dafür ein, daß die Westmächte anstelle eines Friedens*vertrags* – den keine Partei unterschreiben könne – Deutschland, solange es geteilt bleibe, ein *Statut* auferlegen sollten; auf diese Weise könne kein deutscher Politiker einer vergleichbaren Hetze wie der gegen die Unterzeichner des Versailler Vertrages ausgesetzt werden. Außerdem sei ein, wenn auch noch so hartes, *Statut* leichter zu verbessern als ein zweiseitiger Vertrag[24].

Adenauer war früh davon überzeugt, daß sich das wirtschaftliche Leben in den Westzonen rasch erholen und damit Westdeutschland auch wieder eine politische Rolle zufallen würde. Er zweifelte nicht an der Lebensfähigkeit des neu zu konstituierenden Staatsgebildes. Für dessen inneren Aufbau hielt er zunächst eine regionale Dreigliederung wünschenswert. Dabei sollten Rheinland, Westfalen, eventuell Osnabrück, Rheinhessen, Rheinpfalz und Teile von Hessen-Nassau die Brücke zwischen einer ähnlich großen norddeutschen und süddeutschen Ländergruppierung bilden. Der CDU-Politiker war von jeher Anhänger eines Zweikammersystems (mit zwei gleichberechtigten Kammern unterschiedlicher Laufzeit, also kein Bundesrat mit weisungsabhängigen Landesvertretern), das er auch innerhalb der Länder für denkbar hielt[25]. Die im Juli 1946 von der

die Bundespolitik, Phil. Diss. Würzburg 1965, S. 199 ff. Ähnlich im Mai 1946 an Jakob Kaiser. Vgl. WERNER CONZE, Jakob Kaiser, Stuttgart 1969, S. 11. Daß der Anti-Berlin-Komplex auch bei führenden Sozialdemokraten eine Rolle spielte (vgl. H.-P. SCHWARZ, Vom Reich zur Bundesrepublik, S. 470, 628, 797; WILHELM HOEGNER, Der schwierige Außenseiter. München 1959, S. 280), sei hier nur angemerkt.

[22] Vgl. HANS GEORG WIECK, Christliche und Freie Demokraten in Hessen, Rheinland-Pfalz, Baden und Württemberg 1945/46, Düsseldorf 1958, S. 190: Notiz Adenauers über das Ergebnis einer Besprechung der Vorsitzenden der CDU der britischen Zone, Hessens und Württembergs sowie der CSU am 3. April 1946 in Stuttgart. (Im Wortlaut bei W. BERBERICH, Entwicklung der Christlich-Sozialen Union, S. 197 f.). Nach einer Mitteilung ERNST LEMMERS in der Berliner NEUEN ZEIT vom 24. November 1946 soll sich Adenauer für Frankfurt ausgesprochen haben. Vgl. W. CONZE, Kaiser, S. 120.

[23] Interview mit DIE WELT, 30. November 1946.

[24] Vgl. P. ARNAL, Adenauer, S. 80.

[25] So am 20. September 1946 im Zonenbeirat. PROTOKOLLE DER (ungedruckten) VERHANDLUNGEN DES ZONENBEIRATS, S. 78 (Bibliothek des Deutschen Bundestags, Bonn). Ferner in der CDU/CSU-Fraktion am 28. September 1948. FRAKTIONSPROTOKOLLE, S. 25.

britischen Regierung verfügte Errichtung des Landes Nordrhein-Westfalen wurde von Adenauer begrüßt[26], der in der Folge wiederholt, ohne Erfolg, für den Anschluß der drei nördlichen Regierungsbezirke des zur französischen Zone gehörenden Landes Rheinland-Pfalz (Koblenz, Trier, Montabaur) an Nordrhein-Westfalen eintrat[27]. Aus Adenauers Lagebeurteilung und Zielsetzung – zu der ferner ein möglichst großer Freiheitsspielraum für den Einzelnen und die Ablehnung jeglichen sozialistischen Staatsdirigismus gehörten – erklären sich seine Stellungnahmen zu den Entscheidungen der westlichen Siegermächte in den folgenden Jahren: Er wandte sich ebenso gegen die Demontagen wie gegen die Annexion westdeutschen Gebiets, gegen die faktische Angliederung des Saargebiets an Frankreich und (1948) die Bestimmungen des Ruhrstatus (internationale Kontrolle der Ruhrindustrie).

Aus der Zeit nach dem Ersten Weltkrieg kannte Adenauer die Mentalität der britischen und französischen Besatzungsmächte und die Rivalitäten zwischen ungleichen Alliierten. Bis etwa 1947 war allerdings noch wenig von Differenzen in der Deutschlandpolitik der Regierungen in Washington, London und Paris bekannt. Bei ihnen gewann Adenauer allmählich als prominentester deutscher Verfechter der Idee einer europäischen Föderation ein Kapital an Vertrauen, das der von ihm vertretenen Politik zugute kam. Dabei spielte eine Rolle, daß er der Vorsitzende der stärksten Partei in der britischen Zone war. Ferner wirkte sein bekannter »antipreußischer Duktus« in dem von Aversionen gegen den preußischen Geist besessenen westlichen Ausland ebenso beruhigend wie sein »instinktiver Antikommunismus« in den Jahren des Kalten Krieges[28].

II. Die Blitzkarriere des CDU-Politikers

Die am 6. Oktober 1945 erzwungene Ruhepause Adenauers endete im Dezember 1945, nachdem die britische Militärregierung das Verbot parteipolitischer Betätigung zunächst gemildert und wenig später aufgehoben hatte[1]. Am Reichstreffen der verschiedenen CDU-Gründerkreise in Godesberg (14./15. Dezember) nahm Adenauer

[26] Vgl. K. ADENAUER, Erinnerungen 1945–1953, S. 98 ff.; WALTER FÖRST, Geschichte des Landes Nordrhein-Westfalen. Bd. 1: 1945–1949, Köln 1970, S. 157.
[27] Vgl. KEESINGS ARCHIV DER GEGENWART 1948/49, Essen 1949, S. 1388, 1456.
[28] Vgl. H.-P. SCHWARZ, Vom Reich zur Bundesrepublik, S. 441 f.

[1] Vgl. K. ADENAUER, Erinnerungen 1945–1953, S. 54 f.

nur als Zuhörer teil[2]. Diese Tagung machte deutlich, daß eine insbesondere von der Berliner CDU erstrebte gesamtdeutsche Parteigründung durch das Veto der Siegermächte vorerst ausgeschlossen und eine Reichsorganisation der CDU nicht realisierbar war. Damit aber wurde die Aufgabe dringlich, die unabhängig voneinander entstandenen regionalen westdeutschen CDU-Gruppierungen enger zusammenzuschließen, zumal in Kürze, zunächst in der amerikanischen Zone, Wahlen bevorstanden.

In dieser Situation betrat Adenauer Anfang Januar 1946 die politische Arena zu einer parteipolitischen Blitzkarriere sondergleichen. Wiederum waren es Düsseldorfer CDU-Politiker gewesen (Walther Hensel und Änne Franken), die ihn noch vor dem Godesberger Treffen in Rhöndorf aufgesucht und gedrängt hatten, für den Landesvorsitz im künftigen Zonenausschuß zu kandidieren[3]. Dazu hatte sich Adenauer bereiterklärt, wenn bestimmte personelle und sachliche Voraussetzungen erfüllt würden: eine für ihn charakteristische Vorbedingung, die an seine Forderungen im Zusammenhang der Reichskanzler-Kandidaturen von 1921 und 1926 erinnert.

Mit der Formulierung dieser Voraussetzungen ließ er sich Zeit. Am 6. Januar 1946 übermittelte er an sieben Mitglieder des Landesvorstands (Albers, Arnold, Franken, v. Gumppenberg, Rott, Strunk und Teusch) eine 13 Punkte-Erklärung. Sie ist nach seinem Schreiben vom 21. August 1945 an Scharnagl[4] – in dem er den Münchner Oberbürgermeister über die Gründung der CDP in Köln und deren Prinzipien informierte und darauf drängte, *sich dieser Entwicklung anzuschließen* – das zweite Schlüsseldokument des kommenden Parteiführers[5].

Die Tatsache, daß von den sieben Adressaten vier aus dem Kreis der christlichen Gewerkschaften kamen, läßt Rückschlüsse auf die Zusammensetzung seiner Anhängerschaft zu, mit deren Hilfe Adenauer der Beginn seines parteipolitischen Aufstiegs gelang. Das zielbewußte Ansteuern der *großen Aufgaben,* die er sich zu reservieren gedachte, zeigt den Blick des Praktikers. Die Erledigung der organisatorischen Aufgaben wollte er einem Mann seines Vertrauens überlassen: Ernst Schwering, Beigeordneter in Köln (Leiter des städtischen Hauptamts Allgemeine Verwaltung und Bruder des CDU-Landesvorsitzenden Leo Schwering), der es allerdings ablehnte, sich der Parteipolitik zu verschreiben.

[2] EBD., S. 55.
[3] Vgl. WALTHER HENSEL, 3x Kommunalpolitik, S. 72.
[4] Abgedruckt: R. MORSEY, Vom Kommunalpolitiker zum Kanzler, S. 76ff.
[5] EBD., S. 79ff. Auszugsweise gedruckt und kommentiert bei L. SCHWERING, Frühgeschichte, S. 172.

Wenn es unter Punkt 3 des Schreibens vom 6. Januar heißt, daß in der Parteiorganisation der Nordrheinprovinz *sehr viel Arbeit rückständig* sei und daß (Punkt 12) der Parteiaufbau *die vordringlichste aller Forderungen* sei, so kam darin eine Kritik an der Führung des Landesverbands durch Leo Schwering zum Ausdruck.

Die sieben Adressaten hatten Adenauers Schreiben vom 6. Januar vermutlich noch nicht alle erhalten, als seine Blitzkarriere begann. Deren Etappen lauteten:

8. Januar 1946 in Düsseldorf: Wahl (in Abwesenheit) zum Sprecher der 5 rheinischen Mitglieder des CDU-Zonenausschusses (26 Mitglieder);

21. Januar 1946 in Düsseldorf: Neuwahl (in Abwesenheit) in den Landesvorstand, dessen Mandat Adenauer am 6. Oktober 1945 hatte niederlegen müssen;

22./23. Januar 1946 in Herford: Leiter der ersten Tagung des Zonenausschusses und Wahl zum vorläufigen Vorsitzenden der CDU der britischen Zone;

5. Februar 1946 in Krefeld-Uerdingen: Wahl zum Vorsitzenden der CDU des Rheinlands;

1. März 1946 in Neheim-Hüsten: Wahl zum Vorsitzenden der CDU der britischen Zone.

Die Wahlen in Düsseldorf, Herford und Uerdingen sind keineswegs reibungslos verlaufen. Am 8. Januar 1946 in Düsseldorf, wo Adenauer nicht anwesend war, opponierte insbesondere Otto Schmidt (Wuppertal) gegen die von Karl Arnold vorgeschlagene und von Johannes Albers verteidigte Fünferliste der rheinischen Vertreter für den Zonenausschuß mit Adenauer an der Spitze (ferner: Teusch, v. Gumppenberg, Strunk, Etzel), den Pferdmenges im Verlauf der Diskussion als den *politisch besten Mann der Union des Rheinlands* würdigte[6].

Aus dem Protokoll geht hervor, daß sich der von Schmidt vorgebrachte und von einem Teil der Anwesenden unterstützte Einwand gegen Adenauer auf sein Verhalten in der Rheinlandfrage nach dem Ersten Weltkrieg bezog, über das Kölner Mitglieder des Vorstands zufriedenstellende Auskunft erteilten[7]. Das Ergebnis war, daß die vorgeschlagene Fünferliste mit einer Änderung (v. Joest statt Etzel) einstimmig angenommen wurde. Das galt auch für einen weiteren

---

[6] Nach dem Protokoll. Akten der CDU Rheinland, Köln.

[7] Dazu vgl. LEO SCHWERING in seinem Nachruf auf Adenauer (in: KÖLNER ALMANACH 1967/68), wo es heißt: (S. 8) *Das angebliche Sündenregister* [in der Frage rheinische Republik] *wurde gründlich erörtert. Die engeren Freunde Adenauers wußten, daß er nicht angreifbar war.* [...] *Es waren namentlich evangelische Kreise, denen dieses Problem Sorge machte.*

Beschluß – auf Antrag von Warsch, der zu den Anhängern Leo Schwerings zählte –, daß die Wahl *keine Präjudizierung anderer Wahlen sein dürfe.* Darin kam ein deutlicher Vorbehalt gegenüber Adenauer zum Ausdruck, der seinerseits nunmehr entschlossen die Parteiführung ansteuerte.

Er wurde am 21. Januar 1946 – wiederum in Abwesenheit – vom Landesvorstand für die Wahl in den neuen Vorstand nominiert, die am 5. Februar in Krefeld-Uerdingen stattfinden sollte[8]. Auf der konstituierenden Sitzung des neugewählten Zonenausschusses am 22./23. Januar 1946 in Herford gelang es Adenauer, durch Ausnutzen der Situation das Alterspräsidium zu übernehmen. Er vermochte die potentiellen Kandidaten für den Parteivorsitz – Andreas Hermes und Hans Schlange-Schöningen – derart hinzuhalten und zu brüskieren, daß der eine sofort und der andere noch vor Beendigung der Konferenz abreiste. Adenauer wurde zum vorläufigen Vorsitzenden gewählt.

Diese Vorgänge sind häufig beschrieben und kommentiert worden, allerdings ohne Kenntnis des bisher noch nicht benutzten Protokolls dieser Sitzung[9] und ohne Berücksichtigung der Tatsache, daß die Tagung von der Militärregierung für CDU-Vertreter der britischen Zone genehmigt und daß als britischer Vertreter des Alliierten Kontrollrats Oberstleutnant Donner anwesend war. Unter diesem Gesichtspunkt erhält die von Adenauer eingeschlagene Taktik, mit der er die »Berliner« Hermes und Vockel – die nicht eingeladen und vom Gastgeber dieses Treffens, Holzapfel, mitgenommen worden waren – behandelte, zumindest einen anderen Aspekt[10].

Wenn es Adenauer bei diesem Treffen nicht gelang, zum Vorsitzenden der CDU gewählt zu werden, sondern nur, allerdings einstimmig, zum vorläufigen Vorsitzenden (Stellvertreter: Holzapfel), so deswegen, weil dagegen einige westfälische Vertreter, angeführt von Josef Kannengießer, mit Erfolg opponiert hatten. Dabei spielte das Argument eine Rolle, daß der Kölner Politiker *als exponierter Katholik und Zentrumsführer* nicht besonders geeignet sei, evangelische Kreise zu gewinnen[11], aber auch der Hinweis, daß er zu sehr

---

[8] Druck des Protokolls: K. DREHER, Der Weg zum Kanzler, S. 286f.

[9] HAStK, Abt. 1187/42.

[10] Vgl. ADENAUERS Schreiben vom 25. Januar 1946 an Hermes, abgedruckt bei: ANNA HERMES, Und setzet ihr nicht das Leben ein ... Stuttgart 1971, S. 234. Bereits erwähnt bei A. J. HEIDENHEIMER, Adenauer, S. 67. In einem Schreiben HEINRICH VOCKELS von 1964 an L. Schwering heißt es: *Ich habe mit Hermes im Vorzimmer [...] gewartet [...] Wir haben über eine Stunde und länger auf eine Aufforderung gewartet und uns dann – voller Zorn – entfernt.* HAStK, Abt. 1193, Fasz. XXX.

[11] So HOLZAPFEL in einem Interview mit Peter Hüttenberger am 17. April 1968. HAUPTSTAATSAR= CHIV DÜSSELDORF (künftig: HStAD), RWN 99.

nach *rechts* abgestempelt sei[12]. (Hier kann außer Betracht bleiben, ob und inwieweit in diesem Zusammenhang westfälische Rivalitäten im Spiel gewesen sind und wieweit ältere Spannungen aus der Weimarer Zeit nachgewirkt haben).

Zwei Wochen später gab es dann noch einmal, zum letzten Mal, eine Kampfabstimmung bei der Wahl zum Vorsitzenden der rheinischen CDU. In Krefeld-Uerdingen wurde Adenauer, ohne daß er in die Debatten eingegriffen hatte, am 5. Februar 1946 in geheimer Abstimmung mit 24 : 8 Stimmen (gegen den bisherigen Vorsitzenden Leo Schwering) gewählt. Ob der *Tumult,* der im Anschluß an die Verkündung dieses Wahlergebnisses ausgebrochen sein soll und eine Sitzungspause erforderlich machte, eine Folge der für manche Teilnehmer offensichtlich überraschend erfolgten Wahl oder des unerwartet hohen Sieges für Adenauer gewesen ist, geht aus dem einzigen bisher bekannt gewordenen Bericht nicht hervor[13].

Schwering, der die Sitzung vorzeitig verlassen hatte, lehnte seine Wahl in einen *Arbeitsausschuß* zunächst ab und schrieb (am 7. Februar 1946 an Adenauer) pikiert: *Meine Freunde und ich sehen nach den Vorgängen vom 5. Februar, die zur turbulentesten Vorstandssitzung führten, die wir bisher zu verzeichnen hatten, unsere Aufgabe in der CDU des Rheinlandes klar vor uns*[14].

Der Ausgang der Wahl jedenfalls kann bei dem inzwischen erreichten Stand der Gewichtsverlagerung zugunsten des prominenten Kommunalpolitikers nicht überraschen[15]. Die bereits erwähnte Kritik Adenauers an der Parteiführung durch Schwering in seiner Mitteilung vom 6. Januar über die *Rückständigkeit* in der *Parteiorganisation der Nordrheinprovinz* (Punkt 3) läßt sich durch ein bisher ungekanntes Schreiben des neugewählten Vorsitzenden vom 21. Februar 1946 an den Wuppertaler Rechtsanwalt Otto Schmidt konkretisieren[16]. Darin teilte Adenauer zunächst mit, daß es ihm gelungen sei, Schwerings Verärgerung über die Vorgänge bei der Wahl in

[12] Das geht aus einem Schreiben von J. Kannengiesser vom 26. Januar 1946 an Hermes hervor, in dem sich heftige Klagen über Adenauer finden, der nicht *die richtige Persönlichkeit* sei und *nur eine Belastung* bedeute. HStAD, RWN 106/2. Dazu vgl. auch das gleichzeitige Schreiben Kannengiessers an Hans Schreiber; A. J. Heidenheimer, Adenauer, S. 67.

[13] Aufzeichnung Leo Schwerings vom 12. Februar 1962. HAStK Abt. 1193, Fasz. VIII/1. L. Schwering hat das genaue Ergebnis und die Umstände der Wahl in seiner »Frühgeschichte der CDU« (1963) nicht erwähnt. In seinem Beitrag von 1970 in: Auf der Suche nach dem Kurs, heißt es lapidar, Adenauer sei mit Mehrheit gewählt worden (S. 102).

[14] K. Dreher, Der Weg zum Kanzler, S. 289.

[15] In einem Schreiben des Kölner CDU-Mitbegründers Peter Josef Schaeven vom 12. Juni 1946 an Schwering heißt es: *Der schwere Fehler, den Sie begingen war der, gegen Adenauer* [am 5. Februar 1946] *überhaupt anzutreten. So etwas tut man nicht.* HAStK, Abt. 1193, Fasz. XV/1.

[16] HStAD, RWN 119/1. Ähnliche (aber nicht konkretisierte) Klagen über die mangelhafte Organisation finden sich in einem Schreiben Karl Arnolds vom 23. Januar 1946 an Hans Schreiber. Akten der CDU Rheinland, Köln.

Uerdingen so weit zu mildern, daß dieser bereit sei, im *Arbeitsaus-schuß* mitzuwirken. Weiter hieß es dann: *Ich werde in der Sitzung des Arbeitsausschusses* [am 6. März in Köln] *des lieben Friedens halber über die Verhältnisse, die ich angetroffen habe, nur kurz referieren. Ich möchte Ihnen aber vertraulich sagen, daß ich über den Zustand geradezu erschüttert bin. Es genügt wohl, wenn ich Ihnen sage, daß die ganzen Räume der Leitung der Rheinprovinz aus einem 14 qm großen Schlafzimmer des Generalsekretärs Dr. Zimmermann bestanden. In diesem Raum sollten 7 Personen arbei-ten.* [...] *Man hat mir versprochen, die* [im Dezember neu zugewie-senen] *Räume bis Anfang März fertigzustellen. Ob das möglich ist, erscheint mir zweifelhaft. Aber auch diese Räume werden viel zu gering sein. Ich habe deswegen beim Oberbürgermeister der Stadt Köln den Antrag auf Zuweisung neuer Räume gestellt. Ich fand ebenfalls keinen Plan vor für die Organisation der gesamten Verwal-tung. Auch das ist jetzt in Ordnung gebracht.*

Im März 1946, nach seiner Wahl in Neheim-Hüsten zum Vorsit-zenden der CDU der britischen Zone, hatte Adenauer innerhalb von nur zwei Monaten den Gipfel der Parteikarriere erreicht. Er gehörte inzwischen auch noch dem Hamburger Zonenbeirat und dem im Februar 1946 von der Militärregierung eingesetzten Rheinischen Provinzialrat an. Im Oktober 1946 kamen noch das Düsseldorfer Abgeordnetenmandat und der Vorsitz der CDU-Fraktion im Land-tag von Nordrhein-Westfalen hinzu. Damit hatte die parteipoliti-sche Ämterkumulation Adenauers, die sein wichtigstes Führungs-mittel darstellte, für die nächsten zwei Jahre ihren Höhepunkt er-reicht.

Daß die hier skizzierten Etappen eines steilen Aufstiegs nicht ohne ungewöhnliche parteipolitische Aktivität – die seine politi-schen Freunde staunend beobachteten[17] – und nicht ohne den Ein-satz schier unerschöpflicher taktischer Fähigkeiten in der Überwin-dung von Widerständen und bei der Ausschaltung politischer Riva-len (A. Hermes, H. Schlange-Schöningen) erreicht werden konnten, bedarf keiner näheren Erläuterung[18].

---

[17] Vgl. L. SCHWERING, Auf der Suche nach dem Kurs (in dem gleichnamigen Sammelwerk), S. 115. Ferner FRANZ RODENS, Konrad Adenauer, München 1963, S. 40: *Bereits vor Zusammentritt des Parlamentarischen Rates erzählte mir ein Politiker, alle Welt sei erstaunt darüber gewesen, daß der Zweiundsiebzigjährige es bei den Versammlungen und Sitzungen stets am längsten aushalte.*

[18] Dazu vgl. K. ADENAUER, Erinnerungen 1945–1953, S. 55 f., 193; P. WEYMAR, Adenauer, S. 291, 297 ff., 309; A. J. HEIDENHEIMER, Adenauer and the CDU, S. 62 ff.; L. SCHWERING, Frühgeschichte, S. 174 ff.

III. Parteiführer und Programmschöpfer

Adenauer betätigte sich vom Januar 1946 an, genau wie sein bedeutendster Gegenspieler, der ungefähr zur gleichen Zeit gewählte SPD-Vorsitzende Kurt Schumacher, hauptamtlich in der Parteipolitik. Seine ungewöhnliche und anspornende Aktivität, die sich in einer ausgedehnten Redner- und Reisetätigkeit niederschlug, war der eine Grund seines Erfolgs in diesen Jahren der Trümmer, der Not und des Hungers, in denen bei den meisten Zeitgenossen das schlichte Überleben im Vordergrund allen Denkens und Handelns stand.

Ein weiterer Grund lag in seiner, wie sich zeigen sollte, realistischen Einschätzung der Chancen seiner Partei. Bereits bei seinem ersten Zusammentreffen mit Kurt Schumacher im März 1946 im Hamburger Zonenbeirat hatte Adenauer das Ansinnen des SPD-Vorsitzenden abgelehnt, den Führungsanspruch der Sozialdemokratie anzuerkennen. Der CDU-Vorsitzende machte im Gegenteil bei jeder sich bietenden Gelegenheit (und mit zunehmendem Erfolg) den Vertretern der britischen Militärregierung klar, daß die von ihr vorgenommene parteipolitische Aufschlüsselung der deutschen Bevölkerung – und damit die entsprechende Zuteilung politischer Ämter, Zeitungslizenzen, Papierquoten und Benzinkontingente – nicht annähernd den Kräfteverhältnissen entspreche. Das Gleiche tat er im April 1946 gegenüber dem Oberpräsidenten der Nordrheinprovinz, Lehr, in dessen Eigenschaft als Vorsitzender des nordrheinischen Provinzialrats[1].

In dem Maße, in dem seit Anfang 1946 die Ergebnisse der Wahlen, zunächst in der amerikanischen Zone, Adenauers Prognose von der Stärke der CDU fortlaufend bestätigten, wuchs sein Ansehen und sein Einfluß. Die britische Besatzungsmacht sah sich gezwungen, ihre Einschätzung der politischen Kräfteverhältnisse zu korrigieren, in zunehmendem Maße – wenn auch wenig begeistert – mit Adenauer als einer politischen Größe zu rechnen und die politischen Gremien neu zusammenzusetzen[2]. Der CDU-Vorsitzende ging bei seiner Beurteilung der Gesamtentwicklung davon aus, daß die Entscheidung über die künftige Deutschlandpolitik der Westmächte in

---

[1] Vgl. K. ADENAUER, Erinnerungen 1945–1953, S. 196f.; W. FÖRST, Nordrhein-Westfalen, S. 57f.
[2] Unter Hinweis auf die Stärke der CDU erhob ADENAUER im Oktober 1946 bei dem ernannten Ministerpräsidenten Rudolf Amelunxen Anspruch auf einen entsprechenden Anteil von Beamtenstellen in den Ministerien der ersten Düsseldorfer Landesregierung. Vgl. W. FÖRST, Nordrhein-Westfalen, S. 188.

der britischen Zone und hier wiederum in erster Linie in Nordrhein-Westfalen fallen werde[3].

Nicht zuletzt unter diesem Gesichtspunkt, aber naturgemäß auch als Gegengewicht gegen die SPD-Programmatik sowie zum besseren Ausgleich unterschiedlicher Strömungen in den eigenen Reihen legte er Wert auf ein einheitliches und zugkräftiges Programm der CDU in der britischen Zone. Deren unabhängig voneinander entstandene und teilweise erheblich voneinander abweichende Erklärungen der einzelnen Gründerkreise vom Sommer und Herbst 1945 ließen sich nicht einfach koordinieren. Daß dem am 1. März 1946 vom Zonenausschuß der Partei in Neheim-Hüsten einstimmig verabschiedeten ersten Parteiprogramm ein Entwurf Adenauers zugrunde lag (der weitgehend angenommen wurde), ist erst Jahre später bekannt geworden, wurde aber auch dann wenig beachtet. Dieser Entwurf aus dem Winter 1945/46 baute zwar auf verschiedenen rheinisch-westfälischen Grundsatzerklärungen auf, verzichtete aber auf alle »missionarisch-aufklärerischen Erwartungen« der ersten regionalen Kundgebungen[4] und setzte zwei neue Akzente.

Zunächst fehlte die Forderung nach einer umfassenden Sozialisierung, die damals in der CDU in Form eines *christlichen Sozialismus* bzw. eines *Sozialismus aus christlicher Verantwortung* verbreitet war, aber angesichts der Politik der Militärregierungen ohne praktische Auswirkung blieb. Beibehalten wurde die Forderung nach *Vergesellschaftung der Bergwerke*, neu aufgenommen jedoch die Verpflichtung, den Erwerb von *mäßigem Besitz für alle ehrlich Schaffenden* als eine *wesentliche Sicherung des demokratischen Staates* zu fördern[5] – eine Verpflichtung, der von jeher Adenauers besonderes Interesse galt. Bemerkenswert ist die Tatsache, daß das Fehlen einer nominatio Dei von protestantischen Kreisen als *Rückfall in den Säkularismus* kritisiert wurde[6], ebenso (von anderer Seite) die Preisgabe des Begriffs *christlicher Sozialismus,* der stillschweigend aufgegeben worden war.

---

[3] So auf einem Parteitag der CDU des Rheinlands im Dezember 1946 in Düsseldorf. Nach einem Bericht der Berliner Zeitung DER TAGESSPIEGEL vom 11. Dezember 1946.

[4] So GERHARD SCHULZ, Die CDU, in: PARTEIEN IN DER BUNDESREPUBLIK, Stuttgart 1955, S. 43. Das Faksimile eines eigenhändigen Entwurfs Adenauers für dieses Programm ist abgedruckt in: DAS WERDEN DER BUNDESREPUBLIK DEUTSCHLAND. Eine Ausstellung des Bundesarchivs in Bonn, Boppard 1969, S. 35.

[5] Zum Neheim-Hüstener Programm vgl. K. ADENAUER, Erinnerungen 1945–1953, S. 57ff. (wo sein entscheidender Anteil nicht erwähnt wird, den bereits 1955 P. WEYMAR, Adenauer, S. 299f., mitgeteilt hatte. Dazu vgl. L. SCHWERING, Auf der Suche nach dem Kurs, S. 103); L. SCHWERING, Frühgeschichte, S. 182f. (Wortlaut des Programms S. 223ff.).

[6] Vgl. L. SCHWERING, Frühgeschichte, S. 183; O. SCHMIDT, Zur Frühgeschichte der CDU Wuppertal, in: AUF DER SUCHE NACH DEM KURS, S. 50.

52

Die Bedeutung des neuen Parteiprogramms lag darin, daß es eine Spaltung der Partei, die angesichts divergierender Ansichten vor allem über Ausmaß und Prinzipien einer Sozialisierung nahelag, verhinderte und eine verbindliche programmatische Plattform darstellte. Darauf wies Adenauer seit dem Sommer 1946 immer wieder hin. Dennoch wurde der künftige Kurs der CDU weder von diesem noch von einem späteren Programm, sondern in erster Linie von Adenauers Politik und Taktik bestimmt. Sie kam insbesondere in seiner Verhandlungsführung sowie in seinen zahllosen Reden auf den (nichtöffentlichen) Tagungen des Zonenausschusses, aber auch im Verlauf der zahlreichen Wahlkämpfe der Jahre 1946 bis 1948 zum Ausdruck. Dabei begünstigte der zunehmende Gegensatz zwischen Adenauer und Schumacher eine Polarisierung der Wählerschaft, von der die CDU profitierte.

In diesen Reden seit dem März 1946 entwickelte Adenauer einen neuen Stil: Eine jeweils wechselnde Mischung von Angriff und Verteidigung, von Programm-Erläuterung und allgemeinen Reflexionen über die Zeit des Nationalsozialismus, die Lehren der deutschen Geschichte und die Möglichkeit eines raschen Neuaufbaus der Trümmerwüste. Als Fundamentalsatz des CDU-Programms bezeichnete und variierte er einen *Kerngedanken* der christlichen Ethik: *Die menschliche Person hat eine einzigartige Würde, und der Wert jedes einzelnen Menschen ist unersetzlich. Aus diesem Satz ergibt sich eine Staats-, Wirtschafts- und Kulturauffassung, die neu ist gegenüber der in Deutschland seit langem üblichen*[7]. In Adenauers Erläuterungen zur wirtschaftspolitischen Zielsetzung der CDU antizipierte er die Grundsätze der späteren »sozialen Marktwirtschaft«[8].

Seine Zuhörer, die Adenauer als Kommunalpolitiker kannten, waren überrascht über das außenpolitische Credo in den Reden dieser Jahre, das der CDU-Vorsitzende konstant wiederholte: sein Bekenntnis zu einem geeinigten Europa (lange vor Churchills Zürcher Rede vom September 1946), sein Verständnis für das westliche Sicherheitsbedürfnis, seine Forderung nach Aussöhnung mit Frankreich und nach Verflechtung der Schwerindustrie zwischen Westdeutschland und den westlichen Nachbarstaaten. Demgegenüber trat die Forderung nach der Reichseinheit in den Hintergrund. Adenauer interpretierte die entsprechende Formulierung des CDU-Programms (*Die Reichseinheit muß gewahrt bleiben. Deutschland*

---

[7] Rede in der Aula der Kölner Universität am 24. März 1946 (Schriftenreihe der CDU des Rheinlandes, H. 8), Köln 1946, S. 6.
[8] Vgl. G. SCHULZ, CDU, S. 77.

muß ein demokratischer und föderativer Staat werden) in dem Sinne, daß ein zentralistisches Reich unter preußischer Führung nicht mehr möglich sein werde.

Damit ist ein entscheidendes Kriterium zum Verständnis von Adenauers Aufstieg gefunden: Er verzichtete im Zeitalter der alliierten Re-education-Politik auf jede Art von »Bewältigung« der Vergangenheit und verwies stattdessen angesichts der bolschewistischen Bedrohung auf eine westeuropäische Zukunft, mit der sich die junge CDU im Einklang wisse. Außen- wie innenpolitisch stellte er keine Forderungen, die von den Siegermächten a limine abgelehnt werden mußten. Im Gegenteil blieb es sein Ziel, im grundsätzlichen Einverständnis mit der Politik der westlichen Alliierten – deren Distanzierung von den Zielen der Sowjetunion seit 1946 zunehmend deutlich wurde – so viel Bewegungsfreiheit wie möglich zu gewinnen, um wieder als aktiver Faktor die deutschen Geschicke mitbestimmen zu können. Adenauer nutzte alle Gelegenheiten, besonders auch die Tätigkeit im Zonenbeirat, um mit der Besatzungsmacht in ein Gespräch zu kommen und *Vertrauen zu uns zu schaffen*[9].

Weiter kam ihm bei seinem politischen Aufstieg zugute, daß innerhalb der CDU der britischen Zone kein ernsthafter Konkurrent vorhanden war und daß er sich völlig seiner parteipolitischen Arbeit widmen konnte. Seit dem Frühjahr 1946 präsentierte Adenauer bei jeder Gelegenheit den Führungsanspruch seiner Partei[10]. Das wiederum trug zur Festigung seiner Vorrangstellung bei, die er begleitet von einem Zusammentreffen für ihn günstiger Umstände und unter Einsatz zielbewußter Taktik planmäßig ausbaute. Er besaß bald überragende Autorität, wenn auch keine vergleichbare Popularität[11]. Im Herbst 1946 und im Frühjahr 1947 lehnte er es ab, als Minister in die Düsseldorfer Koalitionsregierung unter Rudolf Amelunxen bzw. Karl Arnold einzutreten oder gar das Amt des Ministerpräsidenten zu übernehmen[12]. Vermutlich hielt Adenauer

---

[9] Vgl. K. ADENAUER, Erinnerungen 1945–1953, S. 68 (weitere Hinweise auf seine Kontakte zu General Robertson ebd., S. 77, 136, 145). Dieses Urteil wird durch die (ungedruckten) PROTOKOLLE DER VERHANDLUNGEN DES ZONENBEIRATS vollauf bestätigt. Adenauers Kontakte mit Vertretern der Besatzungsmacht, auch für die Zeit des Parlamentarischen Rats, wären näherer Untersuchung wert. In diesem Zusammenhang ist das Urteil von L. SCHWERING beachtenswert: *Adenauer, der in ständigem Umgang mit den Siegern war und mehr zu wissen schien als wir alle* [...] *Auf der Suche nach dem Kurs,* S. 93.

[10] Vgl. G. SCHULZ, CDU, S. 78.

[11] OTTO HEINRICH VON DER GABLENTZ hat 1961 in einer Rezension des Buches von Heidenheimer geschrieben (in: POLITISCHE VIERTELJAHRESSCHRIFT 2, S. 412): *Ich entsinne mich* [aus den Jahren 1946/47] *ähnlicher Situationen, wo die Temperatur im Zimmer plötzlich um einige Grade sank, die Gespräche schwiegen und alles sich umdrehte, als Adenauer ins Zimmer trat, obwohl er damals über keinerlei Position verfügte.*

[12] Vgl. W. FÖRST, Nordrhein-Westfalen, S. 171.

die Konsolidierung der CDU in der britischen Zone und den Aufbau einer einheitlichen Organisation über die Zonengrenzen hinweg für wichtiger als eine regional begrenzte und zudem durch die Besatzungsmacht erheblich eingeschränkte Ministertätigkeit. Von seiner überregionalen Stellung und seiner politischen Zielsetzung her stand er den Länderchefs, auch denen seiner eigenen Partei, mit spürbarer Distanz gegenüber.

IV. Gegen den »christlichen Sozialismus

Aus seiner Einschätzung der außenpolitischen Lage und der innerdeutschen Entwicklung erklären sich die Härte und die Hartnäckigkeit in seinen Auseinandersetzungen mit der Berliner CDU-Führung unter Jakob Kaiser. Sie begannen im April 1946, als Kaiser bei einem längeren Aufenthalt in den Westzonen versucht hatte, den Führungsanspruch der CDUD als *Reichspartei* mit einer *Reichsgeschäftsstelle* in der *Reichshauptstadt* durchzusetzen. In diesem Ringen ist Kaiser, der ferner das Programm der CDU im Sinne des *christlichen Sozialismus* akzentuiert wissen wollte und eine Synthese zwischen Ost und West erstrebte – wobei er Berlin eine Brückenfunktion zudachte und eine Zusammenarbeit mit der SED für durchaus möglich hielt – unterlegen, ohne Adenauers Zutun. Die gewaltsame Ausschaltung Kaisers durch die sowjetische Besatzungsmacht Ende 1947 lieferte den handgreiflichen Beweis für die unrealistische Konzeption der Berliner CDUD-Führung[1].

In dem Ringen mit der CDUD (Berlin) hatte Adenauer die Mehrheit der westdeutschen und süddeutschen Parteianhänger ebenso hinter sich wie die Mehrheit der *Arbeitsgemeinschaft der CDU/CSU*. Dieses Gremium existierte seit dem Februar 1947 und ist unter wechselndem Vorsitz mehrfach zusammengetreten, ohne aber politische Bedeutung zu erlangen. Ob Adenauer ernstlich gehofft hat, auf dem Wege über diese *Arbeitsgemeinschaft* zu einer organisatorischen Vereinigung der CDU der britischen und französischen Zone mit der CSU zu gelangen, steht dahin. Jedenfalls vermochte er in diesem Koordinationsgremium einen Führungsanspruch nicht durchzusetzen, wohl aber engeren Kontakt zu den

[1] Die Kaiser-Biographie von W. CONZE verschiebt die Akzente bei der Schilderung dieser Gegensätze. Adenauer warf Kaiser wegen seines Glaubens an die Möglichkeit einer Zusammenarbeit mit der SED politische Naivität vor. Vgl. P. ARNAL, Adenauer, S. 78; H.-P. SCHWARZ, Vom Reich zur Bundesrepublik, S. 467 ff. Über die Konsequenzen der utopischen Konzeptionen J. Kaisers (des *Kronprinzen* Stegerwalds) vgl. KARL BUCHHEIM, Das Ende Preußens, in: HOCHLAND 62, 1970, S. 524 ff.

übrigen Landesverbänden herzustellen, der nicht zuletzt für die Sicherung einer einheitlichen Politik der CDU/CSU-Fraktion im Frankfurter Wirtschaftsrat (1947–1949) notwendig war. Im Juni und Juli 1948 suchte er dann auf dem Wege über ein anderes informelles Gremium, die Vorsitzenden der Landesverbände der CDU – die allerdings nur dreimal zusammentraten – seinen Auffassungen größere Resonanz zu verschaffen[2].

Adenauer verzichtete auf ein Mandat im Frankfurter Wirtschaftsparlament. Er hielt den Vorsitz der CDU-Landtagsfraktion in Düsseldorf für wichtiger, zumal im Zeichen partieller Sozialisierungsforderungen (für Bergbau und Schwerindustrie), wie er sie in einer Erklärung der CDU der britischen Zone zur Neuordnung unserer Wirtschaft vom 3. Februar 1947 (Ahlener Programm) selbst mit formuliert hatte.

Auf einer Tagung des Zonenausschusses Ende Juni 1946 hatte Adenauer erklärt, der Begriff *christlicher Sozialismus* enthalte eine unzutreffende Wortzusammenstellung, der Sozialismus sei für die Anhänger der CDU nicht akzeptabel, da Sozialismus und Marxismus (nach Ausführungen des SPD-Vorsitzenden Kurt Schumacher) identisch seien: *Mit dem Wort Sozialismus gewinnen wir fünf Menschen und zwanzig laufen weg.* Der CDU-Vorsitzende erinnerte an den in Deutschland praktizierten Sozialismus *bis zum letzten Hosenknopf und bis zur letzten Nähnadel.* Es komme darauf an, dem arbeitenden Menschen wieder Freude an seiner Arbeit zu geben; von deren Ertrag müsse er ein *anständiges Leben* führen können[3].

Es gelang Adenauer – und das war nicht zuletzt die Funktion des Ahlener Programms –, weitergehende Sozialisierungsforderungen im Zeichen eines verschwommenen christlichen Sozialismus aufzufangen und den von ihm vertretenen Grundsatz des machtverteilenden Prinzips (Verhinderung wirtschaftlicher Machtzusammenballung bei privaten Unternehmern und Gewerkschaften ebenso wie beim Staat oder bei den Kommunen) durchzusetzen[4]. In Konsequenz dieses Programms befürwortete auch die CDU-Fraktion des (ernannten) Landtags von Nordrhein-Westfalen Anfang März 1947 die Vergesellschaftung der Bergwerke und der Schwerindustrie[5], ohne damit allerdings bei der Besatzungsmacht, die sämtliche Bergwerke beschlagnahmt hatte, auf Verständnis zu stoßen. Ebenso blieb

[2] Vgl. A. J. HEIDENHEIMER, Adenauer, S. 157f.

[3] HAStK, Abt. 1187/43.

[4] Dazu vgl. L. SCHWERING, Frühgeschichte, S. 213, 228ff.; A. J. HEIDENHEIMER, Adenauer, S. 126f.; G. SCHULZ, CDU, S. 91; W. FÖRST, Nordrhein-Westfalen, S. 237; BERND UHL, Die Idee des christlichen Sozialismus in Deutschland 1945–1947, Mainz 1975, S. 89.

[5] Vgl. P. WEYMAR, Adenauer, S. 332ff., 757ff. (Wortlaut des CDU-Antrags im Landtag).

ein entsprechender Beschluß des ersten gewählten Landtags vom 6. August 1948, dieses Mal bei Stimmenthaltung der CDU, ohne Folgen. In diesem Zeitpunkt, in dem als Konsequenz des Ost-West-Gegensatzes die Gründung eines westdeutschen Staatsgebildes bei den drei Westmächten beschlossene Sache war, wollte Adenauer derart schwerwiegende Entscheidungen nicht mehr im Rahmen eines einzelnen Landes getroffen wissen, sondern nur von einer übergeordneten Staatsordnung[6].

Im Sommer 1948 war längst klar, daß die USA den Kurs der westalliierten Deutschlandpolitik bestimmten. Damit aber gewann im Zeichen der Truman-Doktrin, der amerikanischen Lebensmittel- und Rohstofflieferungen und des anlaufenden Marshall-Plans der rasche Wiederaufbau Westdeutschlands vorrangige Bedeutung. Vor dem Hintergrund der inzwischen von der Frankfurter Zweizonenverwaltung eingeleiteten, mit dem Namen Ludwig Erhards verknüpften und bald so sichtlich erfolgreichen wirtschaftspolitischen Liberalisierung (nach der inzwischen erfolgten Währungsreform) waren Sozialisierungsforderungen unzeitgemäß.

Das Jahr 1948 stand im Zeichen des politischen Zusammenschlusses der westeuropäischen Nachbarstaaten im Brüsseler Fünf-Mächte-Pakt, des sich steigernden Kalten Krieges nach der bolschewistischen Machtergreifung in Prag und dem Beginn der Berliner Blockade. Adenauer sah seine Einschätzung der Lage durch die Ereignisse bestätigt. In dieser Situation suchte er die von ihm befürwortete staatliche Sonderentwicklung in Westdeutschland (Konsolidierung) mit zu fördern und zugleich mit der Möglichkeit einer Wiedervereinigung (Magnetwirkung des politisch stabilisierten und wirtschaftlich attraktiven deutschen Westteils auf die sowjetisch besetzte Zone in der Hoffnung auf die Möglichkeit freier Volksabstimmung) zu verbinden[7]. Unter diesem Gesichtspunkt wollte er den Westen auch *kulturell gesund* gemacht wissen, *um von hier dann im Interesse der deutschen Einheit auch die übrigen deutschen Länder in unsere Richtung hin beeinflussen* zu können[8].

Der Entschluß der drei westlichen Siegermächte, ihre Besatzungszonen zu einer neuen staatlichen Einheit zusammenzufügen (Londoner Sechsmächte-Konferenz; Empfehlungen vom 3. Juni 1948; Frankfurter Dokumente vom 1. Juli 1948), wurde von Adenauer

[6] So am 6. April 1948 im Landtag. 1. Wahlperiode. STENOGRAPHISCHE BERICHTE, S. 240 (künftig: Sten. Berichte).
[7] Vgl. H.-P. SCHWARZ, Vom Reich zur Bundesrepublik, S. 478 f.
[8] So am 21. Oktober 1946 an Staatssekretär a. D. Clemens Lammers. HStAD, Nachl. Lammers. Dazu vgl. RUDOLF MORSEY, Entscheidung für den Westen. Die Rolle der Ministerpräsidenten im Vorfeld der Bundesrepublik Deutschland 1947–1949, in: WESTFÄLISCHE FORSCHUNGEN 28, 1975.

57

begrüßt. Er unterstützte bei einer Tagung der Landesvorsitzenden der CDU/CSU mit den diesen Parteien angehörenden Ministerpräsidenten am 7. Juli 1948 in Koblenz diejenigen Länderchefs, die bereit waren, *auf dem Boden der Frankfurter Dokumente* mit der Verfassungsarbeit zu beginnen[9]. Drei Tage später würdigte Adenauer vor dem Zonenausschuß der CDU in Minden die staatsrechtliche Bedeutung *der ganzen Angelegenheit*, bei der es sich um den Anfang eines *neuen Deutschen Reiches* (!) handle, das leider zunächst auf einen Teil Deutschlands beschränkt bleibe[10]. Seine Prognose für die Zukunft und Lebensfähigkeit des neuen Weststaats war optimistisch, trotz der negativen Beurteilung der Berlin-Frage und des Londoner Abkommens[11].

In der Tat fällt die Schärfe auf, mit der er die in London beschlossene künftige Kontrolle über die Ruhrindustrie ablehnte[12], die er als *wirtschaftliche Annexion* bezeichnete, deren Auswirkungen die des Versailler Vertrags noch überträfen[13].

Mit seiner im August 1948 erfolgten Wahl zu einem der 65 Mitglieder des Parlamentarischen Rats, der das »Grundgesetz« des von den westlichen Siegermächten beschlossenen westdeutschen Staatsgebildes beraten und am 1. September 1948 in Bonn seine Arbeit aufnehmen sollte, begann der nächste Abschnitt des politischen Aufstiegs von Konrad Adenauer. Er war damals der westdeutschen Öffentlichkeit immer noch weniger bekannt als Kurt Schumacher[14] und in der 1948 in Berlin erschienenen ersten Nachkriegsausgabe von »Wer ist wer?« nicht einmal der Erwähnung für wert befunden worden.

Dabei war er angesichts der fehlenden gemeinsamen Führungsspitze der CDU/CSU und des Nebeneinanderbestehens verschiedener autonomer Parteiorganisationen in den drei Westzonen längst die stärkste politische Potenz seiner Partei. Adenauer wußte den größten Zonenverband der CDU geschlossen hinter sich, wurde allerdings von anderen CDU-Landesverbänden in der amerikanischen und französischen Zone teilweise noch mit Zurückhaltung oder gar Mißtrauen betrachtet. Er suchte während der Tagungsdauer des Parlamentarischen Rats zielbewußt eine bessere Verständi-

[9] Vgl. DEUTSCHLAND-UNION-DIENST Nr. 110 vom 8. Juli 1948 (künftig abgekürzt: DUD).
[10] CDU-Archiv Bonn, Protokoll, S. 8.
[11] Vgl. V. OTTO, Staatsverständnis, S. 53.
[12] Vgl. seinen Artikel in DIE WELT vom 10. Juni 1948; ferner Erinnerungen 1945–1953, S. 140ff.
[13] So am 10. Juli 1948 vor dem CDU-Zonenausschuß in Minden (nach dem Protokoll), am 14. Juli im Düsseldorfer Landtag (STEN. BERICHTE, S. 636ff.) und am 28. August auf dem zweiten Parteitag der CDU der britischen Zone in Recklinghausen (Protokoll, gedr., S. 11).
[14] Vgl. ELISABETH NOELLE u. ERICH PETER NEUMANN (Hrsg.), Jahrbuch der öffentlichen Meinung 1947 bis 1955, Allensbach ²1956, S. 192.

gung zwischen den unterschiedlichen politischen Auffassungen der verschiedenen Landesverbände und Kreise (»Ellwanger Kreis«, »Heppenheimer Kreis«) herzustellen. Auf Grund der immer noch fehlenden innerparteilichen Einigkeit und gemeinsamen verfassungspolitischen Zielsetzung (besonders in der zentralen Frage des Föderalismus: der Struktur des Bundesrats, der Kompetenzverteilung und der Regelung der Finanzgewalt) vermochte er im Verlauf der Beratungen des Parlamentarischen Rats eine Schlüsselrolle zu gewinnen.

Später hat er einmal erklärt, er sei auf Drängen von Ministerpräsident Arnold in den Parlamentarischen Rat gegangen: *Ich habe es nicht gern getan*[15]. In der Tat hatte Arnold ihn schriftlich gebeten, sich für Bonn zur Verfügung zu stellen, da es von entscheidender Wichtigkeit sei, daß die Führung der Fraktion von einer Persönlichkeit übernommen werde, *deren Gewicht und Autorität auch in den anderen Zonen unbestreitbar ist*[16]. Adenauers Ziel war es, mit Hilfe der neuen Verfassungsordnung so rasch wie möglich aus dem Zustand der politischen Ohnmacht herauszukommen. Zunächst sollte der nicht von den Sowjets besetzte Teil Deutschlands politisch und wirtschaftlich erstarken und eine aktive Rolle in der Welt spielen, um dann den Osten Deutschlands wieder mit dem Westen zu einer Einheit verbinden zu können[17].

V. Präsident des Parlamentarischen Rats

Die Antwort auf die Frage nach den Gründen für die von politischen Beobachtern allgemein erwartete Wahl[1] Konrad Adenauers zum Präsidenten des Parlamentarischen Rats[2] am 1. September 1948

[15] Vgl. BULLETIN DES PRESSE- UND INFORMATIONSAMTES DER BUNDESREGIERUNG Nr. 4 vom 6. Januar 1961, S. 33 (Interview mit dem Westdeutschen Rundfunk).

[16] HStAD, Abt. 53/679.

[17] So am 28. August 1948 auf dem zweiten Parteitag der CDU der britischen Zone in Recklinghausen. Protokoll (gedr.), S. 12. Ähnlich in einem AP-Interview vom 2. September 1948.

[1] So die NEUE ZÜRCHER ZEITUNG Nr. 1822 vom 2. September 1948. – In den Anmerkungen werden fernerhin noch folgende Abkürzungen benutzt: FRAKT.-PROT. = Protokolle der Sitzungen der CDU/CSU-Fraktion; HA = Hauptausschuß; NZ = Die Neue Zeitung (München); NZZ = Neue Zürcher Zeitung; SZ = Süddeutsche Zeitung (München).

[2] Über die Quellenlage zur Erforschung der Geschichte des Parlamentarischen Rats vgl. R. MORSEY, Die Rolle Konrad Adenauers, S. 62 ff. Seitdem erschienen: FRIEDRICH KARL FROMME, Der Demokratiebegriff des Grundgesetzgebers, in: DIE ÖFFENTLICHE VERWALTUNG 23, 1970, S. 518 ff.; VOLKER OTTO, Das Staatsverständnis des Parlamentarischen Rates, Düsseldorf 1971; ERHARD LANGE, Der Parlamentarische Rat und die Entstehung des ersten Bundestagswahlgesetzes, in: VIERTELJAHRS= HEFTE FÜR ZEITGESCHICHTE 20, 1972, S. 280 ff.; RICHARD LEY, Die Mitglieder des Parlamentarischen

scheint ebenso einfach wie einleuchtend zu sein: Adenauer war – mit seinen 72 Jahren nach dem SPD-Abgeordneten Adolph Schönfelder (Jahrgang 1875) der zweitälteste Abgeordnete – unter den 65 Delegierten das bekannteste Mitglied jener Weimarer Politikergeneration, deren Angehörige vom nationalsozialistischen Regime aus ihren Ämtern entfernt worden waren. Er gehörte ferner einer der beiden großen, mit je 27 stimmberechtigten Abgeordneten gleichstarken Fraktionen der CDU/CSU bzw. SPD an[3], aus deren Reihen der Präsident gewählt werden mußte. Angesichts seiner früheren Tätigkeit als Oberbürgermeister von Köln (1917–1933) und als Präsident des Preußischen Staatsrats (1921–1933) gab es keinen anderen Abgeordneten mit annähernd vergleichbarer »parlamentarischer« Erfahrung. Hinzu kam, daß sich Adenauer bereits seit drei Jahren als Berufspolitiker betätigte und eine überragende Position in der CDU der britischen Zone einnahm[4]. Sein Gegenspieler, der SPD-Vorsitzende Schumacher, gehörte nicht dem Gremium der »Gründungsväter« an.

Die herausragende Stellung Adenauers mußte jedoch eher gegen seine Wahl zum Vorsitzenden des Parlamentarischen Rats sprechen; denn die Mehrzahl der Abgeordneten außerhalb der CDU/CSU-Fraktion dürfte einen weniger profilierten Präsidenten vorgezogen haben. Insofern kam es entscheidend auf die Stimmabgabe der 27 SPD-Abgeordneten an, die Adenauer in den voraufgegangenen zwei Jahren als ihren bedeutendsten politischen Kontrahenten kennengelernt hatten. (Umgekehrt ist es schwer vorstellbar, daß eine von Adenauer geführte CDU/CSU-Fraktion etwa für die Wahl Schumachers zum Präsidenten der verfassunggebenden Versammlung gestimmt hätte.)

Für das Votum der sozialdemokratischen Abgeordneten zugunsten des CDU-Politikers waren zwei Gründe ausschlaggebend. Zum einen schien das Alter ihres politischen Kontrahenten genü-

---

Rates, in ZEITSCHRIFT FÜR PARLAMENTSFRAGEN 4, 1973, S. 373 ff. Aus den Protokollen der Sitzungen der CDU/CSU-Fraktion des Parlamentarischen Rats vom 15. September 1948 bis zum 28. Juni 1949 geht hervor, daß Adenauer intensiver als bisher bekannt an den Verfassungsberatungen seiner Fraktion teilgenommen und dabei entscheidenden Einfluß auf deren Haltung genommen hat. Für die Möglichkeit, diese Protokolle benutzen zu können, bin ich dem Vorstand der CDU/CSU-Bundestagsfraktion zu Dank verpflichtet.

[3] ADENAUER war der Auffassung, daß die CDU/CSU bei *größerer Einheitlichkeit* beider Parteien in den drei Besatzungszonen ein Mandat mehr hätte erringen können. Die fehlende Geschlossenheit habe der SPD zu zwei zusätzlichen Sitzen verholfen. So auf einer Tagung der CDU/CSU-Führungsgremien am 8. Januar 1949 in Königswinter. Zitiert nach einer Niederschrift aus Privatbesitz, S. 1.

[4] Für seine Wahl zum Präsidenten nennt ADENAUER zwei Gründe: seine frühere Tätigkeit als Präsident des Preußischen Staatsrates und seine Eigenschaft als Vorsitzender der CDU/CSU-Fraktion des Parlamentarischen Rats (vgl. Erinnerungen 1945–1953, S. 152). Die Fraktion war aber erst wenige Stunden vor dem Zusammentritt des Rats gebildet worden.

gende Sicherheit dafür zu bieten, bei der künftigen Besetzung von Regierungsämtern mit Adenauer nicht mehr rechnen zu müssen. Zum anderen galt angesichts des zahlenmäßigen Gleichgewichts mit der CDU/CSU-Fraktion, das allerdings durch das Hinzutreten von drei der insgesamt fünf Berliner Abgeordneten (wenn auch ohne Stimmrecht) zugunsten der SPD verschoben war, und der dem Parlamentarischen Rat übertragenen Aufgabe ein anderes Amt als politisch bedeutsamer und erstrebenswerter: der Vorsitz im Hauptausschuß als dem eigentlichen Arbeitsgremium. Für diesen Posten stand ein geeigneter Kandidat in der SPD-Fraktion bereit: der Tübinger Justizminister Karl Schmid. Auf dem »Ehrenplatz« des Präsidenten glaubten vermutlich nicht wenige Sozialdemokraten, wie es ein ungenanntes Fraktionsmitglied umschrieben hat, den *unbequemen alten Nörgler* Adenauer auf elegante Weise kaltgestellt zu haben[5]. Bei vielen Sozialdemokraten, die den *alten Fuchs*[6] zum ersten Male erlebten, bestand die Vorstellung, daß ihm *alles* zuzutrauen sei.

Die klare Ämterteilung zwischen den beiden großen Fraktionen setzte auf der anderen Seite voraus, daß die CDU/CSU-Abgeordneten, die soeben erst Adenauer zum Fraktionsvorsitzenden gewählt hatten, das Amt des Präsidenten für erstrebenswert hielten. Dabei dürfte die Überlegung eine Rolle gespielt haben, mit Adenauer nicht nur einen geeigneten Kandidaten präsentieren, sondern ihn mit dem neuen Amt zugleich von der Detailarbeit am Grundgesetz fernhalten bzw. davon entlasten zu können. Der CDU-Vorsitzende galt nicht als ein Mann staatstheoretischer und verfassungsrechtlicher Erörterungen. Nach der parteioffiziösen Interpretation der CDU war es für diese Partei eine selbstverständliche *Ehrenpflicht,* ihren *führenden Mann* zum Präsidenten vorzuschlagen und durchzusetzen[7].

Welche dieser Überlegungen innerhalb der beiden Fraktionen auch immer den Ausschlag gegeben hat: das Ergebnis kam ungewollt den Intentionen des CDU-Vorsitzenden entgegen. Er setzte sich seinerseits dafür ein, daß einer der nur acht Vertreter der CSU, der bayerische Staatsminister Anton Pfeiffer, zum Vorsitzenden der CDU/CSU-Gesamtfraktion gewählt wurde[8]. Das bedeutete für die

[5] Vgl. P. WEYMAR, Adenauer, S. 361.

[6] DER SPIEGEL Nr. 36 vom 4. September 1948, S. 4.

[7] So in KAMPF DER CDU IM PARLAMENTARISCHEN RAT, hrsg. vom Zonensekretariat der CDU der britischen Zone, Köln 1949, S. 5, wo der 72jährige Adenauer als *jugendlich-elastischer Rheinländer* apostrophiert wurde.

[8] Die acht CSU-Abgeordneten waren zu ihrer ersten Sitzung vom Generalsekretär der CSU, FRANZ JOSEF STRAUSS, am 26. August von München aus für den 31. August 1948, 10 Uhr, nach Bonn eingeladen worden. STADTARCHIV AUGSBURG, Nachl. Kleindinst 146.

61

CSU-Parlamentarier insofern ein Äquivalent, als sie im dreiköpfigen Präsidium des Parlamentarischen Rats nicht vertreten waren. Ob zwischen ihrer Zustimmung zur Wahl Adenauers als Präsident und der Wahl Pfeiffers ein Zusammenhang bestand, ist noch offen. Pfeiffer jedenfalls nominierte am 1. September im Plenum namens seiner Fraktion den rheinischen Politiker als einzigen Kandidaten für das Amt des Ratspräsidenten. Dessen Wahl erfolgte, entsprechend einer voraufgegangenen interfraktionellen Absprache, einstimmig, bei Stimmenthaltung der beiden KPD-Vertreter[9].

Es liegt nahe anzunehmen, daß Adenauer seine Wahl in Rechnung gestellt und vielleicht mit vorbereitet hat, falls das überhaupt notwendig gewesen sein sollte. Diese Annahme stützt sich auf das Ergebnis einer Analyse des Verhaltens Adenauers in politischen Gremien während seines parteipolitischen Aufstiegs seit Anfang 1946. Sie deckt sich mit dem Ergebnis, zu dem die Erforschung der Rheinlandpolitik des Kölner Oberbürgermeisters zwischen 1918 und 1924 gelangt ist[10]: Adenauer hat konsequent durchgesetzt, in allen politisch relevanten Ausschüssen und Kommissionen, denen er angehörte, jeweils den Vorsitz übertragen zu bekommen und dann auch gegen Widerstände zu behalten. Die Drohung mit dem Rücktritt von einem Amt als legitimes politisches Druckmittel gehörte nicht zu seinem politischen Stil.

Angesichts des Gleichgewichts der beiden großen Fraktionen im Rat mußte den neun Abgeordneten der FDP, der DP und des Zentrums eine ausschlaggebende Rolle zufallen. Es lag auf der Hand, welche Möglichkeiten sich in dieser Situation einem geschickt amtierenden Präsidenten von seinem »erhöhten« Standpunkt aus bieten konnten, um Bundesgenossen zu gewinnen. Die sozialdemokratischen Parlamentarier, die das von vornherein erstrebte Nahziel, den Vorsitz im Hauptausschuß, erreicht hatten, förderten durch ihre geschlossene Zustimmung zur Wahl Adenauers zum Präsidenten des Rats ungewollt den weiteren politischen Aufstieg ihres Gegenspielers[11].

[9] 1. Sitzung. Vgl. STENOGRAPHISCHE BERICHTE über die Plenarsitzungen des Parlamentarischen Rats. Bonn 1948/49 (Neudruck Bonn 1969), S. 2. Nicht nachprüfbar ist die Behauptung von KURT GELSNER: Pfeiffer sei bei der SPD mit folgender Argumentation für Adenauer eingetreten: *Wir haben da so einen alten, etwas eigenwilligen Mann aus Köln. Für repräsentative Zwecke ist er recht gut geeignet, für die praktische Mitwirkung weniger.* Vgl. KURT GELSNER, Konrad Adenauer (Rheinische Porträts, Bd. 1), München 1957, S. 12.

[10] Vgl. Kap. I, Anm. 17.

[11] Das Urteil von A. BARING, Außenpolitik, S. 62: »Als der Parlamentarische Rat zusammengerufen wurde, war seine [Adenauers] Position schon so gefestigt, daß er auf den Präsidentenstuhl gelangte«, läßt das Stimmenverhältnis im Rat ebenso außer Betracht wie die Intentionen der SPD-Fraktion.

Die feierliche Eröffnung des Parlamentarischen Rats am 1. September 1948 bildete den Auftakt der Arbeit am Grundgesetz. Vorher hatte ein inoffizieller Vorschlag des CDU-Vorsitzenden, mit Ausschußberatungen ohne vorangegangene öffentliche Generaldebatte zu beginnen[12], keine Mehrheit gefunden[13]. Unmittelbar nach der ohne Aussprache erfolgten Wahl zum Präsidenten forderte Adenauer in seiner einleitenden Rede die Abgeordneten auf, rasch an die *praktische Arbeit* zu gehen[14]. Er versicherte, sein Amt *völlig unparteiisch und objektiv* führen zu wollen[15]. In seinem Dank an den Alterspräsidenten und neu gewählten ersten Vizepräsidenten Schönfelder lobte er dessen *jugendliche Frische und Stärke* bei der Eröffnung der Sitzung. Zum Verständnis dieser von hintergründiger Ironie nicht freien Belobigung muß man wissen, daß Adenauer selbst nur wenige Monate jünger war als der SPD-Abgeordnete Schönfelder, der zudem unmittelbar vorher gegenüber gezielten Störaktionen des KPD-Abgeordneten Reimann alles andere als Stärke gezeigt hatte[16]. Dem *Altmeister parlamentarischer Taktik* hingegen gelang es sofort, das KPD-*Störungsfeuer*[17] zu stoppen[18].

Mit der ihm eigenen politischen Direktheit unterstrich der neue Präsident sogleich die doppelte Freiheit des Parlaments: gegenüber den Besatzungsmächten wie gegenüber den Länderchefs. Die von dem Gremium der Ministerpräsidenten geleisteten Vorarbeiten erwähnte Adenauer nur mit einem Satz, um unverbindlich hinzuzufügen, daß diese Arbeiten *uns sicher bei der Erfüllung unserer Aufgabe sehr wertvoll sein werden.*

In dieser Formulierung wird bereits eine dezidierte politische Distanzierung von den Länderchefs deutlich. Sie wurden von diesem Tage an aus ihrer bisherigen privilegierten Stellung als »Treuhänder der deutschen Politik«[19] hinausgedrängt. Dabei kam nicht zum Ausdruck, wie sehr dieses Gremium durch seine Vorarbeiten

---

[12] Vgl. WILLY BRANDT und RICHARD LÖWENTHAL, Ernst Reuter, München 1957, S. 480. Dieser Vorschlag Adenauers ist sonst nirgendwo erwähnt.

[13] Daß hinter diesem Vorschlag keineswegs, wie REUTER kommentierte, *Mangel an politischer Phantasie* gestanden hat (vgl. ebd.), dürfte klar sein. Reuters Beurteilung ist charakteristisch für eine verbreitete Unterschätzung Adenauers.

[14] STEN. BERICHTE, S. 4.

[15] Ähnlich am 15. September 1948 in der CDU/CSU-Fraktion: Der Präsident müsse *ganz neutral* sein und auch die KPD-Abgeordneten *wie alle anderen* sachlich behandeln. FRAKT.-PROT., S. 3.

[16] Vgl. STEN. BERICHTE, S. 2 ff., sowie Presseberichte.

[17] DER SPIEGEL Nr. 36 vom 4. September 1948, S. 3.

[18] Die erste Probe dafür lieferte ADENAUER mit folgender Entgegnung auf einen Zwischenruf, der den Präsidenten als *einen verflucht schlechten Steuermann* des neuen Kurses apostrophiert hatte: *Warten Sie mal ab, Herr Reimann.* STEN. BERICHTE, S. 5.

[19] So THILO VOGELSANG, Das geteilte Deutschland (dtv-Weltgeschichte des 20. Jahrhunderts, Bd. 11), München 1966, S. 97.

und Vorentscheidungen den Mitgliedern des Parlamentarischen Rats die »grundsätzlichen Probleme« abgenommen hatte[20], so daß sich der Rat frei bewegen konnte.

In der vierten und letzten Sitzung des Geschäftsordnungsausschusses am 22. September 1948 – der einzigen übrigens, an der er teilgenommen hat – setzte Adenauer zusammen mit SPD-Vertretern und gegen die Stimmen der CDU/CSU-Abgeordneten durch[21], daß in die Geschäftsordnung keine Bestimmung über die Regelung des Verhältnisses des Parlamentarischen Rats zu den Ländern aufgenommen wurde. Da es sich bei dieser Materie nicht um eine Frage materieller Art handelte, sollte ihre Klärung dem Hauptausschuß überlassen werden[22]. Dazu ist es jedoch in der Folge nicht gekommen. So blieb die Frage einer Beteiligung der Länder an den Verfassungsberatungen ungeklärt und die Zuziehung von Vertretern der Länderregierungen und Experten einzelner Ressorts in das Ermessen des Ratspräsidenten gestellt.

In seiner fünften Sitzung am 22. September billigte das Plenum die vom Ausschuß erarbeitete Geschäftsordnung sowie dessen Beschluß, daß die Beratungen der einzelnen Ausschüsse *schon aus technischen Gründen* nicht im Wortlaut protokolliert werden sollten, um die *Unbefangenheit der Meinungsäußerung* nicht zu behindern[23]. Der Entwurf dieser Geschäftsordnung war derjenigen des Frankfurter Wirtschaftsrats *nachgebildet* worden. In den voraufgegangenen Plenarsitzungen hatte man die Geschäftsordnung des alten Reichstags *vorläufig sinngemäß* angewandt[24]. Es ist nicht ausgeschlossen, daß die im Verlauf der Arbeiten des Geschäftsordnungsausschusses *nach verschiedenen Richtungen* hin *weiter geklärte* Stellung des Präsidenten – der *gewisse Entscheidungen* möglichst im Einvernehmen mit den beiden Vizepräsidenten treffen sollte[25] – eine auf die Persönlichkeit Adenauers zugeschnittene Einengung präsidialer Befugnisse bedeutete. Nach der Geschäftsordnung hatte der Präsident beratende Stimme in allen Ausschüssen (§ 6) und den Vorsitz im Ältestenrat (§ 14); von den Vorsitzenden der Fachaus-

[20] Vgl. PETER HÜTTENBERGER, Arnold, Nordrhein-Westfalen und die Gründung der Bundesrepublik Deutschland, in: RHEIN. VIERTELJAHRS-BLÄTTER 33, 1969, S. 171.

[21] Nach einem Bericht des Leiters der Außenstelle des Büros der Ministerpräsidenten in Bad Godesberg, LEISEWITZ, vom 22. September 1948. BUNDESARCHIV Z 12/118.

[22] Vgl. PROTOKOLLE DES GESCHÄFTSORDNUNGSAUSSCHUSSES (ungedruckt), 4. Sitzung, S. 3. Die Protokolle sämtlicher Ausschüsse befinden sich in der Bibliothek des Bundestags in Bonn.

[23] So der Berichterstatter, Abg. DE CHAPEAUROUGE (CDU), am 22. September 1949. Vgl. STEN. BERICHTE, S. 68.

[24] Vgl. JOSEF FERDINAND KLEINDINST, Der Parlamentarische Rat, o. J., S. 107. Es handelt sich um ein umfangreiches hinterlassenes Manuskript des CSU-Abgeordneten des Parlamentarischen Rats im Nachlaß Kleindinst.

[25] So der Abg. DE CHAPEAUROUGE (s. Anm. 23), S. 67.

schüsse mußte er laufend über den Stand der jeweiligen Beratungen unterrichtet werden (§ 22).

Eine Analyse der Stenographischen Berichte der Plenarsitzungen läßt nur einen Ausschnitt der Tätigkeit und des Einflusses Adenauers als Präsident sichtbar werden; denn der Parlamentarische Rat hat sich mit zwölf Plenarsitzungen begnügt. Davon wiederum hat Adenauer nur in acht den Vorsitz geführt, nämlich in der 1., 4. und 5. sowie in der 8. bis 12. Sitzung. Die vier Sitzungen, bei denen er *entschuldigt* fehlte (am 8. und 9. September sowie am 20. und 21. Oktober 1948), wurden von Vizepräsident Schönfelder geleitet.

Adenauer war in jeder Weise seinem Amt gewachsen. Er besaß von Anfang an persönliche Autorität, rasches Reaktionsvermögen und unbeirrbare Sicherheit im Auftreten wie in der Art, in der er die Geschäftsordnung handhabe, an deren Ausarbeitung er sich nicht sonderlich beteiligt hatte[26]. Auch in langen Nachtsitzungen, stürmischen Debatten und komplizierten Einzelabstimmungen über Verfassungsparagraphen kam er nicht aus dem Konzept. Die Verhandlungsführung des Präsidenten – der in seiner eigenen Fraktion wiederholt darauf drängte, zur *schnelleren und reibungsloseren Arbeit* stets eine Tagesordnung aufzustellen[27] – war bei aller Straffheit bemerkenswert elastisch. Seine zahlreichen kurzen Zwischenbemerkungen waren häufig mit einer Portion »kölschen« Humors gewürzt. Adenauer blieb mit Erfolg darauf bedacht, die planmäßigen Verzögerungs- und Störaktionen der beiden KPD-Vertreter in Grenzen zu halten.

Andererseits aber hat gerade der Essener KPD-Abgeordnete Heinz Renner durch seine pausenlosen Zwischenrufe und Anträge – in bezug auf die Zahl der Wortmeldungen und Anträge allerdings noch von dem niedersächsischen DP-Abgeordneten Hans-Christoph Seebohm übertroffen – die unentbehrliche und dem Präsidenten höchst erwünschte parlamentarische Würze geliefert. In der Replik auf die Einwürfe Renners, die der CDU-Vorsitzende aus der gemeinsamen Abgeordnetentätigkeit im Landtag von Nordrhein-Westfalen nur zu gut kannte, sind Adenauer beachtliche rhetorische Entgegnungen gelungen. Er selbst hat bei passender Gelegenheit am 15. September 1948 die Abgeordneten ermuntert, wenn schon, dann

[26] Bereits am 26. März 1946 hatte ADENAUER im Hamburger Zonenbeirat erklärt, eine Geschäftsordnungsdebatte sei eine *langweilige Angelegenheit*, müsse aber *gemacht* werden. VERHANDLUNGEN DES ZONENBEIRATS (ungedruckt), S. 14. Am 28. April 1948 hatte ADENAUER im Landtag von Nordrhein-Westfalen ausgeführt: *Geschäftsordnungsdebatten sind bei einem jungen Parlament oft sehr lehrreich und vor allen Dingen sehr wirkungsreich für die Zukunft.* 1. Wahlperiode, STEN. BERICHTE, S. 342.
[27] So am 9. November und 10. Dezember 1948. FRAKT.-PROT., S. 142, 273.

gute Zwischenrufe zu machen[28]. Als in einer Sitzung der CDU/ CSU-Fraktion am 25. November 1948 der Vorschlag gemacht wurde, aus gegebenem Anlaß eine Sitzung des Plenums einzuberufen, die sehr kurz sein könne, entgegnete der Präsident: Die Sitzung werde länger als zehn Minuten dauern, *dafür sorgt schon Herr Renner*[29].

Wie wenig ernst im übrigen Adenauer die beiden KPD-Vertreter nahm, geht daraus hervor, daß er am Tage nach der Übernahme des Präsidentenamts *unsere Kommunisten* im Vergleich zu denen des Jahres 1918 als *Gentlemen* apostrophierte[30]. Die wiederholt gebrauchte Wendung Renners *Wir kennen uns zu gut*[31] kennzeichnet das Verhältnis der beiden Kontrahenten oder – vielleicht noch besser – die Antwort des KPD-Abgeordneten auf einen Einwand Adenauers (*Herr Renner, das glauben Sie alles selbst nicht, was Sie sagen*): *Das glaube ich alles, was ich sage, weil ich Sie seit Jahrzehnten so gut kenne, wie ich mich kenne. [...] Sie sind Dr. Konrad Adenauer, die deutsche und internationale Reaktion, und das genügt Ihnen*[32]. Bei der Verabschiedung des Grundgesetzes am 8. Mai 1949 nahm Adenauer ungerührt den Vorwurf Renners zur Kenntnis: *Wenn man mit Ihnen unter vier Augen verhandelt, tut man gut, sich mindestens zwei Zeugen zu sichern*[33]. Zwei Tage vorher hatte der Präsident dem KPD-Abgeordneten Reimann das Wort entzogen, weil der Parlamentarische Rat nicht gesonnen sei, sich *terrorisieren zu lassen*[34].

Von dem parlamentarischen Strafmittel des Ordnungsrufs machte Adenauer sehr sparsam Gebrauch. Er beherrschte die für einen Verhandlungsleiter wichtige Fähigkeit, unliebsame Wortmeldungen geflissentlich zu übersehen oder unpassende Zwischenrufe zu überhören. Auf einen Hinweis des CDU-Abgeordneten Theophil Kaufmann am 8. Mai 1949, daß seine wiederholte Wortmeldung dreimal übersehen worden sei, erfolgte die trockene Replik: *Tut mir leid, Herr Kaufmann, ich habe es nicht gesehen. Herr und Frau Schriftführer haben es auch nicht gesehen. Offenbar hat Frau Weber Ihr Zuwinken anders aufgefaßt*[35]. Als zwei Tage später der DP-Abge-

---

[28] In der 4. Sitzung des Parlamentarischen Rats. STEN. BERICHTE, S. 62.

[29] FRAKT.-PROT., S. 176.

[30] In einem Interview mit der AP-Presseagentur.

[31] 10. Sitzung vom 8. Mai 1949. STEN. BERICHTE, S. 220; 9. Sitzung des Hauptausschusses vom 25. November 1948. VERHANDLUNGEN DES HAUPTAUSSCHUSSES, Bonn 1948/49, S. 111.

[32] 31. Sitzung des HA vom 7. Januar 1949. Ebd., S. 386. Am 27. Januar 1949 hieß es in einem Bericht von JAN MOLITOR (DIE ZEIT Nr. 4): *Renner, das enfant terrible des Bonner Parlaments, nennt Adenauer den ›alten Fuchs‹, er bekämpft ihn, aber er liebt ihn auch.*

[33] 10. Sitzung. STEN. BERICHTE, S. 220.

[34] 9. Sitzung. Ebd., S. 170.

[35] 10. Sitzung. Ebd., S. 229. KAUFMANN, ein geschickter Verhandlungsleiter, war im übrigen einer der nicht sehr zahlreichen Fraktionskollegen, die Adenauer besonders schätzte.

ordnete Seebohm einen ihn berührenden Zwischenruf seines SPD-Kollegen Georg Diederichs vom Präsidenten nicht gerügt sah, erklärte Adenauer kategorisch: *Ich habe die Bemerkung nicht gehört, weil ich sie bei der Unruhe im Hause nicht hören konnte*[36].

Bekannter ist eine andere Szene: Als der FDP-Abgeordnete Theodor Heuss am 8. Mai 1949 in seinem schwäbischen Zorn den KPD-Zwischenrufer Renner mit der wenig parlamentarischen Wendung zu stoppen suchte: *Renner, halten Sie mal eine Zeit Ihr Maul und seien Sie ruhig!*, da rettete Adenauer unter erneuter großer Heiterkeit des Hauses diese für einen Ordnungsruf reife Situation mit der Bemerkung: *Herr Heuss, ich nehme an, Herr Renner hat Ihnen das nicht übelgenommen.* Als der Redner sofort replizierte: *Er hat sich darüber gefreut,* und Renner seinerseits diese Beurteilung unverzüglich bestätigte (*Das wollte ich sogar hören*)[37], war die Angelegenheit erledigt. Es handelte sich dabei übrigens um einen der seltenen Fälle, in denen Adenauer, hier allerdings wegen der großen Heiterkeit des Hauses, zur Glocke des Präsidenten greifen mußte[38].

Wichtiger als die mehr geschäftsordnungsmäßig-repräsentative Seite seines Präsidentenamts waren für Adenauer von Anfang an die darin liegenden eminent politischen Möglichkeiten, die er voll ausschöpfte. Ihm oblag der *Geschäftsverkehr* des Parlamentarischen Rats mit deutschen oder anderen Dienststellen (§ 11 der Geschäftsordnung), also vor allem der unmittelbare Kontakt zu den drei Militärgouverneuren bzw. ihren Vertretern und Verbindungsoffizieren. Auf diese Weise konnten die Ministerpräsidenten außer von der Mitarbeit am Verfassungswerk auch vom Zugang zum »Machthaber« ferngehalten werden. Eine Anfrage des hessischen Ministerpräsidenten Stock vom 3. September 1948 wegen eines Gesprächs, vor allem über die Frage des Bundessitzes, wurde von Adenauer unbeantwortet gelassen[39]. Es kam auch nicht zu der von den Ministerpräsidenten und den Fraktionsvorsitzenden der CDU/CSU- und SPD-Fraktion am 1. Oktober 1948 in Schloß Niederwald vereinbarten Zusammenarbeit zwischen den Länderkabinetten und dem Parlamentarischen Rat[40].

---

[36] 11. Sitzung. Ebd., S. 262.

[37] 10. Sitzung. Ebd., S. 208.

[38] Dieser kleine Zwischenfall ist sowohl von Adenauer als auch von Heuss der Überlieferung für wert befunden worden. Vgl. K. ADENAUER, Erinnerungen 1945–1953, S. 154. Der Bericht von HEUSS ist wiedergegeben bei P. WEYMAR, Adenauer, S. 364 f.

[39] Das ergibt sich aus einem Schreiben STOCKS vom 14. Dezember 1948 an Adenauer, in dem der hessische Ministerpräsident Vorwürfe des Präsidenten vom 3. Dezember zurückwies, das Büro der Ministerpräsidenten habe den Parlamentarischen Rat *nicht von allen ihn und seine Arbeit betreffenden Erklärungen* der Militärgouverneure in Kenntnis gesetzt. BUNDESARCHIV Z 12/21.

[40] Protokoll der Beratungen im BUNDESARCHIV, Nachl. Brill 8.

Die von Fall zu Fall zugezogenen Vertreter der Länder besaßen kein Stimmrecht in den Ausschüssen des Rats. Sie erhielten allerdings die Protokolle über deren Beratungen zugestellt, genauso wie die Verbindungsstellen der Besatzungsmächte[41]. Sie waren darüber hinaus durch ständige Vertreter in Bonn, eine Art Neuauflage der früheren innerdeutschen Gesandtschaften, über den Fortgang der Verhandlungen im Bilde. Es kam zu einigen Treffen von Mitgliedern des Parlamentarischen Rats und einigen Ministerpräsidenten, so am 27. Oktober 1948, am 4. Februar 1949, als sich vier Länderchefs (Altmeier, Arnold, Kopf, Stock) mit dem Interfraktionellen Fünferausschuß trafen[42], am 24. März und am 13. Mai 1949. Am 12. April 1949 wurde in einem größeren Kreis auf Grund einer *vor längerer Zeit* getroffenen Absprache[43] eine gemeinsame Stellungnahme zum Besatzungsstatut, einer – wie es Adenauer bei dieser Gelegenheit ausdrückte – Entscheidung von *weltgeschichtlicher Bedeutung*[44], beraten. Adenauer und der bayerische Ministerpräsident Ehard haben sich wiederholt in Bonn getroffen[45]. Ehard hat auch an einzelnen Sitzungen der CDU/CSU-Fraktion teilgenommen (erstmals am 7. Oktober 1948)[46] und mit Nachdruck seine Konzeption (Bundesrat) vertreten[47].

Außer dem Präsidenten des Parlamentarischen Rats haben auch andere Abgeordnete Zugang zum »Machthaber«, den drei Militärgouverneuren, gehabt und genutzt, wenngleich bisher wenig darüber bekannt geworden ist. Allein Adenauer aber wurde ohne offizielle Bestallung, *auf ganz natürliche Weise,* wie es Theodor Heuss

[41] Laut Beschluß des Geschäftsordnungsausschusses vom 22. September 1948. PROTOKOLLE DES GESCHÄFTSORDNUNGSAUSSCHUSSES (ungedruckt), S. 3; Mitteilung des Hauptausschußvorsitzenden Abg. SCHMID in der 28. Sitzung am 18. Dezember 1948. VERHANDLUNGEN DES HA, S. 331. Am 22. September 1948 teilte ADENAUER in einer Sitzung seiner Fraktion mit, daß die Protokolle der Ausschußsitzungen erst nach Genehmigung durch die jeweiligen Vorsitzenden den Militärregierungen weitergegeben würden. FRAKT.-PROT., S. 14.

[42] Vgl. DIE WELT vom 5. Februar 1949, wo allerdings über den Inhalt der Gespräche nichts mitgeteilt wird.

[43] So ADENAUER in der Sitzung des Ausschusses für Fragen des Besatzungsstatuts mit dem Präsidium des Parlamentarischen Rats, den Fraktionsführern und den Ministerpräsidenten. Vgl. PROTO= KOLLE dieses Ausschusses (ungedruckt), S. 2 f.

[44] Ebd. S. 3.

[45] Vgl. KARL SCHWEND, Aus der Werkstatt des Bundesbaues, in: UNSER BAYERN, hrsg. von der Bayerischen Staatskanzlei, München (1950), S. 12. Ebd. findet sich ein Auszug aus einem Schreiben EHARDS vom 20. Januar 1949 abgedruckt, in dem er Adenauer gegenüber seine Besorgnis über eine nicht genügend föderalistische Gestaltung des Grundgesetzes zum Ausdruck brachte.

[46] Am 9. März 1949 hieß es in einem Bericht LEISEWITZ', Ehard befinde sich seit Beginn der Arbeit des Parlamentarischen Rats *schon zum fünften Mal in Bonn.* BUNDESARCHIV Z 12/123.

[47] Auf ADENAUERS Klage vor den Führungsgremien der CDU und CSU am 8. Januar 1949 in Königswinter: die Ministerpräsidenten außer Ehard hätten bisher nicht an den Beratungen des Parlamentarischen Rats teilgenommen, erwiderte der bayerische Regierungschef, daß eine Teilnahme an den Beratungen ohne Antragsrecht *keinen Zweck* habe. PROTOKOLL (s. Kap. IV, Anm. 3) S. 8.

einmal umschrieben hat, *der Sprecher der werdenden Bundesrepublik gegenüber den westlichen Mächten*[48]. Er war in der Regel mit den politischen Vorstellungen und damit auch den internen Differenzen der drei Alliierten vertraut. Er lehnte es ab, von jedem Treffen mit den Militärgouverneuren dem Hauptausschuß Rechenschaft zu geben, da er solche Besprechungen in seiner Eigenschaft als *einer der führenden westdeutschen Politiker* führen könne[49].

Adenauer benutzte den regelmäßigen Kontakt mit den Alliierten, um immer erneut seine Konzeption über die Rolle Westdeutschlands in einer europäischen Föderation zu entwickeln[50]. Er erkannte rasch, daß sich seine Ansichten am ehesten mit den Vorstellungen des amerikanischen Militärgouverneurs General Clay deckten, der eine entscheidende politische Rolle in der Vorgeschichte der *Weststaatsgründung* spielte[51]. Mit General Robertson, den er seit 1946 kannte, war er in ein *angemessenes Verhältnis* gekommen[52]. Vorwürfe gegen die Amtsführung des Präsidenten betrafen ausschließlich die Opportunität oder Inopportunität spezifisch politischer Entscheidungen. Das ohne Belege formulierte Urteil von Peter H. Merkl, wonach der Parlamentarische Rat von gut organisierten Parteien beherrscht worden sei, »deren Führer das Spiel auf der parlamentarischen Bühne von dem übergeordneten Standort des Ältestenrates aus dirigierten«[53], trifft nicht zu.

VI. Verhalten in der »Frankfurter Affäre« (Dezember 1948)

Ungeachtet des Bestrebens der beiden großen Fraktionen, das Grundgesetz möglichst rasch und mit einer möglichst breiten Mehrheit zu verabschieden, kam es im Parlamentarischen Rat wiederholt zu schweren Krisen. Von ihnen müssen zwei erwähnt werden, weil in ihrem Anlaß die unterschiedlichen Auffassungen und Argumentationsweisen der beiden großen Fraktionen deutlich werden, in der Art ihrer Beilegung aber auch die Taktik Adenauers erkennbar wird.

[48] Vgl. P. WEYMAR, Adenauer, S. 364.
[49] So in einem Interview mit der dpd-Presseagentur am 23. November 1948 in Berlin.
[50] Das geschah auch bei seinem ersten Zusammentreffen als Ratspräsident mit dem französischen Militärgouverneur General Koenig. Vgl. H.-P. SCHWARZ, Vom Reich zur Bundesrepublik, S. 462.
[51] Vgl. JOHN GIMBEL, Amerikanische Besatzungspolitik in Deutschland 1945–1949, Frankfurt 1971. ADENAUER würdigte aber auch in zunehmendem Maße die *sehr verständige Haltung* des französischen Außenministers Schuman. So in einem Schreiben vom 2. Oktober 1948 an H. Pünder. BUNDESARCHIV, Nachl. Pünder 606.
[52] So in einer Sitzung der CDU/CSU-Fraktion am 4. Januar 1949. FRAKT.-PROT., S. 309.
[53] Die Entstehung der Bundesrepublik Deutschland. Dt. Ausg. Stuttgart ²1968, S. 104.

In beiden Fällen handelt es sich um Konflikte, deren Ursache in dem gespannten Verhältnis des Parlamentarischen Rats zu den Besatzungsmächten lag: in der zweiten Dezemberhälfte 1948 um die »Frankfurter Affäre« und im April 1949 um das »Nein« der SPD zu Forderungen der Militärgouverneure nach einer Revision des Grundgesetzentwurfs. In beiden Fällen verschärften sich die von Anfang an vorhandenen Gegensätze zwischen der CDU/CSU- und der SPD-Fraktion – die SPD wollte im Gegensatz zur CDU/CSU das Grundgesetz erst nach seiner Annahme im Parlamentarischen Rat den Alliierten vorlegen – durch eine kontroverse Einschätzung des Verhaltens der drei Westmächte.

In der »Frankfurter Affäre« ging es um Adenauers Rolle als Delegationsführer bei Verhandlungen mit den drei Militärgouverneuren am 16. Dezember 1948. Dem Präsidenten wurde im Anschluß daran von SPD- und FDP-Vertretern vorgeworfen, er habe sich nicht, wie vorher vereinbart worden sei, auf Fragen nach der Interpretation strittiger Punkte in einem Memorandum der Militärgouverneure vom 22. November beschränkt, sondern versucht, eine Stellungnahme der Alliierten zugunsten der CDU/CSU-Auffassung in der Frage des föderalistischen Aufbaus des Grundgesetzes und der Finanzhoheit herbeizuführen. Auf diese Weise habe er – wie es in einer schriftlichen *Rüge*[1] der SPD-Fraktion vom 18. Dezember an *Herrn Dr. Konrad Adenauer, Bonn*, hieß – die Gouverneure zu *Schiedsrichtern über Meinungsverschiedenheiten innerhalb des Parlamentarischen Rats* machen wollen und sich mehr als Parteipolitiker denn als Sprecher der Gesamtheit verhalten[2].

Wie hat Adenauer auf diese Anschuldigungen – die von dem SPD-Abgeordneten Menzel sogleich als *ausgezeichnete Unterlage für die Wahlpropaganda* bewertet wurden[3] – reagiert, die er in der Sache wie in der Form für unbegründet hielt und als eine von dem SPD-Abgeordneten K. Schmid angezettelte *Perfidie* empfand[4]? Zu-

[1] So der SPD-Abg. WALTER MENZEL, der am 23. Dezember 1948 in Düsseldorf das Schreiben erläuterte. Vgl. DIE WELT vom 24. Dezember 1948; DIE GEGENWART 4. Jg., 1. Januar 1949, S. 2.

[2] Der Brief ist vom Abg. SCHMID unterschrieben. Vgl. den Text bei P. WEYMAR, Adenauer, S. 373. Dazu ferner K. ADENAUER, Erinnerungen 1945–1953, S. 161 f.; P. WEYMAR, Adenauer, S. 370 ff.; L. D. CLAY, Entscheidung in Deutschland, Frankfurt a. M. 1950, S. 461; P. H. MERKL, Entstehung der Bundesrepublik, S. 110 f., 132; ALBERT WUCHER (Hrsg.), Wie kam es zur Bundesrepublik? Gespräche mit Männern der ersten Stunde (Herder-Bücherei, Bd. 324), Freiburg i. Br. 1968, S. 135 (Gespräch mit C. SCHMID im Winter 1967/68, dessen Version den zeitgenössischen Quellen nicht entspricht); HERMANN BEHR, Vom Chaos zum Staat, Frankfurt a. M. 1961, S. 252 (mit HEUSS' Kommentar über Adenauers *Eigenmächtigkeit*); ERICH SCHÄFER, Von Potsdam bis Bonn, Lahr 1950, S. 67.

[3] In Schreiben vom 17. Dezember 1948 an Ollenhauer und Heine. Vgl. V. OTTO, Staatsverständnis, S. 276.

[4] So am Vormittag des 17. Dezember 1948 in der CDU/CSU-Fraktion. FRAKT.-PROT., S. 300. Aus den Fraktionsprotokollen ergibt sich, daß ADENAUER den SPD-Fraktionsvorsitzenden Schmid als gefährlichsten Gegenspieler beurteilte.

nächst gab am Vormittag des 17. Dezember in der CDU/CSU-Fraktion deren Vorsitzender Pfeiffer einen auch von den übrigen Teilnehmern der Frankfurter Konferenz bestätigten Bericht über Vorgeschichte und Verlauf des Gesprächs in Frankfurt, bei dem sich Adenauer völlig korrekt verhalten habe. Bei dieser Gelegenheit verlas Adenauer in der Fraktion, die anschließend sein Verhalten billigte, den Text einer Erklärung, die er noch am gleichen Tage bei einem zweiten Treffen mit den Alliierten in Frankfurt abgeben wolle[5] (wie es dann geschah: zusammen mit einer Erklärung von K. Schmid).

Am folgenden Tage referierte Adenauer in einer nichtöffentlichen Sitzung des Hauptausschusses ausführlich über den Verlauf der Frankfurter Besprechungen[6]. Danach hat er erst während der Sitzung am 16. Dezember auf eine Anregung des Fraktionsvorsitzenden der CDU/CSU-Fraktion, Pfeiffer, von den Militärgouverneuren eine *exakte Auskunft* über *mehrdeutige* Ausführungen bezüglich der Länderkammer im Memorandum der Alliierten vom 22. November erbeten[7]. Von einigen Mitgliedern der Delegation, darunter den Abgeordneten Menzel, Schmid und Höpker-Aschoff, sei ihm zu seiner *Überraschung* erst am folgenden Morgen mitgeteilt worden, daß er den Eindruck erweckt habe, von den Militärgouverneuren eine *Entscheidung über Differenzpunkte* zu erhalten. Er habe dieser Auffassung sofort widersprochen und sein Bedauern darüber zum Ausdruck gebracht, daß keiner der Anwesenden – von denen auch niemand trotz einer entsprechenden Aufforderung von General König Fragen gestellt habe[8] – während der Konferenz einen eventuellen *Lapsus* seinerseits korrigiert habe. Zu Beginn der zweiten Besprechung mit den Militärgouverneuren am Nachmittag des 17. Dezember seien dann von ihm und dem SPD-Abgeordneten Schmid vorbereitete Stellungnahmen verlesen worden, die den Sachverhalt klargestellt hätten[8a].

[5] Ebd.

[6] Nach einem Bericht LEISEWITZ' vom 17. Dezember 1948 war diese Besprechung vom Ältestenrat ungenügend vorbereitet worden. BUNDESARCHIV Z 12/119. Ähnlich DER SPIEGEL Nr. 52 vom 23. Dezember 1948, S. 4. Adenauer war übrigens infolge einer Autopanne erst unmittelbar vor Beginn der Sitzung in Frankfurt eingetroffen. Mitteilung in der CDU/CSU-Fraktion am 4. Januar 1949. FRAKT.-PROT., S. 314f.

[7] Vgl. VERHANDLUNGEN DES HA, 28. Sitzung, S. 332. Nach dem in Anm. 6 erwähnten Bericht des SPIEGEL (ebd.) hatte ein Offizier aus dem Stabe der französischen Delegation – ein Sohn des aus dem Elsaß stammenden früheren Zentrumsabgeordneten Josef Joos – Adenauer geraten, Fragen an die Gouverneure zu stellen, *da ja nichts Schriftliches vorliege.*

[8] So nach Mitteilung ADENAUERS in der CDU/CSU-Fraktion am 4. Januar 1949. FRAKT.-PROT., S. 328. Nach dem in Anm. 6 erwähnten Bericht des SPIEGEL (ebd.) hat General Koenig die Anwesenden zweimal – vergeblich – aufgefordert, Fragen zu stellen.

[8a] In einer Sitzung der CDU/CSU-Fraktion am späten Abend des 17. Dezember hatte PFEIFFER erklärt, daß die Militärbefehlshaber den Sinn dieser Erklärung offensichtlich nicht verstanden hätten. FRAKT.-PROT., S. 303.

Adenauers Wiedergabe der Gespräche wurde von anderen Delegationsmitgliedern bestätigt und war, wie sich erweisen sollte, korrekt. Dementsprechend verlief die anschließende Diskussion im Hauptausschuß ohne Ergebnis: Ein KPD-Antrag, den Präsidenten des Rats abzuberufen, wurde von Sprechern aller Parteien zurückgewiesen. Adenauer zog aus diesem Fall die *Lehre,* bei eventuellen weiteren Verhandlungen mit den Militärgouverneuren vorher *Satz für Satz* festzulegen und bei unvermutet auftauchenden Fragen um eine Beratungspause für die deutsche Delegation zu bitten[9]. So ist es dann auch später geschehen (14. April 1949).

Nun führten zwei Ereignisse dazu, den im Ausschuß – der sich auf den 4. Januar 1949 vertagte – zunächst beigelegten Zwischenfall erneut hochzuspielen. Das eine war die bereits erwähnte schriftliche *Rüge* der SPD-Fraktion, die Adenauer erst nach Schluß der Sitzung des Hauptausschusses (12.56 Uhr), an die sich eine Besprechung des Präsidenten mit einem britischen Unterhausabgeordneten angeschlossen hatte[10], in seinem Büro vorfand – nachdem sie bereits vorher den Fraktionen bekanntgeworden und von den KPD-Vertretern der Presse übergeben worden war. Das zweite war eine nach der Sitzung des Hauptausschusses veranstaltete Pressekonferenz der SPD-Fraktion, auf der der *polemisierende Professor* Schmid[11] die Haltung seiner Fraktion zu Adenauers Vorgehen erläuterte und dabei nachdrücklich den Standpunkt vertreten hatte, das Grundgesetz möglichst rasch und unabhängig von der *Stellungnahme der Militärregierungen*[12] fertigzustellen.

Daraufhin trat Adenauer seinerseits an die Öffentlichkeit. In einer noch am gleichen Samstagnachmittag einberufenen Pressekonferenz kritisierte er scharf das Verhalten der SPD, durch das die CDU *vor den Kopf gestoßen* werde. Adenauer nannte die Spekulation auf das *nationalistische Gefühl* der Wähler eine Sünde gegen das gesunde nationale Empfinden[13]. Als gefährlich bewertete er die Politik der SPD, den Militärgouverneuren ohne vorherige Fühlungnahme die Verantwortung zu überlassen, das fertige Grundgesetz anzunehmen oder abzulehnen, und erklärte: *Eine solche Politik in der heutigen*

[9] VERHANDLUNGEN DES HA, S. 340.
[10] Nach Mitteilung ADENAUERS in der Fraktionssitzung am 4. Januar 1949. FRAKT.-PROT., S. 317.
[11] So die NZZ Nr. 2737 vom 20. Dezember 1948.
[12] So hieß es in einer Erklärung der SPD-Fraktion vom 5. Januar 1949, in der die Darlegungen Adenauers in seiner Pressekonferenz vom 18. Dezember 1948 (s. die folgenden Anm.) zurückgewiesen wurden. NACHL. BRILL 12.
[13] Wiedergegeben nach einer stenographischen Niederschrift der Ausführungen ADENAUERS, die er in einer Sitzung des Ältestenrats am 5. Januar 1949 verlas. Zitiert nach einem (ungedruckten) PROTOKOLL (in Privatbesitz), S. 2.

Zeit ist die Politik eines Hasardeurs, keine vernünftige Politik[14]. Der Präsident hielt es für wichtiger, mit den Gouverneuren in Kontakt zu bleiben, anstatt, wie es von Abgeordneten aller Parteien geschehe, mit alliierten Verbindungsoffizieren beim Cocktail *über die hier in Arbeit befindlichen Dinge* zu sprechen[15].

Die CDU/CSU-Fraktion stellte sich durch ihren Sprecher Jakob Kaiser[16] geschlossen hinter ihr prominentestes Mitglied und verurteilte den Versuch, *in dieser Zeit der größten deutschen Not zu entzweien, statt alles daran zu setzen, die aufbauwilligen Kräfte zur gemeinsamen Arbeit zusammenzufügen*[17]. Mit diesen Erklärungen beider Seiten, die in den Pressewiedergaben[18] teilweise vergröbert wurden, waren die Fronten verhärtet. Daß Adenauer auf die Angriffe der SPD so rasch und deutlich reagierte, lag nicht nur daran, daß er sich wegen der Frankfurter *Affäre* zu Unrecht angegriffen sah – wie sich nach Ausweis seiner Unterlagen in einer Sitzung der CDU/CSU-Fraktion und anschließend des Ältestenrats am 4. Januar herausstellte[19] –, sondern auch daran, daß er der SPD nicht die *nationalen* Parolen überlassen wollte. Noch am 18. Dezember klagte er in einem Schreiben an den Vorsitzenden der FDP in der britischen Zone, den nordrhein-westfälischen Minister Franz Blücher, pauschal über die (5-Mann-)Fraktion der FDP, die sich bei der Behandlung der Verfassungsprobleme *immer mehr* der Sozialdemokratischen Partei nähere. Blüchers Kommentar zu dieser nicht näher begründeten Beschwerde, die er drei Tage später den FDP-Mitgliedern des Parlamentarischen Rats zur Kenntnis brachte, lautete, *daß offenbar der 16. und 17. Dezember sowie der Brief der SPD Herrn Dr. Adenauer völlig fassungslos gemacht habe*[20].

Ebenfalls unter dem 18. Dezember beschwerte sich umgekehrt

---

[14] Bereits am 10. und 25. November 1948 hatte ADENAUER den SPD-Fraktionsvorsitzenden Schmid auf Grund von dessen Äußerungen im Ältestenrat (Ablehnung jeder alliierten Kontrolle) als Nationalisten kritisiert. FRAKT.-PROT., S. 152, 173.

[15] Daß ADENAUER mit dieser Wendung besonders auf Schmid zielte, ergibt sich aus einer Äußerung in der CDU/CSU-Fraktion am 4. Januar 1949: *Ich kenne kein Mitglied des Parlamentarischen Rats, das so häufig Gast ist bei irgendeinem der Verbindungsstäbe wie Herr Schmid, und [...] das im Gespräch im Ältestenrat so viel Kenntnis verrät über die Auffassungen der Alliierten wie Herr Schmid.* Ebd., S. 314.

[16] KAISER hat in diesen Auseinandersetzungen, auch noch Anfang Januar 1949, nach Ausweis der PROTOKOLLE (in Privatbesitz) über die Sitzungen des Ältestenrats vom 4. und 5. Januar, das Verhalten der SPD besonders scharf kritisiert.

[17] Erklärung der Fraktion vom gleichen Tage.

[18] Vgl. etwa: MAINZER ALLGEMEINE ZEITUNG vom 20. Dezember 1948; NZ vom 20. Dezember 1948; SZ vom 21. Dezember 1948; DER SPIEGEL Nr. 52 vom 23. Dezember 1948, S. 5; DIE GEGENWART 4. Jg., 1. Januar 1949, S. 1; NZ vom 6. Januar 1949; RHEINISCHER MERKUR Nr. 2 vom 8. Januar 1949. Vgl. ferner P. H. MERKL, Entstehung der Bundesrepublik, S. 111.

[19] Zitiert nach FRAKT.-PROT., S. 309 ff., sowie nach dem PROTOKOLL der Sitzung des Ältestenrats (s. Anm. 16).

[20] Für diesen Hinweis habe ich Herrn Dr. EBERHARD PIKART (Stuttgart) zu danken.

der Berliner Oberbürgermeister Ernst Reuter bei Adenauer darüber, daß in Bonn die Tendenz bestehe, Berlin gegenüber alliierten Instanzen ohne *vorherige Beratung* mit den Mitgliedern der Berliner Delegation *zur Erörterung* zu stellen[21]. Dieses Schreiben, aus dem Adenauer den Vorwurf herauslas, er hätte die Zuziehung der Berliner Vertreter zur Frankfurter Delegation verhindern wollen, *um keine SPD-Mehrheit im Bunde zustande kommen zu lassen*[22], stand im Zusammenhang mit der bereits erwähnten *Rüge* der SPD-Fraktion vom gleichen Tage. Der Präsident konnte am 4. Januar 1949 sowohl in der CDU/CSU-Fraktion als auch im Ältestenrat mit dem Argument kontern, er habe bei dem Frankfurter Treffen die Berlin-Frage deswegen nicht angeschnitten, weil der SPD-Abgeordnete Menzel ausdrücklich darum ersucht habe.

Nachdem der Deutschland-Union-Dienst der CDU am 21. Dezember einen ausführlichen Bericht Adenauers über die Frankfurter Ereignisse veröffentlicht hatte[23], schufen die Weihnachtsferien eine Kampfpause[24] in den Bonner Auseinandersetzungen. Diese sind nicht verständlich ohne ihren politischen Hintergrund: die unterschiedlichen Auffassungen der beiden großen Parteien über Aufgabe und Unabhängigkeit des Parlamentarischen Rats und die Einschätzung der zeitlichen Dauer des Grundgesetzes als Provisorium oder *Verfassung*. Zu Beginn des Jahres 1949 sah dann die sozialdemokratische Parteiführung in Hannover den Zeitpunkt gekommen, den Konkurrenten Adenauer dadurch auszuschalten, daß man ihn als *national unzuverlässig (alliierten-hörig)* verdächtigte[25]. Die SPD-Presse, angefangen von SOPADE (30. Dezember) und Neuer Vorwärts (1. Januar 1949), war in den ersten Tagen des Januar voll von Vorwürfen gegen Adenauer, der seinerseits die CDU/CSU-Fraktion geschlossen hinter sich hatte[26]. Schumacher, der eigens seinen Stellvertreter Ollenhauer nach Bonn delegierte, drängte die SPD-Fraktion zu einem förmlichen Mißtrauensvotum gegen den Ratspräsidenten[27].

---

[21] SZ vom 21. Dezember 1948; W. BRANDT und R. LÖWENTHAL, Reuter, S. 481.

[22] So nach seiner Formulierung in einer Sitzung des Ältestenrats am 4. Januar 1949. S. Anm. 19.

[23] Nr. 211. Ähnlich ausführlich berichtete auch das CDU-ECHO (Frankfurt) in der Weihnachtsausgabe 1948.

[24] Im Ältestenrat am 5. Januar 1949 erklärte ADENAUER, er habe vierzehn Tage lang geschwiegen, weil er gehofft habe, die Pause würde eine *Beruhigung auslösen und beim Wiederzusammentritt die Dinge erleichtern.* Vgl. Anm. 16.

[25] Vgl. KAMPF DER CDU IM PARLAMENTARISCHEN RAT, S. 5; P. H. MERKL, Entstehung der Bundesrepublik, S. 111.

[26] Sitzungen vom 3. und 4. Januar 1949. FRAKT.-PROT., S. 307, 309. Der DUD vom 4. Januar 1949 verurteilte die aus *Agitationsgründen* entfachte *üble Hetze* gegen Adenauer.

[27] In einem Bericht LEISEWITZ' vom 4. Januar 1949 hieß es, dem Vernehmen nach seien die Abgeordneten Menzel und Schmid mit diesem Verlangen nicht einverstanden. BUNDESARCHIV

Diese Forderung lehnte jedoch die Mehrheit der SPD-Fraktion am 4. Januar 1949 mit 19:3 Stimmen ab[28]. Dennoch schien es an diesem Tage, als würden die Fronten weiter erstarren. Es kam zu neuen gegenseitigen Anschuldigungen in Presseerklärungen. In einer Sitzung des Ältestenrats am Nachmittag des 4. Januar behielt sich Adenauer vor, *im Interesse seiner persönlichen Ehre* eine Untersuchung der Frankfurter Vorgänge vom 16. Dezember 1948 vornehmen zu lassen, um zu klären, *wie einwandfrei die ganze Angelegenheit liege.* Adenauer wies in diesem Kreise, wie bereits vorher in seiner Fraktion, die Notizen vor, auf deren Grundlage er mit den Mitgliedern der Delegation das Vorgehen in Frankfurt erörtert habe: *Ich habe sie* [die einzelnen Punkte] *wörtlich vorgetragen. Das ist ja die Sache, die mich so empört*[29].

Am folgenden Tage glätteten sich dann die Wogen. Beide Parteien kritisierten noch einmal das Verhalten der jeweils anderen Seite, wobei die CDU/CSU-Fraktion erneut geschlossen für Adenauer eintrat, genauso wie drei Tage später in Königswinter die Führungsgremien der CDU und CSU[30], die Adenauer eingeladen hatte, um *Ordnung in unser Denken hineinzubekommen und eine geschlossene Front* herzustellen[31]. Die Abgeordneten der beiden großen Fraktionen trafen sich in dem Bestreben, die Fortsetzung der Verfassungsarbeit als *weit wichtiger als alles andere* anzusehen[32]. Am Nachmittag des 5. Januar gelang es nach einer erneuten ausführlichen Debatte im Ältestenrat, die Krise beizulegen. Im Verlauf dieser Auseinandersetzungen hatte Adenauer keinen Zweifel daran gelassen, daß ihn in den SPD-Verlautbarungen am meisten die Anzweiflung seiner *deutschen Haltung* getroffen und *außerordentlich persönlich verletzt habe.* Eine befriedigende *Bereinigung* in diesem Punkte bilde für ihn die Voraussetzung dazu, wieder *schnellstens an die Arbeit* zu gehen.

Daraufhin wurde unter Verzicht auf weitere Auseinandersetzungen eine inzwischen von den Abgeordneten Süsterhenn (CDU) und Suhr (SPD) ausgearbeitete kurze Stellungnahme beschlossen. Deren

---

Z 12/120. In der Fraktionssitzung der CDU/CSU am 4. Januar 1949 erklärte ADENAUER: Schumacher betrachte die CDU/CSU als einen *zusammengelaufenen Haufen,* den man leicht auseinanderbringen könne. FRAKT.-PROT., S. 319. Diese Wendung hat ADENAUER in der Folge häufig zitiert.

[28] So nach einem LEISEWITZ-Bericht vom 15. Januar 1949. BUNDESARCHIV Z 12/120.

[29] S. Anm. 19.

[30] Dazu vgl. ADOLF SÜSTERHENN, Der Weg der CDU, in: RHEINISCHER MERKUR Nr. 3 vom 15. Januar 1949.

[31] So in einer Sitzung der CDU/CSU-Fraktion am 4. Januar 1949. FRAKT.-PROT., S. 324. Die Entschließungen der Führungsgremien vom 8./9. Januar sind veröffentlicht im DUD Nr. 7 vom 12. Januar 1949.

[32] So in einer Erklärung der SPD-Fraktion vom 5. Januar 1949. NACHL. BRILL 12.

Kernsatz lautete, alle Fraktionen hätten erklärt, *daß keine Fraktion einer anderen oder einem ihrer Mitglieder unlautere Motive unterstellt.* Angesichts der *gesamten politischen Lage* bekräftigten die Vertreter aller Parteien ihren Willen, das Staatsgrundgesetz *beschleunigt* fertigzustellen und sich dieser Arbeit in *gegenseitiger menschlicher Achtung* zu widmen[33]. Auf diese Weise konnte an Adenauers 73. Geburtstag die Krise beigelegt werden. Der *militanten Richtung* der SPD-Führung[34] war es nicht gelungen, ihren Kontrahenten von der politischen Bühne zu entfernen und damit auch als künftigen Bundespräsidenten – als solcher war Adenauer schon früh in der Presse genannt worden[35] – zu diskreditieren[36]. Bereits am 17. Dezember 1948 hatte der SPD-Abgeordnete Menzel vorschnell frohlockt: *Adenauer dürfte endgültig als Kandidat für den Posten des Bundespräsidenten ausscheiden*[37]. Nicht wenige Pressekommentatoren betrachteten in diesem Zusammenhang den von Adenauer geförderten Versuch einer Fusion des Zentrums mit der CDU, der kurz darauf scheiterte, unter dem Gesichtspunkt des Stimmenzuwachses für einen künftigen Bundespräsidenten Adenauer[38].

VII. Die Krise des Parlamentarischen Rats vom April 1949

Die schwerste Krise des Parlamentarischen Rats entstand Ende März 1949. Seit Anfang dieses Monats (2. März: Übergabe eines alliierten Memorandums) hatten die Besatzungsmächte wiederholt

[33] Vgl. DIE WELT vom 6. Januar 1949; KEESINGS ARCHIV 1948/49, S. 1764. Der Wortlaut der Erklärung ist in verschiedenen Nachlässen überliefert.

[34] So die NZZ Nr. 8 vom 9. Januar 1949. In einer Presseerklärung des SPD-Parteivorstands vom 5. Januar 1949 wurden Differenzen zwischen dem Parteivorstand und der SPD-Fraktion des Parlamentarischen Rats bestritten. NACHL. BRILL 12.

[35] Bereits kurz nach Zusammentritt des Parlamentarischen Rats hatte die SCHLESWIG-HOLSTEINISCHE VOLKSZEITUNG (SPD) behauptet, Adenauer wolle sich als künftiger Bundespräsident aufbauen. Diese Verdächtigung war von den KIELER NACHRICHTEN (CDU) am 14. September 1948 scharf zurückgewiesen worden. Am 16. Oktober 1948 hatte DER SPIEGEL (Nr. 42) geschrieben, Adenauer habe die beste Aussicht, erster Staatspräsident zu werden.

[36] Vgl. RHEINISCHER MERKUR Nr. 4 vom 22. Januar 1949; P. H. MERKL, Die Entstehung der Bundesrepublik, S. 111. In einem Bericht LEISEWITZ' vom 5. Januar 1949 hieß es, Adenauers Aussichten auf den Posten des Bundespräsidenten seien durch die Krise nicht größer geworden. BUNDESARCHIV Z 12/120. In einem Bericht vom 10. Januar 1949 wurde eine Erklärung des SPD-Vorstands zitiert, wonach die SPD aus *staatspolitischen Gründen und um die Arbeiten in Bonn nicht zu verzögern* von weiterer Verfolgung des *Falles Adenauer* abgesehen habe, aber nach wie vor dessen Politik mit Mißtrauen betrachte. Durch diese Erklärung hatten Gerüchte Auftrieb erhalten, nach denen Heuss als aussichtsreicher Kandidat für das Amt des Bundespräsidenten genannt werde. Ebd.

[37] Vgl. V. OTTO, Staatsverständnis, S. 143.

[38] So NZZ Nr. 19 vom 20. Januar 1949; DER SPIEGEL Nr. 4 vom 22. Januar 1949. In DIE ZEIT Nr. 4 vom 27. Januar 1949 schrieb JAN MOLITOR, daß Adenauer, die *beherrschende Persönlichkeit* des Parlamentarischen Rats, von der Frage nach dem künftigen Bundespräsidenten geschickt abgelenkt habe; der Präsident liebe es nicht, von Positionen zu reden, die später zu besetzen seien.

eine Revision des vom Hauptausschuß in dritter Lesung angenommenen Verfassungsentwurfs gefordert, zuletzt am 25. März in einer Sitzung des interfraktionellen Siebener-Ausschusses mit alliierten Vertretern. Praktisch handelte es sich darum, eine – auch von den CSU-Vertretern energisch geforderte – stärker föderalistische Lösung des Finanzproblems zu finden, die den alliierten Einsprüchen Rechnung trug. Andernfalls bestand die Gefahr, daß am Veto der Siegermächte das *ganze Werk* scheitern würde[1]. Während die SPD um den Preis des Scheiterns des Grundgesetzes entschlossen war, an dem zwischen den Fraktionen ausgehandelten Kompromiß festzuhalten, wollte die CDU/CSU im Sinne der von Adenauer vertretenen Linie das Zustandekommen des Grundgesetzes wegen dieser Frage nicht aufs Spiel setzen. Sie hielt aus *nationalen Gründen* ein Fortdauern der *bisherigen staatsrechtlichen Zerstückelung Deutschlands* nicht mehr länger für vertretbar[2].

Seit dem 17. März hatte Adenauer in seiner Fraktion wiederholt den Gedanken ventiliert, das Grundgesetz eventuell *allein mit den kleinen Parteien* zu machen. Sein Hauptargument dabei war außenpolitischer Natur: Deutschland brauche *endlich* eine handlungsfähige Regierung, da andernfalls dessen Aufnahme in den Europa-Rat nicht zustande komme[3] und keine Instanz vorhanden sei, *die vollberechtigte Zuziehung Deutschlands zum Atlantikpakt zu erstreben*[4]. Um die SPD unter Druck zu setzen, empfahl Adenauer, sie auf die Gefahr von Koalitionsbrüchen in einzelnen Ländern hinzuweisen[5].

Am 31. März scheiterte im interfraktionellen Siebener-Ausschuß der Versuch einer Verständigung. Die SPD-Fraktion, die am Vortage erneut ihre ablehnende Stellungnahme gegenüber den alliierten Forderungen bekräftigt hatte[6], schätzte nach den Worten des Abgeordneten Katz das politische Risiko, daß die Verfassung durch die Alliierten abgelehnt werden würde, als *sehr gering* ein. Sein Fraktionskollege Karl Schmid hielt es für unbedingt erforderlich, daß die

---

[1] Vgl. WALTER STRAUSS, Die Arbeit des Parlamentarischen Rates, in: POLITISCHES JAHRBUCH DER CDU/CSU, 1. Jg. Frankfurt a. M. 1950, S. 165 f. Dieser Aufsatz ist 1966 erneut veröffentlicht, ohne Hinweis auf den früheren Druck, in: NEUE PERSPEKTIVEN AUS WIRTSCHAFT UND RECHT. Festschrift für HANS SCHÄFFER zum 80. Geburtstag, Berlin 1966, S. 343–365. Das Manuskript von Strauß war 1949 vom Fraktionsvorsitzenden Pfeiffer gebilligt worden.

[2] So in einer Fraktionserklärung vom 30. März. Vgl. ebd., S. 164; KÖLNISCHE RUNDSCHAU vom 1. April 1949.

[3] FRAKT.-PROT., S. 498, 505 (25. März).

[4] So am 29. März in einem UP-Interview. Am 5. April 1949 betonte ADENAUER in seiner Fraktion, es gelte, sich *weitergehend von dem bisherigen Joch* zu befreien und aktiv in die europäische Politik einzugreifen. FRAKT.-PROT., S. 555.

[5] 25. März 1949. Ebd., S. 506.

[6] Vgl. MAINZER ALLGEMEINE ZEITUNG vom 31. März 1949. An den Beratungen der Fraktion hatte der stellv. SPD-Parteivorsitzende Ollenhauer teilgenommen.

deutsche Seite *endlich auch einmal* einen *Sieg gegenüber den Alliierten* erringen müsse[7].

Die von Schumacher unterstützte sozialdemokratische Fraktion[8] ging auf breiter Front zur *nationalen Opposition* (Merkl)[9] über und verurteilte die *unverständliche Kapitulation* der CDU/CSU vor den Besatzungsmächten[10]. Ob bzw. inwieweit die SPD in ihrer Haltung von *englischer Seite* ermuntert oder gedeckt worden ist, wie Adenauer am 31. März in einer Sitzung der CDU/CSU-Fraktion mutmaßte[11], war für die Gegenseite nicht festzustellen.

Nachdem Adenauers Bemühungen, die SPD von ihrem *überbetonten nationalistischen Standpunkt*[12] abzubringen, ohne Ergebnis geblieben war, suchte er Zeit zu gewinnen, damit sich die starre Haltung der Sozialdemokratie, deren *Machtprobe* gegenüber den anderen Parteien er nicht als *fair play* empfand[13], *lockern* könne[14]. Am 5. April wiederholte Adenauer in seiner Fraktion die Vermutung, daß die SPD von alliierter Seite in ihrer Haltung bestärkt werde, nachdem die Entscheidung inzwischen den Militärgouverneuren entzogen und in die Hände der Außenminister gelegt worden sei. Er erreichte, daß die Fraktion erneut für eine Verabschiedung des Grundgesetzes mit einer möglichst großen Mehrheit plädierte, um keine *Bankrotterklärung der deutschen Demokratie* abgeben zu müssen[15].

Adenauer blieb bemüht, die Atmosphäre zu *entgiften* und mit der FDP *engste Tuchfühlung* zu halten, wollte allerdings die *vorsichtige Zurückhaltung* gegenüber der SPD nicht so weit getrieben wissen, daß der Eindruck entstehen könne: *Wie Herr Schumacher pfeift, so*

---

[7] Nach einer ungezeichneten Niederschrift über die Verhandlungen des Siebener-Ausschusses vom 31. März 1949 *ab 19 Uhr*. Nachl. Kleindinst 152. Diese Äußerung wiederholte SCHMID in einer Pressekonferenz. Vgl. KÖLNISCHE RUNDSCHAU vom 4. April 1949. Die Zeitung hatte am 1. April geschrieben: worauf sich die Behauptung der SPD, daß sich die Alliierten mit einer Ablehnung ihrer Forderungen abfinden würden, stütze, sei ein *Geheimnis*; die Partei treibe ein *Vabanquespiel* und suche mit einer *Aufputschung nationaler Gefühle Wind in ihre schlappen Parteisegel zu blasen*.

[8] FRANKFURTER RUNDSCHAU vom 28. März 1949; NZZ Nr. 87 vom 29. März 1949; SZ vom 31. März 1949.

[9] H. P. MERKL, Entstehung der Bundesrepublik, S. 111.

[10] Vgl. DIE WELT vom 31. März 1949; KÖLNISCHE RUNDSCHAU vom 1. April 1949.

[11] FRAKT.-PROT., S. 522. Nach ADENAUERS Ausführungen berief sich die SPD bei ihrer Haltung darauf, *daß sie 1. von englischer Seite genügend Dinge erfahren habe, die sie als Zusicherung auffaßt, 2. die Nachricht von einem französischen Journalisten habe, daß man es dann schlucken werde, 3. auf ein Gespräch zwischen Carlo Schmid und Kennan*. Ähnlich auch DER SPIEGEL Nr. 14 vom 2. April 1949, S. 3.

[12] So in einem Schreiben PFEIFFERS vom 31. März 1949 an den erkrankten CSU-Abg. Kleindinst. NACHL. KLEINDINST 157.

[13] So auf einer Wahlkundgebung der nordbadischen CDU in Karlsruhe am 3. April 1949. Vgl. SZ vom 5. April 1949; KEESINGS ARCHIV 1948/49, S. 1879.

[14] So PFEIFFER (s. Anm. 12). Dazu W. STRAUSS, Die Arbeit des Parlamentarischen Rates, S. 164.

[15] FRAKT.-PROT., S. 544f.

tanzt die CDU/CSU[16]. Der Präsident des Parlamentarischen Rats vermochte weiterhin keine Klarheit über die Hintergründe des Verhaltens der SPD – die nach einer (rasch dementierten) AP-Meldung von britischen Labour-Politikern ermutigt worden war – zu gewinnen[17].

Er wollte es unter keinen Umständen auf eine *Machtprobe* mit den Alliierten ankommen lassen, um nicht den Verfassungsauftrag des Rats zu gefährden und blieb zu Konzessionen gegenüber den alliierten Forderungen bereit. Adenauer begrüßte die Beschlüsse der Washingtoner Außenministerkonferenz vom 8. April 1949, die größere Vollmachten für den künftigen westdeutschen Bundesstaat vorsahen, als einen *Fortschritt für Westdeutschland,* der durch rasche Fertigstellung des Grundgesetzes genutzt werden sollte[18]. In einer Erklärung der CDU/CSU-Fraktion vom 12. April wurde die sozialdemokratische Absicht kritisiert, durch einen *verkürzten* Verfassungsentwurf entscheidende Änderungen an der Struktur des seit acht Monaten beratenen Grundgesetzes vorzunehmen[19]. Adenauer hielt es für *unfaßbar und nicht zu verantworten,* die *ausgestreckte Hand der Alliierten* auszuschlagen. An die Adresse der SPD gerichtet, fügte er hinzu, das Grundgesetz sei ja nicht die *Zehn Gebote;* Änderungen in naher Zukunft seien *durchaus wahrscheinlich*[20].

Die SPD-Fraktion beharrte jedoch, von Schumacher unterstützt, auf ihrem inzwischen vorgelegten *vereinfachten Grundgesetzentwurf.* Adenauer bewertete es als eine Tragödie, daß der SPD-Vorsitzende von seinem Krankenbett in Hannover aus Entscheidungen treffe, die von der Bonner Fraktion als bindend angesehen würden[21]. Am 20. April beschloß der erweiterte SPD-Parteivorstand in Hannover, die Arbeit des Parlamentarischen Rats scheitern zu lassen, falls nicht die sozialdemokratischen Forderungen angenommen würden.

Am 21. April beklagte Adenauer im Nordwestdeutschen Rundfunk dieses Ergebnis. Er warnte vor einer innenpolitischen Vergiftung durch die Behauptung, die CDU/CSU treibe *Erfüllungspolitik.*

---

[16] So am 7. April in einer Fraktionssitzung. FRAKT.-PROT., S. 568 f.
[17] Vgl. KÖLNISCHE RUNDSCHAU vom 2. April 1949 unter der Überschrift *Bevin ermutigt die SPD.* Ähnlich am 4. April 1949.
[18] Vgl. DIE WELT vom 9. April 1949. KEESINGS ARCHIV 1948/49, S. 1886.
[19] Wortlaut im NACHL. LAFORET (Juristisches Seminar der Universität Würzburg).
[20] In einer Pressekonferenz am 16. April 1949. Zitiert nach einer Meldung der UP-Presseagentur. Die Wendung von den *Zehn Geboten* ist auch erwähnt bei K. ADENAUER, Erinnerungen 1945–1953, S. 172.
[21] Vgl. MAINZER ALLGEMEINE ZEITUNG vom 7. April 1949. Schumacher hatte erklärt, die CDU vertrete eine Politik der Tradition des *klerikalen Partikularismus, der den französischen Wünschen entgegenkomme.* Ebd. Vgl. ferner PAUL WILHELM WENGER, *Der kranke Führer,* in: RHEINISCHER MERKUR Nr. 16 vom 16. April 1949.

Damit würde wie nach 1918 eine Kluft zwischen *Erfüllungspoliti-kern* und *Patentnationalen* aufgerissen. Adenauer bezeichnete Schumachers Angriffe auf die Alliierten als *unberechtigt* und gab der Hoffnung Ausdruck, daß es auf Grund der *politischen Einsicht* der SPD doch noch zu einer Einigung im Parlamentarischen Rat kommen werde[22].

Das »Nein« von Hannover bildete eine *nationale Sensation*[23]. Zwei Tage später gaben die Alliierten nach: Sie hatten sich bereits auf der Washingtoner Außenministerkonferenz Anfang April in einem Alternativbeschluß auf entsprechende Konzessionen eingestellt und brauchten keinen Prestigeverlust in Kauf zu nehmen. Damit standen die Verfassungsschöpfer vor einer neuen Situation.

Nachdem die CDU/CSU-Fraktion am 22. April auf die Herausforderung von Hannover mit einer scharfen Presseerklärung geantwortet hatte – in der jeder Versuch, die Motive deutscher Politiker *als fremden Mächten dienend zu diffamieren,* zurückgewiesen und der Verzicht auf die *Wiedergewinnung des deutschen Selbstbestimmungsrechts* als *Bankrotterklärung der deutschen Demokratie* verurteilt worden war[24] –, fand man sich rasch zu neuen Beratungen zusammen. Da die SPD auf ihren verkürzten Grundgesetzentwurf verzichtete, der im übrigen in keinem Zusammenhang mit dem umstrittenen Finanzproblem gestanden hatte, konnte in den beiden nächsten Tagen das Bonner Verfassungswerk auf der Basis wechselseitiger Kompromisse vollendet werden[25].

Die Tatsache, daß die Konzessionsbereitschaft der drei Westalliierten bereits vor dem 20. April den Militärgouverneuren bekannt war, auf höhere Weisung aber nicht hatte nach Bonn mitgeteilt werden dürfen, schuf eine prekäre Situation für die CDU/CSU.

[22] Vgl. KÖLNISCHE RUNDSCHAU vom 22. April 1949; MAINZER ALLGEMEINE ZEITUNG vom 22. April 1949.

[23] Unter der Überschrift *Ablehnende Haltung der SPD in Hannover* brachte die SZ am 21. April eine Sonderausgabe heraus, in der über die Entscheidungen vom Vortage berichtet wurde. In diesem Zusammenhang wurde mitgeteilt, daß Adenauer den Sieg Schumachers als eine Niederlage des Abg. Schmid bezeichnet habe. PAUL WILHELM WENGER sprach vom *Führerdiktat* Schumachers (RHEINI=SCHER MERKUR Nr. 18 vom 30. April 1949), LEWIS EDINGER vom *Triumph* des *militanten, patriotischen Führers.* Kurt Schumacher, Dt. Ausg. Köln 1967, S. 242 f.

[24] Zitiert nach J. F. KLEINDINST, Der Parlamentarische Rat, S. 119f.

[25] Die Einzelheiten s. bei W. STRAUSS, Die Arbeit des Parlamentarischen Rates, S. 165 f. In einem Schreiben vom 22. Juni 1949, in dem die hessischen CDU-Abg. HEINRICH V. BRENTANO und WALTER STRAUSS zu einer vom SPD-Parteivorstand verbreiteten Denkschrift über vermeintliche *Wahlbeeinflussung bei der Abstimmung über den Bundessitz durch Journalisten* Stellung nahmen, hieß es u. a., ein Vergleich zwischen den Forderungen der SPD-Gremien vom 20. April und dem Ergebnis der interfraktionellen Vereinbarungen vom 22. bis 24. April 1949 werde *für jeden unbefangenen Beobachter zu der Feststellung führen, daß die größeren Zugeständnisse jedenfalls nicht von der CDU/CSU gemacht worden seien,* aber: *Wir halten es aus Gründen des innenpolitischen Friedens nicht gerade für wünschenswert, diese Frage aufzuwerfen.* NACHL. KLEINDINST 152. In der CDU-Broschüre KAMPF DER CDU IM PARLAMENTARISCHEN RAT, S. 4, ist vom *glorreichen Umfall* der SPD die Rede.

Ausgerechnet die konsequentesten Verfechter einer deutschen Westbindung hatten an dieser entscheidenden politischen Wegbiegung die Haltung der Alliierten falsch eingeschätzt. Adenauer sah sich düpiert[26]. War er doch, wenngleich mit Unbehagen, um des für ihn höheren nationalen Zieles willen zum Nachgeben bereit gewesen. Noch in seinen Erinnerungen hat er das Vorgehen der Westmächte als für ihn und alle nicht der SPD-Fraktion angehörenden Abgeordneten als *sehr bitter* bezeichnet[27]. Die SPD hatte, wie »Die Zeit« am 28. April kommentierte, die *Partie gewonnen*. Die Sozialdemokraten erschienen als Wahrer der nationalen Interessen.

Zunächst deutete alles darauf hin, daß Adenauer den Erfolg der Gegenseite widerspruchslos hinnehmen würde, nachdem die auf der Grundlage eines parteipolitischen Burgfriedens fertiggestellte letzte Fassung des Grundgesetzes bereits am 25. April von den Alliierten genehmigt worden war. Da sich an seiner Beurteilung der weltpolitischen Situation nichts geändert hatte, verteidigte Adenauer die *Opfer* der CDU/CSU für den Verfassungskompromiß[28]. Aus naheliegenden Gründen hielt er es für verfehlt, dabei von Siegern und Besiegten zu sprechen[29].

Anschließend schwieg der CDU-Vorsitzende volle drei Monate, bevor er zum spektakulären Gegenschlag ausholte[30]. Er benutzte die Eröffnung des Bundestagswahlkampfs am 21. Juli 1949 in Heidelberg dazu, das »Nein« der SPD vom 20. April zu entkräften[31]. Nach seiner Version sind anläßlich einer Beratung von Vertretern des Parlamentarischen Rats am 14. April mit den Militärgouverneuren Mitglieder der SPD-Delegation durch Angehörige der britischen Militärregierung vertraulich über die Konzessionsbereitschaft der Alliierten informiert worden. Ob diese damals leidenschaftlich umstrittene Behauptung zutrifft, läßt sich heute noch nicht sagen: Es gibt gewichtige Belege dafür[32] und andere

[26] Ob die Vermutung zutrifft, daß Adenauers Rechercheure – im Unterschied zu denen der SPD – bei den alliierten Mittelsmännern an die *falschen Leute* geraten seien (DER SPIEGEL Nr. 18 vom 30. April 1949, S. 3), läßt sich nicht feststellen. SPD-Politiker hatten offensichtlich frühzeitig die *orakelhaften* Aussprüche (so der CDU-Abg. v. BRENTANO) amerikanischer Verbindungsoffiziere und Diplomaten richtig verstanden. EBD. Nr. 14 vom 2. April 1949.
[27] K. ADENAUER, Erinnerungen 1945–1953, S. 171.
[28] Am 26. April 1949 vor den Führungsgremien der CDU/CSU. Vgl. SZ vom 28. April 1949; RHEINISCHER MERKUR Nr. 18 vom 30. April 1949; A. J. HEIDENHEIMER, Adenauer, S. 172.
[29] Am 27. April 1949. Vgl. MAINZER ALLGEMEINE ZEITUNG vom 29. April 1949.
[30] Nach einer Mitteilung im DUD vom 28. Juli 1949 hätte Adenauer auch weiterhin geschwiegen, wenn sich nicht die SPD in einem Wahlaufruf wegen ihrer Haltung am 20. April 1949 als Retter Deutschlands bezeichnet hätte.
[31] Vgl. P. WEYMAR, Adenauer, S. 417ff. (dort das falsche Datum 22. Juli). Der Wortlaut der Rede ist abgedruckt in: UNION IM WAHLKAMPF (Sonderausgabe des DUD) Nr.20 vom 30. Juli 1949, S. 3ff.
[32] Vor allem die bei K. ADENAUER, Erinnerungen 1945–1953, S. 218, abgedruckte Aktennotiz des persönlichen Referenten Adenauers, BLANKENHORN, vom 30. April 1949 und die Erklärung des

dagegen[33]. Für Adenauer ging es im Wahlkampf des Sommer 1949 darum, die CDU vom Odium einer nicht entschieden *nationalen* Haltung zu befreien[34] und der SPD das Argument zu nehmen, am 20. April Deutschland gerettet zu haben[35].

VIII. Ziele und Erfolge

Die Frage, ob und inwieweit Adenauer seine politischen Zielsetzungen hat durchsetzen können, läßt sich nur als Ergebnis einer Summierung einer Reihe von Einzelbetrachtungen beantworten. Auch wenn der entscheidende Beitrag Adenauers an der Schaffung des Grundgesetzes auf einer anderen Ebene als der einer Mitwirkung an dessen paragraphenmäßiger Ausformung liegt, so hat er sich doch weit mehr als bisher angenommen[1] auch um die verfassungsrechtliche oder richtiger verfassungspolitische Problematik gekümmert.

Dabei interessierten ihn vor allem die zentralen Fragen: die Wahl des Bundessitzes, die Kompetenzen der zweiten Kammer, die Gestaltung der Finanzverfassung und des Wahlrechts.

Die Wahl Bonns zur Bundeshauptstadt ist entscheidend von Adenauer beeinflußt worden. Nachdem er von der Wahl Bonns als Tagungsort des Parlamentarischen Rats überrascht worden war[2],

FOREIGN OFFICE vom 27. Juli 1949 (ebd., S. 220). Nach einem Bericht der DENA-Presseagentur haben deutsche Teilnehmer der Frankfurter Besprechung vom 25. April 1949 mit den Militärgouverneuren erklärt, General Clay habe der Vermutung Ausdruck gegeben, daß britische Delegationsmitglieder am 14. April sozialdemokratische Politiker informiert hätten. Vgl. KEESINGS ARCHIV 1948/49, S. 1907. Dazu J. GIMBEL, Amerikanische Besatzungspolitik, S. 297. Der Bonner Korrespondent der New York Herald Tribune, ERWIN HARTRICH, schrieb, die Briten hätten SPD-Abgeordnete den Inhalt des *Versöhnungsmemorandums in der Hinterhand wissen lassen.* DER SPIEGEL Nr. 18 vom 30. April 1949, S. 3, kommentierte: Die SPD-Abgeordneten hätten genug vom Inhalt der alliierten Zugeständnisse gewußt, *um sich ihre Renitenz leisten zu können.*

[33] So ein Interview SCHUMACHERS im SPD-PRESSEDIENST vom 27. April 1949, Äußerungen der SPD-Politiker im Wahlkampf 1949 und spätere Stellungnahmen von CARLO SCHMID, in: A. WUCHER, Wie kam es zur Bundesrepublik?, S. 136; sowie CARLO SCHMID, 20 Jahre Grundgesetz (Rede), Bonn 1969, S. 17. Vgl. ferner Kap. 7 VII, Anm. 8 und WALDEMAR RITTER, Kurt Schumacher, Hannover 1964, S. 106f.

[34] Dazu vgl. P. WEYMAR, Adenauer, S. 401 ff.; K. ADENAUER, Erinnerungen 1945–1953, S. 171; L. D. CLAY, Entscheidung in Deutschland, S. 474 f.; A. J. HEIDENHEIMER, Adenauer, S. 171 f.; P. H. MERKL, Entstehung der Bundesrepublik, S. 138.

[35] So am 8. August 1949 in einem Interview mit der Zeitung DIE WELT.

[1] Vgl. zuletzt WALDEMAR BESSON: »Die Details der Verfassungsberatungen hatten ihn nicht interessiert«. Die Außenpolitik der Bundesrepublik, München 1970, S. 69. Noch schärfer THEODOR HEUSS: *Von Adenauer stammt* [im Grundgesetz] *kein Komma.* Vgl. Tagebuchbriefe 1955/1963, hrsg. von Eberhart Pikart, Tübingen 1970, S. 428 f. (24. April 1959).

[2] Die Wahl Bonns, der die Ministerpräsidenten am 16. August 1948 zugestimmt hatten, war der Initiative der Düsseldorfer Regierung Arnold-Menzel zu verdanken. Vgl. HERMANN WANDERSLEB, Die Berufung Bonns zur vorläufigen Bundeshauptstadt, in: BONNER GESCHICHTSBLÄTTER 23, 1969, S. 3. W. FÖRST, Nordrhein-Westfalen, S. 544 ff. (auch für das Folgende). DIETRICH HÖROLDT, 25 Jahre Bundeshauptstadt Bonn, Bonn 1974, S. 22 ff.

sah er sofort, noch vor Beginn der Verfassungsberatungen, eine Chance für die Stadt, provisorischer Sitz des künftigen Bundes zu werden. Von Anfang September 1948 an hat Adenauer dann alles daran gesetzt, die entsprechenden technischen und politischen Voraussetzungen zu schaffen[3]. Bereits im Oktober trat er im Ältestenrat zugunsten von Bonn ein[4], für das er sich Anfang November auch öffentlich aussprach[5]. Gleichzeitig warb er bei General Robertson um Verständnis für diese Lösung, deren Voraussetzung eine besatzungsfreie Zone bildete[6]. Dieses Gespräch mit dem britischen Militärgouverneur bestärkte ihn in seiner Auffassung, daß die Alliierten jedem Bundessitz zustimmen würden, für den sich eine Mehrheit des Parlamentarischen Rats entscheiden werde[7].

Diese Entscheidung suchte er in den folgenden Monaten nach Kräften vorzubereiten, wobei er sich nach außen hin – auch in seiner Eigenschaft als Vorsitzender des entsprechenden Siebener-Ausschusses des Parlamentarischen Rats (seit Anfang Februar 1949) – stark zurückhielt. Schon Mitte Januar hatte er in seiner Fraktion die Bildung eines kleinen Ausschusses angeregt, um die *Eingaben* der verschiedenen Städte, die sich um den Bundessitz bewarben, *durchzuarbeiten*[8]. Dabei legte er, neben der Forderung nach der besatzungsfreien Zone[9], größten Wert auf Klärung der finanziellen, technischen und wirtschaftlichen Voraussetzungen[10], weil er sich in diesem Punkte der tatkräftigen Unterstützung der Düsseldorfer Landesregierung bzw. ihres Ministerpräsidenten Arnold für die Lösung Bonn sicher war[11]. Größere Schwierigkeiten hingegen machte der Widerstand der hessischen Fraktionskollegen v. Brentano und Strauß[12]. Angesichts des ungewissen Ausgangs einer Abstimmung zugunsten von Bonn scheint Adenauer eine Zeitlang geschwankt zu haben, ob es nicht günstiger sein würde, die Entscheidung über den Bundessitz erst von der künftigen Bundesregierung treffen zu las-

---

[3] Vgl. H. WANDERSLEB, passim.

[4] Vgl. NZ vom 28. Oktober 1948. In einem Bericht LEISEWITZ' vom 30. Oktober wurde als *bekannt* vorausgesetzt, daß Adenauer *Bonn favorisiert.* BUNDESARCHIV Z 12/118.

[5] Nach einem LEISEWITZ-Bericht vom 5. November 1948. Ebd. Z 12/119.

[6] Vgl. K. ADENAUER, Erinnerungen 1945–1953, S. 158.

[7] So am 29. November 1948 in der CDU/CSU-Fraktion. FRAKT.-PROT., S. 236.

[8] Ebd., S. 380.

[9] So in einem AP-Interview am 27. April 1949.

[10] So in der Fraktion am 13. Januar und am 22. Februar 1949. FRAKT.-PROT., S. 368, 466.

[11] Über deren Vorleistungen vgl. H. WANDERSLEB, passim. Nachdem der Bundestag die Entscheidung für Bonn bestätigt hatte, dankte ADENAUER am 9. November 1949 Arnold und seinen Mitarbeitern *für die große Mühe und Arbeit, die Sie aufgewandt haben, damit die Bundesregierung in Bonn mit ihrer Arbeit beginnen konnte.* Im Faksimile wiedergegeben bei W. FÖRST, Nordrhein-Westfalen, vor Seite 529.

[12] Später kritisierte der CDU-Landesverband Hessen die Wahl Bonns als *Fehlentscheidung.* Vgl. DUD vom 17. Mai 1949.

sen[13], wobei er offensichtlich an eine von der CDU geführte Regierung dachte. Den Sitz des Bundes wollte er nicht im Grundgesetz verankert wissen (30. März 1949), um spätere Verfassungsänderungen zu vermeiden[14].

Eine Zeitlang hat Adenauer an seinem Vorschlag von Anfang November 1948 festgehalten, eine räumliche Trennung zwischen der Regierungsspitze und der Bundesverwaltung vorzunehmen und die Verwaltung in Frankfurt zu belassen[15]. Möglicherweise verbarg sich hinter diesem Vorschlag, der Anfang März 1949 in der Kommission für die Bestimmung des Bundessitzes noch diskutiert wurde[16], die Absicht, auf diese Weise Bonn als Sitz der Regierungsspitze leichter durchsetzen zu können.

Es bleibt festzuhalten, daß Adenauer, der sich wiederholt gegen Fraktionszwang ausgesprochen hat [17], bei der Abstimmung über die Frage des Bundessitzes ausdrücklich für einheitliche Stimmabgabe plädierte, analog dem von der SPD vorgesehenen Verfahren[18]. Schließlich benutzte er dann in der entscheidenden Fraktionssitzung am 10. Mai 1949 die bekannte DPD-Meldung, wonach der SPD-Vorsitzende Schumacher erklärt habe, die – als sicher angenommene – Wahl von Frankfurt bedeute eine Niederlage für die CDU/CSU, zu einer letzten eindringlichen Mahnung an die Fraktion, geschlossen für Bonn zu stimmen[19]. Unmittelbar darauf fand im Plenum die Abstimmung statt, die 33:29 Stimmen für Bonn erbrachte[20].

Nicht durchzusetzen hingegen vermochte sich der von Adenauer geführte CDU-Flügel mit der Forderung einer gleichberechtigten, aber mit anderer Laufzeit versehenen Zweiten Kammer in Form eines indirekt gewählten Senats[21]. Dessen Mitglieder sollten unabhängig sein von den Weisungen der Länderregierungen, um nicht zu

[13] Am 22. Februar 1949 in der Fraktion. FRAKT.-PROT., S. 466.

[14] Ebd., S. 517.

[15] In einer Pressekonferenz am 4. November 1948 zuerst entwickelt. Dazu vgl. auch H. PÜNDER, Von Preußen nach Europa, S. 394 f.

[16] Bericht LEISEWITZ' vom 4. März 1949. BUNDESARCHIV Z 12/123.

[17] So noch am 26. November 1948. FRAKT.-PROT., S. 211 f.

[18] Am 29. April 1949. Ebd., S. 636.

[19] Ebd., S. 680.

[20] 11. Sitzung. STEN. BERICHTE, S. 266. Es dürfte noch zu klären sein, ob für Adenauer bei der Wahl von Bonn auch ein von Ministerpräsident Karl Arnold vertretenes Argument eine Rolle gespielt hat. Danach müsse die neue Hauptstadt in *unmittelbarer Nähe* des Internationalen Ruhrkontrollapparates errichtet werden, um dem Lande Nordrhein-Westfalen in der *ersten schweren Zeit einen ständigen Rückhalt in der Behandlung der Ruhrfrage* geben zu können. Vgl. DIE WELT vom 26. Februar 1949.

[21] Am 20. September 1946 hatte ADENAUER im Zonenbeirat erklärt: *Ob ich für den Staatspräsidenten sein werde, weiß ich noch gar nicht; daß ich für eine zweite Kammer in den Ländern sein werde, weiß ich, denn nach meiner festen Überzeugung, die ich [...] seit 1927/28 habe, wären die Dinge in Deutschland ganz anders gelaufen, wenn der Reichstag eine zweite Kammer zur Seite gehabt hätte. Der Reichsrat war das nicht.* VERHANDLUNGEN DES ZONENBEIRATS (ungedruckt), S. 78.

einer *Vertretung der Länderbürokratie*[22] oder einer *Oberregie-rungsratskammer*[23] zu werden.

Adenauer sah in der Schaffung des Bundesrats nach CSU-Vorstel-lungen keineswegs die beste Sicherung eines föderalistischen Bun-desaufbaus, zumal wenn eines Tages – wie er wiederholt erklärte[24] – die *Ostzone und Berlin dazukämen,* so daß der Bundesrat eine sozialistische Mehrheit aufweisen werde. Eine Sicherung des Föde-ralismus hingegen erblickte der CDU-Politiker in einer *richtigen Verteilung* der Kompetenzen und der Finanzen zwischen Bund und Ländern und der *Erschwerung einer Änderung der Verfassung*[25]. Unter seiner wiederholt vorgetragenen Forderung, daß die Länder *lebenskräftig und lebensfähig* sein müßten[26], verstand Adenauer Länder mit einem *Existenzminimum aus eigenem Steuerauf-kommen*[27].

Ende Oktober 1948 kam es zu heftigen Zusammenstößen zwi-schen Adenauer und den CSU-Vertretern, die unter Führung des bayerischen Ministerpräsidenten Ehard ihre Forderung nach einem (reinen) Bundesrat durch das berühmt gewordene Bündnis Ehard-Menzel vom 26. Oktober durchzusetzen bestrebt waren. Der CDU-Politiker kritisierte dieses Verfahren – das unter Umgehung der Fraktion zustande gekommen war und über das ihn weder Ehard noch Pfeiffer zunächst informiert hatten – außergewöhnlich heftig[28] und beklagte die darin sichtbar gewordene unzureichende Zusam-menarbeit der CDU/CSU-Fraktion.

Sein Appell zu größerer Einigkeit und geschlossenerem Auftre-ten, aber auch seine eigene Bereitschaft, zur Beilegung dieser schwersten innerfraktionellen Krise beizutragen, blieben nicht ohne Auswirkungen auf den Zusammenhalt der Fraktion. Als Ergebnis von Gesprächen Adenauers vom 8. November 1948 mit führenden CSU-Politikern in München[29], die am (reinen) Bundesrat festhiel-

[22] So am 28. September 1948 in der Fraktion. FRAKT.-PROT., S. 25.

[23] Vgl. DIE ZEIT Nr. 4 vom 27. Januar 1949 (Wiedergabe einer Formulierung ADENAUERS).

[24] In Sitzungen der CDU/CSU-Fraktion am 9. und 25. November 1948 (FRAKT.-PROT., S. 146f., 183) und auf einer Tagung der CDU/CSU-Führungsgremien in Königswinter am 8. Januar 1949. PROTOKOLL, S. 15.

[25] So am 6. Oktober 1948 in der Fraktion (*Ich bin Föderalist*). FRAKT.-PROT., S. 47. Ähnlich bereits am 28. September 1948. Ebd., S. 19.

[26] Am 7. Oktober 1948. Ebd., S. 88.

[27] Am 28. September 1948. In diesem Zusammenhang erklärte ADENAUER, er sei seinerzeit gegen Erzbergers Finanzreform gewesen, weil er in deren Gefolge Zentralismus und Korruption auf der ganzen Linie habe siegen sehen. Ebd., S. 19f. Ähnlich am 8. November 1948 in einer Sitzung der CSU-Landtagsfraktion in München, wo er hinzufügte, daß er sich mit seiner Stellung gegenüber Erzbergers Reform im Gegensatz zu seiner Partei (Zentrum) befunden habe. Aufzeichnung im NACHL. LAFORET.

[28] Am 28. Oktober 1948. FRAKT.-PROT., S. 83ff. Ähnlich am 9. November 1948. Ebd., S. 145.

[29] Darüber berichtete ADENAUER am 9. November in der Fraktion. Ebd., S. 147ff. Vgl. auch DUD

ten, versuchte Adenauer durch einen Vermittlungsvorschlag – Drei-kammersystem (Unterhaus, Senat und Bundesrat)[30] – die Einheit der Fraktion zu wahren und das Zusammenspiel zwischen CSU und SPD zu beenden. Dieser Vorschlag, den sein Urheber selbst nicht recht glücklich fand (*Ich bin für jede Verbesserung dankbar*)[31], blieb dann auch ohne Folgen. Die CDU unterlag in der Frage des Bundes-rats.

An dieser Stelle sei angemerkt, daß die nur acht CSU-Abgeord-neten unverhältnismäßig große Erfolge errungen haben: nicht zu-letzt dank der intensiven Unterstützung durch den bayerischen Ministerpräsidenten Hans Ehard und die ständigen bayerischen Re-gierungsvertreter in Bonn, aber auch dank des Entgegenkommens von Adenauer. Ihm waren die Verabschiedung des Grundgesetzes und der Zusammenhalt der noch jungen Fraktion wichtiger als eine Majorisierung der Minderheit, selbst in der zentralen Frage der Finanzhoheit und Finanzverteilung zwischen Bund und Ländern[32]. Trotzdem stieß er Anfang Januar 1949 mit seinem Vorschlag, einen gemeinsamen Wahlausschuß von CDU und CSU für die kommende Bundestagswahl – auf die er immer wieder als Hauptargument für die Notwendigkeit geschlossenen Auftretens hinwies – zu bilden[33], auf strikte Ablehnung der bayerischen Politiker. Sie sahen darin einen Versuch, auf diese Weise eine christlich-demokratische *Ein-heitspartei* vorzubereiten. Um so bemerkenswerter ist Adenauers Hinweis, man müsse versuchen, die Bayern *mit dem Herzen zu gewinnen*[34].

Die im Zusammenhang mit Beratungen über die Frage der Zweiten Kammer im Januar 1949 gefallene Äußerung Adenauers, eine entsprechende Entscheidung, auch wenn sie gegen seine und seiner Fraktion Ideen ausfalle, bedeute für ihn keinen *Weltunter-gang*[35], gilt auch in Hinsicht auf andere politische Fragen.

Adenauer lehnte jeglichen sozialistischen Staatsdirigismus ab und wollte Enteignung in großem Maßstab nur zum *Zwecke der Sied-*

---

vom 10. November 1948. Zwei Monate später nahm Adenauer noch einmal (10. Januar 1949) an einer Sitzung der CSU-Führungsgremien in München teil.

[30] Vgl. NZ vom 14. November 1948. ADENAUER referierte seinen Vorschlag noch am 25. November in einer Fraktionssitzung. FRAKT.-PROT., S. 185.

[31] So am 25. November 1948 in der Fraktion. Ebd.

[32] Am 1. Februar 1949 hat ADENAUER die Erfolge der CSU-Abgeordneten in einer Fraktionssitzung ausdrücklich hervorgehoben. Ebd., S. 414. Dazu vgl. RUDOLF MORSEY, Die Entstehung des Bundesra-tes im Parlamentarischen Rat, in: DER BUNDESRAT ALS VERFASSUNGSORGAN UND POLITISCHE KRAFT, hrsg. vom Bundesrat, Bad Honnef 1974, S. 71 f.

[33] Vorgetragen in einer Fraktionssitzung am 6. Januar 1949 (FRAKT.-PROT., S. 348) und auf der Tagung der CDU/CSU-Führungsgremien im Januar 1949 in Königswinter. PROTOKOLL, S. 50.

[34] Am 9. November 1948 in der Fraktion. FRAKT.-PROT., S. 146.

[35] Zitiert von JAN MOLITOR in DIE ZEIT Nr. 4 vom 27. Januar 1949.

lung akzeptieren. Trotz seines Eintretens für das Privateigentum (*Der Begriff Eigentum ist der jüngsten Generation abhanden gekommen*) wollte er das *allgemeine Wohl* an erster Stelle berücksichtigt wissen[36].

Hingegen blieb er von Anfang an darauf bedacht, den künftigen Bundesstaat mit allen Sicherungen und Vollmachten auszustatten, die er für einen Staat dieser Größe und dieser geographischen Lage für notwendig hielt. Er wollte den Verfassungsgerichtshof nicht *zu sehr belastet* wissen, um nicht in parlamentarischen Streitigkeiten *verbraucht zu werden*. Das Recht zur Einsetzung von Untersuchungsausschüssen forderte er genauer zu umschreiben, da man mit solchen Ausschüssen *sehr viel Unfug treiben* könne. Das Recht zur Parlamentsauflösung wollte er *im Benehmen mit dem Bundeskanzler* dem Bundespräsidenten zugestehen (*Ein Parlament, das überhaupt nicht aufgelöst werden kann, bekommt Größenwahnsinn*)[37].

Durchgesetzt hat sich die von der CDU/CSU vertretene Forderung, die Institution des Bundespräsidenten zu schaffen. Adenauer zählte zu den Befürwortern der Flaggenfarben Schwarz-Rot-Gold, wobei er zunächst allerdings an eine andere Aufteilung gedacht hatte: goldenes Balkenkreuz mit schwarzer Umrahmung auf rotem Grund[38]. Nicht durchzusetzen vermochte er seine Vorstellungen von einer auch finanziell starken Gemeindeselbstverwaltung. Ebenso unterlag die CDU/CSU-Fraktion mit ihrer Forderung nach Einführung des Mehrheitswahlrechts und der allgemeinen Wahlpflicht[39], für die sich allerdings die Fraktion nicht konsequent einsetzte[40].

Adenauer zählte zu denjenigen Abgeordneten, die ohne Erfolg eine Annahme des Grundgesetzes durch Volksabstimmung befürworteten. Zusammen mit der CDU/CSU-Fraktion gelang es ihm nicht, kirchen- und kulturpolitische Garantien im Grundgesetz zu verankern[41]. Der CDU-Vorsitzende hat sich allerdings in dieser

[36] So am 4. November 1948 in der CDU/CSU-Fraktion. FRAKT.-PROT., S. 132.

[37] Stellungnahmen in Fraktionssitzungen am 4. November 1948. Ebd., S. 133, 137.

[38] So am 3. November 1948 in einer Sitzung der CDU/CSU-Fraktion, wobei ADENAUER ergänzte: *Wenn wir die SPD zu einem Kreuz in der Fahne bekommen, so haben wir viel erreicht.* Ebd., S. 128.

[39] Am 22. September 1948 hatte ADENAUER dieses Wahlrecht *zur Sicherung einer stetigen Politik* für notwendig gehalten. Ebd., S. 15. In KAMPF DER CDU IM PARLAMENTARISCHEN RAT, S. 11, heißt es, in der SPD-Fraktion hätten sich *nicht wenige* Abgeordnete in der Wahlrechtsfrage dem von Hannover ausgehenden Fraktionszwang gebeugt.

[40] Der Beschluß auf Einführung einer Wahlpflicht in einer Fraktionssitzung am 18. Januar 1949 wurde am 16. Februar mit 10 : 7 Stimmen wieder rückgängig gemacht. FRAKT.-PROT., S. 379, 450. ADENAUER befürwortete die Wahlpflicht in einem Interview mit dem Vertreter der NZ, HEINZ MEDEFIND. Vgl. NZ vom 20. Januar 1949.

[41] Am 3. November 1948 hatte ADENAUER in seiner Fraktion erklärt: Als *christliche Partei* könne es sich die CDU nicht leisten, die *Punkte Schule, Elternrecht, Kirche, Schutz des kulturellen Lebens* aus dem Grundgesetz herauszulassen. Es müsse versucht werden, aus *deutschem Interesse* die Zustimmung der SPD und FDP dafür zu gewinnen. FRAKT.-PROT., S. 124.

Frage nicht exponiert, wenngleich er am 1. Februar 1949 in seiner Fraktion bedauerte, daß das Elternrecht bisher *nicht klar und scharf genug zum Ausdruck* gekommen sei[42]. In den teilweise leidenschaftlich geführten Auseinandersetzungen in dieser Frage suchte er loyal zu vermitteln, auch zwischen Vertretern des Parlamentarischen Rats und der Kirchen. Dabei blieb es seine Hauptsorge, Scharfmacher auf beiden Seiten zurückzuhalten. Daß die CDU/CSU-Fraktion keineswegs immer mit Adenauers Vorstellungen einig ging, hat der Berliner Abgeordnete Jakob Kaiser einmal in Gegenwart von Vertretern anderer Fraktionen ausdrücklich hervorgehoben[43].

Mit seiner Fraktion trat Adenauer dafür ein, den Schutz des Bundes nach außen unter die Zuständigkeit des Bundes aufzunehmen[44]. Dabei blieb jedoch offen, wem dieser Schutz anvertraut werden sollte. Angesichts des Kalten Krieges im Zeichen der Berliner Blockade und der fortschreitenden Aufrüstung in der sowjetisch besetzten Zone befürworteten die Abgeordneten der beiden großen Fraktionen den Aufbau von starken Länderpolizeikräften[45]. Als Adenauer Ende November 1948 in der Öffentlichkeit für die Schaffung einer starken Bundespolizei eintrat[46], fand er damit weder bei den Besatzungsmächten noch bei den CSU-Parlamentariern seiner Fraktion Anklang. Wenige Wochen später warnte er davor, mit *früheren deutschen Generalen* zu *intensive Besprechungen* zu führen; man solle bei derartigen Gesprächen im Auge behalten, daß deutsche Kontingente nur im Rahmen einer europäischen Armee aufgestellt werden könnten[47].

Seit Anfang Januar 1949 erhob Adenauer immer dringlicher die Forderung nach einer Sicherheitsgarantie der Westmächte für Westdeutschland, das in eine *kollektive Organisation des Friedens und der Sicherheit* einbezogen werden müsse[48]. In der Öffentlichkeit ließ er sich auf keine bestimmte Zahl von (bewaffneten) Polizeidivisionen festlegen. Im März 1949 bezeichnete er es dann zum ersten Male

[42] Ebd., S. 411.

[43] Am 4. Januar 1949 im Ältestenrat. Vgl. NIEDERSCHRIFT (s. Kap. VI, Anm. 16), S. 5.

[44] 28. September 1948. FRAKT.-PROT., S. 18. Der CSU-Abg. LAFORET erklärte am 6. Oktober 1948 im Zuständigkeitsausschuß, daß sich Adenauer nachdrücklich dafür eingesetzt habe. Vgl. A. BARING, Außenpolitik, S. 21.

[45] Vgl. KLAUS VON SCHUBERT, Wiederbewaffnung und Westintegration (Schriftenreihe der Vierteljahrshefte für Zeitgeschichte 20), Stuttgart 1970, S. 19.

[46] Vgl. GERHARD WETTIG, Entmilitarisierung und Wiederbewaffnung Deutschlands 1943–1955 (Schriften des Instituts der Deutschen Gesellschaft für auswärtige Politik e. V., Bd. 25), München 1967, S. 243.

[47] So am 8. Januar 1949 vor den CDU/CSU-Führungsgremien in Königswinter. Vgl. PROTOKOLL, S. 5 f.

[48] So in einer Entschließung der in der vorigen Anm. genannten Gremien. DUD Nr. 7 vom 12. Januar 1949. Diese Entschließung ist, soweit ich sehe, bisher nicht beachtet worden. Zur Sache vgl. ferner G. WETTIG, Entmilitarisierung, S. 247; A. BARING, Außenpolitik, S. 70.

als das vordringlichste Ziel der künftigen Bundesregierung, den Beitritt Westdeutschlands zum Atlantikpakt – der damals noch nicht unterzeichnet war – herbeizuführen[49]. Man wird davon ausgehen können, daß der CDU-Politiker dabei einen militärischen Verteidigungsbeitrag von deutscher Seite in Rechnung gestellt hat[50].

Während der Dauer der Verfassungsberatungen vermochte der Ratspräsident – durchaus in Übereinstimmung mit den SPD-Abgeordneten – das Gremium der Ministerpräsidenten auszuschalten. Eine personelle Verflechtung zwischen Abgeordneten des Parlamentarischen Rats und Mitgliedern von Länderkabinetten bestand allerdings dadurch, daß nicht weniger als zwölf aktive Länderminister als Abgeordnete dem Rat angehörten, je sechs in den beiden großen Fraktionen.

Ebenso wie die Ministerpräsidenten blieb auch der Frankfurter Verwaltungsrat der Bizone von der Mitwirkung an der Verfassungsarbeit ausgeschaltet[51]. Eine Ende Oktober 1948 vorgebrachte Klage Adenauers über die mangelnde Fühlungnahme der CDU/CSU-Fraktion des Frankfurter Wirtschaftsrats mit der CDU/CSU-Fraktion des Parlamentarischen Rats entsprang der Sorge, daß durch Differenzen zwischen beiden Gremien die Ausgangsposition beider Parteien für den kommenden Bundestagswahlkampf verschlechtert würde[52]. Am 29. November 1948 beschloß die CDU/CSU-Fraktion gegen Adenauers Votum, daß Oberdirektor Pünder (seinem Wunsch entsprechend) an einer Sitzung des Organisationsausschusses teilnehmen könne. Der Präsident hatte sich dagegen ausgesprochen, weil sonst auch der Wirtschaftsrat eingeladen werden müsse[53].

An dieser Stelle darf nicht unerwähnt bleiben, daß der *Vorsitzende des Zonenausschusses der CDU für die britische Zone* im Winter

---

[49] Vgl. G. WETTIG, Entmilitarisierung, S. 250.

[50] Später äußerte HEUSS, er sei im Parlamentarischen Rat bei der *grundsätzlichen Stellungnahme zu den Wehrfragen* von Adenauer im Stich gelassen worden. Vgl. THEODOR HEUSS, Tagebuchbriefe 1955/1963, S. 255 (24. Dezember 1957). Ähnlich bereits am 18. Januar 1956. Ebd., S. 98.

[51] Dazu vgl. H. PÜNDER, Von Preußen nach Europa, S. 389. Bei E. SCHÄFER, Von Potsdam bis Bonn, S. 68 f. ist von einer Art *kalter Rivalität* zwischen den Zweizonen-Institutionen und dem Parlamentarischen Rat die Rede.

[52] In einem Schreiben vom 30. Oktober an Oberdirektor Hermann Pünder hieß es: *Es muß alles geschehen, daß wir bei den Wahlen zum Bundestag gut abschneiden. Dafür wird aber maßgebend sein die Politik, die Frankfurt bis dahin treibt.* In seiner Antwort vom 6. November berichtete PÜNDER über seine Bemühungen, zwischen der CDU-Fraktion des Wirtschaftsrats und den Mitgliedern des Verwaltungsrats eine reibungslose Zusammenarbeit herzustellen. Abschließend gab der Oberdirektor seiner festen Überzeugung Ausdruck, *daß im Zeitpunkt der Wahlen zum Bundestag[...] eine wirtschaftspolitisch durchaus gute Plattform für unsere Partei geschaffen sein wird.* NACHL. PÜNDER 481. In einer 12 Punkte umfassenden Tagesordnung einer Sitzung des Frankfurter Verwaltungsrats mit der CDU-Fraktion bzw. dem Fraktionsvorstand des Wirtschaftsrats vom 6. Januar 1949 lautete Punkt 1: *Sicherstellung der vom Verwaltungsrat dringend gewünschten engeren Zusammenarbeit mit der CDU-Fraktion.* Ebd.

[53] FRAKT.-PROT., S. 238.

1948/49 die parteiorganisatorische Arbeit keineswegs vernachlässigt, sondern im Gegenteil unter Ausnutzung des Prestiges und Gewichts seiner Präsidentenstellung beträchtlich forciert hat[54]. Adenauer vermochte in diesen Monaten seine Stellung als unbestrittener Parteivorsitzender über den Rahmen der britischen Zone auszudehnen. Allerdings führte die häufige Abwesenheit des Präsidenten von Bonn wegen seiner Teilnahme an parteipolitischen Veranstaltungen und Wahlkämpfen in den drei Westzonen zu Kritik aus den verschiedenen Lagern[55]. Dadurch ließ sich Adenauer jedoch – soweit bisher zu erkennen – nicht beeindrucken, da er sich des Vertrauens der CDU/CSU-Führung sicher wußte[56].

Als Konsequenz aus seiner Situationsanalyse erinnerte er wiederholt daran, bei der von ihm befürworteten raschen Vollendung des Grundgesetzes nicht zu vergessen, was die Militärgouverneure im Sinne der *Frankfurter Dokumente* vom 1. Juli 1948 konzedieren würden und was nicht[57]. Ihm ging es darum, so rasch wie möglich für das neue Staatswesen schrittweise eine eigene, wenn auch vorerst begrenzte Handlungsfreiheit zu gewinnen. Um dieses Zieles willen war er trotz des damit verbundenen Risikos zu gezielten Vorleistungen bereit.

Adenauer wollte dem deutschen Volk eine legitimierte Stimme und ein Organ verschaffen, das die deutschen Belange auf internationaler Ebene wirkungsvoll vertreten könne. Der Präsident des Parlamentarischen Rats warnte seine Parteifreunde vor der Annahme, das Grundgesetz nur als Provisorium anzusehen; denn es könne *unter Umständen sehr lange in Geltung* bleiben und müsse folglich *gut* gemacht werden[58].

In seiner Fraktion trat Adenauer immer wieder dafür ein, gegenüber der SPD, gegen die er auf Grund seiner Erfahrungen das *tiefste*

---

[54] Belege dafür etwa im NACHL. PÜNDER 481, 606.

[55] Vgl. etwa den Kommentar von HEUSS in einem Schreiben vom 9. Januar 1949 an seine Frau: *Adenauer wieder einmal verreist* [...]. Vgl. THEODOR HEUSS, Eine Ausstellung (Katalog, bearbeitet von EBERHARD PIKART unter Mitarbeit von DIRK MENDE), Tübingen und Mündchen 1967, S. 271. In verschiedenen Berichten der Außenstelle des Büros der Ministerpräsidenten in Bad Godesberg (so vom 24. und 27. November 1948) kamen Klagen aus amerikanischen und britischen Kreisen über Adenauers Abwesenheit zur Sprache. In einem Bericht vom 8. März 1949 hieß es, daß außer Ministerpräsident Ehard und Botschafter François-Poncet auch Mitglieder des Interfraktionellen Ausschusses über die Abwesenheit Adenauers überrascht seien; dem Präsidenten werde vorgeworfen, daß er immer dann seinen Posten verlasse, *wenn es in Bonn kritisch werde.* BUNDESARCHIV Z 12/119, 123.

[56] Dieses Vertrauen für seine *im Interesse des Deutschen Volkes unter schwierigsten Umständen geleistete Arbeit* hatten ihm die führenden Parteigremien am 9. Januar 1949 in Königswinter ausdrücklich in einer Entschließung ausgesprochen.

[57] Hinweis des CDU/CSU-Fraktionsvorsitzenden PFEIFFER in der 28. Sitzung des Hauptausschusses am 18. Dezember 1948. Vgl. VERHANDLUNGEN DES HA, S. 338.

[58] So am 8. Januar 1949 in Königswinter. PROTOKOLL, S. 6.

Mißtrauen hege[59], entschiedener und härter aufzutreten und sich *nicht alles gefallen* zu lassen[60]. Es gelte, der SPD-Fraktion, die bessere *Öffentlichkeitsarbeit* treibe[61], das Tempo der parlamentarischen Arbeit bestimme[62] und die CDU/CSU-Fraktion *überfahre*[63], ihren Vorsprung streitig zu machen[64], damit nicht die Sozialdemokratie die stärkste Partei werde[65]. Für den Fall, daß SPD und KPD die Mehrheit im ersten Bundestag gewinnen und – woran er nicht zweifelte – eine Regierung bilden würden, sah er das *christliche Deutschland* verloren[66]. Der Gefahr für eine solche Linksmehrheit, die er wiederholt beschwor, um die Einigkeit der CDU/CSU-Fraktion zu stärken, hielt er nach Rückkehr Berlins und der SBZ für gegeben. Das war ein Hauptgrund für seine Forderung, die Länderkompetenzen (in Finanzfragen) zu verstärken[67].

In dem Versuch, die Stimmen der kleineren Parteien, insbesondere die der FDP-Abgeordneten, zu gewinnen, dürften sich die beiden großen Fraktionen in nichts nachgestanden haben. Frühzeitig unterstrich Adenauer die Notwendigkeit, mit der FDP, die anfangs von der CDU/CSU-Fraktion *zu sehr vernachlässigt* worden sei, *ins Reine zu kommen*[68]. Ob und gegebenenfalls seit wann er die Möglichkeit einer künftigen Regierungskoalition mit der FDP ins Auge gefaßt hat, läßt sich nicht feststellen. Zu Beginn des Jahres 1949 hatte er noch den Zwang, im Parlamentarischen Rat nur zusammen mit der FDP eine Mehrheit bilden zu können, als eine *sehr betrübliche Folge* des gegebenen Stimmenverhältnisses bewertet; mit den FDP-Abgeordneten könne man sich nur schwer verständigen, da sie *absolut unzuverlässig und in ihrer Meinung geteilt* seien[69]. Im April variierte Adenauer den Gedanken, eventuell mit der FDP auch gegen die SPD das Grundgesetz durchzubringen[70], was voraussetze, daß mit der FDP auch eine Einigung *in kulturellen Fragen* gelänge[71].

---

[59] So am 10. November 1948. FRAKT.-PROT., S. 152. Ähnlich am 30. September und 25. November 1948. Ebd., S. 35, 174.
[60] Am 20. Januar 1949. Ebd., S. 383.
[61] Am 22. September 1948. Ebd., S. 14.
[62] Am 4. Januar 1949. Ebd., S. 324f.
[63] Am 26. November 1948. Ebd., S. 215.
[64] Am 10. November 1948. Ebd., S. 151.
[65] Am 15. September 1948. Ebd., S. 2.
[66] Am 4. Januar 1949. Ebd., S. 324. Ähnlich am 8. Januar 1949 in Königswinter. PROTOKOLL, S. 3. Etwas abgeschwächt am 28. Oktober 1948 in der Fraktion. FRAKT.-PROT., S. 90.
[67] Am 9. November 1948. Ebd., S. 147, 149.
[68] So am 3. November 1948 in der Fraktion. Ebd., S. 123, 125. Ähnlich am 9. und 30. November 1948 (ebd., S. 142 f., 241) und am 4. Januar 1949 (ebd., S. 324).
[69] So in einer Sitzung seiner Fraktion am 20. Januar 1949. Zitiert nach einer privaten Niederschrift.
[70] 21. und 22. April 1949 in der CDU/CSU-Fraktion. FRAKT.-PROT., S. 588, 608.
[71] 29. April 1949. Ebd., S. 636.

IX. Würdigung

Adenauer hat wiederholt seine Autorität für das Zustandekommen und mehr noch für die Annahme der in den Verhandlungen der interfraktionellen Ausschüsse (Fünfer- und Siebener-Ausschuß) ausgearbeiteten parteipolitischen Kompromisse eingesetzt[1]. Das war deswegen bedeutsam, weil als Folge dieser von ihm angeregten und unter seinem Vorsitz geführten Geheimberatungen – aus denen *zum ersten Male seit Bestehen des Bonner Rates keine Indiskretionen* erfolgten[2] – die Fraktionen von Januar bis März 1949 weitgehend ausgeschaltet blieben. Als vorteilhaft erwies sich die Fähigkeit des Präsidenten, verwickelte staatsrechtliche Probleme und komplizierte Verfahrensfragen zu entflechten und auf politische Fragestellungen zurückzuführen. Er vermochte mit äußerer Gelassenheit, aber nichtsdestoweniger gleichbleibender Zähigkeit und Geschicklichkeit die auseinanderstrebenden Kräfte in Fühlung miteinander und untereinander zu halten. Das gilt nicht zuletzt für den »außenpolitischen« Verkehr mit den Vertretern der drei Besatzungsmächte auf den verschiedenen Ebenen.

Adenauer ging, im Unterschied selbst zu der Mehrheit seiner Fraktion, offensichtlich, wenngleich von einem noch nicht näher bekannten Zeitpunkt an, davon aus, daß nicht die Sozialdemokraten die erste Bundestagswahl gewinnen würden (auch wenn er diese Gefahr immer wieder in seiner Fraktion beschwor). An diese Wahl hat er angesichts ihrer *nicht genug* einzuschätzenden Bedeutung[3] mit großem Nachdruck immer wieder erinnert[4], da es um die *Existenz Deutschlands* gehe[5].

Bis zum Schluß der Arbeit des Parlamentarischen Rats bestand die Gefahr eines Scheiterns der Beratungen. Bis zuletzt blieb der »Anschein der Vorläufigkeit und eines möglicherweise widerruflichen

---

[1] Am 7. Februar 1949 erklärte der SPD-Abg. SCHMID auf einer Wahlkundgebung in Bonn, Adenauer habe an dem *fairen und ehrenhaften Kompromiß,* der bei den jüngsten interfraktionellen Beratungen erzielt worden sei, wesentlichen Anteil. Vgl. DIE WELT vom 8. Februar 1949.

[2] So DIE WELT vom 1. Februar 1949.

[3] Anläßlich der Tagung der CDU/CSU-Führungsgremien in Königswinter am 8. Januar 1949 hatte ADENAUER den Anwesenden die Folgen eines SPD-Wahlsiegs u.a. mit dem Argument vor Augen geführt: *Eine englische sozialistische Regierung und eine sozialistische deutsche Westregierung würden bei der Labilität der Verhältnisse in Frankreich und Italien in der Lage sein, dem neuzubildenden Europa ein stark sozialistisches Exempel aufzudrücken.* PROTOKOLL, S. 3.

[4] In einem Schreiben vom 22. Juli 1949 an sieben prominente CDU-Politiker (darunter Karl Arnold und Hermann Pünder) kritisierte er, daß sich zahlreiche *Parteifreunde [...] nicht genügend zur Verfügung stellen.* Dabei gäbe es zur Zeit für jedes CDU-Mitglied, *mag er im übrigen eine Stellung bekleiden, welche er will, keine wichtigere und dringendere Verpflichtung, als vor der Wahl im Interesse der Partei tätig zu sein.* NACHL. PÜNDER 606.

[5] Am 17. Februar 1949 in seiner Fraktion. FRAKT.-PROT., S. 459.

Paktes zwischen den Länderregierungen und Länderparlamenten« gewahrt[6]. Daß ein Bruch vermieden werden konnte, ist nicht zuletzt Konrad Adenauers *höchst aktiver und elastischer Gegenwärtigkeit* (Heuss)[7] zu verdanken. Nach dem Urteil von Hermann Pünder hat Adenauer zusammen mit seinen *rührigen Mitarbeitern* Wandersleb und Blankenhorn alles aufgeboten, um den Mitgliedern des Parlamentarischen Rats die Zeit ihres Aufenthalts in Bonn *so angenehm wie möglich zu gestalten*[8]. In diesem Zusammenhang verdient auch die entsprechende Arbeit des Sekretärs des Parlamentarischen Rats, Trossmann, erwähnt zu werden.

Der Präsident nannte in seiner Rede nach der Verabschiedung des Grundgesetzes mit einem der bei ihm seltenen historischen Rückblicke den 9. Mai 1949 den *ersten frohen Tag seit dem Jahre 1933*[9]. Adenauer stellte damit das neugeschaffene Grundgesetz in die Tradition der Reichsverfassung von Weimar. Rückblickend hat er seine Hauptaufgabe darin gesehen, dafür zu sorgen, daß die Arbeit des Parlamentarischen Rats mit einem *positiven Ergebnis* beendet werden konnte[10]. Nach seiner Ansicht haben die Verfassungsschöpfer *sehr gute Arbeit* geleistet[11].

Zu diesem Erfolg aber, so ließ sich zeigen, hat der Präsident des Rats wesentlich beigetragen. Gleichzeitig betätigte er sich als eine Art exekutives Führungsorgan im Vorfeld des kommenden westdeutschen Staates, dessen Bezeichnung als *Weststaat* sehr selten bei ihm anzutreffen war[12]. Dadurch, daß Adenauer die politischen Möglichkeiten seines Amtes ausschöpfte, gewann er bedeutsamen Prestigezuwachs in der Öffentlichkeit. Der im Vergleich etwa zu Kurt Schumacher oder Ludwig Erhard bis dahin noch weniger bekannte CDU-Vorsitzende hatte sich zur politischen Zentralfigur und zu einer international bekannten Persönlichkeit entwickelt. Seine tatsächlichen oder vermuteten Einflußmöglichkeiten ließen ihn zum »gesuchten Gesprächspartner« aller derer werden, die im und vom kommenden Staat Aufmerksamkeit, Förderung und Verwendung zu finden hofften[13]. Der von der Öffentlichkeit wenig beachtete politische Aufstieg des CDU-Vorsitzenden vollzog sich in erster Linie auf Kosten der bisher dominierenden Länderchefs, aber

---

[6] So G. SCHULZ, Die CDU, S. 97.
[7] Zitiert bei P. WEYMAR, Adenauer, S. 363.
[8] H. PÜNDER, Von Preußen nach Europa, S. 397.
[9] 10. Sitzung. STEN. BERICHTE, S. 242.
[10] K. ADENAUER, Erinnerungen 1945–1953, S. 152.
[11] Ebd., S. 176.
[12] So am 1. Februar 1949 in einer Sitzung der CDU/CSU-Fraktion. FRAKT.-PROT., S. 412.
[13] So A. BARING, Außenpolitik, S. 2.

auch, wie sich bald herausstellen sollte, auf Kosten seines ernsthaftesten Rivalen Schumacher. Adenauer präsentierte der westdeutschen Bevölkerung »unausgesprochen und unauffällig« seinen Anspruch auf das künftige Regierungsamt[14].

Es war nur folgerichtig, daß er am 7. Mai den Vorsitz des am Vortage gewählten Überleitungsausschusses[15] übernahm. Dieses Gremium von 18 Abgeordneten sollte Empfehlungen vorbereiten, die, wie es Adenauer am 10. Mai im Plenum umschrieb, der *zukünftigen Bundesregierung im Hinblick auf die Vordringlichkeit gewisser gesetzgeberischer und organisatorischer Aufgaben* zu machen seien[16]. Auch wenn dem Ausschuß keine politischen Funktionen zustanden und er auf Weisung der Militärgouverneure nur in Zusammenarbeit mit den Ministerpräsidenten tätig werden konnte[17], so verschaffte er Adenauer immerhin die Möglichkeit, auch nach dem Ende der Verfassungsarbeit weiterhin im organisatorischen Vorfeld der kommenden Bundesverwaltung Einfluß nehmen zu können. Er suchte zu verhindern, daß der Frankfurter Zweizonen-Verwaltungsrat personalpolitische Vorentscheidungen für die künftige Bundesverwaltung traf[18]. Bei der ersten gemeinsamen Beratung des Überleitungsausschusses und der Ministerpräsidenten am 3. Juni 1949 übernahm Adenauer ganz selbstverständlich den Vorsitz. Im Verlauf dieser Sitzung hob er die *ungeheure Verantwortung für die deutsche Bundesrepublik* hervor, die die Länderchefs auf Grund des Auftrags der Besatzungsmächte, die Schaffung der Bundesorgane vorzubereiten, übernommen hätten[19].

Eine Analyse der politischen Wirksamkeit Adenauers und seiner *Hintergrundsfunktion* (Heuss)[20] im Parlamentarischen Rat, insbe-

[14] So THEODOR ESCHENBURG, Im Anfang war die Not, in: DIE ZEIT Nr. 38 vom 19. September 1969, S. 9.

[15] 9. Sitzung. STEN. BERICHTE, S. 195.

[16] 11. Sitzung. Ebd., 269.

[17] Vgl. W. STRAUSS, Die Arbeit des Parlamentarischen Rates, S. 169.

[18] In einem Schreiben vom 12. Februar 1949 an Pünder kritisierte ADENAUER konkrete Fälle und fügte hinzu, daß *gerade über die Personalpolitik* des Oberdirektors in *weitesten Kreisen* der CDU *große Unzufriedenheit herrsche.* PÜNDER begründete in seinem Antwortschreiben vom 22. Februar die Frankfurter Personalpolitik und schloß mit dem bezeichnenden Hinweis, er selbst habe *keinen sehnlicheren Wunsch, als im Zuge der Neuorganisation im neuen Bund nicht mehr in dieser vorderen Drecklinie [...] auf der Anklagebank zu sitzen.* NACHL. PÜNDER 481. In einem *vertraulichen Vermerk* PÜNDERS vom 31. März 1949 für den Vorstand der CDU-Fraktion des Frankfurter Wirtschaftsrats hieß es, Adenauer habe mit ihm, Pünder, vor einigen Tagen *verschiedene wichtige Angelegenheiten besprochen, die sich auf die Überleitung der Geschäfte des Verwaltungsrates auf die künftige Bundesregierung bezogen.* In diesem Zusammenhang habe der Präsident davor gewarnt, *daß im jetzigen Schluß-Stadium in Frankfurt noch wichtige Personalangelegenheiten erledigt würden.* Ebd.

[19] PROTOKOLL der Sitzung (ungedruckt), S. 10 (aus Privatbesitz). Zum Schluß dieser Sitzung einigten sich die anwesenden Vertreter aller Parteien darauf, im künftigen Bundestag dafür einzutreten, daß jeder Abgeordnete eine Vergütung in Höhe der Bezüge eines Ministerialdirektors erhalten werde. (S. 36).

[20] Vgl. P. WEYMAR, Adenauer, S. 364.

sondere im Hinblick auf die von den Verfassungsvätern gewollte starke Stellung der künftigen Bundesregierung und ihres Kanzlers, legt abschließend folgende Frage nahe: Hat Konrad Adenauer, der die beherrschende Persönlichkeit des Parlamentarischen Rats war[21], ähnlich zuversichtlich wie der um neunzehn Jahre jüngere Kurt Schumacher damit gerechnet, erster Regierungschef des neuen Staatswesens zu werden? Dem Gerücht, er erstrebe das Amt des Bundespräsidenten, hat der Ratspräsident wiederholt, zuletzt am 21. März 1949, energisch widersprochen[22]. Im Verlauf einer Tagung des CDU-Zonenausschusses der britischen Zone am 24./25. Februar 1949 in Königswinter waren von Adenauer Heuss und Löbe als mögliche Präsidentschaftskandidaten genannt worden[23].

Die Vermutung liegt nahe, daß sich der CDU-Vorsitzende frühzeitig die Frage nach der Besetzung des Kanzlerpostens gestellt und in der ihm eigenen nüchternen Abschätzung der Kräfteverhältnisse und möglichen Kandidaten keineswegs negativ für sich beantwortet hat. In seiner Fraktion versicherte er zum Schluß der Beratungen am 28. Juni 1948, er habe sich an keiner Stelle über die *Frage der Persönlichkeiten, die die Bundesregierung einmal bilden* geäußert: *Dafür bin ich viel zu vorsichtig*[24]. Durchaus ernstgemeint war die Bemerkung Adenauers in einer Geheimsitzung von Vertretern des Parlamentarischen Rats und der Ministerpräsidenten (über das Besatzungsstatut) am 12. April 1949: *Wenn man sich vorstellt, welche Aufgaben diese neue Bundesregierung am Tag ihrer Entstehung vor sich sieht, kann man die Herren, die diese Bundesregierung bilden, nur auf das tiefste bedauern*[25].

Die wichtigste politische Erfahrung Adenauers im Sommer 1949, nach Abschluß der zweiten Etappe seines an der Jahreswende 1945/46 begonnenen politischen Aufstiegs, dürfte die Einsicht gewesen sein, daß kein potentieller Kandidat vorhanden war, dem der CDU-Vorsitzende die Fähigkeit zutraute, die künftige Bundesrepublik so zu führen, wie es Adenauers Vorstellungen von der Rolle und den Möglichkeiten Westdeutschlands entsprach. Aus dieser Erfahrung resultierte der Entschluß, selbst in die Bresche zu springen – ein Entschluß, der nach dem Ausgang der ersten Bundestagswahl am 14. August 1949 ebenso zielsicher wie geschickt in die Tat umgesetzt

---

[21] So JAN MOLITOR in DIE ZEIT Nr. 4 vom 27. Januar 1949. DER SPIEGEL Nr. 41 vom 16. Oktober 1948, S. 8, hatte Adenauer als die *vorläufige höchste Staatsperson über 47 Millionen Deutsche* apostrophiert.

[22] In einem Interview mit der UP-Presseagentur.

[23] Vgl. V. OTTO, Staatsverständnis, S. 143.

[24] FRAKT.-PROT., S. 698.

[25] PROTOKOLLE DES AUSSCHUSSES FÜR DAS BESATZUNGSSTATUT (ungedruckt), S. 13.

werden konnte. Im Parlamentarischen Rat hatte Adenauer angesichts der nahezu gleichgewichtigen Kräfteverteilung und der inneren Spannungen in CDU und CSU, aber auch wegen der Rücksichtnahme auf sein Amt als Präsident sein persönliches Gewicht und seine politisch-taktischen Fähigkeiten nicht voll ausspielen können und, mit Ausnahme der Hauptstadtfrage, müssen. Das änderte sich rasch, als der erste Bundeskanzler gezwungen war, mit einer Verfassung zu regieren, die ihre »Brauchbarkeit« erst noch unter Beweis stellen mußte.

HANS-PETER SCHWARZ
Das außenpolitische Konzept Konrad Adenauers

I. Einleitung

Die Erforschung der Außenpolitik Konrad Adenauers steht erst in
der Anfangsphase. Zwar ist die Adenauer-Ära schon erkennbar
Vergangenheit geworden, die innere Distanz nimmt zu, und
deutlich bildet sich eine erste Schicht historischen Verständnisses.
Dennoch sind die perspektivischen Verzerrungen des Adenauer-
Bildes noch groß. Dabei wirken vor allem zwei Faktoren zusam-
men: der geringe zeitliche Abstand und die geringe Zahl fundierter
Untersuchungen.

1. Die Nähe zu den Vorgängen hat ganz zwangsläufig zur Folge,
daß das Verständnis Adenauerscher Außenpolitik noch stark von
den Zerrbildern und Mythen verstellt wird, die bei den Kontroversen um seine Politik entstanden sind und sich im Bewußtsein
verfestigt haben. Freunde und Gegner, nicht zuletzt Adenauer
selbst, haben ihr Bestes getan, bestimmte Elemente seiner Politik
simplifiziert in den Vordergrund zu rücken. Ebeno war es unvermeidlich, daß die Linie, die der erste Bundeskanzler in bestimmten
Perioden verfolgte oder zu verfolgen schien, vorschnell als Grundli-
nie der gesamten Außenpolitik mißverstanden wurde und wird. Die
Stereotype, mit deren Hilfe sich die Betrachter den Zugang zum
unvoreingenommenen Verständnis verbauen, hängen somit immer
noch weitgehend von der politischen Position des Betrachters ab,
auch von der Phase, in der sich sein jeweiliges Adenauer-Bild verfestigt hat. So gilt der erste Bundeskanzler je nachdem als Protagonist
einer europäischen Föderation, als katholischer, antipreußischer
Rheinbundpolitiker, als unflexibler »kalter Krieger« im Gefolge von
John Foster Dulles, als Exponent des westdeutschen Revisionismus,
als Idealfigur vorbildlicher Westbindung, als kurzsichtiger »Gaullist« oder gar – wie die heutigen Verfechter der »neuen Ostpolitik«
bisweilen hervorheben – als verkannter Vorläufer einer um Anerkennung der Realitäten bemühten Deutschlandpolitik.

Auch wenn diese und andere Stereotype vielen Zeitgenossen ans
Herz gewachsen sind, liegt es auf der Hand, daß sie nicht gleichzeitig
wahr sein können. Die Forschung wird vielmehr in der ersten Phase
unvoreingenommener Beschäftigung mit der Außenpolitik Adenauers eine ihrer Hauptaufgaben in der kritischen Destruktion der

diesbezüglichen Zerrbilder und Mythen erkennen müssen. Die vorfindbaren Stereotype mögen als erste Hypothesen nützliche Dienste
leisten. Der Weg zum abgewogenen Verständnis Adenauerscher
Außenpolitik ist aber erst frei, wenn wir vorläufig erst einmal darauf
verzichten, die Zusammenhänge mit vereinfachten Formeln zu erfassen.

2. Wer so für eine in jeder Richtung entmythologisierende Betrachtungsweise plädiert, wird sich vor allem der konstellations- und
problemorientierten Einzelforschung zuwenden müssen. Die Ansätze dazu sind seit Mitte der sechziger Jahre sichtbar. Zwar ist die
Adenauersche Innenpolitik noch gar nicht in den Aufmerksamkeits-
horizont gerückt, aber es erscheinen in zunehmendem Maße Arbeiten, die einzelne Phasen der Außenpolitik genauer beleuchten. Das
gilt vor allem für die von Karl Dietrich Erdmann dargestellte
»Rheinlandpolitik«[1] in der Zwischenkriegszeit und für die Jahre
zwischen 1945–1955[2]. Demgegenüber ist die Periode von 1955–1967
noch weithin ausgespart.

Das vorrangige Forschungsinteresse an den Anfängen führte aber
zu einer ungewollten perspektivischen Verzerrung eigener Art. Die
Verfasser solcher Studien, wie auch diejenigen, die ihre Ergebnisse
übernehmen, neigen dazu, die für bestimmte Perioden vom Autor
selber oder von anderen entwickelten Einsichten unkritisch auf die
Gesamtheit der Adenauerschen Außenpolitik zu übertragen. Das
läßt sich beispielsweise an einer verdienstvollen Untersuchung wie
derjenigen von Arnulf Baring schön studieren. Die rheinischen Motivationen der Adenauerschen Außenpolitik, die föderalistische
Zielsetzung seiner Europapolitik, überhaupt die westeuropäische
Komponente seines Kurses, treten überscharf ins Blickfeld – mit
dem Ergebnis, daß die Periode von 1955–1967 nur als eine Art
Abgesang auf das originale Konzept einer westeuropäischen Föderation erscheint[3]. Diese Interpretation Adenauerscher Außenpolitik
geht, soweit wir sehen, auf Rudolf Augstein zurück, der beispielsweise im Rückblick auf die Ära Adenauer meinte, »daß Adenauer

---

[1] KARL DIETRICH ERDMANN, Adenauer in der Rheinlandpolitik nach dem Ersten Weltkrieg,
Stuttgart 1966.

[2] HANS-PETER SCHWARZ, Vom Reich zur Bundesrepublik. Deutschland im Widerstreit der außenpolitischen Konzeptionen in den Jahren der Besatzungsherrschaft 1945–1949 (Politica, Band 38),
Neuwied 1966.

GERHARD WETTIG, Entmilitarisierung und Wiederbewaffnung in Deutschland. Internationale Auseinandersetzungen um die Rolle der Deutschen in Europa (Schriften des Forschungsinstituts der
Deutschen Gesellschaft für Auswärtige Politik, Band 25), München 1967.

ARNULF BARING, Außenpolitik in Adenauers Kanzlerdemokratie. Bonns Beitrag zur Europäischen
Verteidigungsgemeinschaft (Schriften des Forschungsinstituts der Deutschen Gesellschaft für Auswärtige Politik, Band 28), München 1969. Taschenbuchausgabe in 2 Bänden: München (dtv) 1971.

[3] A. BARING, S. 329–334.

seit dem Ende der EVG kein Konzept für seine Deutschlandpolitik entwickelt hätte«[4].

Auch Waldemar Besson hatte sich diese Optik zu eigen gemacht, wenn er beim Blick auf das Scheitern der EVG schrieb: »So beginnt mit dem 30. August im Grunde schon die Krise von Adenauers Außenpolitik, auch wenn sich das, was man später die Ära Adenauer nannte, jetzt erst voll ausbildete«[5].

Das Verständnis der Außenpolitik Adenauers als Serie von Krisen mag nicht einmal verkehrt sein. Dennoch ist die Vorstellung von einer immerhin 13 Jahre andauernden Agonie seines außenpolitischen Konzepts wenig befriedigend. Viel spricht nämlich dafür, daß sich das Bild stark verändert, wenn auch die späteren Phasen genauer untersucht werden.

Die nicht seltenen Versuche, ein Gesamtbild Adenauerscher Außenpolitik zu entwerfen, verblieben bisher im publizistischen Vorfeld historischen Verstehens. Mehr als die geistvolle Entfaltung von Vorurteilen ist dabei nicht herausgekommen. Bestenfalls kam auf diese Weise Fußnoten-Publizistik zustande. Dieses Genre weist alle positiven und negativen Eigenarten der zünftigen Publizistik auf, nur daß die ungesicherten Deutungen und Urteile des Betrachters durch ziemlich willkürliche Auswahl von Zitaten und durch Verweise auf die Meinungen anderer wissenschaftlich aufgeputzt werden.

So ist bisher noch keine voll überzeugende Periodisierung der Adenauerschen Außenpolitik gelungen. Der erste diskussionswürdige Versuch ist neuerdings von Waldemar Besson vorgelegt worden[6].

Von einem quellengesättigten, durch Einzelforschungen wie durch umfassende Gesamtdarstellungen abgestützten Verständnis der Adenauerschen Außenpolitik sind wir jedenfalls noch weit entfernt. Gerade im Hinblick auf die Forschungsstrategie der nächsten Jahre ist es aber erforderlich, beides anzustreben: sowohl ein Verständnis der Grundlinien dieser Außenpolitik wie die angemessene Erhellung der verschiedenen Perioden und der Politik in einzelnen Problembereichen. Der folgende Essay versucht nur das erste: eine

---

[4] »Konrad Adenauer und seine Epoche«, in: DIE ÄRA ADENAUER, Einsichten und Ausblicke (Fischer-Bücherei Nr. 550), Frankfurt-Hamburg 1964, S. 55. GEORG WOLFF hat das Spiegel-Stereotyp der Adenauerschen Außenpolitik in einer bemerkenswert abgewogenen und anregenden Artikel-Serie breit ausgefaltet (»Mein Gott, was soll aus Deutschland werden? Konrad Adenauer und seine Zeit«, in: DER SPIEGEL Nr. 40–46, 1961).

[5] WALDEMAR BESSON, Die Außenpolitik der Bundesrepublik. Erfahrungen und Maßstäbe, München 1970, S. 153.

[6] W. BESSON, S. 60f.

Skizze der Grundlinien. Daß gerade die Einzelforschung derartiger orientierender Studien bedarf, ist evident. Sie werden zur kritischen Korrektur der stereotypen Vorstellungen gebraucht, die in den politischen Kontroversen vorherrschen. Es ist immer bedenklich, wenn sich eine intensive politische Diskussion auf historiografisch ungesichertem Grund bewegt. Wie das falsche Verständnis eines maßgebenden Politikers zur Rechtfertigung einer falschen Politik dienen kann, zeigt etwa das der Wilhelminischen Generation so liebe Zerrbild vom »Eisernen Kanzler«.

Politikwissenschaft und Zeitgeschichte schulden der Öffentlichkeit, die sich in der Auseinandersetzung mit Adenauers Außenpolitik des zukünftigen Kurses vergewissern möchte, ein vorsichtig formuliertes Gesamtbild – selbst wenn es früher oder später von der Forschung überholt werden sollte.

Natürlich ist der Einwand ernst zu nehmen, ob der Versuch eines Gesamtverständnisses nicht eine unzulässige »petitio principii« darstellt. Ist es wirklich erlaubt, nach Grundlinien Adenauerscher Außenpolitik zu fragen, bevor eine Vielzahl fundierter Einzelstudien vorliegt? In der Tat wird man sich immer der Vorläufigkeit derartiger Gesamtdeutungen bewußt sein müssen. Und die Überzeugungskraft solcher Versuche hängt weitgehend von der Qualität der Quellen ab, die ihnen zugrunde liegen. In dieser Hinsicht liegt ein reiches Material allgemein zugänglicher veröffentlichter Quellen vor, die bisher noch keineswegs vollständig ausgewertet wurden. Unsere Untersuchung setzt aber nicht so umfassend an. Sie konzentriert sich auf das Selbstzeugnis der Memoiren und geht dabei von der Annahme aus, daß die »Erinnerungen« eine Art Hauptschlüssel für ein Verständnis der Grundlinien Adenauerscher Außenpolitik darstellen.

Andere veröffentlichte Quellen vermitteln zusätzliche Informationen und werden entsprechend herangezogen, doch dürfte das Memoirenwerk noch auf lange Zeit die wichtigste Quelle darstellen. Diese Auffassung wird von der gegenwärtigen Forschung weitgehend geteilt[7]. Dennoch ist es geboten, den Quellenwert der »Erinnerungen« kurz zu erörtern.

---

[7] Vgl. im einzelnen meine Besprechungen in POLITISCHE VIERTELJAHRESSCHRIFT 6 (1965), S. 497ff. und POLITISCHE VIERTELJAHRESSCHRIFT 9 (1968), S. 82ff. Ebenso W. BESSON, 481; WERNER CONZE, Adenauers Erinnerungen, in: HISTORISCHE ZEITSCHRIFT 205 (1967), S. 628f.; ERNST DEUERLEIN, in: FRANKFURTER HEFTE 21 (1966), S. 390–402; 22 (1967), S. 331–338; 23 (1968), S. 489–500; 24 (1969), S. 705–715.

II. Der Quellenwert der »Erinnerungen«

Zumindest in den Jahren der Niederschrift des Memoirenwerkes, 1964 bis 1966, war Adenauer davon überzeugt, daß seine »Außenpolitik« seit Kriegsende durchgehende Grundlinien – ein Konzept – aufwies. Lagebeurteilung, Zielvorstellungen, außenpolitische Strategie und Handeln waren, so glaubte er, durch Konsistenz und Kontinuität gekennzeichnet. Dieses Konzept war seiner Auffassung nach nicht nur auf eine bestimmte Periode zugeschnitten – etwa die Nachkriegsepoche bis 1955 –, sondern bestimmte die verschlungenen Züge, mit denen er die Entwicklung während der gesamten Dauer zweier Jahrzehnte zu beeinflussen suchte. Es schien ein elastisches Eingehen auf die Veränderungen im internationalen Kräftefeld zu erlauben, war in erheblichem Maße modifizierbar und konstituierte die Grundlinien der Politik gegenüber den Großmächten. West- und Ostpolitik, Europa- und Deutschlandpolitik fanden, wenn der Kanzler sein eigenes Denken und Handeln richtig interpretierte, darin ihre Einheit.

Der Memoirenschreiber Adenauer hat diese Auffassung nicht nur an vielen Stellen ausdrücklich formuliert, er hat dieses Selbstverständnis auch zu einem kompositorischen Strukturelement des Erinnerungswerkes gemacht.

Es ist nicht zu übersehen, wie der Autor in jedem der drei von ihm noch fertiggestellten Bände die Darstellung immer wieder in allgemeine Betrachtungen einmünden läßt. Meist sind es von der Darstellung deutlich abgesetzte Anfangs- und Schlußabschnitte der wichtigen Kapitel, in denen seine Grundgedanken zum Ost-West-Konflikt, zur Europa-Politik, zur Position der Bundesrepublik zwischen den Großmächten leitmotivisch und wenig variiert wiederkehren. »Leitmotivische Abschnitte«, wie wir diese Passagen im folgenden nennen, finden sich beispielsweise im 1. Band, Kapitel I, Abschnitt 6; IV, 5; XI, 5; XIII, 1; XXI, 8; im 2. Band, I, 1; II, 1; V, 1; VI, 10; VII, 9; XI, 7; XI, 14; XII, 1; XIII, 9; im 3. Band I, 1, 2; II, 1; IV, 1, 8; V, 1; V, 2; IX, 1; XIV, 8[1].

Anneliese Poppinga bemerkt in ihren durch Informationsreichtum wie durch Takt gleicherweise ausgezeichneten »Erinnerungen an Adenauer«, wie dieser auf ihre Vorhaltungen wegen der offenkundigen Wiederholung zu bemerken pflegte, dies sei beabsichtigt,

---

[1] Zur Kennzeichnung der vier Bände des Erinnerungswerkes verwenden wir im folgenden die Ziffern I–IV; arabische Ziffern bezeichnen die Seitenzahlen. Der als Quelle nicht unwichtige Bericht von ANNELIESE POPPINGA, Meine Erinnerungen an Konrad Adenauer, Stuttgart 1970, wird mit der Chiffre P bezeichnet. Taschenbuchausgabe: München (dtv) 1973.

so bestehe doch eine Chance, daß beim Leser etwas hängen bleibe (P, 223). Zweifellos waren die leitmotivischen Abschnitte dazu bestimmt, die Grundlinien Adenauerscher Außenpolitik unübersehbar hervorzuheben und dem Leser einzuprägen.

Derartige Äußerungen entspringen der Absicht Adenauers, mit den »Erinnerungen« sein außenpolitisches Testament niederzuschreiben. Viele Hinweise zeugen von diesem Verständnis: die Widmung *Meinem Vaterland,* die *Einführung* zu Band I, die Diktion der »leitmotivischen Abschnitte«, auch die mitstenografierten Äußerungen gegenüber Anneliese Poppinga, ohne deren Initiative das Erinnerungswerk wahrscheinlich gar nicht zustande gekommen wäre. *Für ihn,* so lesen wir in den Erinnerungen dieser Mitarbeiterin, *waren seine Memoiren ein neues Instrument, Politik zu machen* (P, 218; dto. 127f., 221). Adenauer wollte seine Erfahrungen schildern und weitergeben, zukünftige Entwicklungen mit Hilfe historischer Analogieschlüsse erahnen lassen *und eventuell warnen* (I, 13). Er hielt es, ohne sich des Prinzipienstreits in der Geschichtswissenschaft bewußt zu sein, mit der pragmatischen Historiographie. Was Thukydides in seinem Methodenkapitel ausführt, könnte auch den »Erinnerungen« als Motto dienen: »Zum Zuhören wird vielleicht diese undichterische Darstellung minder ergötzlich scheinen; wer aber das Gewesene klar erkennen will und damit auch das Künftige, das wieder einmal nach der menschlichen Natur gleich oder ähnlich sein wird, der mag es für nützlich halten, und das soll mir genug sein: zum dauernden Besitz, nicht als Prunkstück fürs einmalige Hören ist es aufgeschrieben«[2].

Aber, wird man einwenden müssen, ist der Aussagewert der »leitmotivischen Abschnitte« nicht begrenzt? Begrenzt einmal dadurch, daß sich in ihnen nur Adenauers Vorstellungswelt in den Jahren der Niederschrift widerspiegelt? Lenkte das Selbstverständnis zu einem bestimmten Zeitpunkt nicht auch bei der Aktenauswahl unbewußt die Hand – selbst wenn die subjektive Aufrichtigkeit unbezweifelbar sein mag? Und ist der Aussagewert der »leitmotivischen Abschnitte« nicht weiter durch die Tatsache begrenzt, daß selbst plausibel klingende nachträgliche Rationalisierungen bestimmter Entscheidungen nicht beweisen, ob sich der Betreffende im fraglichen Zeitpunkt tatsächlich von ihnen leiten ließ? Zwischen der argumentativen Selbstdarstellung und den tatsächlichen Motivationen klafft erfahrungsgemäß oft ein Abgrund. So führt beispielsweise Karl Dietrich Erdmann in seiner Studie über »Adenauer in der

---

[2] THUKYDIDES, Geschichte des Peloponnesischen Krieges. Übersetzt und herausgegeben von GEORG PETER LANDMANN. 2 Bde. (dtv 6019/20). München 1973. Buch I, Kap. 22.

Rheinpolitik nach dem 1. Weltkrieg« den überzeugenden Nachweis, wie groß die Diskrepanz zwischen dem Erinnerungsbild und den tatsächlichen Vorgängen sein kann – und dies nur wenige Monate nach den fraglichen Ereignissen![3] Zukünftige Forscher, die in der Lage sein werden, den Bericht in den »Erinnerungen« mit den Akten zu vergleichen, dürften in manchen Fällen zu demselben Ergebnis kommen. Insofern wird man derartige Einwände nicht leichtnehmen dürfen. Die schönfärbende Kraft der Erinnerung ist bekannt. Zu gut wissen wir, wie sehr Memoirenschreiber dazu neigen, dort eine folgerichtige Bruchlosigkeit und Konsistenz der Entwicklung zu notieren, wo in Wirklichkeit nur ein anpassungsbereites Finassieren, Reagieren und Kompromisseschließen alle Grundlinien verwischte, ja, wo nicht einmal ein gedankliches Konzept bestand.

Es gibt aber gute Gründe für die Annahme, daß die »Leitmotive« der Jahre 1964–1966 Adenauers außenpolitische Perzeptions- und Motivstruktur zutreffend widerspiegeln. Dies gilt freilich nur für die Grundlinien, die im folgenden als Konzept skizziert werden. Es gilt sicher nicht für die Darstellung von Einzelvorgängen. Dort waren Auslassungen, subjektive Interpretationen, Irrtümer ganz unvermeidlich; sie sind auch da und dort feststellbar[4]. Man wird in solchen Fällen aber meistens eher Selbsttäuschung und Zurückhaltung in personenbezogenen Aussagen vermuten müssen als den bewußten Willen, am eigenen Bild Retuschen vorzunehmen. Das Fehlen der sonst in Memoirenwerken gängigen Versuche zur Selbstrechtfertigung ist ebenso bemerkenswert wie das geringe Maß an persönlicher Ranküne beim Gedenken an die *Weggenossen* (I, 14).

Schließlich ist auch heute schon weitgehend überprüfbar, ob das Konzept der Jahre 1964–1966 auch der Amtszeit als Bundeskanzler das Gepräge gegeben hat. Dies kann durch Vergleich mit der Vielzahl publizierter Äußerungen geschehen, ebenso im Licht anderer zeitgenössischer Memoirenwerke[5], sowie der bereits genannten Se-

---

[3] K. D. ERDMANN, S. 191, 201.

[4] Vgl. die Rezensionen der beiden ersten Erinnerungsbände, in: POLITISCHE VIERTELJAHRESSCHRIFT, 6 (1965), S. 497–518, und 9 (1968), S. 82–88. Zum konkreten Entstehungsprozeß der »Erinnerungen« vgl. A. POPPINGA, S. 99, 121, 147f., 221–224, 232–234.

[5] DEAN ACHESON, Present at the Creation. My Years in the State Department, London 1969; GEORGES BIDAULT, Noch einmal Rebell. Von einer Resistance in die andere, Berlin 1966; ANTHONY EDEN, The Memoires. Full Circle, London 1960; FELIX VON ECKARDT, Ein unordentliches Leben. Lebenserinnerungen, Düsseldorf-Wien, 1967; CHARLES DE GAULLE, Mémoires d'Espoir. Le renouveau 1958–1962, Paris 1970; ERNST LEMMER, Manches war doch anders. Erinnerungen eines deutschen Demokraten, Frankfurt a. M. 1968; HAROLD MACMILLAN, Tides of Fortune 1945–1955, London 1969; HERMANN PÜNDER, Von Preußen nach Europa, Lebenserinnerungen, Stuttgart 1968; ARTHUR M. SCHLESINGER, Die tausend Tage Kennedys, Bern-München-Wien 1966; THEODORE C. SORENSEN, Kennedy, München 1966; PAUL-HENRI SPAAK, Memoiren eines Europäers, Hamburg 1969; DIRK STIKKER, Bausteine für eine neue Welt. Gedanken und Erinnerungen an schicksalhafte Nachkriegsjahre, Wien-Düsseldorf 1966.

kundärliteratur. Soweit es sich bisher überblicken läßt, stehen die Selbstzeugnisse des Erinnerungswerkes nicht im Gegensatz zu diesen jetzt schon zugänglichen Quellen – zumindest gilt das für die großen Linien.

Ganz wesentlich ist schließlich, daß die Bände selbst einen gut ausgewählten Schatz wichtigster Dokumente bzw. eine wortgetreue, wenn auch in manchen Fällen gekürzte Wiedergabe stenografischer Protokolle oder eigener Notizen des Kanzlers enthalten. Diese verleihen der Darstellung einen außergewöhnlich hohen Quellenwert und eine beachtliche Authentizität. Die »Erinnerungen« bekunden die pedantische Genauigkeit im Umgang mit Akten, für die der Oberbürgermeister und Regierungschef berühmt war. Das Werk ist in der Tat weitgehend aus schriftlichen Unterlagen gearbeitet.

Der fragmentarische Band IV zeigt besonders schön, wie der Verfasser vorgegangen ist. Die »Kernstücke« dieses posthumen Bandes fußen durchweg auf Wortprotokollen der wichtigsten internationalen Verhandlungen, vor allem mit den Präsidenten de Gaulle und Kennedy. Auch die anderen Bände beruhen weitgehend auf stenografischen Protokollen, Aktennotizen, Redemanuskripten, Interviews, Aufzeichnungen und Briefen. Subjektivität bei der Auswahl ist in solchen Fällen nie ausgeschlossen; aber die Ernsthaftigkeit des Bestrebens, einen dokumentarisch gesicherten, der Konstellation getreu werdenden, nüchternen Bericht zu geben, ist unverkennbar. Hinsichtlich des Quellenwertes können die »Erinnerungen« somit durchaus den Kriegserinnerungen Churchills oder de Gaulles an die Seite gestellt werden.

Dabei zeigt ein kritischer Vergleich, daß das in den »leitmotivischen Abschnitten« lehrhaft dargebotene Konzept durch die Materialien der »Kernstücke« bestätigt wird. Verschiedentlich stellen »leitmotivische Abschnitte« nichts anderes dar als Wiedergabe von Reden oder Niederschriften. So sind beispielsweise die Überlegungen, die sich im Kapitel I, Abschnitt 6, des ersten Bandes finden (S. 40–47), größtenteils – ohne daß Adenauer dies erwähnt – wörtlich aus den Grundsatzreden entnommen, die der eben gewählte Vorsitzende der CDU in der Britischen Zone am 6. März 1946 über den NWDR und am 24. März desselben Jahres in der Kölner Universität gehalten hat. Manche Anzeichen sprechen dafür, daß auch andere »leitmotivische Abschnitte« fast wortgetreue Wiedergaben aus schriftlichen Aufzeichnungen darstellen, die in der Berichtsperiode zu Papier gebracht wurden.

Insgesamt gesehen, ist eine weitgehende Deckungsgleichheit der

Aussagen dieser Passagen mit denen der auf Aktenmaterial beruhenden »Kernstücke« feststellbar. Das heißt aber: die »Erinnerungen« enthalten eben nicht nur »Leitmotive« der Jahre 1964–1966. Vielmehr deutet alles darauf hin, daß diese in der Tat Auffassungen wiedergeben, die der gesamten Nachkriegsaußenpolitik Adenauers durchgehend das Gepräge gaben. Es müßten schon sehr gewichtige Beweisstücke beigebracht werden, um die These zu widerlegen, daß diese über mehr als zwei Jahrzehnte hinweg ein vergleichsweise hohes Maß an konzeptueller Konsistenz und Kontinuität aufgewiesen hat.

Natürlich – das sei nochmals wiederholt – gilt diese Feststellung nicht für die einzelnen Handlungskomplexe, sondern vor allem für die konzeptuellen Grundlinien. Daß die volle Aktenzugänglichkeit hinsichtlich vieler gewichtiger Einzelfragen erhebliche Korrekturen erforderlich machen dürfte, ist anzunehmen. Adenauer, so läßt sich das Ergebnis dieser Vorbemerkungen zur Quellenlage jedenfalls formulieren, hatte – wie zu zeigen sein wird – ein konsistentes und kontinuierliches Konzept. Hat man dessen Eigenart erst einmal erkannt, so lassen sich eine Reihe scheinbar widersprüchlicher Phänomene seiner Außenpolitik erklären. Das heißt freilich nicht, daß sich aus den Lagebeurteilungen, Zielvorstellungen und Handlungsmaximen beim Zusammentreffen mit den außen- bzw. innenpolitischen Entwicklungstendenzen und Entscheidungssituationen widerspruchsfreie Politik ergeben hätte. Die Aporien sind deutlich erkennbar und werden im einzelnen zu erörtern sein. Auch Adenauer war sich ihrer bewußt, aber er verstand es, sein weitmaschig gefaßtes Konzept immer wieder den Gegebenheiten anzupassen, ohne es in den Grundzügen preiszugeben.

III. Das Konzept

Wenn im folgenden die Grundlinien Adenauerscher Außenpolitik dargestellt werden, so sicher nicht in der Absicht, den ersten Bundeskanzler als großen Theoretiker der internationalen Beziehungen zu verstehen. Nichts lag ihm ferner als analytische Theorien oder gar der Versuch, Erfahrungen systematisch aufzubereiten. Vielmehr bestätigt jede eingehende Beschäftigung mit seiner Methode, Außenpolitik zu treiben, was Karl Dietrich Erdmann als Ergebnis einer eingehenden Untersuchung Adenauerscher Rheinpolitik in den Jahren 1918 bis 1924 formuliert hat: »Seine Politik ist experimentierend, induktiv. Sie geht nicht vom begrifflich gefaßten Ziel, sondern von der gegebenen Situation und den gegebenen Kräften aus«[1]. Diese Feststellung deckt sich mit Äußerungen Adenauers zu seiner eigenen Methode, die im ganzen Memoirenwerk verstreut sind[2]. Eine der besten Zusammenfassungen findet sich in einer wörtlichen Äußerung, die Anneliese Poppinga aus dem Jahr 1964 berichtet: *Außenpolitik kann man nicht ohne Kenntnis der Vergangenheit treiben. Man muß Wissen haben, und man muß Erfahrung haben. Genau wie im menschlichen Leben setzt sich da ein Stein auf den anderen. Man muß die Entwicklung seines eigenen Landes und die der anderen Staaten zumindest in ihren großen Zügen kennen, man muß die Entwicklungstendenzen studieren, wenn man eine erfolgreiche Politik machen will*[3].

Kenntnis der offen und latent wirkenden Kräfte, Phantasie, Gespür für zukünftige Entwicklungsmöglichkeiten, Einsicht in den permanenten Wandel der Konstellation, psychologisches Einfühlungsvermögen in die Mentalität der politischen Partner und Gegenspieler, Kenntnis der Einzelheiten und zugleich die Fähigkeit, sich vom vordergründigen Lärm der Tagespolitik nicht täuschen zu lassen, Skepsis, Geduld, Zähigkeit – in derartigen Formulierungen pflegte Adenauer die Eigenart seiner Methode zu umschreiben. Man erinnert sich beim Lesen der diesbezüglichen Ausführungen an Max Webers vielzitierte Feststellung, die entscheidende psychologische Qualität des Politikers sei die »des Augenmaßes, der Fähigkeit, die Realitäten mit innerer Sammlung und Ruhe auf sich wirken zu lassen, also: der Distanz zu den Dingen und den Menschen«[4].

Es waren aber nicht nur Grundannahmen bezüglich der internen und externen Bedingungen westdeutscher Außenpolitik, an denen er sein Handeln zu orientieren suchte. Offenbar war er auch ständig bemüht, an einem Grundbestand höchster Ziele festzuhalten.

So begegnet in seiner Außenpolitik ein relativ konstantes Grundmuster von langfristigen Erwartungen mit den korrespondierenden Einstellungen sowie von langfristigen Zielvorstellungen. Daraus hat er eine, ebenfalls langfristige, Strategie konzipiert, einen Satz von Handlungsmaximen, substantiellen Optionen und außenpolitischen Methoden, die auf die Erwartungen und Zielvorstellungen abgestellt waren.

---

[1] K. D. ERDMANN, S. 70.

[2] Vgl. beispielsweise I, 13; III, 210f.

[3] A. POPPINGA, S. 95. Ebenso III, 315.

[4] »Der Beruf zur Politik«, cit. nach: Soziologie. Weltgeschichtliche Analysen. Politik, herausgegeben von EDUARD BAUMGARTEN, Stuttgart 1956, S. 168.

Somit werden im folgenden drei eng miteinander verbundene Ebenen seiner Außenpolitik voneinander abgehoben:
1. die langfristigen Erwartungen und Einstellungen;
2. die langfristigen Ziele bzw. Werte;
3. die langfristige Strategie[5].
Den Gesamtkomplex langfristiger Erwartungen und Einstellungen, Ziele und strategischer Maximen nennen wir Konzept. Das Bemühen, diese allgemeinen Erkenntnisse und Handlungsmaximen in mittelfristige und kurzfristige institutionelle, allianzpolitische, militärstrategische, innenpolitische Entscheidungen umzusetzen, wird im folgenden als Politik bezeichnet.

Eine umfassendere Darstellung müßte naturgemäß eine Vielzahl von Bereichen erfassen, in denen Adenauer kalkuliert und entschieden hat; wir greifen im folgenden nur drei heraus, die für die Adenauersche Außenpolitik besonders wesentlich waren: seine Politik angesichts der globalen Tendenzen zur Entspannung im Ost-West-Konflikt, seine Deutschlandpolitik und seine Europapolitik. Zuerst aber sind die Grundzüge des Konzepts darzustellen.

A. Erwartungen und Einstellungen

Auf die Frage, was die Außenpolitik am stärksten beeinflußt, hätte Adenauer geantwortet: der geschichtliche Wandel. Immer wieder kommt er auf diese Grundgegebenheit zu sprechen. Das ist keine tief reflektierte Theorie. Er dachte auch nicht daran, nach Art der Verfasser von Lehrbüchern der internationalen Politik einzelne Kausalfaktoren zu isolieren, aus denen sich die Veränderungen ergeben – also etwa Nationalismus, Imperialismus, die Dekolonisierungsvorgänge, die technologisch-naturwissenschaftliche Revolutionierung der Lebensverhältnisse und anderes mehr. Alle diese Faktoren nahm er wahr und suchte sie in seine Überlegungen einzubeziehen, aber dominierend war die Erkenntnis von der multikausalen Vielfalt von

---

[5] Wir möchten in diesem Aufriß das in der Politikwissenschaft gegenwärtig beliebte »methodologische Wassertreten« (UWE NERLICH) vermeiden. Immerhin sei darauf verwiesen, daß unsere Arbeitsbegriffe den analytischen Ansätzen K. J. HOLSTIS weitgehend entsprechen. Was Holsti als »perception« und »evaluation« und »attitude« charakterisiert, erfassen wir mit den Begriffen »Erwartung« und »Einstellung« ohne aber zwischen beiden eine artifizielle Trennung vorzunehmen (vgl. HOLSTI, International Politic. A Framework for Analysis, Englewood Cliffs, N. J., 1967, 124–172, insbesondere 158–161.) In der Praxis geht beides tatsächlich ungeschieden ineinander über. Hingegen deckt sich unser Terminus »Zielvorstellungen« mit dem, was Holsti »core interests and values« nennt: »Those kind of goals for which most people are willing to make ultimate sacrifices« (S. 132). Substantiell nennt Holsti als »core values« im einzelnen: Selbsterhaltung und Verteidigung des Staates und der staatlichen Einheit. »Strategie« ist als langfristige außenpolitische Strategie verstanden; insbesondere werden darunter Handlungsmaximen verstanden, weniger substantielle Optionen für bestimmte Partner, Institutionen, verteidigungspolitische Instrumente und anderes mehr.

Bedingungsfaktoren, deren Zusammenwirken die Einzigartigkeit geschichtlicher Konstellationen ausmacht. So war er – ganz entgegen einer vielfach verbreiteten Auffassung – alles andere als ein Politiker, der in statischen Kategorien dachte. Instinktiv aber folgerichtig erwartete er unaufhörlich mehr oder weniger weitgehende Veränderungen und suchte seine Politik darauf abzustellen.

Dabei wurde eine durchgehende Dialektik sichtbar. Einesteils zeigte er sich bereit, dem Wandel mit ungemein elastischen Methoden zu entsprechen. Andererseits wußte er, daß die Kraft historischer Trends jene mit hinwegträgt, die nicht versuchen, ungünstigen Entwicklungstendenzen hartnäckig zu widerstehen. So ergab sich gerade aus dem dynamischen Geschichtsbewußtsein die für seinen außenpolitischen Stil so kennzeichnende Verbindung von Festigkeit und Geschmeidigkeit.

Wenn hier die im Geschichtsbewußtsein wurzelnde Beweglichkeit seiner Grundeinstellung betont wird, so sollte dies nicht mißverstanden werden. Seine Beweglichkeit entsprang einem konservativen Temperament; sie entsprach dem Bestreben, den permanenten geschichtlichen Wandel durch Mobilität und Beharrungsvermögen gleicherweise zu kontrollieren. Freilich war er kein Freund einer politischen Haltung, deren Dynamik in erster Linie in der verbalen Beschwörung von Veränderungen besteht. Er hat jedoch das Aufkommen dieses für die sechziger Jahre so kennzeichnenden Zeitstils noch miterlebt und die damit zusammenhängende Labilität der öffentlichen Meinung zutiefst verabscheut. Als ein Teil der westdeutschen Publizistik dazu überging, die Qualität der Außenpolitik nach der häufigen Verwendung von Bewegungsmetaphern und dramatischen Gesten zu bewerten, war er außerstande, darauf angemessen zu reagieren. Seine Unfähigkeit, die dynamischen Elemente des eigenen Konzepts angemessen zu artikulieren, stellte eine der wesentlichen Schwächen seiner Politik in der Spätphase dar. Kein Wunder, daß sich ein bis heute wirksames Adenauerbild herausformte, an dem die statischen, hölzernen Züge überwiegen.

Doch ist es richtig, daß seine Grundposition in der Tat im ganzen defensiv war. Er empfand den Wandel in seinen zahlreichen Aspekten primär als Bedrohung, weniger als Chance zum spielerischen Experiment oder zum kraftvollen Ausleben der eigenen Möglichkeiten. Und da er – auch und gerade in den »Erinnerungen« – unentwegt auf den Ernst der Lage hinwies, entstand leicht der Eindruck einer bloß reaktiven, unbeweglichen Politik. Wie wenig er diesem Bild tatsächlich entsprach, vermag eine ins einzelne gehende Untersuchung seiner ungemein wandlungsfähigen Deutschland- und Europa-Politik leicht zu verdeutlichen. Weniger mobil erwies er sich – wie zu zeigen sein wird – hinsichtlich der Entspannungstendenzen. Doch selbst seine Ostpolitik war im ganzen anpassungsfähiger als ihre Kritiker wahrhaben wollen. Welche Veränderungen waren es nun im einzelnen, die seiner Auffassung nach der Geschichtslandschaft des 20. Jahrhunderts ihr so unklares Profil gaben? Welcher Art waren die Bewegungsfaktoren, auf deren Kontrolle die westdeutsche Außenpolitik bedacht sein mußte?

Fünf Hauptfaktoren werden immer wieder genannt:

1. der Niedergang Europas mit dem korrespondierenden Aufstieg der beiden Supermächte USA und Sowjetunion;
2. das kraftvolle Expansions- und Machtstreben der kommunistischen Mächte, in erster Linie der Sowjetunion, aber auch Chinas und überhaupt der vielfältigen kommunistischen Bewegungen einschließlich des DDR-Regimes;
3. die damit zusammenhängende machtpolitische und weltanschauliche Auseinandersetzung zwischen den totalitär-kommunistischen und den freiheitlichen Staaten – der »Kalte Krieg«;
4. die strukturellen Schwächen der freiheitlichen Demokratien;
5. der verhängnisvolle Verlauf der jüngsten deutschen Geschichte.

Andere Faktoren, die nach Auffassung vieler gleichfalls zu den entscheidenden Determinanten der fünfziger und sechziger Jahre gehörten, werden vom ihm wenig erwähnt und spielten keine zentrale Rolle in seinem Konzept.

Zu den vernachlässigten Determinanten gehörten: die Dekolonisierungsvorgänge in Asien und Afrika; die Spannungen zwischen armen und reichen Staaten; die systembedingte und teilweise unkontrollierbare Eigengesetzlichkeit der technologischen Entwicklung, insbesondere des Rüstungswettlaufs zwischen den Supermächten. Es lohnt sich, in dieser Hinsicht die in Band III der »Erinnerungen« wiedergegebenen Gespräche mit dem indischen Ministerpräsidenten Nehru zu lesen, um zu verstehen, wie stark europazentrisch der Bundeskanzler dachte, während der indische Premier die fünfziger Jahre umgekehrt unter der Perspektive des Eintretens der »Völker des Ostens« (III, 187) in die Weltpolitik sah. Nicht, daß Adenauer die im globalen Rahmen wirksamen Kräfte völlig übersehen hätte. Aber es fehlte auch die Anschauung, und es ist auffällig, wie es immer einer Reise bedurfte, damit er sich des Gewichts bestimmter Regionen bewußt wurde. Das galt vor allem für die große Weltreise im Jahr 1960. Dann notierte er sich: *Auf dieser langen Reise ist mir klar zum Bewußtsein gekommen, daß wir Europäer aus der Enge und Kleinheit Europas hinausdenken müssen*

[...], *daß das, was dort*[in Asien] *geschieht, auf uns zurückwirkt und daß wir dafür einen offenen Blick haben müssen, daß wir uns an diese Weite und an die trotzdem vorhandene enge Verbundenheit der Kontinente gewöhnen müssen, um eine richtige Politik treiben zu können* (IV, 31). Doch auch derartige Erfahrungen wurden letztlich in sein europäisches Koordinatensystem einbezogen.

Der Niedergang Europas

Eine entscheidende Erfahrung war die Erkenntnis des Niedergangs Europas. Rückblicke auf die Jahre europäischer Vorherrschaft vor 1914 durchziehen alle Bände des Erinnerungswerkes (vgl. I, 13 f., 210; II, 63; III, 13, 18–20; IV, 239). Die Ursachen des Sturzes lagen auf der Hand: die europäischen Staaten hatten sich in zwei Weltkriegen zerfleischt und damit den Aufstieg der beiden Hegemonialmächte USA und Sowjetunion begünstigt. Die andauernde Zersplitterung perpetuierte die Abhängigkeit der europäischen Staatenwelt von außereuropäischen Mächten, zu denen Adenauer auch die Sowjetunion rechnete (vgl. IV, 238).

Er verstand auch die Dekolonisierung vorwiegend unter dem Aspekt europäischen Machtverlusts. An seiner Schilderung der Suez-Intervention Großbritanniens und Frankreichs im November 1956 fällt die Abwesenheit jedes moralisierenden Beiklangs auf. Adenauer beschreibt dort die Vorgänge offensichtlich aus der Perspektive der Premierminister Eden und Mollet, allem Anschein nach mit voller Billigung des militärischen Eingreifens (III, 219–228). Dieses entsprach seiner Auffassung nach, so könnte man formulieren, einem Akt »europäischer Staatsräson«.

Der machtpolitische Niedergang Europas hatte, so sah er es, die verhängnisvollsten Konsequenzen: politische Abhängigkeit von den Supermächten, wirtschaftliches Zurückfallen und Verknechtung durch die Vereinigten Staaten und die Sowjetunion (diese Note klang besonders in der Auseinandersetzung um den Atomwaffensperrvertrag an)[6]. Seiner Meinung nach bedeutete die machtpolitische und wirtschaftliche Abhängigkeit auch eine Gefährdung der abendländischen Kultur (III, 19 f.). Das volle Ausmaß der Bedrohung ließ sich aber nur erkennen, wenn man eine weitere Determinante der Weltpolitik ins Auge faßte: den kommunistischen Machtwillen, besonders den Expansionsdrang der Sowjetunion.

---

[6] Vgl. III, 17; IV, 239 f. und P. 303 f.

Sowjetischer Expansionsdrang
Nach Aussage sämtlicher Selbstzeugnisse hat Adenauer nie am expansiven Charakter der sowjetischen Außenpolitik gezweifelt. Ebenso hielt er es für sicher, daß die starken kommunistischen Bewegungen in Frankreich und Italien bei erster sich bietender Gelegenheit die demokratische Ordnung zerstören und nach erfolgter Machtübernahme auf den außenpolitischen Kurs der Sowjetunion einschwenken würden.

Diese Perzeption wird in den »Erinnerungen« aus einer Vielzahl von Beobachtungen abgeleitet. Häufig verwendet Adenauer die Metapher *russischer Koloß*. Das Suggestivbild im zweiten Band der »Erinnerungen« verdeutlicht besser als viele Worte die Angst dieses deutschen Bürgers vor der überstarken kommunistischen Supermacht (II, 19). Das Stereotyp des bürgerlichen (wie übrigens auch des sozialdemokratischen!) Geschichtsbewußtseins, daß die Sowjetunion im wesentlichen die expansive Außenpolitik des Zarentums fortsetze, findet sich bei ihm häufig (vgl. III, 110, 183). Zur Begründung seiner Besorgnis verwies er daneben gerne auf das Schicksal der baltischen und der ost- bzw. mitteleuropäischen Staaten, die in den Jahren 1940 bis 1948 unter sowjetische Hegemonie gefallen waren, ebenso auf das Schicksal Koreas, auf das sowjetische Eindringen in den Nahen Osten, auf den Druck Moskaus gegenüber West-Berlin und auf die sowjetische Kuba-Politik. Nicht zuletzt dienten ihm die russischen Anstrengungen auf dem Rüstungssektor als Indiz für Moskaus Willen zur Macht.

Die weltrevolutionäre Ideologie wirkte dieser Auffassung zufolge als wichtigste Triebkraft sowjetischer Expansionspolitik. Daneben sah er den natürlichen Ausdehnungsdrang einer starken, obrigkeitsstaatlich regierten Großmacht im Spiel. Im Hinblick auf Europa unterstellte Adenauer Moskau vor allem die Absicht, sich das Wirtschaftspotential des Kontinents zu unterwerfen und mit seiner Hilfe die Vereinigten Staaten überwinden zu wollen.

Das kommunistische China war übrigens, so sah er es, nach demselben Gesetz angetreten (IV, 182f., 243).

Der planmäßige Expansionswille der einzigen euro-asiatischen Supermacht stellte somit die entscheidende Bedingung westdeutscher Außenpolitik dar. Dieser ohnehin vorhandene Expansionswille wurde verstärkt durch die Dynamik des kommunistischen Satellitenstaates auf deutschem Boden.

Aus diesen seiner Auffassung nach fundamentalen Gegebenheiten resultierte die antisowjetische, primär defensive Grundeinstellung, die dem Adenauerschen Konzept das Gepräge gab.

Der Ost-West-Konflikt

Für Adenauer war der Ost-West-Konflikt eine unmittelbare Folge des kommunistischen Willens zur Macht. Das sowjetische Vordringen in Mitteleuropa, in Asien, im Nahen Osten wurde seiner Meinung nach nur deshalb gebremst, weil sich die »freie Welt« unter amerikanischer Führung zum Widerstand entschlossen hatte. Die Teilung Europas, auch die Teilung Deutschlands, war demzufolge nicht die Ursache, sondern die Konsequenz des Ost-West-Gegensatzes (III, 463). Adenauer sah offenbar weniger im »Kalten Krieg« als solchem die Hauptgefahr, sondern im Vordringen der Sowjetunion. Nicht das Wettrüsten, die damit verbundene Kriegsgefahr und das so geschaffene Klima neurotischer Unruhe ängstigten ihn in erster Linie, sondern die Sorge, Moskau könne die Auseinandersetzung gewinnen – zumindest in Deutschland.

Dabei befürchtete er nur für den Fall eindeutiger sowjetischer Überlegenheit einen militärischen Vorstoß Rußlands (I, 348f.; P. 72f.). Hingegen wurde er seit Kriegsende von der Sorge geplagt, es könnte der Sowjetunion gelingen, Westdeutschland, vielleicht sogar ganz Westeuropa, durch eine Kombination von diplomatischen Manövern, politisch-militärischem Druck und innerer Subversion in ihren Herrschaftsbereich zu ziehen (I, 472; II, 20; III, 481). Unaufhörlich malte Adenauer in den »Erinnerungen« die Konstellation aus, die seinen Alptraum verwirklichen könnte:

- eine entscheidende Wiederbelebung des amerikanischen Isolationismus, die eine automatische Stärkung der sowjetischen Macht zur Folge haben würde;
- nationale Rivalitäten zwischen den freien Staaten, die die sowjetische Gier anstacheln, die USA zum Rückzug von dem in sich zerstrittenen Kontinent veranlassen und der Moskauer Diplomatie vielfach wirksame Hebel in die Hand geben würden;
- ein Wiederaufleben des Mißtrauens gegen Deutschland, ausgelöst durch westdeutschen Nationalismus oder Neutralismus, die die Kriegsallianz erneut zusammenführen, damit aber wiederum die sowjetischen Einwirkungsmöglichkeiten vergrößern könnten;
- einen Dialog der Supermächte zur Schaffung von Rüstungskontrollen bzw. neutralisierten Gebieten, aus der sich die Ausgliederung der Bundesrepublik aus dem Schutz der Allianz, damit aber ihre Zugänglichkeit für russische Pressionen ergeben könnte.

Man hat oft vom Jalta-Komplex General de Gaulles gesprochen. Auch Adenauer hatte seine Zwangsvorstellung: den Potsdam-Komplex und die Sorge vor einer erneuten Isolierung Deutschlands analog zu dem Geschehen vor dem Ersten Weltkrieg. Dabei spielte die

Befürchtung einer erneuerten russisch-französischen Einkreisungspolitik eine zentrale Rolle (vgl. P, 173; II, 175; III, 379, 469).

Amerikanischer Isolationismus, selbstzerstörerischer europäischer Nationalismus, kurzsichtiger Pazifismus, antideutsches Ressentiment und daraus resultierend sowjetische Hegemonie – solchen Gefahren galten somit seine tiefsten Besorgnisse im Hinblick auf den Ost-West-Konflikt. Risiken dieser Art sah er bei jeder Viermächte-Konferenz, bei jedem amerikanischen Plan für die Schaffung mitteleuropäischer Rüstungskontrollzonen, bei jedem französisch-sowjetischen oder britisch-sowjetischen Staatsbesuch und erst recht bei jedem amerikanisch-sowjetischen Gipfelgespräch im Hintergrund lauern. Sein Mißtrauen war stets hellwach: bald galt es Premierminister Mendès-France, bald Präsident Eisenhower und dessen Abrüstungsbeauftragtem Stassen, bald Premierminister Macmillan und Präsident Kennedy – und es kann kein Zweifel daran bestehen, daß sich besonders das ständige Liebeswerben um Frankreich auch aus diesen Befürchtungen nährte. Man sollte nicht übersehen, wie sich die sorgsam kultivierte Verbindung mit General de Gaulle über einem Abgrund von Argwohn wölbte (vgl. I, 486; III, 408–412, 437).

Dazu meinte der ehemalige NATO-Generalsekretär Stikker in seinen »Erinnerungen«: *Ich glaube, daß im Unterbewußtsein Adenauers stets die Angst sitzt, daß er, nachdem er de Gaulle absolutes Vertrauen entgegengebracht hat, eines Tages die zwar ehrenvolle, aber traurige Erfahrung machen könnte, die in Rochefoucaulds Satz zusammengefaßt ist: »Es ist schändlicher, unseren Freunden zu mißtrauen, als von ihnen verraten zu werden«*[7].

Dabei verband sich die Befürchtung, daß ein konstellationsbedingtes »Renversement des alliances« oder auch nur ein Zerfall der westlichen Einheit eintreten könnte, mit skeptischer Einsicht in die strukturellen Schwächen demokratischer Außenpolitik im allgemeinen und der westdeutschen Demokratie im besonderen.

Die strukturellen Schwächen demokratischer Außenpolitik
Natürlich brachte Adenauer seine Bedenken wegen der strukturellen Labilität der demokratischen Staaten zumeist nur in vertraulichen Gesprächen zum Ausdruck. Die Memoiren ausländischer Gesprächspartner sind hier besonders aufschlußreich.

Doch zeigt auch ein genauerer Blick auf das Memoirenwerk den erfahrungsgesättigten Skeptizismus dieses alten Mannes, zu dessen

---

[7] D. Stikker, S. 468.

schlimmsten Erinnerungen die Naivität zählte, mit der die meisten westlichen Staatsmänner versäumten, Adolf Hitler rechtzeitig entgegenzutreten (vgl. P, 146). Außenpolitisches Ruhebedürfnis, Streben nach kurzfristigem Zeitgewinn um den Preis langfristiger Gefährdung, pazifistische Nachgiebigkeit, Angst vor den modernen Waffen, innenpolitische Effekthascherei, Bereitschaft zur Preisgabe bedrohter Verbündeter waren seiner Auffassung nach eingeborene Laster liberal-demokratischer und sozialdemokratischer Staaten, die sich in den dreißiger Jahren ebenso gebieterisch bemerkbar gemacht hatten wie im Ost-West-Konflikt. Verständliche und in gewisser Hinsicht liebenswürdige Schwächen zwar, die sich aber angesichts der Entschlossenheit totalitärer Feinde verhängnisvoll auswirken mußten!

Das galt ganz besonders für Demokratien wie Frankreich und Italien, die es mit starken kommunistischen Parteien zu tun hatten. Adenauer bezog die daraus periodisch resultierende Labilität, auch die damit verbundene Erpreßbarkeit der dortigen demokratischen Parteien ständig in seine Überlegungen mit ein und sah darin wichtige Ansatzpunkte einer expansiven sowjetischen Außenpolitik. Die kommunistische Bedrohung, so führte er beispielsweise General de Gaulle gegenüber aus, sei *nicht nur militärischer Art. Sie sei auch geistiger und moralischer Art. Die freien Völker müßten daher auch moralisch intakt sein. Frankreich habe eine starke kommunistische Partei und ebenso Italien* [...] *Die Völker würden nur dann innerlich und eventuell dann auch militärisch dem Kommunismus Widerstand leisten, wenn sie mit ihrer Lage zufrieden seien, wenn sie die Lebensart, die sie jetzt hätten, schätzten und für wertvoll hielten* [...] *Wir Deutschen hätten die Russen durch ihre Herrschaft im Osten unseres Landes kennengelernt. Wir wüßten, was es für den einzelnen bedeute, unter kommunistischer Herrschaft zu leben. Die Franzosen wüßten dies nicht, ebensowenig die Italiener* [...] (IV, 103; ebenso III, 115, 322; IV, 158).

Darüber hinaus sah er die europäischen Demokratien unaufhörlich vom Nationalismus versucht. Er verstand diesen als übersteigertes Nationalgefühl (P, 348), als Exzeß einer an und für sich wünschenswerten Einstellung zum eigenen Staat. Die meisten seiner diesbezüglichen Äußerungen zeigen, daß er den Nationalismus vor allem als verhängnisvolle Kontrasthaltung zum Bewußtsein antisowjetischer Solidarität der freien Welt begriffen hat (vgl. II, 288; III, 252f.). Es fiel ihm darum nicht schwer, Politiker und Parteien, die nicht primär vom Gegensatz der freien Völker zur Sowjetunion ausgingen und dementsprechend deren gemeinsame Interessen im

Blickfeld hatten, als »nationalistisch« zu verurteilen. Regierungen handelten nach seiner Auffassung dann nationalistisch, wenn sie die territorialen und irredentistischen Zielsetzungen ihres Staates, nationales Prestige, die wirtschaftlichen Interessen ihres Volkes oder ihre autonome Manövrierfähigkeit ohne Rücksicht auf die übergeordneten Gemeinschaftsinteressen der freien Welt verfolgten. Der Vorwurf des Nationalismus traf die französische Ruhr- und Saarpolitik der ersten Nachkriegsjahre ebenso wie entsprechende deutsche Bemühungen, die Wiedervereinigung auf Kosten des Zusammenhalts der freien Welt zu erreichen (II, 75, 288; III, 252).

Adenauer trug zwar durchaus dem legitimen Anspruch der einzelstaatlichen Interessen Rechnung und wußte sich General de Gaulle gegenüber sogar als Verfechter einer besonders aufgeklärten Spielart republikanischer Staatsraison zu geben[8].

Dennoch ging er davon aus, daß das höchste Interesse aller westlichen Staaten in der gemeinschaftlichen Abwehr der Sowjetunion lag. Jeder Versuch auf seiten Deutschlands, Frankreichs oder Italiens, eigensüchtige Zielsetzungen auf Kosten der westlichen Einheit zu verfolgen, verstand er darum als nationalistische Verwirrung. Kein Staat wäre, so sah er es, zu einer nationalpolitischen Außenpolitik mehr legitimiert gewesen als die Bundesrepublik mit ihrem unerfüllten Wiedervereinigungswunsch. Indem der Bundeskanzler als berufenster Sachwalter deutscher Interessen der gemeinschaftlichen Freiheitssicherung vor einer riskanten Wiedervereinigung bedenkenlos den Vorrang einräumte, gewann er ein hervorragendes Argument gegenüber seinen westlichen Partnern. Wenn die Westdeutschen dem autonomiebesessenen Nationalismus absagten, mußten auch die Verbündeten zur gemeinschaftsbezogenen Politik bereit sein. Eigensüchtiges und unkooperatives Handeln der westlichen Alliierten wäre – so sah es der Kanzler – nur zu gut geeignet gewesen, einen kurzsichtigen westdeutschen Nationalismus zu provozieren. Umgekehrt hätte sich ein genuin deutscher Wiedervereinigungsnationalismus geradezu selbstmörderisch auswirken müssen, weil er ein bedenkenlos eigensüchtiges Handeln Frankreichs, Großbritanniens, der Vereinigten Sataaten heraufbeschworen und damit der sowjetischen Außenpolitik die beste Handhabe geboten hätte.

Nationalistische Politik in diesem Sinne war allerdings – dies wußte er genau – noch keine nationalsozialistische Politik; sie war nicht einmal kriegerische Politik. Aber indem Adenauer jeden nicht

---

[8] CH. DE GAULLE, S. 188. So mißverstanden ihn auch deutsche Nationalisten, z. B. HANS-GEORG V. STUDNITZ, Bismarck in Bonn. Bemerkungen zur Außenpolitik, Stuttgart 1964, S. 28.

primär gemeinschaftsorientierten, antikommunistischen Kurs als genuin nationalistische Verirrung begriff, machte er sich die bedenklichen Assoziationen des Wortes voll zunutze (vgl. III, 107). In seinen Auseinandersetzungen mit Kurt Schumacher und Erich Ollenhauer wußte er den Nationalismusvorwurf ebenso einzusetzen wie in den Kontroversen mit dem national orientierten Flügel der FDP um Erich Mende.

Im westlichen Ausland warf die Konsequenz, mit der Adenauer seine antisowjetische Politik als antinationalistische Einstellung zu beleuchten wußte, erst recht Dividende ab. Dieses subjektiv aufrichtige, aber nichtsdestoweniger politisch zielbewußt eingesetzte Verständnis von Nationalismus erwies sich so als ganz hervorragendes Instrument, die latenten Tendenzen zur außenpolitischen Isolierung Bonns zu bekämpfen, umgekehrt aber die innenpolitischen Gegner der eigenen Außenpolitik geistig in die Nähe Adolf Hitlers und damit in die Isolierung zu rücken.

Das katastrophale deutsche Geschichtserbe
Wenn er die moralische Substanz und die innere Widerstandsfähigkeit der westlichen Demokratien insgesamt skeptisch einschätzte, so galt dies am allermeisten für das deutsche Volk selbst. Offenbar hatte er die Rückwirkungen des Traditionsbruchs und die geistige Schädigung durch den Nationalsozialismus in ihrer ganzen Bedeutung erkannt. Verlust des Selbstwertgefühls, Materialismus, Traditionsunsicherheit waren die unvermeidlichen Folgen des Dritten Reiches, auf die er immer wieder zu sprechen kam. Die Äußerungen waren nicht selten, in denen er die daraus resultierende Desorientierung der Deutschen beklagte und als Hauptgefahr demokratischer Entwicklung ansprach. So gesehen begriff er es als Vorteil, daß die Wirklichkeit des DDR-Sozialismus die westdeutsche Bevölkerung gegenüber totalitären Verlockungen immunisierte. Aber vor allem in den letzten Jahren wurden seine Zweifel an der geistigen Lebenskraft der westdeutschen Demokratie immer größer (vgl. P, 214, 347ff). *Eine gute Außenpolitik*, so faßte er seine diesbezüglichen Auffassungen zusammen, *können wir nur machen, wenn wir im Innern gefestigt sind. Außen- und Innenpolitik sind voneinander gar nicht zu trennen. Ich frage mich immer wieder, sind wir nun im Innern gefestigt* [...]? (P, 347).

Er selbst fühlte sich zwar stark genug, der innerlich labilen deutschen Gesellschaft zu einer gewissen institutionellen und außenpolitischen Stabilität zu verhelfen. Aber er war unsicher, ob sein Werk Bestand haben würde. Der im Blick auf die nachadenauersche Ära verbürgte Ausspruch des Kanzlers aus dem Jahr 1954 *Mein Gott, was soll aus Deutschland werden?*[9], illustriert diese Grundstimmung. Sie vor allem erklärt, weshalb ihm so viel an unverbrüchlicher, völkerrechtlich abgestützter Verklammerung mit den westlichen Demokratien lag. Seine Integrationspolitik war auch in hohem Maß als Rahmen zur Absicherung vor der inneren Labilität konzipiert. Paul Henri Spaak trifft den Nagel auf den Kopf, wenn er beim Rückblick auf die Adenauersche Integrationspolitik der fünfziger Jahre schreibt: *Er sieht in dieser Politik [...] das wirksamste Mittel und vielleicht das einzige, um Deutschland vor sich selbst zu schützen*[10]. Mehr als viele andere Politiker seiner Generation war sich Adenauer der geschichtlichen Hypothek bewußt, die auf der deutschen Außenpolitik lastete. Es dürfte in den vergangenen zwanzig Jahren nur wenige deutsche Politiker gegeben haben, die dem Anspruch einer – wie das Schlagwort heißt – »Bewältigung der jüngsten Vergangenheit« so sorgsam gerecht zu werden suchten, wie der erste Bundeskanzler. Seine Geschichtserfahrung war einfach, aber von starker Prägekraft. Allem Anschein nach hat er in der Bereitschaft breiter Schichten, im Kaiserreich, in der Weimarer Republik und im Dritten Reich eine Außenpolitik starker wirtschaftlicher und militärischer Machtentfaltung zu unterstützen, eine Hauptursache des deutschen Desasters erkannt (I, 44). Er war sich völlig darüber im klaren, daß die Siegermächte zusammen mit allen anderen europäischen Völkern entschlossen waren, das Wiedererstehen der deutschen Weltmacht ein für alle Mal zu verhindern. Der Zusammenbruch des Dritten Reiches hatte seiner Auffassung nach dieser Möglichkeit deutscher Außenpolitik für unabsehbare Zeit ein Ende gemacht. Die eigentlichen Alternativen lauteten also nur noch:

1. langdauernde Fortsetzung der Besatzungsherrschaft in der einen oder anderen Form mit voraussehbaren negativen Folgen für den deutschen Lebensstandard und für die deutsche Demokratie; oder

2. Versuch einer Wiederherstellung des Reiches auf der Basis prekärer Arrangements zwischen den Weltmächten mit der Gefahr sowjetischer Hegemonie; oder

3. Westintegration eines westdeutschen Staates im Rahmen neuer Formen internationaler Integration, gegebenenfalls mit der

---

[9] Vgl. GEORG WOLFF, »Mein Gott, was soll aus Deutschland werden? Konrad Adenauer, seine Zeit, sein Staat«, in: DER SPIEGEL, Nr. 40–46, 27.9.–8.11.1961.

[10] P. H. SPAAK, S. 311.

Chance des Anschlusses der mitteldeutschen Irredenta, schlimm-
stenfalls um den Preis dauernder Teilung.

Nachdem die Gunst der internationalen Entwicklungen und seine
eigene Geschicklichkeit die erste Alternative ausgeschieden hatten,
blieben nur noch die beiden letztgenannten theoretischen Möglichkeiten. Er gab der dritten bei weitem den Vorzug. Diese Option
rechtfertigte sich nicht nur aus seiner Beurteilung der Konstellation,
die ihm durch das sowjetische Hegemonialstreben gekennzeichnet
zu sein schien. Er suchte damit auch die Konsequenz aus einem
Irrweg zu ziehen, der – so sah er es – auf die Wilhelminische Epoche
zurückging. Seiner Meinung nach mußten die Nachbarn Deutschlands auf Grund der geopolitischen Gegebenheiten in einer Einkreisungspolitik gegenüber dem Reich immer ein plausibles Konzept erkennen. Die Entente, aber auch die Kriegskoalition im Zweiten Weltkrieg schienen ihm ein logisches Ergebnis struktureller
Sachverhalte. Das vielgepriesene Bismarcksche Spiel mit den fünf
Kugeln, mit denen frühere Generationen dieser Gefahr Herr zu
werden versuchten, war – salopp ausgedrückt – ins Auge gegangen.
Alles sprach dagegen, sich erneut an derartigen Erwartungen zu
orientieren, sei es auch nur langfristig. *Bismarck hat in seinen Memoiren davon geschrieben,* so lesen wir im 2. Band der »Erinnerungen«, *wie ihn immer wieder der Gedanke an die Isolierung Deutschlands verfolgt habe. Die Isolierung hat das Deutsche Reich, als es die
stärkste Militärmacht der Welt war, in den Krieg von 1914 bis 1918
geführt, der es von der stolzen Höhe, auf der es stand, hinunterwarf.
Und nun wir! Konnte denn irgendeiner davon träumen, daß wir,
entwaffnet, jederzeit in der Hand unserer früheren Gegner, daß wir
etwa in der Lage seien, nur auf uns allein gestellt, unser Wort in der
europäischen oder in der Weltgeschichte zur Geltung zu bringen?
Das war und ist geradezu sinnlos, das war und ist Torheit, und
darum mußten wir – und das sollte auch das Ziel unserer künftigen
Politik im Bundestag sein – dafür sorgen, daß Deutschland Freunde
bekam, und zwar Freunde in der freien Welt* (II, 195 f.). Er sah wohl,
daß dem Bismarckreich aus soziopolitischen Gründen, der Weimarer Republik zu einem Gutteil auf Grund der französischen Politik,
doch auch wegen des ostpolitischen Revisionismus der Reichsregierung, eine enge Verbindung mit den westlichen Demokratien nicht
möglich gewesen war. In der Konstellation der Nachkriegsjahre
schälte sich nunmehr die einzigartige Chance heraus, den größten
Teil Deutschlands auf Dauer in einer ideologisch homogenen
Gruppe demokratischer Staaten zu verankern. Alle früheren Nach-
teile der deutschen Position schienen so gebannt: die Gefahr der

Isolierung ebenso wie die Gefährdung der deutschen Demokratie angesichts außenpolitischer Differenzen mit den westlichen Demokratien.

Es waren also nicht nur die Grundgegebenheiten sowjetischer Bedrohung und der Ost-West-Spannung, sondern auch die Erfahrungen deutscher Geschichte und die spezifischen Hypotheken der deutschen Nachkriegssituation, an denen er sein Konzept orientierte.

B. Die Ziele

Einfach wie die langfristige Lagebeurteilung, die dieser Außenpolitik zugrunde lag, waren auch ihre Ziele. Adenauer plakatierte sie gerne als die Trias Freiheit, Frieden, Einheit – *das waren die Ziele unserer Politik, einer Politik, die die großen Werte verwirklichen wollte, die den Fortschritt der Menschheit bestimmen* (III, 281).

Priorität hatte die Freiheitssicherung gegenüber der totalitären Sowjetunion. Angesichts des in seinen Augen gleichsam automatischen Zusammenhangs zwischen Freiheitssicherung und Westintegration muß die letztere als Element des Hauptziels begriffen werden. Was als Instrument verstanden werden kann, war tatsächlich Kernsubstanz dieser Außenpolitik.

Adenauer legte zwar auch der Friedenserhaltung großen Wert bei, doch beim nicht mehr vermeidlichen Zielkonflikt hätte er wohl für die bewaffnete Verteidigung optiert. Das Argument, eine auf starke Streitkräfte gestützte Abschreckungspolitik sei die beste Friedenssicherung, erlaubte es aber, den potentiellen Zielkonflikt zu relativieren.

In allen Perioden – nicht nur in den Jahren 1949–1955 – hat er der Erweiterung des westdeutschen Handlungsspielraums große Bedeutung zugemessen. Nur so konnte er erwarten, im Sinne seiner Vorstellungen Einfluß auszuüben. Allerdings war dies kein Ziel, das um seiner selbst willen verfolgt wurde. Er wünschte vielmehr, eben dadurch sein Konzept voranzubringen, demzufolge die nationalstaatliche Autonomie der freien Demokratien in gemeinschaftlicher Kooperation und Integration Schritt um Schritt aufgehoben werden sollte.

Schließlich betrachtete er auch die Wiedervereinigung – nach der berühmten Formel »in Frieden und Freiheit« – als ein Hauptziel seiner Politik. Sie war aber der Freiheitssicherung (damit also der Westintegration) und der Friedenssicherung deutlich nachgeordnet. Zielkonflikte zwischen Freiheitssicherung, Westintegration und

Wiedervereinigung wurden freilich mit dem Argument relativiert, daß die Stärkung des westlichen Zusammenschlusses die immer noch besten Voraussetzungen für eine Wiedervereinigung »in Frieden und Freiheit« schaffe.

Interessanter als die abstrakte Darstellung einer Wertskala, die ohnehin in das elastische Gefüge eines Konzepts eingebaut war, ist der Versuch, die Elemente seiner außenpolitischen Strategie zu bestimmen.

C. Die Strategie

Was als Strategie Adenauerscher Außenpolitik verstanden werden kann, ist gleichfalls nicht durch analytische Formulierung oder widerspruchsfreie Logik ausgezeichnet. Sie läßt sich als ein Bündel von Handlungsmaximen und Verhaltensweisen verstehen, die zwar von ihm sehr konsequent, aber auch mit beträchtlicher Elastizität gehandhabt wurden.

Man hat schon während der Regierungszeit Adenauers, aber auch danach, versucht, die Eigenart seiner außenpolitischen Strategie als Option für bestimmte Partner der Westallianz und zugleich als Entscheidung für bestimmte Zukunftsentwürfe des westlichen Zusammenschlusses zu begreifen.

So hat Waldemar Besson in einer Gesamtdarstellung westdeutscher Außenpolitik vier Phasen mehr oder weniger deutlich voneinander abgehoben:

1. der Zeitraum von 1945–1950 habe eine Orientierung auf die westeuropäischen Nachbarn gezeigt; die schon in der Zwischenkriegszeit entwickelte Idee einer »organischen Verflechtung« sei erneut ins Spiel gebracht worden, wobei die Interessen des Rheinlandes im Vordergrund standen; ein gewisser antipreußischer Duktus in dieser frühen Phase sei unverkennbar[11]. Man könnte – Besson gebrauchte diesen Ausdruck allerdings nicht – von einer »rheinischen Phase« Adenauerscher Außenpolitik sprechen;

2. der Zeitraum 1950–1954 sei durch Orientierung sowohl an der europäischen wie an der atlantischen Gemeinschaft gekennzeichnet gewesen, mit der überragenden Zielvorstellung einer politischen Föderation Europas[12]. Für diese Periode bietet sich der Terminus »föderalistische Phase« an;

---

[11] W. Besson, S. 60. Vgl. dazu meine entsprechende Darstellung in »Vom Reich zur Bundesrepublik«, S. 423–466. A. Baring, S. 59–62, und Besson schließen sich dieser Deutung vorbehaltlos an.
[12] W. Besson, S. 100.

120

3. demgegenüber sei der Zeitraum von 1954 bis 1958/59, den man als »Dulles-Phase« bezeichnen könnte, durch die enge Anlehnung an die amerikanische Hegemonialmacht charakterisiert gewesen[13]; die Integrationsbemühungen seien zwar weitergelaufen, hätten aber im ganzen einen nachgeordneten Stellenwert gehabt. Der Bundeskanzler dieser Phase habe sich damals – um das Schlagwort der nachfolgenden Phase aufzugreifen – vor allem als »Atlantiker« gefühlt.

4. Schließlich sei die Spätphase in dem Bann General de Gaulles gestanden; die Hoffnung, eine Achse Paris–Bonn könnte zur Keimzelle westeuropäischer Föderation werden, sei dominierend geworden; dies wäre Adenauers »gaullistische Phase«.

Zweifellos hatte Besson recht, wenn er darauf abhob, daß Adenauer die Akzente seiner Außenpolitik in verschiedenen Perioden tatsächlich auch verschieden gesetzt hat. Allerdings würde eine genauere Untersuchung rasch verdeutlichen, daß eine zu schematische Einteilung die komplizierte Politik des Kanzlers doch ziemlich vereinfacht. Im ganzen ist es richtiger, seine Politik in den unterschiedlichen Phasen aus einer umfassenden, obersten Maxime abzuleiten, die sowohl in den öffentlichen Verlautbarungen des Regierungschefs wie in den »Erinnerungen« unaufhörlich variiert wurde: *Was wir vor allem tun konnten, das war, dazu beizutragen, daß [...] die Einheit der freien Völker des Westens wie ein unerschütterlicher Fels erschien. Wir Europäer mußten daran denken, daß wir außerordentlich gefährdet waren und daß unser wichtigstes Gebot Einigkeit sein mußte. Denn nur Einigkeit und Geschlossenheit und eine fanatische Liebe zur Freiheit würde Sowjetrußland schließlich dazu bringen, von seinen expansiven Plänen Abstand zu nehmen und andere Leute so in Frieden zu lassen, wie die anderen Leute Sowjetrußland in Frieden ließen (IV, 32)*[14]. *Einheit und Geschlossenheit der freien Völker der Welt [...] (II, 304)* – an dieser Maxime gemeinschaftsbezogenen Handelns orientierte sich Adenauers gesamte Außenpolitik. Innerhalb dieses Orientierungsrahmens operierte er elastisch. Bei grundsätzlicher Bereitschaft, nach Möglichkeit eine gemeinsame Basis zu finden, verschmähte er es auch nicht, mit dem einen oder anderen der Partner präferentielle Beziehungen einzugehen oder aber unsichere Regierungen mit Hilfe anderer Alliierter wieder auf den gewünschten gemeinschaftlichen Kurs zurückzubringen. So hatte er keine Bedenken, Ministerpräsident Mendès-France durch die Außenminister Dulles und Eden unter Druck setzen zu lassen.

---

[13] W. BESSON, S. 153ff., S. 185.

[14] Ebenso an vielen anderen Stellen der Memoiren, so z. B. II, 435; III, 21, 312, 468, 477; P, 155.

So begann er schon zu Lebzeiten von John Foster Dulles im Zusammenspiel mit Franzosen und Belgiern über einen Nuklear-Caucus innerhalb der NATO zu verhandeln (III, 323–332). So spielte er die französische Karte aus, um die amerikanischen und britischen Aufweichungstendenzen in der Berlin-Frage zu konterkarieren (vgl. IV, 51) und beteiligte die Bundesrepublik umgekehrt an der MLF, um damit ein Gegengewicht gegen de Gaulle zu gewinnen.

Wenn man schon von einer Staatsraison der Bundesrepublik sprechen will, so bestand sie seiner Auffassung nach in erster Linie darin, zwischen den wichtigsten Verbündeten ständig einen Ausgleich herzustellen und die Allianz für ein gemeinschaftliches antisowjetisches Vorgehen zu gewinnen.

Die Idealsituation schien ihm gegeben, solange die Vereinigten Staaten die Führung innerhalb der Allianz ausübten, zugleich aber die europäischen Partner zum Zusammenschluß ermutigten. Dann schien der amerikanische Schutz gesichert, zugleich aber kam so ein neues Machtzentrum als Ersatz für den näheren oder ferneren Zeitpunkt einer allfälligen Loslösung der USA vom europäischen Kontinent zustande. War aber ein so hohes Maß an Übereinstimmung nicht gegeben, so mußten eben Kompromisse geschlossen, Hilfskonstruktionen gesucht, Teillösungen ausprobiert werden. Wesentlich war nur, daß die »freien Völker« sich nicht auseinanderdividieren ließen. Jedenfalls war er weder ein doktrinärer »Europäer« noch ein doktrinärer »Atlantiker«, schon gar nicht ein »Gaullist« – seine einzige, ständig und mit Vorrang verfolgte Maxime bestand in der unbedingten Option für eine gemeinschaftsbezogene Außenpolitik der freiheitlichen Demokratien.

An dieser Maxime orientierten sich auch Adenauers Vorstellungen von den zweckmäßigsten Formen der Integration. Vielleicht wird die Forschung später den Nachweis führen können, daß er tatsächlich bis zur Ablehnung des EVG-Vertrages durch die französische Kammer vorwiegend föderalistischen und supranationalen Organisationen den Vorrang einräumte, während er sich in der Folgezeit damit zufriedengab, die zwischenstaatliche Kooperation in einem dichten Gewebe bilateraler und multilateraler Institutionen zu gewährleisten. Sicher scheint jedenfalls, daß er sich nicht dauerhaft auf bestimmte Verfahrenstechniken der Integration festlegen wollte. Er griff sie dann, und nur dann auf, wenn sie der Maxime gemeinschaftsbezogener Außenpolitik der freiheitlichen Demokratien in optimaler Weise zu entsprechen schienen – optimal hinsichtlich der jeweiligen Konstellation und der Präferenzen der Partner.

Dabei ließ er sich von der Auffassung leiten, daß die Entwicklung gemeinschaftsorientierter Außenpolitik ein hohes Maß an institutioneller Innovation erfordert. Ohne diese war binnen kurzem auch im westlichen Raum eine Restauration des Systems unverbundener rivalisierender Staaten zu erwarten – mit entsprechenden Chancen für die sowjetische Diplomatie. Es ist immer wieder erstaunlich, wie experimentierfreudig und innovationsbereit der alte Staatsmann war: Europarat und Montan-Union, EVG und EWG, deutsch-französischer Konsultationsvertrag und Politische Union – jedem dieser Vorschläge stand er von vornherein erst einmal aufgeschlossen gegenüber, bei häufiger Skepsis im einzelnen. Denn nur durch ständige Innovation schien es möglich, aus den westeuropäischen und atlantischen Staaten eine außenpolitische Gemeinschaft zu formen und ihre politische Dynamik auf die Herstellung eines neuartigen Aggregatzustandes zwischenstaatlicher Beziehungen zu richten. Man versteht ihn zwar durchaus recht, wenn man sein ganzes Bestreben darauf gerichtet sieht, den Wandel zu kontrollieren und die Beziehungen zwischen den freiheitlichen Demokratien zu stabilisieren. Aber deutlicher als dies bisher im Schrifttum geschehen ist, wird inskünftig herauszuarbeiten sein, daß diese Stabilitätspolitik, dieser Versuch, den Zerfall zu verhindern, alle denkbaren Instrumentarien innovativer Außenpolitik einsetzte. Die Dynamik dieser Strategie ist mindestens ebenso bemerkenswert wie ihr zäher Stabilisierungswille.

Allerdings bleibt hinzuzufügen, daß Adenauer mit eigenen Bonner Initiativen sehr vorsichtig war. In klarer Erkenntnis des Mißtrauens gegen jede Art von deutscher Dynamik zog er es vor, Innovationsvorschläge anderer aufzugreifen, voranzutreiben, zu modifizieren oder sie gar zu soufflieren. Diese Praxis befolgte er hinsichtlich des Europarats und des Schuman-Plans ebenso wie bei der Aufnahme in die NATO, bei den EWG-Verhandlungen und bei Abschluß des deutsch-französischen Vertrags.

Gemeinschaftsorientierte Außenpolitik im Raum der freien Völker schien nur möglich, wenn keiner der Partnerstaaten argwöhnen mußte, daß die Bundesrepublik auf diese Weise eine Führungsposition anstrebte. Daß dieser Verdacht doch vielerorts bestand, ist bekannt – so erfahren wir beispielsweise aus den Memoiren de Gaulles[15], wie der französische Staatspräsident den Supranationalismus Walter Hallsteins einschätzte: *Car, dans l'Europe telle qu'il la voudrait, il y a le cadre où son pays pourrait, gratuitement, retrouver la respectabilité et l'égalité des droits que la frénésie et la défaite*

[15] CH. DE GAULLES, S. 195.

d'Hitler lui ont fait perdre, puis acquérier le poids prépondérant que lui vaudra sans doute sa capacité économique, enfin obtenir que la querelle de ses frontières et de son unité soit assumée par un puissant ensemble d'après la doctrine à laquelle, comme ministre des Affaires étrangères de la République fédérale, il a naguère donné son nom.

Es war also wesentlich, diesem da und dort immer latenten Verdacht keine Nahrung zu geben. Angesichts der prekären Lage Deutschlands hatte die gemeinschaftsorientierte außenpolitische Strategie vor allem aber den großen Vorteil, daß sie Situationen vermied, in denen die vier Siegermächte (einschließlich der Sowjetunion) der Bundesrepublik zusammen gegenübertraten. Die Untersuchung von Adenauers Diplomatie im Hinblick auf Viermächteverhandlungen zeigt immer wieder, wie kritisch er die damit verbundenen Risiken einschätzte und wie entschlossen er ständig bemüht war, die drei westlichen Mächte auf ein gemeinschaftsorientiertes Verhandeln zu verpflichten oder, wenn dies nicht möglich war, Fehlentscheidungen zu verhindern. Insbesondere tat er sein Bestes, jede Institutionalisierung des Viermächtedialogs zu bekämpfen – wohl wissend, daß bestimmte Organisationsformen eine schwer kontrollierbare Eigengesetzlichkeit entwickeln. Die Maxime gemeinschaftsorientierte Außenpolitik bewirkte zwar, je länger, je mehr, auch eine Selbstfesselung der Bundesrepublik, die sich bilaterale Initiativen nach Osten hin immer dann bewußt versagte, wenn darüber kein vorheriger Konsens mit den wichtigsten Verbündeten erzielt war. Doch konnte der Kanzler dann seinerseits auch beanspruchen, daß über die Ostpolitik der Partner zuvor ein gemeinschaftlicher Konsensus erzielt wurde. Wurde dies versäumt, – wie beispielsweise bei Premierminister Macmillans berühmter Entspannungsreise in die Sowjetunion im Winter 1959 – so empfand er das als schweren Schlag gegen sein Konzept und trug es dem betreffenden Sünder jahrelang nach.

Aus dieser Strategie ergab sich ebenso die Ablehnung jedes langfristigen Deutschlandkonzepts, das die Einbindung der Bundesrepublik in die Gemeinschaft der freien Völker gelockert oder diese gar in ein neues Sicherheitssystem zwischen Ost und West geführt hätte. Die fast panische Angst, mit der er derartige Initiativen abwies, gleich, ob sie von der Sowjetunion selbst, von der SPD oder von amerikanischer Seite kamen, erklärt sich nur aus diesem Ansatz[16]. Gemeinschaftsbezogene Außenpolitik war für ihn kompromißlose Westbindung. Eine Lockerung des Gefüges drohte, so sah

---

[16] Inwiefern eigene Disengagementpläne der Jahre 1955–1957 mit dieser prinzipiellen Zurückhaltung vereinbar waren, wird später zu erörtern sein.

er es, nicht nur die Bundesrepublik zu isolieren, sondern den gesamten Zusammenhalt der freien Völker in Frage zu stellen, der ja zu einem Gutteil auf einem deutschlandpolitischen Zusammenwirken der freiheitlichen Großmächte beruhte. Die einzige Chance, eine Isolierung der Bundesrepublik zu verhindern, schien ihm darin zu bestehen, die Sowjetunion ihrerseits zu isolieren. Wer diese Strategie als ideologisch akzentuiert und im Kern antisowjetisch interpretiert, versteht sie durchaus nicht falsch.

Diese Hauptmaxime seiner außenpolitischen Strategie ergab somit nach Westen hin einen Stil, der durch unbedingte Verläßlichkeit, Kooperationsbereitschaft, Nachgiebigkeit in zweitrangigen Fragen, psychologisch geschickte Schmiegsamkeit, aber auch durch permanente Wachsamkeit gekennzeichnet war. Dabei trifft es zu, daß Adenauer schon in den zwanziger Jahren zu einer Politik der Westbindung tendierte. Es war nicht erst die sowjetische Bedrohung, die ihm diese Richtung wies. Aber zweifellos verstand er seine Strategie nach 1945 vorwiegend als antisowjetische Defensivpolitik. Die Kehrseite und eigentliche raison d'être seiner gemeinschaftsorientierten Strategie war die Maxime, daß die sowjetische Bedrohung eine zwar defensive, aber kämpferische Abwehrbereitschaft und ein enges Zusammengehen aller freien Völker erforderte.

Nun darf hier nicht übersehen werden, daß die logischerweise negativen Komponenten dieser seiner Strategie mit schöpferischen Impulsen gekoppelt waren, die in der westlichen Staatengesellschaft ein in früheren Jahrzehnten des 20. Jahrhunderts verlorengegangenes Ausmaß an Zusammenarbeit, friedlicher politischer und ökonomischer Integration sowie institutioneller Verflechtung freisetzten.

Militärisch-politische Stärke des Westens allein, so lautete eine weitere Grundmaxime seiner außenpolitischen Strategie, konnte den sowjetischen Expansionsdrang in Schach halten. *Totalitäre Staaten,* so resümierte er seine diesbezügliche Maxime, *kennen nur einen maßgebenden Faktor, und das ist die Macht. Mit einem totalitären Staat, insbesondere Sowjetrußland, konnten daher nur dann Verhandlungen zur Regelung internationaler Fragen mit Aussicht auf Erfolg geführt werden, wenn derjenige, der die Verhandlungen führte, ebenso stark, wenn nicht noch stärker war als Sowjetrußland* (I, 382)[17]. Der Befürchtung, diese Art von Gleichgewichtspolitik werde zum Kriege führen, hielt er das Argument entgegen, die sowjetische Außenpolitik sei wesensmäßig vorsichtig und scheue unkalkulierbare Risiken (I, 385, 474). »Politik der Stärke« war je-

[17] Ebenso I, 341, 385, 387, 562f.; II, 63, 65, 554; III, 113, 140f., 280f., 310f.; IV, 99, 102, 229.

denfalls die leitende Maxime seiner außenpolitischen Strategie gegenüber Rußland, an der er ständig festhielt. Zumeist war er skeptisch und rechnete mit einer noch über weitere Jahrzehnte andauernden Auseinandersetzung; bisweilen räumte er jedoch ein, daß eine politische Lösung der Streitfrage zwischen Ost und West möglich sei, falls die Sowjetunion umdenke. Kurz- und mittelfristig sah er jedoch jedenfalls die einzige Chance zur Sicherung von Frieden und Freiheit in einer »Politik der Stärke«. Daß die Formel seinen Gegnern Angriffsflächen bot, wußte er. Und sicher war es gerade die Rücksicht auf die innenpolitische Szenerie, die ihn diese Grundmaxime seiner Ostpolitik ständig wiederholen ließ. Parteien und Wähler, so glaubte er, mußten unentwegt in klaren Worten auf die Realität der Konstellation hingewiesen werden. Er hielt eben viel von der ständigen Wiederholung wichtiger Grundsätze, und so kam es, daß die genuin defensive Substanz dieses Ansatzes bisweilen übersehen wurde, zumal er mit der Formel auch sein Offenhalten der Deutschlandfrage rechtfertigte.

Daß er sich dabei in einer gewissen Zwangslage befand, leuchtet ein. Die Opposition und – noch gefährlicher – in zunehmendem Maß auch die FDP verlangten gebieterisch nach einer überzeugenden Wiedervereinigungspolitik. Dem mußte zumindest taktisch Rechnung getragen werden. Er wußte schließlich, wie wichtig für den außenpolitischen Erfolg die Festigung der innenpolitischen Basis war. Seine Politik gegenüber den Gewerkschaften während der Auseinandersetzung um den Wehrbeitrag, seine Taktik gegenüber der FDP in den Jahren 1955/56, und nicht zuletzt die Rücksicht auf die Vertriebenenverbände machten dies überdeutlich. Allerdings ist es noch zu früh, endgültige Aussagen über den Zusammenhang innenpolitischer und außenpolitischer Strategie zu machen, schon deshalb, weil Adenauers Innenpolitik noch fast völlig unerforscht ist. Jedenfalls weckte er dadurch, daß er die mögliche positive Lösung der Deutschlandfrage als Folge einer Politik der Stärke in Aussicht stellte, eben doch Zweifel am rein defensiven Charakter seiner Strategie.

Dabei orientierte sich dieses Offenhalten der deutschen Frage nicht nur in den innenpolitischen Gegebenheiten. Es entsprach auch seinem außenpolitischen Stil überhaupt, der bei aller Festigkeit in der Grundausrichtung doch viele pragmatische Korrekturen erlaubte.

Die Grundzüge seiner Strategie lagen jedenfalls von Anfang an fest und blieben bis zum Ende der Kanzlerschaft dieselben. Sie zielte gebenüber den freiheitlichen Demokratien auf gemeinschaftliche

Kooperation und Integration ab; demgegenüber entsprach das Verhältnis zur Sowjetunion dem Grundmuster antagonistischer Konfrontation. Adenauer war defensiv nach Osten, innovativ nach Westen.

Aber wer nur diese – bekannten – Grundmuster beachtet, übersieht eben doch, daß auch in der Westpolitik Mißtrauen und fein dosierter diplomatischer Druck ebenso eine Rolle spielten wie in der Ostpolitik eine gewisse Kompromißbereitschaft unverkennbar waren. Die holzschnittartigen Konturen Adenauerscher Außenpolitik verschwimmen beim Blick auf ihre diplomatische Feinstruktur, die jetzt im Hinblick auf drei wesentliche Problembereiche zu erörtern ist: Entspannungspolitik, Deutschlandpolitik, Europapolitik.

IV. Entspannungspolitik

Die Untersuchung des außenpolitischen Konzepts Konrad Adenauers entdeckt im Antikommunismus tatsächlich eines der dominierenden Strukturelemente. Genauer gesagt: in der Sorge vor der übermächtig starken und expansionsfreudigen Sowjetunion. Nun weist aber das Beziehungsmuster zwischen den sozialistischen Staaten und der »freien Welt« eine charakteristische Ambivalenz auf: es läßt sich einerseits als »Kalter Krieg« mit allen dazugehörigen Phänomenen diplomatischen Drucks, des Rüstungswettlaufs, der Infiltration und der ökonomischen Pressionen begreifen, andererseits aber zugleich als Periode einer trotz vieler Rückschläge kontinuierlich fortgesetzten Entspannungspolitik. Kalter Krieg und friedliche Koexistenz, Intransigenz und Verständnisbereitschaft, Konfrontation und Kooperation – beides tritt jeweils gleichzeitig oder in kurzer zeitlicher Folge auf.

Müssen wir also, wie es oft geschieht, in Adenauer einen jener Politiker sehen, die unfähig waren, die dialektische Kompliziertheit der Konstellation zu begreifen? Stimmt es, daß er allein in den Kategorien der Konfrontation zu denken vermochte, daß also seine Proportionen nur stimmten, wenn der »Erbfeind« im Osten sich tatsächlich wie ein Erbfeind benahm?[1] Ist es richtig, daß sein Konzept in dem Augenblick überholt war, als die westlichen Großmächte mehr oder weniger entschlossen auf Verständigung und partielle

---

[1] W. BESSON, S. 211. Zur Ostpolitik Adenauers allgemein vgl. jetzt auch die anregende Studie von BRUNO BANDULET, Adenauer zwischen Ost und West. Alternativen deutscher Außenpolitik, München 1970.

Kooperation mit Moskau setzten? Müßte aber dann der größte Teil seiner Kanzlerschaft nicht in der Tat als zähes Rückzugsgefecht eines »kalten Kriegers« verstanden werden, der die Veränderungen in der weltpolitischen Konstellation nicht sehen wollte oder nicht sehen konnte und der, selbst wenn er des Wandels gewahr wurde, nicht in der Lage war, den eigenen Kurs umzustellen? War die Ära Adenauer somit nicht durch ein hohes Maß an Dogmatismus und Inflexibilität gekennzeichnet, die Westdeutschland mehr als einmal in die außenpolitische Isolierung zu drängen drohte?

Es empfiehlt sich, die Erörterung dieser kritischen Fragen an die Adenauersche Außenpolitik im Hinblick auf einige der Veränderungen zu erörtern, aus denen die Befürworter einer Entspannungspolitik seit 1953 ihre Hoffnungen schöpften.

Entstalinisierung und innerer Wandel in der Sowjetunion
Ein Hauptargument der entspannungspolitischen Schulen in der westlichen Allianz stellte seit Stalins Tod der Verweis auf die inneren Veränderungen dar, die sich in der Sowjetunion vollzogen hatten oder zu erwarten waren. Die westliche Entspannungspolitik, so lautete der Kalkül, mußte diesen Wandel – sofern er auf Liberalisierung und Humanisierung des Sowjetsystems hinauslief – durch außenpolitische Verständigungsbereitschaft und intensive Kommunikation mit der Sowjetunion nach Möglichkeit fördern.

Die Erwartungen sahen im einzelnen recht verschieden aus: Manche glaubten, einen innersowjetischen Machtkampf zwischen Reformern und »Stalinisten« zu erkennen. In diesem Fall hätte eine wohlverstandene westliche Entspannungsstrategie die verständigungswilligen, veränderungsbereiten Gruppen und Spitzenpolitiker zu unterstützen.

Andere setzten mehr auf strukturelle Veränderungen. Sie erwarteten viel von den Sachgesetzlichkeiten einer modernen Industriegesellschaft, die pragmatische Wirtschaftsfachleute und Techniker in Führung bringen, ökonomische Dezentralisierung und damit Liberalisierung erzwingen und das Regieren mit Hilfe von administrativem Terror erschweren würden. Ebenso groß war das Vertrauen darauf, daß die Auswirkungen einer Erhöhung des Lebensstandards die privatistischen Tendenzen in der Bevölkerung verstärken würden; damit wäre dem totalitären Messianismus, aber auch dem Primat der Rüstung auf Kosten des Lebensstandards, die innere Basis entzogen worden. Viele vertrauten auch auf die Veränderungskraft der immer breiter werdenden Intelligenzschichten, oder sie setzten auf ein Wiedererwachen der Nationalitäten.

Wie hat Adenauer die Bedeutung dieser und anderer innersowjetischer Faktoren eingeschätzt? Aus vielen Äußerungen in den »Erinnerungen« geht hervor, daß er dazu neigte, die Entstalinisierung in erster Linie als Machtkampf zwischen gleicherweise totalitären, außenpolitisch allesamt mehr oder weniger gefährlichen Gruppen zu verstehen (III, 110). Traf dies zu, so würde die Labilität der Situation dadurch nicht geringer; Moskaus Außenpolitik schien dann eher noch unberechenbarer (I, 559f., III, 113). Adenauer war jedoch zu klug, das Vorhandensein außenpolitischer Differenzen in der sowjetischen Führungsspitze zu leugnen, und gestand auch bisweilen ein, daß bestimmte Persönlichkeiten – etwa Malenkow (III, 152) – verständigungsbereiter waren als andere. Im ganzen beurteilte er den westlichen Informationsstand bezüglich der innersowjetischen Verhältnisse skeptisch und dementsprechend auch die Chance zur kalkulierbaren Einwirkung von außen (P, 165).

Immerhin versprach er sich zeitweise von den Moskauer Führungskämpfen und vom Zwang zur Lösung drängender innerer Fragen eine gewisse außenpolitische Atempause – aber auch nicht mehr (I, 559; II, 491).

Soziologischen Überlegungen, denen zufolge die Heraufkunft managerieller Führungsgruppen, die Verbreiterung der Intelligenzschichten oder die steigende Komplexität der Wirtschaft eine Liberalisierung zur Folge haben würden, legte er kein großes Gewicht bei (IV, 39). Am meisten erhoffte er sich vom Verlangen der sowjetischen Bevölkerung nach einem höheren Lebensstandard. Es könnte, so räumte er ein, die Führung zwingen, den Rüstungswettlauf einzuschränken und zugleich die Wirtschaftsbeziehungen mit dem Westen zu verstärken. In beiden Fällen forderte er, ein entsprechendes westliches Entgegenkommen sei von politischen Konzessionen abhängig zu machen. So könnten sich Lösungen oder Milderungen mancher Streitfragen erreichen lassen, vielleicht auch in Deutschland (vgl. II, 553; III, 154, 290; P, 166). Dieses Standardargument spielt seit Mitte der fünfziger Jahre eine prominente Rolle in seinen Überlegungen. Langfristig gesehen sah er auch eine Evolution in der KPdSU nicht als ausgeschlossen an (III, 184; IV, 39, 225).

So schwankte er zwischen kurzfristiger Ungläubigkeit und vorsichtiger langfristiger Aufgeschlossenheit. Im ganzen beurteilte er aber die positiven Entwicklungsaussichten in der sowjetischen Führungsgruppe eher skeptisch: jahrzehntelanges Denken in ideologischen Freund-Feind-Kategorien, die Erfahrungen des gnadenlosen innerparteilichen Machtkampfes und die Verführung schrankenlosen Machtgebrauches – dies alles waren Strukturgegebenheiten, denen sich seiner Meinung nach kein sowjetischer Politiker entziehen konnte (P, 168). Verständigung, die er nie völlig ausschließen wollte, war darum nicht vom guten Zureden oder vertrauenerweckenden Vorleistungen zu erwarten, sondern nur dann, wenn die Sowjetführung innerem und äußerem Druck nachgeben mußte. Es war dies ein Kalkül, den er gelegentlich mit der Formel *Politik der Stärke* umschrieb.

Differenzierung im Ostblock

Neben den Entspannungskonzepten, die von inneren Veränderungen in der Sowjetunion selbst ausgingen, waren seit Stalins Tod andere in der Diskussion, die vor allem mit einem Differenzierungs- und Erosionsprozeß in den nichtrussischen Ostblockstaaten rechneten. In dieser Hinsicht war der Kanzler besonders zurückhaltend. Er verstand diese Staaten als Satelliten, die zu schwach waren, sich auf Dauer größere Bewegungsfreiheit zu sichern. Natürlich war er sich des latenten und manifesten Nationalismus im osteuropäischen Bereich bewußt, ging aber davon aus, daß die Sowjetunion die Kontrolle über ihr Imperium mit allen Mitteln erhalten wollte und konnte. Diese Lagebeurteilung erklärt unter anderem, weshalb er sich von einer Intensivierung der Beziehungen zu den osteuropäischen Hauptstädten im ganzen wenig versprach, nachdem die Vorgänge des Jahres 1956 und der Stillstand der Liberalisierung in Polen diesbezüglich Klarheit geschaffen hatten. Moskau allein zählte..

Man wird in dieser Hinsicht keine endgültigen Aussagen machen können, bevor sich die Archive öffnen. So wissen wir beispielsweise, daß auch im Bundeskanzleramt nach dem »polnischen Oktober« eine Modifikation der Polenpolitik erwogen wurde[2]. Im ganzen aber dürften realpolitische Einschätzungen seine Vernachlässigung dieses Staatengürtels stärker bedingt haben, als die noch zu erörternden Implikationen, die sich aus der Hallstein-Doktrin und der Position West-Berlins ergaben. Daß gerade in der Polen-Politik auch die Rücksicht auf den BHE und die Vertriebenen eine gewichtige Rolle spielte, versteht sich von selbst.

Das vergleichsweise geringe Augenmerk, das er den inneren Vorgängen im nichtrussischen Ostblock zuwandte, hatte aber noch einen anderen Grund. Wie vor allem die internationale und innerdeutsche Diskussion um den Rapacki-Plan zeigte, konnten sich die nationalkommunistischen Gruppen im Ostblock bestenfalls dann größere Bewegungschancen ausrechnen, wenn es gelang, die Bun-

---

[2] Vgl. dazu F. v. ECKARDT, S. 524.

desrepublik in ein wie auch immer beschaffenes neues europäisches Sicherheitssystem hineinzuziehen, bei dessen Errichtung sich beide Supermächte auf einen Abbau ihrer militärischen Präsenz einigten. Eben dies waren für den Kanzler *gefährliche Ideen* (III, 284), die er erbittert bekämpfte. Neutralisierung Mitteleuropas und vielleicht auch von Teilen Osteuropas, oder auch bloß eine beträchtliche Truppenreduzierung im NATO-Bereich würden – so glaubte er – den Neo-Isolationismus in den USA stärken, die Verankerung der Bundesrepublik in der »freien Welt« lockern, die kommunistischen Bewegungen in Westeuropa ermutigen und letztlich einer Ausdehnung der russischen Hegemonie über den ganzen Kontinent Vorschub leisten.

So sah er keinen wesentlichen Unterschied zwischen den verschiedenen Disengagement-Plänen, die 1956/57 in die Diskussion kamen, und dem Molotow-Plan für ein europäisches Sicherheitssystem aus dem Jahr 1954 (III, 284–292). Wahrscheinlich verstand er die subtilen Unterschiede und auch die Interessenlage Warschaus und Budapests durchaus: er gab aber den Sicherheitsinteressen der Bundesrepublik den Vorrang. Diese schienen ihm in einem Abschreckungssystem und einem engen Bündnis mit den Staaten der »freien Welt« bei weitem am besten gewährleistet. So unterschied er dann auch weiter – zumindest in den öffentlichen Äußerungen – zwischen den kommunistischen Satellitenregimen und den versklavten Völkern, bezeichnete deren Befreiung vom sowjetischen Kommunismus als letztlich allein befriedigende Lösung und wußte doch zugleich, daß dies auf absehbare Zeit nicht möglich war (III, 228–234).

Seine Argumente, die gegen eine Forcierung diplomatischer Aktivität im ganzen osteuropäischen Raum sprachen, hatten sicher Gewicht. Aber auf diese Weise entfremdete er sich einen einflußreichen Teil der liberalen Publizistik im In- und Ausland, der für eine differenzierte Politik gegenüber den einzelnen sozialistischen Staaten, insbesondere gegenüber Polen, eintrat und sich für die Herstellung von blockübergreifenden Kontakten auf allen Ebenen einsetzte.

Abrüstung und Rüstungskontrolle
Spätestens bei der Vorbereitung der Genfer Gipfelkonferenz 1955 erkannte Adenauer die zentrale Bedeutung, die der Abrüstungs- und Rüstungskontrollpolitik bei den Ost-West-Beziehungen zukam. Es ist nicht möglich, seine komplizierte und bewegliche Politik in diesem Bereich auch nur andeutungsweise zu beschreiben; wir be-

schränken uns darauf, in diesem Zusammenhang auf einige der grundlegenden Überlegungen hinzuweisen.

Der Kanzler räumte der Abrüstung einen wichtigen, aber keinen dominierenden Stellenwert ein. Zwar hat er nie mit dem Gedanken gespielt, die mitteleuropäischen Streitfragen durch unprovozierten Einsatz militärischer Machtmittel zu lösen; aber pazifistische Emotionen lagen ihm ebenso fern. Er betrachtete Rüstung und Militärstrategie als wertneutrale Instrumente seiner Außenpolitik und neigte in ähnlicher Weise dazu, auch Abrüstungsmaßnahmen instrumental zu verstehen. Abrüstung hatte für ihn keinen Wert an sich: wesentlich war allein ihr Stellenwert im Rahmen der Sicherheits- und der Deutschlandpolitik. Dies hinderte ihn natürlich nicht, seit 1956 bei den verschiedensten Gelegenheiten die allgemeine und kontrollierte Abrüstung als ein Hauptziel westdeutscher Außenpolitik zu proklamieren. Aber er war sich über die diffizilen Implikationen der seit 1956 laufenden Abrüstungsverhandlungen voll im klaren, und jedes genauere Zusehen zeigt, daß seine Vorbehalte gewichtiger waren als seine prinzipielle Aufgeschlossenheit.

So war er vor allem der Auffassung, daß die 1956 in Gang kommenden Abrüstungsverhandlungen den Aufbau der Bundeswehr nicht beeinträchtigen durften, von dem der Bündniswert Bonns weitgehend abhing. Diese Überlegung wurde freilich nicht in der öffentlichen Diskussion verwandt. Hier verwies er auf die eingegangenen Bündnisverpflichtungen und verwandte hilfsweise ein Argument, mit dem bereits die Regierung Brüning 25 Jahre zuvor bei den seinerzeitigen Abrüstungsverhandlungen operiert hatte: da die deutsche Rüstung sowieso schon vertraglich begrenzt und kontrolliert werde, sei es nur legitim, wenn erst einmal der ungefähre Stand erreicht würde, der auch bei einer allgemeinen Rüstungsbegrenzung erforderlich wäre (III, 119f.). Und da ohnehin zeitraubende Verhandlungen zu erwarten waren, konnten prinzipielle Bekundungen des Abrüstungswillens keinen großen Schaden stiften. Denn es war im Hinblick auf die öffentliche Meinung im Westen geboten, daß der Kanzler in dieser vitalen Frage nicht als Bremser erschien[3].

Andererseits mußte er sich in den Jahren 1956/57 hüten, die Abrüstungsthematik zu stark in den Vordergrund zu spielen, um der SPD in ihrem Kampf gegen den Wehrbereich nicht ungewollte Schützenhilfe zu leisten.

Die Abrüstungsverhandlungen fanden aber auch mit Rücksicht auf die Wiedervereinigungspolitik sein größtes Interesse. Er ging,

[3] Vgl. dazu F. v. ECKARDT, S. 477–484.

wie schon ausgeführt, von der Annahme aus, daß der Sowjetunion früher oder später an einer Erleichterung ihrer Rüstungslast gelegen sein mußte. Hier schien ihm ein echtes Druckmittel gegeben, das allerdings in erster Linie von den USA ins Spiel gebracht werden mußte. Entsprechend der Linie des Auswärtigen Amtes suchte er vor der Genfer Gipfelkonferenz 1955 ein Junktim zwischen Fortschritten in der deutschen Frage und Abrüstung zu erwirken, mußte aber bald feststellen, daß sich die westlichen Regierungschefs von dieser Position abbringen ließen. Die Jahre 1956/57 machten vollends deutlich, wie wenig die Großmächte bereit waren, die ohnehin schon komplizierten Verhandlungen mit den deutschen Erwartungen zu belasten.

Im Gegenteil: Adenauer erkannte bald, wie sich die Sowjetunion ihrerseits das westliche Abrüstungsverlangen zunutze machte, um die eigene Deutschlandpolitik voranzubringen. Als mit dem Rapakki-Plan und den korrespondierenden Vorschlägen Humphreys und Gaitskells die neutralistischen Strömungen in der Bundesrepublik neuen Auftrieb bekamen, zeigte sich die problematische Kehrseite der Koppelung von Deutschlandfrage und Rüstungskontrolle ganz deutlich[4]. Sie hätte nur dann Vorteile bringen können, wenn der Westen überlegen und die Sowjetunion gleichzeitig an substantiellen Rüstungskontrollfortschritten interessiert gewesen wären. Ende der fünfziger Jahre war das Gegenteil eingetreten. Die Auseinandersetzung um die Unterzeichnung des Teststoppabkommens, vor allem aber die jahrelangen Kontroversen über den Atomwaffensperrvertrag machten vollends deutlich, mit welcher Virtuosität Moskau inzwischen die Rüstungskontrollpolitik einzusetzen wußte, um sein Zweistaatenkonzept voranzutreiben, zwischen der Bundesregierung und ihren Verbündeten Schwierigkeiten zu schaffen und den westdeutschen Handlungsspielraum einzuengen.

Für die Bundesrepublik – so sah es Adenauer – beinhaltete somit die Arms-Control-Komponente der Entspannungspolitik fast nur Risiken. Und da die Regierungen Kennedy und Johnson hier eines der wichtigsten Felder amerikanisch-sowjetischer Entspannungsdiplomatie erkannten, geriet der Kanzler auch in diesem Bereich in die Gefahr der Isolierung. Dies umso mehr, als SRP und FDP ebenso wie die liberale öffentliche Meinung im ganzen dazu neigten, allen Rüstungsvereinbarungen einen gewissen Eigenwert zuzusprechen – unter Hintanstellung der sicherheitspolitischen und deutschlandpo-

---

[4] Zum Gesamtkomplex vgl. CHARLES R. PLANCK, Sicherheit in Europa. Die Vorschläge zur Rüstungsbeschränkung und Abrüstung 1955–1965 (Schriften des Forschungsinstituts der Deutschen Gesellschaft für Auswärtige Politik, Bd. 27), München 1968.

litischen Bedenken. In diesem Punkt befand sich Adenauer mit seinem Konzept in einer gewissen Aporie, die ihn innen- und außenpolitisch belastete, zumal hier so gut wie kein Raum für hilfreiche Eigeninitiativen gegeben war.

Die Verfestigung des Status quo in Deutschland.
Eine ausführliche Erörterung des Adenauerschen Lavierens gegenüber der westlichen und sowjetischen Entspannungspolitik muß seine Deutschlandpolitik mit einbeziehen. Im Vorgriff auf deren spätere Erörterung läßt sich hier schon so viel vorwegnehmen:

Adenauer war aus einer Vielzahl von Gründen bestrebt, die deutsche Frage offenzuhalten. Er verfolgte diesen Kurs anfänglich sicher mit dem Maximalziel einer wie auch immer zu bewerkstelligenden Befreiung der Ostzone, später zumindest im Bestreben, ein für die Bundesrepublik, die DDR-Bevölkerung und West-Berlin möglichst günstiges Arrangement zu treffen, falls das Maximalziel unerreichbar blieb. Dabei mußte er sich vorwiegend mit zwei Denkschulen auseinandersetzen.

Die eine zielte auf eine Wiederherstellung des Reiches ab. Diese Wiedervereinigung setzte eine radikale Umstrukturierung des Konfrontationssystems voraus, das sich im Gefolge des Zweiten Weltkrieges in Mitteleuropa herausgebildet hatte. Die Formeln »Kollektives europäisches Sicherheitssystem«, »Disengagement«, »Neutralisierung« zeigten an, in welchem internationalen Rahmen die Wiederherstellung des deutschen Nationalstaates erfolgen sollte. Adenauer mißtraute derartigen Zielvorstellungen; sie drohten, sein Konzept der unverbrüchlichen Einbettung Westdeutschlands in die »freie Welt« an der Wurzel zu treffen, den Rückzug der USA zu provozieren und den Einfluß der Sowjetunion zu verstärken. Dennoch bekundete er im inneren Beraterkreis und selbst bei verschiedenen Gipfelgesprächen eine sehr viel größere Elastizität als in den öffentlichen Äußerungen[5].

In den Jahren 1955 bis 1957 wurden im Bundeskanzleramt erstaunlich weitgehende Überlegungen angestellt, die auf eine Kombination von Disengagement-Vorstellungen mit dem Wiedervereinigungskonzept hinausliefen. In den Erinnerungen Felix von Eckardts und Premierminister Macmillans erfahren wir bruchstückhafte Einzelheiten ungemein unkonventioneller Pläne. Der erste ist allem

---

[5] So meinte beispielsweise Botschafter Kroll, Adenauer sei im Gegensatz zu der landläufigen Meinung und zu seinen öffentlichen Äußerungen den Ostfragen aufgeschlossen gegenüber gestanden und habe Initiativen gedeckt. Vgl. Hans Kroll, Lebenserinnerungen eines Botschafters, Köln–Berlin 1967, S. 576.

Anschein nach mit den amerikanischen und britischen Regierungschefs erörtert worden[6]. Ob das Aufgreifen der neuen Ideen vorwiegend diplomatische Taktik zum Ausdruck brachte, ob damit eine progressive Position gegenüber der SPD vorbereitet wurde oder ob der Kanzler trotz aller Skepsis die Möglichkeiten für eine fundamentale Neuordnung ausloten wollte, wissen wir nicht. Bis die Forschung in diesem Punkt mehr Klarheit geschaffen hat, bleibt aber doch der beherrschende Eindruck, daß er alle Entspannungsinitiativen, die von derartigen Zielvorstellungen ausgingen – vom mißtrauisch betrachteten Eden-Plan über den Rapacki-Plan bis zum Deutschland-Plan der SPD – elastisch oder grob abzubiegen suchte (II, 465,470), ohne sich allerdings starr auf den Status quo der Teilung festzulegen.

Dies gelang ihm zwar. Doch setzte er sich damit in der Öffentlichkeit dem Vorwurf einfallsloser Obstruktion aus. Denn wie anders sollte eine Lösung der deutschen Frage in »Frieden und Freiheit« erreicht werden, wenn nicht in einem großen Geben und Nehmen, das nicht eindeutig zu Lasten der Sowjetunion ging. Er war sich völlig darüber im klaren, daß eine Preisgabe des SED-Regimes das gesamte Ostblocksystem erschüttern würde (II, 210). War das Moskau wirklich im Ernst zuzumuten? Blieb aber die Kapitulation der östlichen Seite ausgeschlossen, so war wohl kein geringerer Preis für die Wiedervereinigung denkbar, als eben ein wie auch immer geartetes kollektives Sicherheitssystem. Intern räumte er dies ein; dennoch hielt er bis auf weiteres an den bestehenden Rechtspositionen fest. Muß man aus dem allem aber nicht den Schluß ziehen, daß völkerrechtliche Konstruktionen wie die Hallstein-Doktrin auch für Adenauer nur eine Fassade darstellten, hinter der sich eben doch die schweigende Hinnahme des Status quo der Teilung verbarg? War es dann wirklich noch zu rechtfertigen, wenn sich alle europäischen Entspannungsinitiativen früher oder später an der westdeutschen Teilung festliefen? Es ist sicher, daß diese Gedankengänge dem Kanzler voll geläufig waren[7].

An diesem Punkt der Überlegung, der Anfang der sechziger Jahre vielen deutschen und außerdeutschen Politikern immer deutlicher wurde, setzte das Räsonnement der zweiten Schule ein, die eine Lösung der deutschen Frage durch Hinnahme und wie auch immer geartete Sanktionierung der Teilung ansteuerte. Dies war genau der Kurs, den die sowjetische Deutschlandpolitik seit 1955 zielbewußt

---

[6] F. v. ECKARDT, S. 523–528; H. MACMILLAN, S. 607. In den »Erinnerungen« ADENAUERS ist von diesen Initiativen nur sehr zurückhaltend die Rede (II, S. 446ff.; III, S. 287ff.).

[7] F. v. ECKARDT, S. 524.

135

anpeilte und der im Grunde auch in der Logik des Adenauerschen Konzepts lag, falls die Befreiungspolitik scheiterte. Wäre also nicht gerade in der Deutschlandpolitik ein vergleichsweise risikoloses Eingehen auf die Bestrebungen der westlichen Entspannungspolitiker möglich gewesen?

Es wird zu erörtern sein, wie deutlich sich Adenauer dieses Sachverhalts bewußt war.

Dennoch erlaubten ihm auch im Hinblick auf diese Alternative die wechselnden Konstellationen nicht, dem durch öffentlich sichtbare Initiativen Rechnung zu tragen. Tatsächlich hielt er bis zum Ende seiner Kanzlerschaft an der Politik des Offenhaltens der deutschen Frage fest.

Wie hat er diese Hartnäckigkeit gerechtfertigt? Klammern wir einmal aus, daß er mit der Idee eines Arrangements im Rahmen eines europäischen Sicherheitssystems bzw. auf der Basis des Status quo zeitweise vielleicht doch gespielt hat, so trifft man im wesentlichen auf die schon erwähnten Überlegungen:

- nur Einigkeit und Stärke des Westens würden die Moskauer Führung zur Revision ihrer Expansionspolitik veranlassen;
- der Wunsch der Russen nach höherem Lebensstandard könnte Moskau zur Einschränkung des Rüstungswettlaufs zwingen;
- schließlich sei eine innere Evolution nicht ausgeschlossen, *durch die das sowjetische Regime den westlichen Begriffen näherkomme* (IV, 225).

Am meisten versprach er sich aber vom sowjetisch-chinesischen Konflikt. Er sei überzeugt, äußerte er beispielsweise zu Präsident de Gaulle, der Tag werde kommen, *an dem die Sowjetunion im Westen Freunde brauche* (IV, 137; ebenso u. a. II, 528, 553; III, 394f.; IV, 183, 234, 262). In der Zwischenzeit galt es mit Geduld und Festigkeit *die Optionen offenzuhalten. Man mußte diese Dinge reifen lassen, man durfte weder die Geduld noch den Mut verlieren* (II, 66). Im Unterschied zu Außenminister Dulles hielt der Kanzler in den Jahren 1955/56 allem Anschein nach die Zeit zu fruchtbaren Verhandlungen noch nicht für gekommen (II, 481f., 491). Hingegen schien ihm Anfang 1958, vor der Berlin-Krise, und nochmals in den Jahren 1962/63 die Gelegenheit für substantielle Initiativen reif. Die Gesprächsnotizen im 4. Band der »Erinnerungen« zeigen, wie weit in den Jahren 1962/63 die diesbezüglichen diplomatischen Vorbereitungen schon gediehen waren[8].

Man wird also mit der Feststellung vorsichtig sein müssen, die Hoffnungen auf ein Entspannungsarrangement mit Moskau seien

[8] H. KROLL, S. 374, 547ff.

bloß vage Zukunftsmusik gewesen, darf andererseits angesichts konkreter Initiativen aber auch nicht naiv annehmen, er habe sie in der sicheren Erwartung eines Erfolgs unternommen. Es ist nicht ausgeschlossen, daß Adenauer im Rückblick seine positiven Erwartungen überakzentuiert hat. Schließlich wußte er selbst am besten, wie unglaubwürdig die vagen Beschwörungen einer »Verständigung« geklungen haben, selbst wenn ihn die Lebenserfahrung gelehrt hatte, wie rasch sich auch scheinbar festgefrorene Konstellationen verändern können. Fest steht, daß seine diesbezüglichen Pläne und Initiativen wesentlich konkreter waren, als es während der Kanzlerschaft aussah. Es hat den Anschein, als habe er vor allem in den Jahren 1963 bis 1965 echte Entspannungschancen gesehen, ohne freilich an eine dauerhafte Zähmung der Sowjetunion zu glauben (P, 260 ff.). In diese Zeit fiel seine vielbeachtete Feststellung vor dem 14. CDU-Parteitag, *die Sowjets sind in die Reihe derjenigen Völker eingetreten, die den Frieden wollen.* Die Sorgen wegen des Atomwaffensperrvertrages versetzten ihn dann jedoch wieder in düstere Stimmung (P, 307 ff.)., die in den Warnungen seiner Rede im Madrider Ateneo am 16. Februar 1967 ihren Niederschlag fanden.

Entspannungspolitik als Instrument
In der Publizistik der sechziger Jahre ist es üblich geworden, die Unvereinbarkeit der Adenauerschen Außenpolitik mit den maßgebenden Tendenzen der Entspannungsperiode hervorzuheben. Derartige Feststellungen erfassen aber die Eigentümlichkeit dieser Politik nicht richtig. Tatsächlich war der Kanzler der Auffassung, daß sein Konzept nicht nur in den Perioden verschärfter Gegensätze zwischen Ost und West, sondern auch in den kürzeren oder längeren Entspannungsphasen anwendbar war. Gerade in den Entspannungsphasen schien die Gefahr besonders groß, daß Teileinigungen der Großmächte auf Kosten westdeutscher Sicherheitsinteressen oder um den Preis einer Festschreibung des Status quo in Deutschland getroffen würden. Im ersteren Punkt war der Kanzler notfalls zu härtestem Widerstand entschlossen, hinsichtlich der Teilungsfrage faßte er Kompromißformeln ins Auge.

Von sogenannten atmosphärischen Verbesserungen hielt er nicht allzuviel. Wenn ungreifbare Stimmungen wie der »Geist von Genf« oder der »Geist von Camp David« aufkamen, pflegte er stets mißtrauisch zu registrieren, daß maßgebende westliche Staatsmänner und große Teile der öffentlichen Meinung Gesten, die nichts kosteten, bereits als substantielle Verbesserungen verstanden. *Wir werden*, schrieb er am 25. Juli 1955 an Außenminister Dulles, *im zuneh-*

menden Maße mit sogenannten Entspannungsmanövern der Sowjets rechnen müssen, die darauf abzielen, die öffentliche Meinung unserer Länder über die wahren Ziele der Sowjetunion hinwegzutäuschen, unsere Völker einzuschläfern und damit zugleich die Abwehrkraft und Geschlossenheit des Westens aufzuweichen und seine Einheit zu zerstören (II, 472). Demgegenüber drang er stets auf substantielle, greifbare Abmachungen. Realpolitiker, der er war, unterschätzte er zwar die Bedeutung von Stimmungen nicht, ließ sich aber auch nicht dazu bewegen, den Ost-West-Konflikt vorwiegend als Ergebnis von sozialpsychologisch erklärbaren Mißperzeptionen oder Fehleinstellungen zu verharmlosen. Vielmehr sah er tiefe Interessengegensätze, ohne deren Lösung weder dauerhafte Sicherheit noch verläßlicher Friede möglich war.

Adenauer verstand gut, daß die Interessen der Bundesrepublik sowohl im Rüstungskontrollsektor wie in Fragen der deutschen Teilung in erheblichem Maß von denjenigen der westlichen Verbündeten abwichen. Er war aber nicht bereit, die Harmonie durch Nachgeben wiederherzustellen. So verlegte er sich auf Beschwören, Modifizieren, Temporieren, auf gelegentliche eigene Initiativen, auch auf ein behutsames Gegeneinander-Ausspielen der Allianz-Partner. Als im Sommer 1955 der »Geist von Genf« die vier *Siegermächte* (II, 471) wieder etwas zusammenrückte, brachte er durch Aufnahme von diplomatischen Beziehungen zu Moskau auch die Bundesrepublik ins Spiel. Zugleich aber drängte er darauf, die sowjetische Entspannungsbereitschaft in der Deutschlandfrage konkret auf die Probe zu stellen. Tatsächlich bestätigte die Genfer Außenministerkonferenz im Herbst 1955 seine Skepsis und dämpfte den Enthusiasmus in Washington, London und Paris. Als ein Jahr später die Londoner Abrüstungsverhandlungen und die verschiedensten Disengagement-Pläne ungünstige sicherheitspolitische Arrangements befürchten ließen, forcierte er – hierbei unterstützt von der NATO-Generalität – die atomare Ausrüstung der Bundeswehr und half so ein fait accompli zu schaffen, an dem sich die sicherheitspolitischen Entspannungsinitiativen zu Tode liefen. Als in den Jahren 1959, 1960 und auch 1962 unter dem Druck des sowjetischen Berlin-Ultimatums die Politik des Offenhaltens der deutschen Frage gefährdet war, bremste er die amerikanische und britische Diplomatie mit allen Mitteln, durch Indiskretionen ebenso wie durch ein Zusammenspiel mit General de Gaulle, bis die Gefahr vorüber war. Dem in seinen Augen gleichfalls bedenklichen Konföderationsvorschlag Moskaus suchte er Anfang 1958 mit eigenen Offerten zu begegnen (III, 365, 395).

Ebenso hat er noch im letzten Jahr seiner Kanzlerschaft eine bilaterale, wenn auch mit den Verbündeten abgesprochene Initiative in der Deutschlandfrage vorgesehen.

So kann sein Konzept sicher nicht als Entspannungskonzept bezeichnet werden, wohl aber war es ein westdeutsches Konzept für die Periode der Entspannungspolitik. Und er hat immerhin während einer Entspannungsdekade nachgewiesen, daß sich damit Politik machen ließ, auch wenn sie alles andere als bequem war. Vorleistungen und Vertrauensvorschüsse hatten in seiner Ostpolitik im allgemeinen keinen Platz (III, 306), auch wenn sie – wie im Fall der Gefangenenfreigabe »auf Ehrenwort« – nicht völlig fehlten. Konkrete Gegensätze und Gefährdungen ließen sich – so sah er es – nur in harten Verhandlungen abmildern und – vielleicht – teilweise lösen. Bei seiner Beurteilung dieser partiellen Lösungschancen schwankte er; immerhin war er nicht zu allen Zeiten und bezüglich aller Probleme gleicherweise pessimistisch.

Deutlich erkannte er, in wie hohem Maße Entspannungsverhandlungen und entsprechende Vereinbarungen für starke Strömungen in der öffentlichen Meinung des Westens einen Eigenwert hatten – ganz unabhängig von den substantiellen Streitfragen, um die es dabei ging, auch relativ unabhängig von der Politik Moskaus. Er wußte, daß er es hier mit ideologisch motivierten Grundeinstellungen zu tun hatte, die sich nur schwer von der Erfahrung korrigieren lassen. Der für die Außenpolitik im 20. Jahrhundert so folgenreiche idealistische Liberalismus perhorresziert Militärallianzen, Rüstungsanstrengungen und Drohsysteme. Diese rufen Schuldgefühle hervor und sind mit den Harmonievorstellungen unvereinbar, an denen die Wirklichkeit der Staatenwelt gemessen wird[9]. Adenauer waren Ideen dieser Art zutiefst fremd. Je stärker sie aber während der sechziger Jahre innerhalb und außerhalb der Bundesrepublik in die Überlegungen der Führungsgruppen eindrangen, um so deutlicher geriet er mit seinem skeptisch-realpolitischen Ansatz in die Defensive. In Sachfragen waren Kompromisse möglich, wo es aber um derart elementare ideologische Grundeinstellungen ging, war keine Verständigungsmöglichkeit mehr gegeben. In diesen Fällen neigte er zu einer vereinfachten Bewertung derartiger Haltungen; er sah darin in erster Linie beklagenswerte Beweise menschlicher Dummheit, Kurzsichtigkeit und Leichtgläubigkeit (vgl. P, 173). Daß er sich damit den Ruf eines starrsinnigen »kalten Kriegers« einhandelte, nahm er in Kauf.

[9] Vgl. dazu E. H. CARR, The Twenty Years' Crisis, London 1939, S. 65–80.

V. Das Deutschlandproblem

Trotz der zahllosen Diskussionen über Adenauers Deutschlandpolitik wird man zögern müssen, endgültige Aussagen zu versuchen. Zu genau wissen wir heute schon, daß die öffentlichen Äußerungen nur einen Teil der Wahrheit enthüllen. Daneben lief – vor allem nach 1955 – eine nur in Umrissen zu erahnende Arkanpolitik von schwer durchschaubarer Vieldeutigkeit. Für die Anfänge bis zum Jahr 1949 liegen die Dinge allerdings ziemlich klar. Adenauer betrieb eine Politik unbedingter Westbindung um der Selbsterhaltung Westdeutschlands willen. *Eine Sicherung vor dem sowjetischen Zugriff*, so heißt es im 2. Band der »Erinnerungen« lapidar, *erblickte ich in dem festen Anschluß an den Westen* (II, 20). Er hat diesen Kurs, wie wir wissen, gleich nach Kriegsende als einzig sinnvollen Schritt angesehen.

Nach Ausweis eines Briefes vom 31. Oktober 1945 stellte Adenauer das Auseinanderfallen des Kontinents in einen russisch-besetzten Herrschaftsbereich und in ein freiheitliches *Westeuropa* bereits damals in Rechnung (I, 35). Somit sah er in der Zweiteilung Europas schon zu einem Zeitpunkt ein Faktum, als viele Politiker in Ost-, Mittel- und Westeuropa noch glaubten, den Spaltungstendenzen begegnen zu können.

Der expansive Charakter Stalinscher Europapolitik ließ es ihm auch als unwahrscheinlich erscheinen, daß die UdSSR ihre strategisch so günstige Ausgangsposition an der Elbe-Werra-Linie aufgeben würde. Das hieß aber: auf absehbare Zeit mußte mit der Teilung Deutschlands in eine östliche und eine westliche Hälfte gerechnet werden. Die Aufzeichnungen aus dem Herbst 1945, die er in den »Erinnerungen« vorlegt (I, 34f., 39f.), belegen diese Lagebeurteilung ebenso wie eine Vielzahl von Äußerungen aus den Jahren 1946 und 1947, von denen in den »Erinnerungen« nicht die Rede ist. Bei dieser Sicht der Dinge mußte aber die Ostzone – mit einem Ausdruck jener Jahre zu sprechen – wenigstens fürs erste »abgeschrieben« werden. Vernünftige außenpolitische Planung konnte nach Adenauers Meinung bestenfalls darauf gerichtet sein, den noch nicht von Rußland beherrschten Teil Deutschlands durch engste Integration in die westeuropäische Staatenwelt vor dem sowjetischen Zugriff zu sichern und Schritt für Schritt aus seiner rechtlosen Lage herauszuführen.

Dabei sah er genau, wie wenig sich die Westmächte ihrer Rußland- und Deutschlandpolitik sicher waren. Angesichts der sowjetischen Entschlossenheit schien es somit unbedingt ratsam, sich, selbst unter Opfern, an die Westmächte zu klammern, aber auf keinen Fall eine Neutralisierungspolitik zu betreiben, bei der die Deutschen bestenfalls zwischen allen Stühlen, wahrscheinlich aber im Ostblock landen würden: *Wir befanden uns durch unsere geographische Lage zwischen den Machtblöcken, die völlig gegensätzliche Lebensideale verfochten. Wir mußten entweder zur einen oder zur anderen Seite, wenn wir nicht zerrieben werden sollten. Eine neutrale Haltung zwischen den beiden Mächtegruppen hielt ich für unser Volk für unrealistisch. Früher oder später würde die eine oder die andere Seite in jedem Fall versuchen, das deutsche Potential auf ihre Seite zu bekommen* [...] (I, 96).

Jeder Band der »Erinnerungen« bestätigt die Vermutung, daß die Furcht vor einem Fortbestehen bzw. einem Wiederaufleben der Kriegskoalition eine der wichtigsten Konstanten seiner Außenpolitik nach 1945 dargestellt hat. Es galt, eine Einigung von Ost und West auf Kosten Deutschlands in jedem Fall zu verhindern. Adenauers feste Absicht, Deutschland aus der Isolierung herauszuführen (I, 588), verband sich mit der Entschlossenheit, wenigstens Westdeutschland vor dem sowjetischen Kommunismus zu sichern. Ebenso war angesichts der russichen Übermacht jede Initiative zur Einigung der westeuropäischen Staatenwelt ein Gebot der Vernunft. Nur ein starkes Europa unter Einschluß Westdeutschlands konnte dem russischen Sog widerstehen (vgl. I, 326).

Alle Versuche, Deutschland um der Reichseinheit willen in den Status eines neutralisierten Pufferstaates zwischen Ost und West zu bringen, sind ihm denn auch jederzeit als Gipfel der Torheit vorgekommen: *In der harten Welt der Tatsachen gab es für die Bundesrepublik nur zwei Wege: ein Zusammengehen mit dem Westen oder aber ein Zusammengehen mit den Sowjets. Alles, was dazwischenlag, war nicht Politik, sondern Illusion* [...] (I, 539).

Die Höhepunkte seiner Auseinandersetzungen mit einer vorrangig national orientierten, tendenziell neutralistischen Politik fielen in die Jahre 1946/47 und 1951–1954. Das eine Mal mußte er diesen Kampf vorwiegend als innerparteiliche Auseinandersetzung führen, bei der die Berliner CDU und die Ost-CDU die Gegenposition verfochten haben[1]. In den fünfziger Jahren schuf sich der Neutralismus eine von Jahr zu Jahr breitere Plattform in der SPD und auf dem Pazifistischen Flügel des Protestantismus.

Dabei haben viele, die sich an der leidenschaftlichen Diskussion

---

[1] H.-P. SCHWARZ, S. 299ff.; WERNER CONZE, Politik zwischen Ost und West. Jakob Kaiser 1945–1949, Stuttgart 1969, passim.

um die »verpaßten Gelegenheiten« beteiligten, das Problem in einer völlig falschen Richtung gesehen.

Schon jetzt läßt sich die These nicht mehr aufrechterhalten, Adenauer habe damals die Chance der Wiedervereinigung unter der Bedingung der Neutralisierung des Reiches »verpaßt«. Er hat sehr wohl gesehen, daß Moskau die Neutralisierung Deutschlands *sehr ernst* ins Auge faßte (I, 496). Aber er hat die Wiedervereinigung um den Preis einer Neutralisierung nicht gewollt. Tatsächlich lag seine Ablehnung fest, noch ehe die Stalin-Note vom 10. März 1952 eintraf (I, 417). Er weigerte sich, die Freiheit und die Sicherheit Westdeutschlands um der nationalen Einheit willen aufs Spiel zu setzen. Die Gründe, die er an verschiedenen Stellen der »Erinnerungen« für seine unbedingte Ablehnung von Neutralisierungsbestrebungen gibt, sind immer die gleichen, wenn sie die Akzente auch bisweilen verschieben:

- Früher oder später würde ein neutralisiertes Deutschland entweder aufs neue isoliert der Kriegsallianz gegenüberstehen (I, 539) oder aber der übermächtigen Sowjetunion zur Beute fallen;
- der Ausschluß Deutschlands aus dem westeuropäischen Einigungswerk würde diese hoffnungsvollste Bewegung der Nachkriegszeit zum Scheitern verurteilen und damit den Kontinent erneut in die Wirren rivalisierender Nationalismen stürzen. Den Gewinn davon konnte nur Rußland haben;
- wenn aber die europäische Einigung nicht zustande käme, würden sich auch die Vereinigten Staaten von dem uneinigen Kontinent zurückziehen, dessen Völker anachronistische, nationalpolitische Zielsetzungen wichtiger nahmen als die Bewahrung der Freiheit (I, 472 f., 496);
- eine Beruhigung der Lage würde in keinem Fall eintreten, da das deutsche Potential zu wichtig, die Versuchung, sich seiner zu bemächtigen, für beide Seiten im Ost-West-Konflikt zu verlockend sein würde (I, 96, 539).

Die Aufrüstungspolitik erfährt in dieser Sicht der Dinge eine überraschende Beleuchtung. Adenauer berichtet, wie er den amerikanischen Hohen Kommissar McCloy davon zu überzeugen suchte, daß die Wiederaufrüstung jede Neutralisierung Deutschlands unmöglich machen würde. Die EVG sollte die Klammer darstellen, mit der die Bundesrepublik unwiderruflich an die westeuropäischen Staaten gekettet würde (I, 457). Wenn die Opposition zu bedenken gab, die Wiederbewaffnung werde eine Wiedervereinigung bei gleichzeitiger Neutralisierung unmöglich machen, so waren diese Bedenken also vollauf gerechtfertigt.

Adenauers Ablehnung jeden Versuchs, Deutschland den Status einer »Brücke zwischen Ost und West«, eines »ausgleichenden Faktors«, einer »europäischen Schweiz« und wie immer die Schlagworte lauteten, zuzuweisen, war nicht nur das Resultat seiner Analyse sowjetischer Außenpolitik. Niemand wußte genauer als er, daß der Krieg auch bei den Völkern Westeuropas und in den Vereinigten Staaten noch auf lange Sicht hinaus nicht vergessen sein würde. Er sah darum auch – mit Kissingers Formulierung zu sprechen –, wie wichtig es war, seinen Landsleuten Zuverlässigkeit in internationalen Angelegenheiten beizubringen.

Man wird sich der Beweisführung nicht verschließen können, daß Adenauers Politik in dem beschriebenen Zeitraum ein durchdachter Kalkül zugrunde gelegen hat, der – wenn die Rechnung aufging – die Wiedervereinigung bringen konnte. Priorität hatte die Sicherung Westdeutschlands vor dem sowjetischen Zugriff, die Überwindung der außenpolitischen Isolierung, die Rückgewinnung der politischen Handlungsfreiheit der Bundesrepublik und die unwiderrufliche wirtschaftliche, politische und militärische Integration des deutschen Kernstaates in die westeuropäische Staatenwelt. Das war, wie er es selbst formulierte, *eine Politik des reinen Selbsterhaltungstriebes. Es war die Politik des geringsten Risikos* [...] (I, 555). Diese Momente machten zusammengenommen Adenauers vielberufene »Politik der Stärke« aus, die, so hoffte er, die Sowjetunion zur mehr oder weniger bedingungslosen Preisgabe der Sowjetischen Besatzungszone nötigen sollte. Wahrscheinlich hätte auch jeder andere Bundeskanzler an seiner Stelle eine ähnliche Linie verfolgt bzw. angesichts der Tatsache des Besatzungsstatuts verfolgen müssen. Sicher aber hätte nicht jeder andere so, wie Adenauer dies getan hat, die Politik der Westintegration auch als Ziel an sich verstanden und zäh verteidigt. Es gab nicht wenige deutsche Politiker, die die europäische Einigungsbewegung als eine Art Omnibus betrachteten, aus dem man aussteigen konnte, sobald erst die Souveränität erreicht und die Wiedervereinigung zu halbwegs erträglichen Bedingungen in Sicht war. Adenauer, soviel kann man nach dem Studium seiner »Erinnerungen« feststellen, war an einer Wiedervereinigung nicht interessiert, die Deutschland aus der engeren Verbindung zum Westen gelöst hätte. Er fürchtete für diesen Fall eine erneute außenpolitische Isolierung des Reiches, ein erneutes Aufflammen der zwischenstaatlichen Rivalitäten auch in Westeuropa und die Übermacht Rußlands (I, 755 f.), und er hat mit vollem Bewußtsein alles getan, eine derartige nationalstaatliche Lösung der deutschen Frage zu torpedieren. Dieser alte Mann, der das Scheitern der Außenpolitik des Kaiserreichs, der Weimarer Republik und des Dritten Reiches erlebt hatte (vgl. I, 549f.), war kalt entschlossen, die deutsche Außenpolitik radikal umzuorientieren – selbst wenn dann die Ostzone für längere Zeit als Irredenta bestehenblieb.

Rückblickend motivierte er seine Politik der Wiedervereinigung auf dem Umweg über die Westintegration auch mit den Hoffnungen auf eine Beilegung der Ost-West-Spannungen: *Die Sowjets würden früher oder später einsehen, daß sie sich mit dem Westen verständigen müßten, daß sie ihn nicht niederzwingen könnten. In einer solchen friedlichen Verständigung lag meine Hoffnung und sah ich unsere Chance. Sie würde allerdings nur dann für uns gegeben sein, wenn wir uns im Zeitpunkt einer solchen allgemeinen Einigung zwischen Ost und West bereits als zuverlässiger Partner des Westens erwiesen hätten. Nur dann würde der Westen bei einer Verständigung unsere Interessen zu seinen eigenen machen* (I, 539).

Weshalb aber hielt er noch an der Wiedervereinigungsforderung fest, als die Jahre 1955 und 1956 demonstrierten, wie gering die Bereitschaft der westlichen Alliierten war, die Politik der Befreiung durch massiven diplomatischen Druck voranzubringen? Und weshalb hat er bis ans Ende seiner Kanzlerschaft verschiedentlich mit dem Schwert der Hallstein-Doktrin zugeschlagen und die unwirklich klingende offizielle Wiedervereinigungsterminologie mit geringfügigen Abstrichen beibehalten? Hätte er mit seinem persönlichen Prestige nicht schon sehr viel früher die »Anerkennung der Realitäten« innenpolitisch durchzusetzen vermocht? Und hat er nicht eben dadurch sein Konzept mit dem Makel juristischer Starrheit, Unbeweglichkeit und Sterilität belastet?

Wieso er es bis zum Schluß für sinnvoll hielt, die deutsche Frage offenzuhalten, ist schon weiter oben teilweise erörtert worden[2]. Ein alter Mann, der wie er eine Reihe radikaler Veränderungen der internationalen Konstellation erlebt hatte, konnte immerhin mit einigem Recht darauf verweisen, daß sich kein Status quo auf unabsehbare Zeit zu halten pflegt.

Doch eine Reihe weiterer Überlegungen trat hinzu. An verschiedenen Stellen der »Erinnerungen« kommt die Befürchtung zum Ausdruck, beim westlichen Abgehen von der Wiedervereinigungsforderung werde in der deutschen Öffentlichkeit die Neigung wachsen, auf eigene Faust in Verhandlungen mit der Sowjetunion einzutreten. Weitere Motive können nur erahnt werden, die »Erinnerungen« schweigen sich weitgehend darüber aus. Sicher spielten Rück-

---

[2] Vgl. oben S. 134f.

sichtnahmen auf national orientierte Wählerschichten der Regierungsparteien eine gewichtige Rolle. Nicht zuletzt aber machte es der bis Ende der fünfziger Jahre durchgehaltene nationale Kurs der SPD-Opposition dem Bundeskanzler so gut wie unmöglich, die Verdächtigungen seines national-politischen Wollens durch offizielle Preisgabe der Wiedervereinigungspolitik zu bestätigen. Wie weit er in der beständigen nationalpolitisch akzentuierten Konfrontation zum SED-Regime auch ein Palliativ gegen kommunistische Infiltration und sozialistische Ideen erblickte, sei dahingestellt. Man darf annehmen, daß ihm derartige Gedankengänge nicht fremd waren.

Genauere Aussagen sind heute noch nicht möglich. Gerade im Hinblick auf die zweite Periode seiner Deutschlandpolitik von 1955 bis 1963 dürfte die Forschung noch manche überraschende Enthüllung bringen. Jedenfalls versuchte Adenauer spätestens 1958, die Grundlinien in Richtung einer Hinnahme des Status quo zu verschieben. Zwei Jahre bevor Karl Jaspers die vieldiskutierte »Österreich-Lösung« in die Diskussion warf, hat der Kanzler dem sowjetischen Botschafter und dem stellvertretenden Ministerpräsidenten Mikojan seine Bereitschaft signalisiert, über dieses von allen bisherigen offiziellen Vorstellungen völlig abweichende Denkmodell in ein Gespräch zu kommen (III, 377 ff., 384). Schon damals schob er das Problem der menschlichen Erleichterungen in den Vordergrund (vgl. IV, 182), allerdings immer noch verbunden mit der Freiheitsforderung. Die nationalpolitische Wiedervereinigungsforderung wurde nun auch in den diplomatischen Gesprächen in das zweite Glied verwiesen (IV, 182).

Es besteht auch Grund zur Annahme, daß die Aktivität Botschafter Krolls in Moskau die Kenntnis und Billigung des Kanzlers, wenn auch nicht die des Auwärtigen Amtes hatte[3].

Im Grunde entsprachen diese späten Ansätze zur Korrektur der Wiedervereinigungspolitik der inneren Logik seines Konzepts. Dieses zielte in erster Linie auf Sicherung der westdeutschen Demokratie in engster Verbindung mit der »freien Welt«. Die Wiedervereinigungsforderung wirkte in diesem defensiven Konzept immer etwas als Fremdkörper, was die sozialdemokratische Opposition ebenso genau erkannte wie der »nationale« Flügel der FDP und CDU.

Wenn es dennoch nicht zur Klärung kam, so lag das weniger an der Bereitschaft des Kanzlers, als an den Umständen, die von Ende 1958 bis Ende 1962 jedes aussichtsreiche Verhandeln verhinderten.

---

[3] H. Kroll, S. 546ff.; vergleiche hierzu: Archiv der Gegenwart, XXXIII (1963), S. 10850f.

Danach aber war Adenauer nur noch Kanzler auf Zeit und als solcher wohl auch nach sowjetischer Auffassung kein Partner mehr für derartige weitreichende Abmachungen. So erlebte die Deutschlandpolitik des Kanzlers ein doppeltes Scheitern: seine Hoffnung, die Sowjetunion mit Hilfe eines einigen Westens aus der Ostzone verdrängen zu können, erfüllte sich ebenso wenig wie die Bereitschaft, die Fesseln der nationalstaatlich konzipierten Wiedervereinigungspolitik abzustreifen. Es blieb der Torso einer versteinerten Deutschlandpolitik, der niemandes Gefallen mehr finden konnte. Wenn Adenauers Außenpolitik heute in der Öffentlichkeit weithin als starr und phantasielos verstanden wird, so vor allem auf Grund dieses zwar unzutreffenden, aber dem äußeren Anschein nach doch wahren Bildes. Nur in einem Bereich hat sich der Ruf des initiativenreichen, modernen Politikers erhalten: in der Europapolitik.

VI. Europapolitik

Anders als die Deutschlandpolitik läßt sich Adenauers Europapolitik bruchlos aus seinem antisowjetischen Konzept ableiten. Die Bundesrepublik schien ihm nur auf die Dauer gesichert, wenn sie sich in eine Gemeinschaft westeuropäischer Nachbarstaaten unauflöslich eingliederte.

Die Vorstellung, Adenauer habe aus primär konfessionellen Motiven einen »Karlsbund« mehrheitlich katholischer Staaten angestrebt, ist nicht haltbar. Daß er jedoch in der christlich-abendländischen Kultur einen Integrationsfaktor ersten Ranges erkannte, steht außer Zweifel (vgl. I, 243; III, 17). Weshalb hat er dann aber nicht von vornherein einen möglichst engen atlantischen Zusammenschluß angestrebt? Auf diese Frage finden sich im Memoirenwerk vor allem zwei Antworten:

1. Ob die USA und Kanada auf die Dauer in Europa präsent bleiben würden, sei aufgrund der geographischen Gegebenheiten ziemlich unsicher. So gesehen müßte ein westeuropäischer Zusammenschluß vor allem als Rückfallposition für den Fall einer Abschwächung des amerikanischen Engagements verstanden werden (vgl. I, 458);
2. trotz politischer und gesellschaftlicher Homogenität würden die Interessen Westeuropas für die amerikanische Weltmacht immer nur von relativer Bedeutung sein. Ein Zusammenschluß Westeuropas im größeren Rahmen der atlantischen Gemeinschaft sei

unerläßlich, um die Lebensinteressen der westeuropäischen Staatengruppe wirksam zu artikulieren (III, 18; IV, 243).

Dazu aber wurden weitere Motivationen genannt: die interessanteste läßt sich mit der Formel »europäischer Nationalismus« umschreiben. Adenauer litt allem Anschein nach an dem Machtverlust der europäischen Staaten; er argumentierte zudem häufig, daß politische Abhängigkeit früher oder später auch zum kulturellen und wirtschaftlichen Erschlaffen führen müsse (III, 183; IV, 238 ff.). Vor allem in seiner Spätzeit – bei Gelegenheit der Auseinandersetzungen um den Kernwaffensperrvertrag – tauchte auch die typische Argumentationskette des »défi américain« auf. Immer wieder begegnet zudem die Formel von der »dritten Kraft«. Die Zielvorstellung wird bald mit dem Argument begründet, ein vereinigtes Europa könne zwischen den Supermächten in friedenssicherndem Sinne wirken (I, 330), bald aus der Besorgnis heraus, die Supermächte könnten Europa wirtschaftlich und politisch knebeln (IV, 240). In jedem Fall sollte Europa wieder ein maßgebender Faktor in der Weltpolitik werden (I, 563).

Inwiefern dieser »europäische Nationalismus« eine Ersatzfunktion für sein frustriertes deutsches Nationalgefühl darstellt, sei dahingestellt. Es ist immerhin auffällig, mit welchem Nachdruck er besonders in der ersten Nachkriegsphase den Terminus *Vereinigte Staaten von Europa* benutzte, dies noch vor Churchills Züricher Rede[1].

Damals hatte die Integrationspolitik vor allem auch die Aufgabe, Westdeutschland in die Staatengemeinschaft zurückzuführen. Dazu bot sich die Europäisierung der verschiedensten Bereiche als eleganteste Methode für eine möglichst wenig diskriminierende Kontrolle des wirtschaftlichen und militärischen Potentials der Bundesrepublik an. *Es galt,* schrieb er im Rückblick auf die Anfangsphase westdeutscher Außenpolitik, *einen Weg zu finden, der sowohl dem Sicherheitsbedürfnis der europäischen Länder Rechnung trug wie auch den Wiederaufbau Westeuropas einschließlich Deutschlands durchzuführen gestattete. Über diesen Weg würden wir auch [...] Schritt für Schritt unsere Gleichberechtigung unter den freien Völkern der Welt zurückerlangen* (I, 245). Daß dieser Berechnung mehr zugrundelag als ein opportunistischer Kalkül ist bekannt: der ehemalige Kölner Oberbürgermeister hatte in der Westorientierung seit langem die aus rheinischer Perspektive natürlichste Politik gesehen. Relativ selten taucht das von anderen Protagonisten der europä-

---

[1] H.-P. SCHWARZ, S. 453 f.

ischen Einigungspolitik häufig verwandte Argument auf, der Zusammenschluß werde weitere Kriege zwischen den integrierten Staaten unmöglich machen. Dies schien ohnehin undenkbar.

Von solchen Überlegungen ausgehend, suchte er »experimentell-induktiv« (Erdmann) voranzukommen. Das galt für die Teilnehmer ebenso wie für die Bereiche der Integration und für die institutionellen Formen. Die Ausführungen in der Ateneo-Rede faßten die Grundgedanken dieses pragmatischen Ansatzes recht präzise zusammen: *Wenn der politische Einfluß der europäischen Länder weiterbestehen soll, muß gehandelt werden. Wenn nicht gleich die bestmögliche Lösung erreicht werden kann, so muß man eben die zweit- oder drittbeste nehmen. Wenn nicht alle mittun, dann sollen die handeln, die dazu bereit sind [...] Man sollte nicht allzu viel Wert auf die juristische Form eines solchen Zusammenschlusses legen. Ob nun eine Föderation oder Konföderation entsteht, oder welche Rechtsform es immer sein mag: Handeln, Anfangen ist die Hauptsache* (IV, 242; vgl. auch III, 20f.).

Der Eindruck läßt sich nicht abweisen, daß seine Integrationspolitik einem in hohem Maße theorielosen Pragmatismus entsprang. Allerdings darf nicht übersehen werden, daß hier der Adenauer des Jahres 1967 spricht, der sich fast ein Jahrzehnt bemüht hatte, General de Gaulle und sich selbst davon zu überzeugen, daß er ja auch nicht gerade ein *Hyper-Europäer* sei (IV, 162) und durchaus dazu neige, bei der Frage Föderation oder Konföderation (III, 21) nicht genau hinzuhören.

Die künftige Forschung wird also sehr genau untersuchen müssen, inwieweit dieses späte Selbstverständnis seiner Europapolitik tatsächlich auch schon für die vor-gaullistische Periode galt. Man wird hier einige Zweifel anmelden dürfen. Daß er in allen Perioden sehr pragmatisch an die Fragen herangegangen ist, dürfte freilich sicher sein; hingegen scheint es doch möglich, verschiedene Phasen voneinander abzugrenzen.

1. Die Forschungen Karl-Dietrich Erdmanns haben die Auffassung bestätigt, daß zwischen Adenauers Vorstellungen in den Jahren 1918–1924 und denjenigen der ersten Nachkriegsphase von 1945 bis etwa 1950 ein deutlicher Zusammenhang besteht[2]. Wir haben diese lange Periode die »rheinische Phase« genannt.

Der Vorsitzende der CDU in der britischen Zone verwandte zur Verdeutlichung seiner damaligen Ideen vorzugsweise die Formel einer *organischen Verflechtung* der Wirtschaft Westdeutschlands

---

[2] K. D. Erdmann und H.-P. Schwarz, S. 423–466.

mit derjenigen Frankreichs und der Benelux-Staaten. Genau ausgeführt wurden diese Gedanken freilich nicht; und zur gleichen Zeit operierte Adenauer mit der Maximalforderung nach Gründung der Vereinigten Staaten von Europa. Tastende Versuche waren auch die Vorschläge für eine politische Union mit Frankreich vom Frühjahr 1950. Sie machten unter anderem deutlich, wie wenig sich der Bundeskanzler damals über die europäischen Strömungen im klaren war und wie verzweifelt er nach konkreten Ansätzen suchte.

2. Die Phase 1950–1955 zeichnete sich durch ein hohes Maß an Rezeptivität aus; man könnte unter Verwendung des Riesmanschen Terminus von einer »außengeleiteten« Europapolitik sprechen. Die Bundesregierung war von den Westmächten viel zu abhängig, als daß sie in der Lage gewesen wäre, eigene Initiativen zu entwickeln. Adenauer mußte – allerdings zunehmend in engem Kontakt mit den föderalistischen Politikern des Kontinents – nach dem greifen, was an europäischen Ansätzen geboten wurde: Europarat, Schuman-Plan, Europa-Armee, Europäische Politische Union, WEU, Europäisierung des Saargebietes. Entscheidend schien ihm, daß die Bundesrepublik bei allen diesen Kombinationen dabei war.

Auf der Grundlage der schon vorfindbaren Institutionen bzw. der Vorschläge Frankreichs war es aber auch schon in dieser Phase möglich, eigene Vorstellungen einfließen zu lassen.

Zu Beginn dieser Phase ist noch ein stärkeres Bestreben verspürbar, möglichst auch Großbritannien in das sich herausbildende europäische Konzept mit einzubeziehen (I, 490f.). Als die englischen Absagen an die EGKS und EVG vorlagen, stellte er sich aber rasch auf den Boden der Tatsachen.

Klarere institutionelle Verfahrensvorstellungen lassen sich beim gegenwärtigen Stand der Quellenkenntnis nicht deutlich ausmachen. Adenauer wäre gewiß mit fliegenden Fahnen in eine lockere Föderation nach dem Verfassungsmodell der ad hoc-Versammlung eingezogen, war aber ebenso bereit, mit weniger vorliebzunehmen. Den Nachdruck suchte er offenbar auf die Koordination der Außenpolitik und der Verteidigung zu legen.

3. Eine Periode eigenen Gepräges bildeten die Jahre 1955–1958. Zum ersten Mal zeigten sich verschiedenartige Optionsmöglichkeiten; der Kanzler konnte jetzt die institutionellen Ansätze im westeuropäischen Raum zurückhaltend, aber wirksam mitgestalten. Anscheinend hat er dem EWG-Projekt nur mit einigem Zögern seinen Segen gegeben (III, 30); die politische Komponente der Wirtschaftsgemeinschaft schien ihm zu wenig ausgeprägt, das Vorhaben selbst zu ehrgeizig. Größeres Gewicht hat er wohl verschiedenen Sondie-

rungen über eine enge verteidigungspolitische Zusammenarbeit bei-
gemessen; sicherheitspolitische Überlegungen waren es auch, die bei
der Konzipierung von EURATOM eine nicht unwesentliche Rolle
spielten. Jedenfalls sahen diese Jahre eine intensive westeuropäische
Integrationsdiplomatie, in die Rom, Den Haag und Brüssel ebenso
einbezogen waren wie Paris. Hier bildete sich – von den USA zwar
gefördert, aber doch schon mehr und mehr autonom – ein eigenstän-
diges westeuropäisches Sub-System innerhalb der atlantischen Gemeinschaft heraus, wobei es lange Zeit unklar blieb, ob Großbritannien nicht vielleicht doch in der einen oder anderen Form mitwirken
würde.

4. Die unausgereiften und nicht immer leicht koordinierbaren
Ansätze traten mit dem Amtsantritt de Gaulles und dem damit
zeitlich korrespondierenden Beginn der vierjährigen Berlin-Span-
nungen in eine letzte Phase. Im Unterschied zu den vorangegangenen Perioden wurde die Konstellation nunmehr von einer Reihe
neuer Elemente bestimmt:

– die Besorgnis Adenauers über den amerikanischen und britischen
  Kurs in der Berlin- und Deutschlandfrage veranlaßte ihn jetzt,
  den kontinentaleuropäischen Zusammenschluß als eine Alternative zur amerikanischen Hegemonie aufzufassen oder doch zumindest als Alternativmöglichkeit ins Spiel zu bringen;
– mit de Gaulle hatte ein ebenbürtiger Partner die Szenerie betreten,
  der, wie er selbst, langfristig kalkulierte und sowohl den Willen
  wie die Kraft zur Gestaltung besaß; dabei war es von unschätzba-
  rer Bedeutung, daß der französische Staatspräsident die Bundesrepublik für seine Manöver ebenso brauchte wie Adenauer ihn;
– zugleich ließ der offenkundige Großmachtnationalismus des Generals unübersehbar die Gefahr eines französisch-sowjetischen
  Zusammenspiels aufblitzen; Grund genug für Adenauer, Frankreich in ganz besonders enger Umarmung festzuhalten (vgl. IV,
  168);
– die EWG erwies sich als ein unerwartetes erfolgreiches Integra-
  tionsinstrument, das besonders in den deutsch-französischen Beziehungen als Hebel verwendbar war;
– zugleich wurden auch die Aporien der Europapolitik sichtbar, die
  den sechziger Jahren das Gepräge gaben;
– bis Ende der fünfziger Jahre hatten die USA die europäischen
  Verbündeten zur Selbständigkeit ermutigt; die französische Nuklearpolitik, die deutsch-französische Fronde gegen die Berlinpo-
  litik der Angelsachsen und die zunehmende Wirtschaftskraft der
  EWG schufen hierin einen Wandel;

– angesichts der gaullistischen Nuklearpolitik und der allzu parallel laufenden Initiativen für eine NATO-Reform geriet die Bundesrepublik nunmehr aber auch in einen echten Inter-Rollen-Konflikt als Mitglied der NATO bzw. als Vasall der USA und enger Partner Frankreichs; die institutionellen Bezugseinheiten innerhalb der westlichen Zusammenschlüsse kamen nicht mehr zur Deckung.

– schließlich trug die englische Beitrittsfrage in das Verhältnis zwischen Bonn, seinen EWG-Partnern und den USA zusätzlichen Zündstoff.

In diesen komplizierten Entscheidungsfragen suchte Adenauer einen Mittelkurs zu steuern, indem er – mit Ausnahme des Vetos gegen den englischen EWG-Beitritt – endgültige Optionen vermied. Das französische Beitrittsveto wurde von ihm stillschweigend gedeckt (IV, 177; 208ff.). Sonst aber exzellierte er in der Kunst des Sowohl als Auch: Absage an das föderalistische Integrationskonzept (IV, 56, 61, 162) und doch gleichzeitiges Anvisieren einer europäischen Föderation (IV, 56); Ausbau der EWG und zugleich Bemühungen um eine parallele politische Union; Achse mit Paris und Pflege der Sechsergemeinschaft; verständnisvolle Duldung des Aufbaus der »Force de Frappe« als Eckstein einer zukünftigen kontinentalen Abschreckungskapazität *und* Teilnahme an der MLF. Es war ein Seiltanz, bei dem er weder auf neuartige Integrationsinitiativen noch auf den Ausbau der bestehenden Einrichtungen verzichten wollte. Deutungen der Vorgänge, die ihn als »dupé« des Generals begreifen[3], verfehlen die Eigenart dieser Phase. Adenauer sah so deutlich wie andere Beobachter, daß der General ein verspäteter französischer Nationalist war; er suchte aber dessen Großmachtehrgeiz in den bestehenden und neuzuschaffenden Kooperationsmechanismen einzufangen und seinem eigenen Konzept eines engen Zusammenschlusses dienstbar zu machen. Wessen Ziele in Erfüllung gingen, mußte die Zukunft lehren (IV, 56); wichtig war, daß etwas Neues in Gang kam, die alten Bande intakt blieben und die Einheit der »freien Welt« nicht völlig in die Brüche ging.

War der Kanzler also ein »Europäer« oder letztlich doch nur ein westdeutscher Staatsmann, der – wie Besson meinte – unter den Bedingungen einer immer enger verflochtenen westeuropäisch-atlantischen Gemeinschaft der »Staatsräson der Bundesrepublik« folgte? War er ein Protagonist des kontinentalen Zusammenschlus-

---

[3] So GILBERT ZIEBURA in seiner sonst ungemein instruktiven Darstellung, Die deutsch-französischen Beziehungen. Mythen und Realitäten, Pfullingen 1970, S. 107–109. Distanzierter urteilt JÜRGEN SCHWARZ, Rückblick auf die Europapolitik de Gaulles, in: GWU 21 (1970) S. 517–539 insbes. S. 529ff.

ses oder des NATO-Bündnisses? War er »Gaullist« oder »Atlantiker«? Derartige Versuche eindeutiger Zuordnung führen in die Irre. Man begreift diese wandlungsreiche Europapolitik nur richtig, wenn man darin den festen Willen erkennt, die Einheit der »freien Welt« als umfassenden Orientierungsrahmen zu verstehen. Das verlangte ein Höchstmaß an Equilibristik und undoktrinärer Elastizität, aber auch an phantasievoller Gestaltungsfreude und zäher Beharrlichkeit – alles Merkmale, die Adenauers Europapolitik in der Nachkriegszeit das Gepräge gaben.

VII. Zusammenfassung

Die Untersuchung der Grundlinien Adenauerscher Außenpolitik zeigt also ein Doppeltes: einerseits ein ziemlich konsistentes und kontinuierlich festgehaltenes Konzept, andererseits erstaunliche Beweglichkeit und Lernbereitschaft in den einzelnen Problembereichen und Perioden.

Das Konzept selbst hatte zwei alles bestimmende Orientierungseinheiten: den drohenden sowjetischen »Koloß« und die »Wir-Gruppe« der »freien Welt«. In diesen umfassenden Bezugsrahmen suchte er alle Vorgänge einzuordnen. Dabei verstand er den sowjetischen Schlagschatten über Deutschland und Europa als konstante Grundgegebenheit westdeutscher Außenpolitik, wohingegen die »freie Welt« eine ständig von Auflösung bedrohte Staatengemeinschaft darstellte, oft mehr Wunschbild als Wirklichkeit.

Aus dieser Perspektive ergaben sich zwei unterschiedliche außenpolitische Grundeinstellungen: gegenüber der Sowjetunion verfolgte er einen defensiv-antisowjetischen Kurs, gegenüber den Staaten der »freien Welt« eine innovativ-kooperative Politik.

Es stimmt, daß er seine einfallsreiche Kooperationsbereitschaft so gut wie ausschließlich im außersowjetischen Bereich entfaltete. Seine Fähigkeit, in diesem Rahmen Neues auszuprobieren, dynamische Veränderungsprogramme in Gang zu setzen, riskante Innovationen zu versuchen, fasziniert immer wieder.

Bei allem Respekt vor seinen Nachfolgern wird man in dieser Hinsicht feststellen müssen, daß er wohl von allen Kanzlern die modernste Politik gemacht hat: modern durch unorthodoxen Gestaltungswillen und experimentierfreudige Zukunftsoffenheit. Daß in Westeuropa die Zeit autonomer Staatlichkeit vorbei ist, war zwar in den fünfziger und sechziger Jahren in aller Munde; er aber hat dieser Erkenntnis mit konkreten Entscheidungen Rechnung getragen. Andererseits sind die beharrenden Züge dieser Politik gleichfalls unübersehbar. Er vermied es sorgfältig, geschichtlich gewordenen Wirklichkeiten großmäulig das Lebensrecht abzusprechen oder ihnen eine allzu rasche Veränderung zuzumuten. Das galt für seine Einschätzung der Nationen ebenso wie für die Respektierung einzelstaatlicher Interessen und der jeweiligen Kräftekonstellationen. Sätze wie die folgenden sind typisch für seine behutsam-feste Art, Veränderungen durchzusetzen, ohne vor der Trägheit der bestehenden Verhältnisse zu kapitulieren oder beim allzu ungestümen Anrennen ins Schleudern zu kommen: *Ich hielt die Vereinigung Europas nicht für eine Utopie. Der Weg, der vor uns lag, war nicht leicht, er erforderte Härte gegen uns selbst, gute Nerven, Weitblick, eine Politik, die sich ungeachtet der Schwierigkeiten der anstehenden Probleme, elastisch anzupassen vermochte* (III, 22).

Vielleicht war die Erwartung, auf pragmatischem Weg zu einer europäischen »Föderation oder Konföderation« zu gelangen, undurchdacht und illusionär[1]. Adenauer ist in Westeuropa mit seinem Bestreben, eine politische Entscheidungseinheit zusammenzubringen, ebensowenig durchgedrungen wie in der Deutschlandfrage mit seinem Wiedervereinigungskalkül. Aber immerhin hatten die beständigen Bemühungen um die »Einigung« Europas das Ergebnis, daß sich die westlichen Demokratien nicht erneut in ein Konglomerat unverbundener, zerstrittener Nationalstaaten auseinanderdividierten. Die Idee der Integration neutralisierte die zentrifugalen Kräfte. Somit stellte seine vielleicht zu optimistische europäische Einigungspolitik eine entscheidende Komponente des Konzepts dar, dem es um Stabilisierung der »freien Welt« ging.

Verglichen mit der innovativ-kooperativen Integrationspolitik im Rahmen der »freien Welt« wirkt die Politik gegenüber den sozialistischen Staaten weder besonders kooperationsfreudig noch anpassungsbereit. Dieser Eindruck ist richtig. Adenauer war davon überzeugt, daß in diesem Beziehungsmuster Härte, eine gewisse Reserve, Legalismus und die Fähigkeit, bisweilen entschieden Nein zu sagen, die angemessene Verhaltensweise darstellte. Allerdings hat unsere Betrachtung der Deutschlandpolitik gezeigt, daß er auch in diesem Problembereich elastischer und innovationsbereiter war als es nach außen den Anschein hatte. Die künftige Forschung wird im einzelnen zu klären haben, wie weit er zu gehen bereit war und weshalb

---

[1] Vgl. meinen Aufsatz ›Europa föderieren – aber wie?‹ in: DEMOKRATISCHES SYSTEM UND POLITISCHE PRAXIS DER BUNDESREPUBLIK. Festschrift für THEODOR ESCHENBURG, München 1971, S. 377 ff.

seine Version einer »neuen Deutschlandpolitik« nicht in Fahrt kam. Allerdings war er nicht bereit, eine mehr oder weniger kompensationslose Übernahme der sowjetischen Zielvorstellungen als »Ausgleich« zu akzeptieren oder gar als Beginn einer »Verständigung« und »Versöhnung« mit den sozialistischen Staaten zu feiern. Ob freilich der Verzicht auf die Wiedervereinigungspolitik, die in sein Konzept nicht richtig hineinpaßte, ohne die mehr oder weniger formelle Anerkennung des Status quo der Teilung zu haben gewesen wäre, ist mehr als fraglich. Denn tatsächlich konnte er bis zum Ende seiner Kanzlerschaft mit keinem seiner verschiedenen deutschlandpolitischen Ansätze durchdringen. Dem Zerrbild vom Kanzler, dessen Deutschlandpolitik sich in starrer Negation und im Beharren auf juristischen Positionen erschöpfte, sollte jedenfalls bald der Abschied gegeben werden. Eine positive Bilanz seiner Deutschlandpolitik kommt aber auch dann nicht zustande – wahrscheinlich hätte auch schon zu seiner Zeit jede weitergehende Veränderung ein Schlucken garstiger Kröten erfordert, auf das er gern verzichtete.

Soll man ihm vorwerfen, daß er sich der entspannungspolitischen Kooperation in anderen Bereichen gleichfalls entzogen hat? Hätte eine Politik der ausgestreckten Hand, wie sie heute von der Regierung Brandt versucht wird, nicht auch zu seiner Zeit Spannungen abbauen und die Beziehungen zu den sozialistischen Staaten Schritt für Schritt normalisieren können? Hier dürften Zweifel am Platze sein. Wer sein Konzept ablehnt, weil er dies nicht versucht habe, wird den Nachweis führen müssen, daß seine Perzeption der sowjetischen Gefahr und der Dekompositionserscheinungen im westlichen Lager damals unrichtig war. Man mag darüber streiten, ob Adenauers Zielvorstellungen – Aufrechterhaltung der Forderung nach freier Selbstbestimmung der unterdrückten Deutschen, pragmatische Zusammenarbeit der freien Gesellschaften, Priorität der Freiheitssicherung für Westdeutschland – verschiedentlich nicht auch mit anderen Methoden gedient gewesen wäre. Wer aber die Perzeption und die Wertetafel für richtig hält, wird auch für die Verfahrenstechniken und den Stil dieser Politik Verständnis aufbringen. Daß das letzte Urteil über sein Konzept im wesentlichen von der Einschätzung der sowjetischen Gefahr abhängt, liegt auf der Hand. In diesem Punkt sind und bleiben die Auffassungen strittig.

Wer allerdings die Lagebeurteilung Adenauers teilt, sollte sich immer wieder fragen, ob die außenpolitische Strategie dieses ersten Bundeskanzlers nicht auch heute noch zweckmäßig ist – eine Strategie, die von der illusionslosen Einsicht ausgeht, daß die Bundesrepublik auf unabsehbare Zeit im direkten Zugriffsbereich einer antidemokratischen Weltmacht leben muß und daß Freiheit wie Frieden am besten zu sichern sind, wenn sich die freien Völker als Einheit verstehen und ihre Beziehungen »experimentell und induktiv« gestalten.

KLAUS GOTTO
Adenauers Deutschland- und Ostpolitik 1954–1963

I. Einleitung*

Die Erforschung der Adenauerschen Deutschland- und Ostpolitik
der Zeit nach 1955 steht noch in den Anfängen. Während für die
Jahre 1945–1949 und 1949–1955 wissenschaftlich brauchbare und zu
geschlossenen Ergebnissen kommende Darstellungen vorliegen[1],
herrschen für die spätere Zeit nach dem Urteil von H.-P. Schwarz
Fußnoten-Publizistik und Versuche im *publizistischen Vorfeld historischen Verstehens* vor[2]. Das hat seine Gründe im Fehlen einer
ausreichenden Quellenbasis und in der noch geringen zeitlichen
Distanz zum Geschehen. Die in der politischen Auseinandersetzung
entstandenen Überhöhungen, Verzerrungen und selbstgestrickten
(Vor-) Urteile erhalten so häufig ein überstarkes Gewicht[3]. Und

---

* Der Beitrag ist gegenüber dem Erstdruck in den ADENAUER-STUDIEN III. unverändert. Lediglich
Verweise wurden entsprechend verändert und ergänzt.
[1] Dies gilt vor allem für HANS-PETER SCHWARZ, Vom Reich zur Bundesrepublik. Deutschland im
Widerstreit der außenpolitischen Konzeptionen in den Jahren der Besatzungsherrschaft 1945–1949
(Politica, Band 38), Neuwied 1966 und ARNULF BARING, Außenpolitik in Adenauers Kanzlerdemokratie. Bonns Beitrag zur Europäischen Verteidigungsgemeinschaft (Schriften des Forschungsinstituts
der Deutschen Gesellschaft für Auswärtige Politik, Band 28), München 1969, hier benutzt in der vom
Autor durchgesehenen Ausgabe in der Wissenschaftlichen Reihe des dtv, Band 4065/66, München
1971. Einen guten Überblick bietet die in ihrer Autorenschaft nicht namentlich ausgewiesene Einlei-
tung zu: DIE AUSWÄRTIGE POLITIK DER BUNDESREPUBLIK DEUTSCHLAND. Hrsg. vom Auswärtigen
Amt unter Mitwirkung eines Wissenschaftlichen Beirats, Köln 1972, S. 13–38. Für den mit der
Deutschlandpolitik verknüpften Bereich der Abrüstungs- und Sicherheitspolitik vgl. die Studien von
GERHARD WETTIG, Entmilitarisierung und Wiederbewaffnung in Deutschland. Internationale Aus-
einandersetzungen um die Rolle der Deutschen in Europa (Schriften des Forschungsinstituts der
Deutschen Gesellschaft für Auswärtige Politik, Band 25), München 1967, von THOMAS JANSEN,
Abrüstung und Deutschland-Frage. Die Abrüstungsfrage als Problem der deutschen Außenpolitik
(Sozialwissenschaftliche Bibliothek 1), Mainz 1968 sowie KLAUS SCHUBERT, Wiederbewaffnung und
Westintegration. Die innerdeutsche Auseinandersetzung um die militärische und außenpolitische
Orientierung der Bundesrepublik 1950–1952 (Schriftenreihe der Vierteljahrshefte für Zeitgeschichte,
Bd. 20), Stuttgart ²1972.
[2] So HANS-PETER SCHWARZ, Das außenpolitische Konzept Konrad Adenauers in: RUDOLF MOR-
SEY-KONRAD REPGEN (Hrsg.), ADENAUER-STUDIEN I (= Veröffentlichungen der Kommission für
Zeitgeschichte bei der katholischen Akademie in Bayern, Reihe B: Forschungen, Band 10), Mainz
1971, S. 97–155, hier S. 98 f. (im folgenden zitiert: H.-P. SCHWARZ).
[3] Eine solche Tendenz läßt sich vor allem in Beiträgen zum Sammelbänden beobachten, die Rückblicke und Bestandsaufnahmen versuchen. Vgl. etwa: DIE ÄRA ADENAUER, Einsichten und Rückblik-
ke (Fischer-Bücherei Nr. 550), Frankfurt/M. 1964, KARL DIETRICH BRACHER (Hrsg.), Nach 25
Jahren. Eine Deutschland-Bilanz, München 1970. In Niveau und wissenschaftlicher Stringenz den
Arbeiten von H.-P. SCHWARZ und A. BARING (Vgl.Anm. 1) vergleichbare Darstellungen der Außenpolitik seit 1954/55 sind bisher nicht erschienen. Die meisten Veröffentlichungen blieben Versuche mit
z. T. guten Ergebnissen in Teilbereichen. Vgl. etwa WOLFRAM F. HANRIEDER, West German Foreign
Policy 1949–1963. International Pressure and Domestic Response, Stanfort University Press 1967;
DERS., Die stabile Krise. Ziele und Entscheidungen der bundesrepublikanischen Außenpolitik

doch lassen sich auch aus den bekannt gewordenen Mosaiksteinen der veröffentlichten Dokumente, der in- und ausländischen Memoirenliteratur, besonders aus den in ihrem Quellenwert kaum zu überschätzenden Erinnerungen Adenauers sowie aus der bisher wenig genutzten Möglichkeit, ehemalige Akteure und Mitarbeiter zu befragen, genügend Anhaltspunkte gewinnen, um in Details wie in den Grundlinien zu wissenschaftlich verbindlichen Resultaten zu kommen. In vorbildlicher Weise hat erstmals H.-P. Schwarz das *außenpolitische Konzept Adenauers* unter konsequenter Ausschöpfung der Adenauerschen Erinnerungen und der übrigen Memoirenliteratur erhellt und ist dabei zu bemerkenswerten Ergebnissen gekommen[4]. Zuvor hatte B. Bandulet gezeigt, wie man durch Befragung politischer Weggenossen aufschlußreiche Detailerkenntnisse gewinnen kann[5]; er ist dabei jedoch zum Teil nicht der Gefahr entgangen, durch den übermächtigen Einfluß von Einzelaussagen zu falschen Akzentsetzungen und vereinfachenden Alternativen zu gelangen.

Die folgende Untersuchung beruht auf drei Quellengruppen: Sie benutzt das schon Veröffentlichte; sie konnte die persönlichen Aufzeichnungen des ehemaligen Fraktionsvorsitzenden der CDU/CSU und Bundesministers Dr. Heinrich Krone heranziehen[5a]; und nicht zuletzt konnten ehemalige Akteure und Mitarbeiter befragt werden[6], um die Grundlinien und einige Detailfragen der Adenauerschen Deutschland- und Ostpolitik zu erläutern.

1949–1969 (Studienbücher zur auswärtigen und internationalen Politik 1), Düsseldorf 1971; WALDEMAR BESSON, Die Außenpolitik der Bundesrepublik. Erfahrungen und Maßstäbe, München 1970; PAUL NOACK, Deutsche Außenpolitik seit 1945, Stuttgart 1972.

[4] Vgl. Anm.2.

[5] BRUNO BANDULET, Adenauer zwischen Ost und West. Alternativen der deutschen Außenpolitik, München 1970.

[5a] Vgl. HEINRICH KRONE, Aufzeichnungen zur Deutschland- und Ostpolitik 1954–1969, herausgegeben und eingeleitet von KLAUS GOTTO, in: RUDOLF MORSEY – KONRAD REPGEN (Hrsg.) ADENAUER-STUDIEN III: Untersuchungen und Dokumente zur Ostpolitik und Biographie (Veröffentlichungen der Kommission für Zeitgeschichte, Reihe B: Forschungen, Band 15), Mainz 1974, S. 129–201.

[6] Es werden hier Aussagen auf einer wissenschaftlichen Klausurtagung vom 13. bis 14. April 1973 zum Thema DIE OSTPOLITIK KONRAD ADENAUERS verwertet. Aussagen auf dieser Tagung sind im Text durch die in Klammern gesetzten Namen der Beteiligten gekennzeichnet. Der Verfasser ist Herrn Ministerialdirektor a. D. DR. OSTERHELD, Frau ANNELIESE POPPINGA, Herrn Staatssekretär a. D. GUMBEL sowie PROF. DR. MORSEY und PROF. DR. REPGEN für Hinweise zu Dank verpflichtet. Insbesondere möchte er sich bei Herrn Bundesminister a. D. DR. HEINRICH KRONE bedanken, daß er die Entstehung des Beitrags von Anfang an mit kritischem Kommentar und wohlwollendem Verständnis begleitet hat, stets zu Auskünften zur Verfügung stand und sich schließlich der Mühe unterzogen hat, das Manuskript nochmals zu lesen. Der Verfasser hatte nicht zuletzt auch noch Gelegenheit, mit Staatssekretär a. D. DR. GLOBKE wenige Monate vor dessen Tod zu sprechen.

II. Sicherung der Freiheit durch Westintegration

1. *Grundlagen einer realistischen Wiedervereinigungspolitik*

Die Deutschland- und Ostpolitik in der Phase von 1949 bis 1955 bestand, wenn man es pointiert ausdrücken will, in einem *Vollzug weltpolitischer oder europapolitischer oder deutscher politischer Notwendigkeiten* (E. Gerstenmaier). Die Außenpolitik der Bundesrepublik mußte ihren Standort bestimmen in einer Situation, die nach Adenauers Auffassung durch folgende fünf Merkmale charakterisiert war: Aufstieg und überragende Rolle der Supermächte USA und Sowjetunion bei gleichzeitigem Niedergang der ehemaligen Führungsmacht Europa; Expansionsdrang und Expansionsfolge der kommunistischen Welt; Abwehr sowjetischer Penetrationspolitik durch die freie Welt; mangelndes langfristiges Durchhaltevermögen und durch immer wieder aufkeimenden Nationalismus gefährdete Einigkeit der demokratischen Staaten; und schließlich Furcht der Nachbarn vor einem Wiedererstehen nationaler deutscher Hegemonialbestrebungen[7]. Bei dieser Einschätzung der Situation gab es für Adenauer keine sinnvollen Alternativen zu seiner Politik in west-, europa- und deutschlandpolitischer Hinsicht. Absolute Priorität hatten die Sicherung der Freiheit und der Wiederaufbau der Bundesrepublik. Auf einer solchen Basis konnten dann auch die beiden anderen Bestandteile der Wertetrias Freiheit-Friede-Einheit verwirklicht werden[8].

Adenauer hat in einem der leitmotivischen Abschnitte, die er häufig in seinen Memoiren zum besseren Verständnis konkreter Ereignisse voraus- oder nachschickt, *Gundsätzliches zur Wiedervereinigung Deutschlands und zur Lage Europas* dargelegt[9]. Er ging davon aus, daß die Sowjetunion sich nicht mit der von ihr besetzten Zone begnügen, sondern in der Konsequenz *russischer Expansionspolitik* und der *Weltherrschaftspläne des Kommunismus* wesentliche Teile Westeuropas und Gesamtdeutschland in ihre Gewalt bringen wolle. Daher war für ihn die Wiedervereinigungsfrage zwar ein primär die Deutschen tangierendes Problem, *aber dadurch, daß das Gleichgewicht in Europa durch die Teilung Deutschlands und durch die Vermehrung der Macht der Sowjetunion in Osteuropa gestärkt*

---

[7] So die Analyse von H. P. SCHWARZ, S. 109–116.

[8] Vgl. die »leitmotivischen« Grundsatzüberlegungen in den Memoiren, einzeln aufgeführt bei H.-P. SCHWARZ, S. 101.

[9] Vgl. K. ADENAUER II, S. 15–21. Die vierbändigen Memoiren ADENAUERS – KONRAD ADENAUER, Erinnerungen 1945–1953; Erinnerungen 1953–1955; Erinnerungen 1955–1959; Erinnerungen 1959–1963. Fragmente, Stuttgart 1965, 1966, 1967 und 1968 – werden mit einer römisch paginierten Bandnummer zitiert.

ist, und solange dies so bleibt, war und ist die Wiedervereinigung nicht nur eine deutsche, sondern auch eine europäische und weltpolitische Frage, und zwar eine Frage ersten Ranges. Wiedervereinigung konnte daher nach Adenauers Auffassung nur zusammen gesehen werden mit dem Problem der Sicherung vor einem sowjetischen Zugriff auf die Bundesrepublik, die er nur in einem festen Anschluß an den Westen gewährt sah; des weiteren mit der Einigung Europas, dessen Weiterbestehen *als politischer, wirtschaftlicher und kultureller Faktor eine absolute Notwendigkeit für die ganze Welt war und ist.* Wiedervereinigung konnte andererseits nur Chancen haben, wenn der Westen sein *ureigenstes Interesse, ein Lebensinteresse Europas und damit der Welt* darin sah, in der Unversehrtheit Deutschlands einen Damm gegen den *ungeheuren Koloß Sowjetrußland* zu haben. Folglich konnte eine Neutralisierung Deutschlands und ein daraus resultierendes Machtvakuum in Europa nur eine *Erhöhung und Verschärfung der politischen Gefahren für uns, für Europa und für die Welt bedeuten.*

Wollte Adenauer auf dieser Grundlage seine Politik aufbauen, mußten zwei Vorbedingungen erfüllt sein: eine gemeinschaftsorientierte Außenpolitik der westlichen Demokratien und die Wiederherstellung der Souveränität der Bundesrepublik. Erst danach konnte langfristig die Wiedervereinigung angestrebt werden.

Diese Nahziele waren mit dem Deutschlandvertrag in seiner geänderten Fassung vom 23. Oktober 1954 grundgelegt[10]. Die Bundesrepublik erhielt die *volle Macht eines souveränen Staates über ihre inneren und äußeren Angelegenheiten* (Art. 1, Abs. 2), und es gelang ihr, die westlichen Partner in Artikel 7 auf das Ziel der Wiedervereinigung vertraglich so festzulegen, daß diese nicht über den Kopf der Bundesrepublik hinweg Vereinbarungen zu Lasten Gesamtdeutschlands treffen konnten. In Artikel 7 verpflichteten sich die Vertragspartner zu einer gemeinsamen Politik mit folgenden Zielen: frei vereinbarte friedensvertragliche Regelung für ganz Deutschland, Aufschub der Festlegung der endgültigen Grenzen bis zu dieser friedensvertraglichen Regelung, Wiedervereinigung Deutschlands im Rahmen einer demokratisch-freiheitlichen Verfassung ähnlich der der Bundesrepublik und unter Integration in die europäische Gemeinschaft sowie Konsultation in allen Fragen, welche die Ausübung der Rechte und Verantwortung der drei Westmächte für Deutschland als Ganzes tangieren[11].

[10] Jetzt neu abgedruckt in: DIE AUSWÄRTIGE POLITIK, Dok. 53, S. 262-266.
[11] Zur politischen Bedeutung vgl. die Interpretation von HANS BUCHHEIM, Adenauers Deutsch-

Adenauer hat die Bedeutung des Deutschlandvertrages und der Pariser Verträge, die die Westintegration besiegelten, in fünf Punkten umrissen:

Die Bundesrepublik erhielt dauernde Sicherheit vor dem Abgleiten in ein Satellitenverhältnis zur Sowjetunion.

Sie wurde ein souveränes Mitglied der Völkerfamilie, der NATO und der Westeuropäischen Union.

Sie erhielt die Möglichkeit, sich als souveräner Staat für die Wiedervereinigung einzusetzen, so also auch in dieser Frage nicht nur Objekt der Politik anderer Mächte, sondern Subjekt der internationalen Politik zu sein.

Sie sicherte sich die *feierlich verbriefte Hilfe* der westlichen Staatenwelt für diese Politik.

Die Bundesrepublik förderte die Einigung Europas, eine *absolute Notwendigkeit* angesichts der weltpolitischen Entwicklung, denn *die Welt hatte sich nun einmal nach dem letzten Kriege so entwickelt, daß gegenüber Mächten wie den Vereinigten Staaten und der Sowjetunion kein europäisches Land für sich allein politisch und wirtschaftlich bestehen und eine aussichtsreiche Politik betreiben konnte*[12].

Die Einordnung der deutschen Politik in die weltpolitische Konstellation und ihr Aufbau auf der Westintegration setzten die Maßstäbe auch für die Wiedervereinigungspolitik; eine Wiedervereinigung um jeden Preis war damit ausgeschlossen und man mußte damit rechnen, daß dieses Ziel nicht in einer kurzbefristeten Zeitspanne erreicht werden könnte. So stringent für Adenauer die Rangordnung der Werte Freiheit-Friede-Einheit war, so weit war er jedoch von dem Fehlschluß entfernt, daraus resultiere zwangsläufig eine zeitliche Abfolge der politischen Ziele Westintegration, europäische Sicherheit und nationale Einheit. Das Mißverständnis eines sich von selbst ergebenden Automatismus in der Wiedervereinigungsfrage, das in der öffentlichen Meinung durchaus vorhanden war, blieb ihm fremd. Noch ein weiteres charakteristisches Merkmal ist zum Verständnis der Politik Adenauers festzuhalten: er war nie fixiert auf ein Entweder-Oder von lang- oder kurzfristigen Konzeptionen, Teil- oder Paketlösungen, nationalstaatlichen oder supranationalen Vorstellungen in der deutschen Frage. In den Methoden war er stets flexibel, doch blieben bei aller Offenheit für die Wege zum Ziel zwei Voraussetzungen konstant: Sicherung der Freiheit

---

landpolitik. in: KONRAD ADENAUER. Ziele und Wege, Mainz 1972, S. 92 f. (im folgenden zitiert: H. BUCHHEIM).

[12] Vgl. K. ADENAUER II, S. 423.

der Bundesrepublik vor sowjetischem Zugriff und Erweiterung der Freiheit für die Bevölkerung in der sowjetischen Einflußsphäre über den status quo hinaus waren unverzichtbare Positionen[12a].

Ausgehend von der zeitgenössischen Diskussion[13], ist bis heute die Frage nicht verstummt, ob die skizzierte Option Adenauers für die Westintegration nicht ein ausschließliches Endziel seiner Politik gewesen sei, so daß der Wiedervereinigungsforderung nur deklamatorische Bedeutung zukomme. Insbesondere A. Baring vertritt diese These, wenn er sagt, daß Adenauer mit der EVG die Politik verfolgt habe, *die Bundesrepublik mit der Niederlage zu versöhnen und sie als eine ideell und territorial saturierte politische Einheit zu etablieren*[14]. Er habe sich allerdings selbst in einer so günstigen Situation nicht für stark genug gehalten, als »Founding Father« seinen Staat, die Bundesrepublik Deutschland, auch wirklich als das auszugeben, was ihm eigentlich zugekommen wäre, *als Deutschland – Deutschland schlechthin und für alle Zeiten*[15]. Nach dem Scheitern der EVG sei er darüber hinaus unsicher geworden, als nationale Kräfte sich eines kräftiger werdenden Nationalgefühls bedient hätten; er habe seinerseits begonnen, *national im traditionellen Sinn zu werden. Nicht einmal dieser nüchterne Kölner war gegen die Versuchung deutscher Selbstüberschätzung gefeit. Verhängnisvolle Traditionen wurden stärker als seine früheren, besseren Einsichten*[16].

Auch wenn man Barings Interpretation einer Alternative zwischen supranationaler Westintegration und zumindest nationalstaatlich deklamierter Ostpolitik, zwischen einer letztlich als defensiv zu verstehenden Westpolitik und gleichzeitiger Hoffnung auf offensive Ergebnisse in der Wiedervereinigungsfrage nicht unbedingt folgt, so sind doch Fragen verständlich. Hat Adenauer nicht doch primär westdeutsche Politik betrieben, defensiv angelegt auf Freiheitssicherung im eigenen Bereich, so daß der Wiedervereinigung letztlich nur ein »dignified part« zukam, höchstens zu verwirklichen in rosigeren Zeiten späterer geschichtlicher Entwicklung, für die nähere Zukunft aber eher nicht zu umgehender Ballast und mit

---

[12a] Die grundätzliche Rangordnung der Werte Freiheit, Friede und Einheit hat EUGEN GERSTENMAIER öffentlich zum erstenmal auf dem CDU-Parteitag in Köln 1954 formuliert. Er hat sich später dann des öfteren mit Einwänden und Mißverständnissen, die dagegen vorgebracht wurden, auseinandergesetzt. Vgl. EUGEN GERSTENMAIER, Die politische Weltlage und Deutschland, in: 5. BUNDESPARTEITAG DER CDU. Köln 28.–30. Mai 1954, Bonn o. J. [1954].

[13] Die Diskussion um die Priorität Westintegration oder vorrangig nationalstaatlich orientierte Politik wurde sowohl in der CDU/CSU, repräsentiert etwa im Gegensatz ADENAUER–JAKOB KAISER, wie nach 1950 in der Auseinandersetzung mit der SPD geführt. Vgl. dazu die Untersuchung von H.-P. SCHWARZ, Vom Reich zur Bundesrepublik.

[14] Vgl. A. BARING II, S. 279.

[15] Ebd. S. 278

[16] Ebd. S. 281.

dem Primärziel logisch schwer vereinbar? War es nicht ein Widerspruch, einerseits als unverrückbaren Ausgangspunkt die Abhängigkeit von der weltpolitischen Konstellation und der sowjetischen Expansionspolitik anzusehen, dabei aber gleichzeitig zu proklamieren, daß freie Wahlen, eine frei gebildete gesamtdeutsche Regierung, ein frei ausgehandelter Friedensvertrag und die Integrationsfreiheit Gesamtdeutschlands für den Westen als Wiedervereinigungskonzept gegenüber den Interessen der Sowjetunion realisierbar sei?

Eine Interpretation der Adenauerschen Politik, die davon ausgeht, daß er die Realitäten des Status quo als unabänderlich und als im letzten günstig für die westeuropäische Einigung als Endziel angesehen habe, läßt jedoch außer acht, daß er für gewöhnlich aus einer als definitiv angesehenen Lage auch die entsprechenden Konsequenzen zog. Es ist nicht eine Äußerung Adenauers bekannt, auf die sich eine solche Interpretation stützen kann[17]. Hingegen gibt es zahlreiche Äußerungen Adenauers sowohl in Reden und Interviews wie in seinen Memoiren, die gegen eine solche Hypothese sprechen. Hinzu kommt eine nachweisbare Grundkonstante des Adenauerschen Denkens: ein deutliches Bewußtsein vom ständigen geschichtlichen Wandel in der Außenpolitik[18]. Nach Adenauer gibt es keine unabänderlichen außenpolitischen Konstellationen.

Geht man davon aus – und bis zum Beweis des Gegenteils ist diese Annahme methodisch richtig –, daß für Adenauer Politik die Kunst bedeutete, *das auf ethischer Grundlage als richtig erkannte zu verwirklichen. Freiheit, Friede, Einheit – das waren die Ziele unserer Politik* [...], dann war auch die Wiedervereinigung ein reales Grundziel seiner Politik und nicht deklamatorisches Beiwerk[19]. Dieses Grundziel figurierte dem Rang nach jedoch als strategisches Langziel und war dem strategischen Nahziel der »Freiheit« untergeordnet.

2. *Konzepte und praktische Politik bis 1954*

Für die ersten Jahre der Adenauer-Ära mögen sogar Anzeichen für eine kurzfristige Lösung der deutschen Frage im Rahmen der »Befreiungsvorstellung« vorhanden gewesen sein. Schon 1950 hatte die amerikanische Regierung durch Außenminister Acheson und verstärkt seit 1952/53 durch Außenminister Dulles nicht nur ein con-

---

[17] Selbst wenn man die Memoiren als Rechtfertigung ex post betrachten würde, in der solche Äußerungen sowieso nicht zu finden wären – was falsch ist –, so bestreiten ehemalige engste Mitarbeiter und politische Weggenossen ADENAUERS (E. GERSTENMAIER, H. KRONE, F. J. BACH, H. OSTERHELD, A. POPPINGA), je eine solche Äußerung gehört zu haben.

[18] Vgl. H.-P. SCHWARZ, S. 107.

[19] Vgl. K. ADENAUER III, S. 281.

tainment des Kommunismus, sondern darüber hinaus ein roll back insbesondere für Osteuropa proklamiert, wobei das roll back Ergebnis der Unterstützung des Freiheitswillens der dortigen Völker, d. h. eine *Kombination von äußerem Druck und innerem Wandel* sein sollte[20]. Konkret scheint hier die Vorstellung eine Rolle gespielt zu haben, die Dulles auf dem Rückflug von der Berliner Außenministerkonferenz am 18. Februar 1954 in Köln-Wahn Adenauer entwickelte[21]. Dulles ging nach seinen Erfolgen bei der Berliner Konferenz davon aus, daß eine neue und stabile Lage in Europa nur unter zwei Bedingungen herzustellen sei: Einigung Westeuropas, das eine der Sowjetunion vergleichbare Stärke haben müsse und neuer Status für die Satellitenstaaten, dem Finnlands vergleichbar, die dann als Pufferstaaten zwischen einem starken Europa und der Sowjetunion fungieren müßten. Dann erst könne es zu einer Wiedervereinigung kommen, da vorher die Sowjets revolutionäre Auswirkungen befürchten müßten, falls sie durch eine Wiedervereinigung Deutschlands die Freiheitszone näher an Polen, die Tschechoslowakei und Ungarn herankommen ließen.

Neben diesem »Befreiungskonzept« dominiert zumindest in den Memoiren Adenauers die Vorstellung, daß die Wiedervereinigung nur etappenweise und langfristig erreicht werden könne[22]. Am ausgeprägtesten hat Adenauer die »Faustpfandpolitik«, die er bei der Sowjetunion vermutete, in einer Analyse des *Standorts der deutschen Außenpolitik* vom Frühsommer 1953 und in den *Folgerungen aus der Berliner Konferenz* vom Frühjahr 1954 beschrieben[23]. Adenauer war der Auffassung, daß sich die politische Spannung zwischen der Sowjetunion und den westlichen Mächten nicht auf Einzeldifferenzen oder Einzelansprüche und Gegenansprüche reduzieren ließe. Es handle sich vielmehr um *eine große Spannung zwischen zwei Mächtegruppen,* die sich sicher nicht in einem ersten Verhandlungsstadium in Einzelprobleme auflösen ließe. Voraussetzung für die Beseitigung des ganzen Spannungsfeldes sei ein allseitiger Wille zum Frieden und eine kontrollierte Abrüstung, und dann erst – und dann allerdings recht schnell – seien die Einzeldifferenzen beizulegen. Unter diesem Aspekt sei auch die Wiedervereinigung zu sehen: *Nach meiner Meinung beurteilte man vielfach die Frage der Wiedervereinigung als eine Frage, die Sowjetrußland bereit wäre, getrennt von anderen Fragen zu lösen. Meine Auffassung der Lage war, daß*

[20] Vgl. B. BANDULET, S. 31 ff.
[21] Vgl. K. ADENAUER III, S. 259-264.
[22] Vgl. hierzu auch B. BANDULET, S. 47 ff.
[23] Vgl. K. ADENAUER II, S. 209–217 und S. 264–269.

163

die Sowjetzone in der Hand Sowjetrußlands ein Faustpfand war und ist und daß es dieses Faustpfand nur dann freigeben wird, wenn eine allgemeine Entspannung einträte. Man mußte sich doch darüber klar sein, daß es dieses Faustpfand nun einmal in der Hand hatte. Warum sollte es jetzt, bei der Aussicht auf Verhandlungen, dieses Faustpfand freigeben?[24] Außerdem hätte die Sowjetunion bei einer Preisgabe des SED-Regimes vor dem Abschluß von Verhandlungen Auswirkungen auf die Satelliten zu befürchten, ohne daß vorher ein der eigenen Sicherheit genügendes Verhandlungsergebnis vorlag. Adenauer setzte darauf, daß die Sowjetunion zu der Einsicht gebracht werden könne, daß ihre jetzigen Methoden des kalten Krieges und ihr Ziel, den status quo als Ausgangsbasis eines Übergreifens nach Westeuropa zu sanktionieren, erfolglos blieben. Danach sähe sie dann den Zeitpunkt für eine Änderung ihrer Politik gekommen.

Für den Zwang zu einer solchen Kursänderung sprächen folgende Punkte: Erstens innere wirtschaftliche Schwierigkeiten, die dann anders als durch die Aussicht auf die Addition des westeuropäischen Potentials gelöst werden müßten. Zweitens die Aussicht auf ein Ende des ruinösen Rüstungswettlaufs. Drittens die Aussicht auf ein *auf der freien Zustimmung und der Gleichberechtigung aller Mitglieder beruhendes System kollektiver Sicherheit*[25]. Überhaupt scheint die Berliner Außenministerkonferenz für Adenauer gewissermaßen die bestmögliche Ausprägung des Ost-West-Dialogs in der Phase des kalten Krieges gewesen zu sein, eines Dialogs, der der Klärung und damit der Vorbereitung eines realistischen Interessenausgleichs diente. Die Sowjetunion hatte deutlich ihre Ziele artikuliert, es war ihr jedoch nicht gelungen, den Westen auseinanderzudividieren und der Alpdruck Potsdam – *das hieß: einigen wir* (sc. die vier Siegermächte) *uns untereinander auf Kosten Deutschlands*[26] – war nicht aufgetaucht. Gleichzeitig gab es jedoch Ansätze für Verhandlungen über asiatische Probleme (Beschluß einer Indochinakonferenz) sowie einen Meinungsaustausch über eine allgemeine Abrüstung und über ein Atomabkommen. Im Rahmen dieser Verhandlungen, so hoffte Adenauer, konnte auch ein Gespräch über das Deutschlandproblem in Gang kommen. *Den Ungeduldigen in Deutschland mochte dies als ein Umweg erscheinen, aber es ist besser, auf Umwegen zum Ziele zu kommen, als es gar nicht zu erreichen. Eine erfolgreiche Politik zur Wiedervereinigung Deutschlands be-*

[24] Ebd. S. 210.
[25] Ebd. S. 268.
[26] Ebd. S. 216.

ruhte nicht zuletzt auf der Einsicht in die Unvermeidlichkeit der Umwege, der mittelbaren Methoden[27].

Gegenüber der Annahme, daß Adenauers politisches Denken und Handeln determinierend von einer »rheinischen« Komponente getragen war, die ihn zu einer ausschließlichen Westintegration des freien Restdeutschland und damit zur Preisgabe des Ziels einer Wiedervereinigung gezwungen habe[28], bleibt auf Grund des nachprüfbaren Quellenbefundes folgendes Ergebnis festzustellen: Adenauer hat nicht nur verbal-deklamatorisch, sondern real die Wiedervereinigung zu einem der drei Grundziele seiner Politik gemacht. Es ist außerdem höchst wahrscheinlich, daß er bis zur Mitte der fünfziger Jahre gehofft hat, dieses Ziel ohne das Zwischenstadium einer irgendwie gearteten und zeitlich nicht absehbaren Anerkennung des Status quo erreichen zu können[29]. Bei einem solchen Grundverständnis der Politik Adenauers darf man ihn freilich nicht auf eine einzige und planmäßige, in ihren Stufen und Zeitabschnitten festgelegte Wiedervereinigungskonzeption festnageln: eine solche Vorstellung hatte er in der Tat nicht; er hielt sie auch für irreal.

Dieser Feststellung widerspricht keineswegs, daß Adenauers Ostpolitik gegenüber einer zum Westen hin aktiven Integrationspolitik betont defensiv und abwartend geführt war. Er hat ohne Zweifel die Westintegration als *Ziel an sich* verstanden[30]. Es war ihm an keiner Wiedervereinigung gelegen, die die Integrationsfreiheit Gesamtdeutschland nicht gestattet hätte. Die europäische Einigung, die für ihn ohne Deutschland unvorstellbar war, betrachtete er als Voraussetzung für das Überleben Europas und Deutschlands; sie hatte folglich Priorität. Priorität mußte sie allerdings auch unter dem Gesichtspunkt haben, daß die Sowjetunion mit der von ihr kontrollierten Zone Faustpfandpolitik betrieb und daß damit ein Arrangement mit der Sowjetunion nicht primär ein Problem deutscher Politik, sondern gemeinschaftsorientierter und auf Stärke gründender westlicher Politik sein konnte. Vorrang mußte für Adenauer die

[27] Ebd. S. 267.

[28] So in der Tendenz A. BARING, vgl. I, S. 94–117.

[29] Dieses, wenn man so will, nationalstaatliche Einigungsziel galt wohl in erster Linie für die vier ehemaligen Besatzungszonen, jedoch nicht so sehr für die unter polnischer und russischer Verwaltung stehenden ehemaligen Ostgebiete. Zwar gibt es noch keine detaillierten Untersuchungen zu ADENAUERS Vorstellungen bezüglich dieser Gebiete, aber es liegt aus einigen Äußerungen nahe, daß er hierfür eine nicht traditionell nationalstaatliche, sondern eher eine Art postnationalstaatlicher »Kondominiums-Lösung« angestrebt hat. So hieß es bereits in einem Memorandum vom 29. Mai 1953 an Präsident EISENHOWER, daß zwar keine deutsche Regierung die Oder-Neiße-Linie anerkennen werde: *Deutschland wird aber anstreben, die damit zusammenhängenden territorialen Fragen in einem neuen Geist internationaler friedlicher Zusammenarbeit zu ordnen.* Das Memorandum ist abgedruckt bei K. ADENAUER II, S. 217f.

[30] H.-P. SCHWARZ, S. 143.

Politik zum Westen hin auch haben, wenn es zunächst darum ging, eine sowjetische Penetration in Westeuropa zu verhindern[31], und nicht zuletzt auch deshalb, weil er die deutsche Politik endgültig vor einem Rückfall in die Selbstüberschätzung einer Neutralitäts- und Dritte-Kraft-Politik bewahren wollte[32], *um Deutschland,* wie Paul Henri Spaak meinte, *vor sich selbst zu schützen*[33].

Genau diese Linie der Prioritätensetzung belegt die charakteristische Äußerung Adenauers anläßlich einer Koalitionsbesprechung, die Heinrich Krone am 25. Mai 1954 notierte: *Nur keine Alternativ-Pläne aufstellen. Es geht um den Vertrag, der die Europäische Verteidigungsgemeinschaft begründen soll. Diese große Idee darf nicht scheitern. Nur jetzt keine Diskussion über Pläne, mit der östlichen Welt ins Gespräch zu kommen. Das würde unsere Position schwächen. Wir dürfen die Uneinigkeit des Westens in wichtigen Fragen nicht noch mehren*[34]. Westintegrationspolitik durfte nach Adenauers Meinung kein potentielles Tauschobjekt sein und nicht mißverstanden werden als Mit- und Trittbrettfahren auf einem Omnibus, von dem es abzusteigen galt, sobald die Morgenröte einer vagen Wiedervereinigungshoffnung am Horizont erschien[35]. Ohnehin legte der Argwohn der Westmächte gegenüber deutschen Vorstößen eine gewisse Zurückhaltung nahe, wie es auch allgemein ein Kennzeichen der Adenauerschen Politik vor der Wiedererlangung der Souveränität ist, in Eigeninitiativen vorsichtig zu sein und lieber Anregungen aufzunehmen als Anstöße zu geben[36].

1954/55 schien Adenauer in der Wiedervereinigungspolitik ein gutes Stück weiter gekommen zu sein; seinem *defensiv-antisowjetischen Kurs* und seiner *innovativ-kooperativen Politik*[37] gegenüber dem Westen war zwar nicht in allen Erwartungen Erfolg beschieden, beide außenpolitische Grundeinstellungen hatten aber zu wichtigen Zwischenetappen geführt. Zwar war die EVG gescheitert, aber in den Pariser Verträgen war ein Grundstein gemeinschaftsorientierter

---

[31] Zur *maximalistischen Sicherheitspolitik 1945–1946/47* und zur *offensiven Konsolidierungspolitik 1947–1953* der Sowjetunion vgl. neuerdings THOMAS WEINGARTNER, Die Außenpolitik der Sowjetunion seit 1945. Eine Einführung (Studienbücher zur auswärtigen und internationalen Politik 8), Düsseldorf 1973, S. 21–32. Dort auch die wichtigste weiterführende Literatur.

[32] Vgl. dazu neben vielen anderen Stellen K. ADENAUER II, S. 217.

[33] Vgl. PAUL HENRI SPAAK, Memoiren eines Europäers, Hamburg 1969, S. 311.

[34] Vgl. unten S. 134.

[35] Vgl. zu solchen Vorstellungen – auch im Regierungslager und in der CDU/CSU – die Notizen H. KRONES vom 28. Januar und 22. April 1955, unten S. 135 ff. Eine knappe, aber in ihren konzisen Feststellungen sehr deutliche Darstellung der Deutschland-Politik und ihrer Verknüpfung mit der Westintegration gibt die Erklärung von H. KRONE im DEUTSCHLAND–UNION–DIENST vom 22. April 1955, wiedergegeben in der Aufzeichnung vom 22. April 1955, unten S. 137 f.

[36] Vgl. H.-P. SCHWARZ, S. 149 und B. BANDULET, S. 47.

[37] So H.-P. SCHWARZ, S. 153.

westlicher Politik gelegt, der die deutschen Interessen voll berück-
sichtigte. Weiterhin war in der Saarfrage die Lösung gefunden worden, die – wenn auch begünstigt und mitgeprägt durch die neuen
Voraussetzungen westlicher Freundschaft – viele Züge eines Wie-
dervereinigungsmodells trug[38]. Auf der Berliner Außenministerkonferenz hatte sich die westliche Einheit bewährt, und die Sowjetunion hatte Anzeichen von Verhandlungsbereitschaft und Verständigung in brennenden weltpolitischen Fragen gezeigt[39], die – obwohl eine Verhärtung in der Haltung zur deutschen Frage eingetreten war – Hoffnung auf Wiedervereinigung im Rahmen einer Glo-
balbereinigung des sowjetisch-westlichen Gegensatzes aufkeimen
ließen.

III. Im Gegenwind weltpolitischer Veränderungen

1. *Die neue weltpolitische Kräftekonstellation*
Fast gleichzeitig mit dieser in Adenauers Sicht relativ günstigen
Ausgangsbasis für einen Ausgleich des Westens mit der Sowjetunion
traten Änderungen ein, die ihn mißtrauisch machen und zur Über-
prüfung seiner Lagebeurteilung drängen mußten. Ein ganzes Bündel
neuer und veränderter Momente hatte sich ergeben: Die Sowjetunion war in den Besitz von Wasserstoffbomben und interkontinen-
talen Raketen gelangt. Sie konnte daher erstmals die USA in ihrem
eigenen Land bedrohen. Im Westen tauchten ungefähr gleichzeitig
Hoffnungen auf, daß die Politik der Sowjetunion sich grundlegend
gewandelt habe. Die Komplexe Abrüstung und Koexistenz traten
gegenüber den anderen sowjetisch-westlichen Gegensätzen in den
Vordergrund.

In der Bundesrepublik liebäugelte selbst der Koalitionspartner
FDP mit Ideen, die zumindest die Gefahr bargen, auf gemeinsame
westliche Politik zu verzichten und die Wertepriorität – zuerst
Freiheit, dann Einheit – umzukehren. Vor lauter Plänen zur Wiedervereinigung im In- und Ausland schienen die grundlegende Situationsanalyse und die daraus zu folgernden Konsequenzen in den
Hintergrund gedrängt zu werden.

Alle genannten Momente lassen sich in Adenauers Politik nachweisen; man sollte sich davor hüten, eines als allein ausschlaggebend

[38] Vgl. K. ADENAUER II, S. 378–381.
[39] Eine knappe, aber gute Einführung in die Ziele und Methoden der sowjetischen Außenpolitik
geben TH. WEINGARTNER sowie die Beträge in DIETRICH GEYER (Hrsg.), Osteuropa-Handbuch,
Sowjetunion. Außenpolitik 1917–1955, Köln–Wien 1972.

zu erklären. Seine Politik war jedoch stets von zwei übergeordneten Gesichtspunkten bestimmt: erstens der Frage, ob der rechte Zeitpunkt für Verhandlungen mit der Sowjetunion bereits gekommen sei; zweitens der beständigen Befürchtung, daß die Westmächte die Prärogative, die ihnen aus dem Deutschland-Vertrag für Deutschland als Ganzes zukam, dazu benutzen könnten, durch Konzessionen in der deutschen Frage ihre ureigenen Interessen gegenüber der Sowjetunion besser zu wahren[40].

Unter diesen Umständen versuchte Adenauer, zwischen deutschen Interessen und den neuen Möglichkeiten deutscher Politik auf der Grundlage wiedergewonnener Souveränität einerseits, den westlichen Abrüstungs- und Arrangementswünschen und den sowjetischen Zielen eines Sicherheitsabkommens auf der Basis des Status quo andererseits Balance zu halten. In konkrete Politik übersetzt hieß das für Adenauer, den fundamentalen Ausgangspunkt westlicher Ostpolitik – gemeinschaftlich zu handeln – auf jeden Fall, und sei es durch Lavieren oder durch Torpedieren vorschneller Vorstöße, zu bewahren oder wiederherzustellen; es hieß weiterhin, Präjudizierungen irgendwelcher Art für eine Lösung der deutschen Frage auf Status quo-Basis zu verhindern und gleichzeitig immer wieder zu versuchen, Ansatzpunkte für Verhandlungen mit der Sowjetunion über die Sicherung des Friedens und über eine Wiedervereinigung zu testen.

2. Der »Modell-Fall« Österreich

Die neue und veränderte Lage zeigte sich insbesondere im Jahre 1955, ohne daß es in der Sache begründet wäre, dieses Jahr als »den« Wendepunkt in Adenauers Politik hochzustilisieren[41]. Drei Ereignisse und ihre Folgen standen im Mittelpunkt: die Genfer Konferenzen der Regierungschefs und Außenminister der vier Siegermächte, der Besuch Adenauers in Moskau und die Lösung der Österreichfrage. Gerade in der Beurteilung der sowjetischen Österreichpolitik zeigten sich deutlich unterschiedliche Beurteilungen in der amerikanischen und deutschen Auffassung[42]. Dulles und noch mehr Eisenhower waren der Meinung, die Sowjetunion sei in der Österreichfra-

---

[40] B. BANDULET, S. 52, charakterisiert die Grundlage des deutsch-amerikanischen Verhältnisses so, daß kein Partner *eine Beziehung zur Sowjetunion förderte, indem er vitale Interessen des anderen mißachtete.*

[41] Die Bedeutung des Jahres 1955 zeigt sich schon rein äußerlich im Umfang der Seitenzahl, die ihm ADENAUER in seinen Memoiren widmet. Vgl. K. ADENAUER II, S. 384–556 und K. ADENAUER III, S. 13–108.

[42] Zum Zustandekommen des österreichischen Staatsvertrages vgl. ERIKA WEINZIERL – KURT SKALNIK (Hrsg.), Österreich. Die zweite Republik, 2 Bde, Granz–Wien–Köln 1972, hier S. 203–263.

ge zum ersten Male vor der westlichen »Politik der Stärke« zurück-
gewichen, und man könne erwägen, die osteuropäischen Staaten in
einen neutralen Staatengürtel in Europa einzugliedern und sie dadurch vom sowjetischen Druck zu befreien[43]. Adenauer dagegen sah
in der sowjetischen Österreichpolitik kein Anzeichen für einen strategischen Rückzug aus Mitteleuropa, sondern vielmehr einen *klug
berechneten Schritt*[44], um die westliche Welt glauben zu machen,
daß die Sowjetunion wirklich auf dem Weg zu einem Gesinnungs-
wandel sei, während sie tatsächlich die westliche Einheit durch
taktische Konzessionen zu sprengen beabsichtigte.

In der Tat traf die Diskussion im Gefolge der Österreich-Lösung
einen zentralen Nerv der Adenauerschen Politik: die Westbindung
der Bundesrepublik wurde wieder in Frage gestellt, nachdem sie
gerade erst kodifiziert worden war. Kaum glaubte er, die Selbstüberschätzung, Deutschland könne eine neutralisierte Kraft zwischen
den Blöcken bilden, endgültig überwunden zu haben, da entbrannte,
angefacht durch die sowjetische Taktik der Weckung nationaler
Hoffnungen, wieder die Gefahr, daß der Blick für die entscheidenden Punkte verstellt würde. Adenauer intervenierte daher sofort bei
Dulles und dieser distanzierte sich dann auch bereits am 24. Mai
1955 vom Gedanken einer Neutralisierung Deutschlands[45]. Jedoch
blieb die Vorstellung eines neutralen Gürtels in Europa, in wie auch
immer modifizierter Form, ein lebhaft diskutiertes Thema.

Mindestens genauso verlockende Aussichten wie für die Verbündeten schien das sowjetische Vorgehen auch für Teile der Parteien
und der Öffentlichkeit in der Bundesrepublik zu bieten. Der »Mo-
dellfall Österreich« schien der lang gesuchte Ausweg aus der Dicho-
tomie Westintegration-Wiedervereinigung zu sein und den Ansatzpunkt zur Entwicklung eigenständiger deutscher »Pläne« für eine
Wiedervereinigung zu bilden[46]. Adenauer sah insbesondere in der
FDP die Tendenz, sich von nationalistischen Strömungen bestimmen zu lassen; er konstatierte, daß es gerade 1955 *bei uns einige
nationalistische Zuckungen* gegeben habe, die ihre Hoffnungen auf
einen Separatgang Bonns nach Moskau setzten[47]. Er selber sah darin
in Übereinstimmung mit einem Kommentar der New York Times

---

[43] Vgl. dazu den Bericht ADENAUERS über Ausführungen von DULLES vom 17. Mai 1955, in K.
ADENAUER II, S. 443.
[44] Vgl. die ausführliche Darstellung der Meinungsverschiedenheiten bei K. ADENAUER II, S.
441–446.
[45] Vgl. ebd. S. 444.
[46] Vgl. dazu die Aufzeichnungen H. KRONES vom 23. und 25. April 1955, ADENAUER-STUDIEN III,
S. 138.
[47] Vgl. K. ADENAUER III, S. 107.

eine *schleichende Revolte* gegen seine Westpolitik und eine *Politik-macherei-um-jeden-Preis*. Den Westen, insbesondere die USA, suchte Adenauer von solchen Gedanken eines neutralen Gürtels in Europa abzubringen, indem er darauf hinwies, daß durch solche Überlegungen im Endeffekt das sowjetische Ziel, die USA aus Europa zu entfernen, zu ihrem eigenen Schaden gefördert würde; Hand in Hand mit dieser Warnung an den Westen gingen eigene und positive Erwägungen in der Sicherheitsfrage. Er ließ selber Pläne für eine Rüstungsbeschränkung erarbeiten, die dem sowjetischen Sicherheitsbedürfnis entgegenkommen sollten, ohne den Verbleib der USA in der Bundesrepublik zu gefährden[48].

3. Die Genfer Konferenzen 1955

Die Beunruhigung Adenauers über das Echo dieser Neutralitäts-Ideen im Westen, einer Politik, die unter Verkennung der Verhältnisse in Europa *irgendwie jetzt aus den Dingen herauszukommen*[49] suchte, wurde durch die Befürchtung gesteigert, daß sie auch auf der Gipfel- und Außenministerkonferenz in Genf eine Rolle spielen könnten. Heinrich Krone hat das Leitthema und den gleichzeitigen Alptraum der Adenauerschen Politik im Zuge der Ost-West-Verhandlungen bereits am 5. April 1955 deutlich artikuliert: *In der hohen Politik läuft es auf eine Vierer-Konferenz hinaus. Man drängt auf Koexistenz. Koexistenz auf der Basis des geteilten Deutschland. Haben wir eine Konzeption der Wiedervereinigung? Ich wüßte nicht. Sind wir auf die Gespräche, die auf uns zukommen, vorbereitet?*[50] Damit war angedeutet, daß die deutsche Politik künftig vor folgenden entscheidenden Aufgaben stand: Wie konnte man die Wiedervereinigungsprobleme bei Ost-West-Verhandlungen über die Klippe vorzeitiger Präjudizierungen auf der Basis des Status quo bringen? Wann, in welchem Verhandlungsstadium und mit welchen konkreten Lösungsvorschlägen mußte man sie von deutscher Seite aus als Verhandlungsgegenstand auf den Tisch zu legen versuchen?

Diese Fragen bestimmten Adenauers Aktivitäten, Überlegungen und Befürchtungen schon bei den Genfer Konferenzen 1955. Sie sind exemplarisch nachzulesen in dem »intimen« Brief- und Gedankenaustausch mit Dulles während des gesamten Jahres 1955, der letztlich um die Frage kreiste, wie die sowjetische Entspannungsoffensive nach Stalins Tod zu bewerten sei und, daraus folgernd, wie

[48] Vgl. K. ADENAUER II, S. 446.
[49] Vgl. ebd.
[50] Vgl. ADENAUER–STUDIEN III, S. 136f.

man Entspannung und Wiedervereinigung koppeln könne[51]. Adenauer ging davon aus, daß diese Entspannungsoffensive aus innerer Schwäche erfolge, um so eine taktische »Atempause« bei unveränderter weltpolitischer Zielsetzung, der Pentration Westeuropas, zu erreichen[52]. Unter einem solchen Blickwinkel mußte es für ihn eine Enttäuschung bedeuten, daß der Westen sich auf das Wagnis einließ, bei der Vorbereitung der Genfer Gipfelkonferenz auf die vorherige Festlegung einer Tagesordnung zu verzichten, während er, der wenig Hoffnung auf eine baldige Übereinkunft in wesentlichen Streitfragen hatte, auf einem Junktim zwischen Abrüstung und Wiedervereinigung bestand[53]. Dabei differenzierte Adenauer in der »Abrüstungsfrage« zwischen einem ersten Schritt in Richtung einer kontrollierten Abrüstung und einem erst danach auszuhandelnden Sicherheitssystem insbesondere in Europa. Diese Differenzierung barg jedoch das Risiko, daß die Sowjetunion den ersten Schritt als erste Stufe einer westlichen Anerkennung des Status quo benützen konnte und so das westliche Ziel konterkarierte, mit diesem ersten Schritt eine Vorstufe für ein Sicherheitssystem und für die Wiedervereinigung einzubauen. In diesem Risiko lag Adenauers Skepsis gegenüber dem »Eden-Plan« begründet. Er sah in ihm einen Ansatzpunkt, daß später politische Fragen bei der Lösung von Einzelfragen der Abrüstung ausgeklammert werden könnten[54]. Der Plan des britischen Premiers, eine Inspektionszone auf beiden Seiten der bestehenden Demarkationslinien zu installieren, bot den Sowjets die Möglichkeit, diesen Plan als Ausgangspunkt für eine Entspannung in einer als endgültig angesehenen Lage in Europa aufzugreifen, was Molotow auf der Genfer Außenministerkonferenz dann auch tat[55]. Dagegen betrachtete Adenauer den Vorschlag Eisenhowers einer gegenseitigen Luftinspektion als gute Anregung, einen konkreten Schritt zu tun und mit dem dadurch zu gewinnenden Vertrauenskapital dann an die Lösung des Junktims Abrüstung-Wiedervereinigung heranzugehen[56]. In Adenauers Sicht sind daher die Genfer

[51] Vgl. K. ADENAUER II, S. 437–486 und K. ADENAUER III, S. 31–63, S. 92–103.

[52] Vgl. das Unterkapitel bei K. ADENAUER II, S. 437ff. unter dem Titel *Unverändertes Ziel der Sowjetunion.*

[53] Vgl. ebd. S. 440f.

[54] Vgl. dazu und zur Problematik *Verbindung von Sicherheitsmaßnahmen mit politischen Regelungen* CHARLES R. PLANCK, Sicherheit in Europa. Die Vorschläge für Rüstungsbeschränkung und Abrüstung 1955–1965 (Schriften des Forschungsinstituts der Deutschen Gesellschaft für Auswärtige Politik e. V., Band 27), München 1968, S. 184–193.

[55] Zu ADENAUERS Bedenken vgl. K. ADENAUER II, S. 465, S. 470: *Es bestand die Gefahr, daß der westliche Abrüstungsvorschlag als Sicherheitsplan aufgefaßt und interpretiert werden konnte. Dieser Abrüstungsvorschlag ging aber noch von dem geteilten Deutschland aus. Ich hatte stärkste Bedenken.* Vgl. weiterhin für die Außenministerkonferenz K. ADENAUER III, S. 35ff. und S. 41–47.

[56] Vgl. K. ADENAUER II, S. 471 und den Brief ADENAUERS an DULLES vom 25. Juli 1955, ebd. S. 472f.

171

Konferenzen ein voller Erfolg der Sowjetunion gewesen. Der Westen hatte seine Kraft damit verbraucht, Einigung im Vorgehen zu erreichen, während die Sowjetunion durch die »Konferenz des Lächelns« eine internationale Aufwertung erfahren sowie eine Atempause ohne Gegenkonzession hatte buchen können. Sie hatte weiterhin insbesondere in der Öffentlichkeit des Westens eine Basis dafür erreicht, durch Betonung der gemeinsam zu lösenden Abrüstungsfrage die Wiedervereinigung ins Vergessen oder doch in die zweite Reihe zu drängen[57].

Welche Folgerungen ergaben sich nach Adenauers Auffassung bei dieser Lage für das weitere Verhältnis zwischen Ost und West und für das deutsche Ziel der Wiedervereinigung? Der Westen müsse davor bewahrt werden, *eine Atempause bereits als Wandel der sowjetrussischen Gesinnung zu deuten und in seiner Wachsamkeit nachzulassen*[58]; er müsse begreifen, daß das Zentrum sowjetischer Politik immer noch Europa heiße und die Sowjetunion asiatische Probleme dazu benutze, um Amerika von Europa abzulenken. Die Sowjetunion versuche, in einer neuen Phase der Ost-West-Beziehungen eine neue Taktik einzuschlagen: *Wir werden in zunehmendem Maße mit zunehmenden Entspannungsmanövern der Sowjets rechnen müssen, die darauf abzielen, die öffentliche Meinung unserer Länder einzuschläfern und damit zugleich die Abwehrkraft und Geschlossenheit des Westens aufzuweichen und seine Einheit zu zerstören*[59]. Ziel dieser Taktik sei es, die Wiedervereinigung auf unbestimmte Zeit hinauszuschieben, um so indirekt Tendenzen in der Bundesrepublik zu stärken, sich aus dem westlichen Bündnis zu lösen[60]. Daher weigerten sich auch die Sowjets, die Bereiche europäisches Sicherheitssystem und Wiedervereinigung zu koppeln: *Sie wollten die Wiedervereinigung hinausschieben und sie als Lockmittel erhalten, um die Bundesrepublik allmählich aus der Verbindung mit dem Westen herauszulösen. Sie wollten dadurch eine europäische Föderation verhindern und eine Änderung der amerikanischen Politik hinsichtlich Europas herbeiführen. Sie wollten in der öffentlichen Meinung der freien Völker das Interesse an der Wiedervereinigung Deutschlands erkalten lassen und die jetzige Einstellung der drei Mächte zu den großen Fragen allmählich zu ihren Gunsten ändern*[61].

[57] Vgl. zu ADENAUERS Beurteilung den charakteristischen Brief vom 9. August 1955 an DULLES, abgedruckt ebd., S. 478 ff.
[58] Vgl. ebd. S. 438.
[59] Vgl. den Brief an DULLES vom 25. Juli 1955, ebd. S. 472.
[60] Vgl. den Brief an DULLES vom 9. August 1955, ebd. S. 479 f.
[61] Vgl. K. ADENAUER III, S. 35.

Es galt für Adenauer also zu verhindern, daß in Zukunft der amerikanisch-sowjetische Interessenkonflikt in Europa überlagert würde vom gemeinsamen – in Adenauers Optik aber kurzsichtigen – Interesse an Abrüstungs- und Sicherheitsvereinbarungen auf der Basis des Status quo[62]. Diese Gefahr hatte ihren konkreten Hintergrund in einer Formulierung der Direktiven der Regierungschefs in Genf an ihre Außenminister, die einen Unterschied machte zwischen *Lösung der deutschen Frage und der Wiedervereinigung Deutschlands*[63]; hinzu kamen Äußerungen *nicht unbedeutender englischer politischer Persönlichkeiten,* daß es kein lockendes Geschäft sei, wegen Rumpfdeutschlands die Verständigung mit der Sowjetunion zu opfern[64]. Dabei blieben für Adenauer trotz aller Gefahren die Abrüstung sowie ein europäisches Sicherheitssystem die allein erfolgversprechenden Hebel, um eine Wiedervereinigung in die Wege zu leiten[65].

4. *Die Moskau-Reise Adenauers*

1955 bot sich Adenauer erstmals die reale Möglichkeit, auf der Basis der Westintegration und der wiedererlangten Souveränität mit Moskau ein direktes Gespräch zu führen, auf dessen Möglichkeit er schon bei seinen Verhandlungen mit den Hohen Kommissaren 1949 auf dem Petersberg bestanden hatte[66]. Die Sowjetunion hatte in ihrer Einladung vom 7. Juni 1955 keinerlei Vorbedingungen gestellt, die eine Aufnahme diplomatischer Beziehungen von der Anerkennung des Status quo abhängig machten: man hatte also eine Verhandlungsbasis. Andererseits befürchtete Adenauer, daß Moskau mit dieser Einladung Unsicherheit im Westen über die deutsche Standfestigkeit erzeugen und gleichzeitig das Thema Wiedervereinigung aus dem Themenkatalog der Genfer Konferenz unter Hinweis auf die deutsch-sowjetischen Direktgespräche streichen wolle, um so die Koppelung der Wiedervereinigung mit einem Sicherheitssystem in Europa zu umgehen[67]. Daher mußte er zunächst versuchen, im Gespräch mit den Westmächten, insbesondere mit den USA, Zweifel an der deutschen Politik zu beseitigen und die Alliierten gleichzeitig darauf festzulegen, die Wiedervereinigung in Genf zu einem zentralen Thema im deutschen Sinne zu machen, d. h. die Einheitlichkeit der westlichen Politik zu gewährleisten[68].

[62] Vgl. H. BUCHHEIM, S. 94.
[63] Vgl. K. ADENAUER III, S. 34.
[64] Vgl. K. ADENAUER II, S. 477.
[65] Vgl. K. ADENAUER II, S. 452 und III, S. 31–35 und S. 61.
[66] Vgl. DIE AUSWÄRTIGE POLITIK, Einleitung S. 46.
[67] Vgl. K. ADENAUER II, S. 447–450.
[68] Vgl. zu ADENAUERS USA-Reise im Juni 1955, ebd. S. 455–465.

Adenauer fuhr nicht in der Erwartung nach Moskau, die Wiedervereinigung herstellen zu können, sondern – abgesehen von konkreten Detailzielen wie Rückkehr der Gefangenen – in exploratorischer Absicht. Ferner wollte er ein Instrumentarium für spätere, dann möglicherweise substantielle Verhandlungen herstellen. Er selbst nennt folgende Zielsetzungen[69]:

- Erkundigung, ob die Zeit für eine Ost-West-Verständigung bereits reif sei, ob also er oder Dulles recht hätten in der Beurteilung der sowjetischen Politik.
- Erkundigungen, ob die offensichtlich von der Sowjetunion gewünschte Atempause nur eine innere Erholung begünstigen solle oder eine Basis für eine Entspannung sein könne.
- Erneute Festigung der Position, daß die vier Siegermächte verantwortlich für die Einheit Deutschlands seien, d. h. daß in Moskau die *Frage der Einheit Deutschlands nur erörtert werden konnte, daß aber ihre Lösung eine Pflicht der Siegermächte war.*
- Erprobung der sowjetischen Verhandlungstaktik und der Maxime: keine Konzession ohne Gegenkonzession.
- Einen Faden anknüpfen, *der, wenn die Verhandlungen in Genf einen günstigen Verlauf nähmen, verstärkt werden könnte.*
- Darlegung der deutschen Politik, die darauf abziele, auf der Basis der Entspannung ein europäisches Sicherheitssystem anzustreben.
- Aussparung wirtschaftlicher und kultureller Fragen, da sie für spätere Verhandlungen ein *wesentliches politisches Moment* darstellten.
- Aufnahme diplomatischer Beziehungen nur unter voller Wahrung des Rechtsstandpunktes der Bundesregierung und der Freilassung von Kriegsgefangenen.

Die breite Schilderung der Moskauer Verhandlungen in den Erinnerungen Adenauers unterstreicht die Bedeutung dieses Besuchs für seine Urteilsfindung und für seine Konzeption der künftigen Politik[70]. Ein wesentliches Ergebnis für ihn war, daß man mit der Sowjetunion verhandeln konnte, jedoch nur, wenn ein Interesse von großer Bedeutung für sie selbst im Spiel sei und der Partner bereit sei, hart bis an die Grenze des Verhandlungsabbruchs zu gehen, um seine eigenen Forderungen als Äquivalent durchzusetzen. Dies gelang Adenauer in der Koppelung der Kriegsgefangenenfrage mit der Herstellung diplomatischer Beziehungen. Weiterhin hatte er die Probe aufs Exempel gemacht, daß die Sowjetunion mit sich verhan-

[69] Vgl. Ebd. S. 487–493.
[70] Vgl. ebd. S. 496–556.

deln ließ, obwohl sie an der Realität der Westbindung der Bundesrepublik nichts ändern konnte.

Das für die künftige Politik besondere Interesse Adenauers konzentrierte sich im Kreml auf Fragen nach den weiteren Zielen der sowjetischen Politik und auf Voraussetzungen und Ansatzpunkte für etwaige weitere Verhandlungen. Er sah sich in seiner Skepsis gegenüber dem von Dulles in der Frage der sowjetischen Entspannungspolitik geäußerten Optimismus bestätigt: *Eine Wandlung der Gesinnung und der grundlegenden Ziele der Sowjetregierung konnte ich nicht feststellen*[71]. Auf der anderen Seite hatte er direkt aus sowjetischem Munde erfahren, daß die Sowjetunion in Zukunft drei Probleme zu bewältigen habe: Hebung des Lebensstandards der Bevölkerung, Aufrüstung bis zur qualitativen Gleichstellung mit den USA, Einstellung auf die von Rotchina drohende Gefahr[72]. Chruschtschow ging sogar soweit, Adenauer den Vorschlag zu machen, die Bundesrepublik solle der Sowjetunion gegen China helfen. Adenauers Reaktion: *Ich dachte, lieber Freund, du wirst eines Tages ganz zufrieden sein, wenn du im Westen keine Truppen mehr zu unterhalten brauchst,* deutet seine Schlußfolgerungen an. Er war der Meinung, daß die sowjetische Führung zu begreifen anfing, daß alle drei Aufgaben zugleich zu lösen, über ihre Kraft gehe, daß sie folglich eine Atempause anstreben müsse. Daher galt es, evtl. Milderungen ihrer Feindseligkeit gegenüber dem Westen auf ihre Intention zu prüfen und die gewünschte Atempause zu nutzen, um in den Zustand eines »kalten Friedens« zu gelangen, der die Wiedervereinigung mit einschloß[73]. Des weiteren hatte er die Überzeugung gewonnen, *daß die Sowjetunion wirklich ein starkes Sicherheitsbedürfnis hatte*[74]. Das waren die zwei Momente – das Bedürfnis der Sowjetunion nach einer Atempause, nach einem Stillhalten in der weltpolitischen Auseinandersetzung, sowie das Bedürfnis nach Sicherheit –, die Adenauer als Ansatzpunkte, als mögliche Verhandlungsbasis aus seinen Moskauer Gesprächen mitbrachte[75].

In der Wiedervereinigungsfrage war ihm endgültig klargeworden, daß mit einem kurzfristigen Einlenken der Sowjetunion nicht zu rechnen sei, daß also nur eine langfristige Politik zum Ziele führen

[71] Vgl. ebd. S. 554.
[72] Vgl. ebd. S. 527.
[73] Vgl. ebd. S. 553 f.
[74] Vgl. ebd. S. 556.
[75] Die Interpretation, die WILHELM HAUSENSTEIN, Pariser Erinnerungen. Aus fünf Jahren diplomatischen Dienstes 1950–1955, München ³1961, S. 83–86, gibt, ADENAUER habe für die tatsächliche Gefahr, die aus der Aufnahme diplomatischer Beziehungen sich ergeben könnte, möglicherweise das Augenmaß verloren, geht wohl von zu emotionalen Urteilskriterien aus.

könne. Vor seinem Moskaubesuch war insbesondere über österreichische Kanäle die Hoffnung genährt worden, daß es in Moskau Anzeichen für die Bereitschaft gebe, weitgehende Konzessionen für eine Wiedervereinigung in Freiheit zu machen[76]. Diese Anzeichen hatte sich auch nicht ansatzweise bestätigt. Allerdings hatten die Sowjets nochmals die Viermächteverantwortung ausdrücklich anerkannt und von der Bundesrepublik keineswegs die Anerkennung ihrer These von der Zweistaatlichkeit Deutschlands verlangt. Bei aller Skepsis hatte Adenauer daher *das Gefühl, mit den Männern im Kreml vielleicht doch eines Tages eine Lösung unserer Probleme finden zu können*[77].

5. Gemeinschaftsorientierte Westpolitik als vordringliche Aufgabe

Auf die Zeit fast fieberhafter Ost-West-Verhandlungen 1954/55 folgte in den Jahren 1956/57 eine wesentliche Abkühlung in den Ost-West-Beziehungen. Diese Jahre sind charakterisiert durch eine merkwürdige Mischung aus vielerlei Plänen für Abrüstungs- und Sicherheitskonzepte einerseits und politischen Eruptionen wie der Suezkrise und dem Ungarnaufstand andererseits. Adenauer sah nach den verschiedenen Anzeichen westlicher Uneinigkeit und dem großen psychologischen Erfolg der Sowjetunion auf den Genfer Konferenzen die primäre Aufgabe darin, die westliche Einheit zu konsolidieren. Mehr denn je galt für ihn die Maxime, daß man sich um seine Freunde bemühen müsse, wenn man sie sich erhalten wolle. Auch bei diesen Bemühungen gab es für Adenauer kein Entweder-Oder, sondern nur besondere Akzentuierungen und Modifikationen auf Grund veränderter Umstände. So konnte es durchaus nach außen den Anschein haben, als ob Widersprüche und Ungereimtheiten gleichzeitig nebeneinander stünden: er wollte die verschiedensten Möglichkeiten offenhalten, um zu gegebener Zeit für das Beste optieren zu können.

Dementsprechend lag der Schwerpunkt seiner Aufmerksamkeit nach den fast permanenten Ost-West-Gesprächen des Jahres 1955 auf der Westpolitik, mit dem Ziel, die westliche Einheit zu festigen und zu sichern. Ausgehend von der sowjetischen Verhärtung in der Deutschlandfrage glaubte er nämlich, daß weitere Verhandlungen sinnlos seien, sei es auf einer neuen Vier-Mächte-Außenminister-konferenz, sei es im Direkt-Kontakt Bonn-Moskau, sei es in Sach-

---

[76] Vgl. dazu die Aufzeichnungen H. KRONES vom 10. und 30. Juni 1955, ADENAUER–STUDIEN III, S. 139, über Hinweise des österreichischen Presseattachés SEIFFERT und des österreichischen Außenministers FIGL.

[77] Vgl. K. ADENAUER II, S. 556.

verständigenausschüssen. Für gefährlich hielt er auch den beständigen Ruf nach Initiativen, ohne daß vorher geklärt war, worin diese zu bestehen hätten und welche Erfolgsaussichten sie haben könnten. Es würden nur Illusionen und trügerische Hoffnungen geweckt[78].

Bei dem Versuch, die Gemeinsamkeit der westlichen Außenpolitik zu erneuern, standen die USA, insbesondere Außenminister Dulles, im Mittelpunkt von Adenauers Bemühungen. Der nicht abreißende Briefwechsel und persönliche Meinungsaustausch Adenauer-Dulles über die nach Genf einzuschlagende Politik begann bereits im Dezember 1955[79]. Es wäre jedoch eine Vereinfachung, wollte man die *special relationship* mit den USA[80] oder die *atlantische Phase*[81] in Adenauers Außenpolitik überbetonen oder als Selbstzweck ansehen: Sie war ein funktionales Element zur Wiedergewinnung oder Festigung gemeinschaftsorientierter westlicher Politik, das sich aus den besonderen Umständen dieser Jahre ergab. Sie hatte zwei Funktionen: Erstens die USA als Führungsmacht dazu zu bringen, eine gemeinsame Linie des Westens gegenüber dem Osten durchzusetzen, und zweitens durch gleichzeitigen Fortschritt in der europäischen Einigung und durch engere Konsultation mit den USA die amerikanische Politik mitzubestimmen.

Für Adenauer war dieses doppelte Ziel am ehesten und besten über die NATO zu erreichen: sie sollte über ein militärisches Zweckbündnis hinaus zu einem politischen Instrument gemacht werden[82]. Adenauer diagnostizierte der NATO einen höchst kritischen Zustand. Gegenüber Allan Dulles, dem Bruder des amerikanischen Außenministers, äußerte er im Sommer 1956: *Die NATO wird senil, und die Aussichten für die Zukunft sind schrecklich. Ich bin sehr besorgt, wenn man der NATO kein neues Blut zuführt und ihr keine neue politische Kraft gegeben wird.* Sie drohe zu einem Klub höherer Offiziere herabzusinken[83]; sie sei durch internen Streit wie in der Zypernfrage gelähmt und biete der Sowjetunion wegen mangelnder politischer Koordination Ansatzpunkte zur Diversion. Die Aussprache mit John Foster Dulles im Juni 1956 erbrachte zwar

[78] Vgl. K. ADENAUER III, S. 91.
[79] Vgl. ebd. S. 94–103 die Briefe ADENAUERS an DULLES vom 12. Dezember 1955, die mündliche Reaktion von DULLES gegenüber dem deutschen Botschafter KREKELER, wiedergegeben in dem Brief von KREKELER an ADENAUER vom 22. Dezember 1955, und den Antwortbrief von DULLES an ADENAUER vom 27. Dezember 1955.
[80] So B. BANDULET in Charakterisierung des deutsch-amerikanischen Verhältnisses 1953–1959, vgl. bes. S. 50ff.
[81] So W. BESSON, S. 154ff. und S. 173ff.; BESSON spricht von der Bundesrepublik als *Juniorpartner Washingtons*.
[82] Neben vielen anderen Bemerkungen vgl. bes. K. ADENAUER III, S. 140-143.
[83] Vgl. ebd. S. 213.

prinzipielle Übereinstimmung in dem Willen, die NATO politisch zu aktivieren, zeigte aber auch, daß die USA nicht bereit waren, ihre weltweite Politik durch andere Länder überprüfen zu lassen[84].

Die drei Fragen, die Adenauer bei seinem Besuch beantwortet wissen wollte: – *Waren die Vereinigten Staaten nach wie vor bereit, ihre Führungsrolle im Rahmen der NATO wahrzunehmen? Waren sie bereit, an der Beseitigung der offensichtlichen Mängel innerhalb der NATO mitzuwirken? Waren sie bereit, sich an einer politischen Konsultation innerhalb der NATO zu beteiligen?*[85] – wurden also nur bedingt mit Ja beantwortet. Wenige Monate später ist es sogar im Gefolge des sogenannten »Radfort-Planes« zu tiefgehenden Differenzen zwischen Dulles und Adenauer gekommen, den ernstesten, die es zwischen beiden je gegeben hat.

Die zweite Komponente der intensivierten Westpolitik betraf die europäische Integration. Charakteristisch dafür ist Adenauers Festlegung der Richtlinien zur Europapolitik vom 19. Januar 1956. Diese gehen davon aus, daß die Integration ein Angelpunkt künftiger Entwicklung sein müsse. *Wenn die Integration gelingt, können wir bei den Verhandlungen sowohl über die Sicherheit wie über die Wiedervereinigung als wesentliches neues Moment das Gewicht eines einigen Europas in die Waagschale werfen. Umgekehrt sind ernsthafte Konzessionen der Sowjetunion nicht zu erwarten, solange die Uneinigkeit Europas ihr Hoffnung gibt, diesen oder jenen Staat zu sich herüberzuziehen, dadurch den Zusammenhalt des Westens zu sprengen und die schrittweise Angliederung Europas an das Satellitensystem einzuleiten*[86].

Das Dilemma, in dem sich Adenauer 1956 in seiner westorientierten Außenpolitik befand, zeigt sich besonders eindrucksvoll in zwei Äußerungen. Im Februar sagte er zum CDU-Fraktionsvorsitzenden Krone, *wir könnten bei der Ungewißheit und Unsicherheit in Europa nichts Klügeres tun als mit Amerika bilateral ein Bündnis eingehen*[87]. Im September vertrat er in einer Rede in Brüssel die Meinung, man dürfe nicht völlig im Schlepptau der Vereinigten Staaten treiben, sondern müsse Möglichkeiten für eine selbständige europäische Politik schaffen, damit Europa als eigenständige Kraft zwischen den Machtblöcken der Friedenserhaltung dienen könne[88]. Noch deutlicher wurde er im Oktober gegenüber dem neuen französischen

---

[84] Vgl. die ausführliche Darlegung der Unterredung mit DULLES ebd. S. 162–173.
[85] Vgl. ebd. S. 159.
[86] Vgl. ebd. S. 253 ff.
[87] Vgl. die Aufzeichnung vom 15. Februar 1956, ADENAUER-STUDIEN III, S. 140.
[88] Vgl. K. ADENAUER III, S. 223 f.

Botschafter in Bonn, Couve de Murville: Schon seit 1945 habe die Gefahr bestanden, daß die USA und die Sowjetunion entweder miteinander Krieg führten oder sich auf dem Rücken der übrigen Welt einigten – beides Alpträume für Adenauer[89]. Die zwei Gefahrenmomente – europäische Uneinigkeit und Alleingänge einzelner Staaten auf der einen und die Möglichkeit eines bilateralen Arrangements der USA mit der Sowjetunion auf der anderen Seite – zu bannen, war das vorrangige Bemühen Adenauers nach 1955.

6. Die Entwicklung in der Sowjetunion und im Ostblock seit 1956
Daß sich 1956 die außenpolitische Lage in der Welt für den Westen und damit für Deutschland verschlechterte, lag nach Adenauers Auffassung daran, daß *der Widerstand gegen Rußland nicht gut geführt wurde* und nicht etwa an dessen wachsender Stärke[90]. Diese Auffassung hatte wiederum ihren Grund in der Beurteilung der sowjetischen Politik und der Konsequenzen, die sich daraus für einen Ost-West-Dialog ergaben. Eine Konstante der Adenauerschen Politik war die für ihn selbstverständliche Annahme, daß die Sowjetunion eine expansive Machtpolitik betreibe, in erster Linie auf Westeuropa gerichtet, getragen von der Tradition der zaristischen Großmacht- und Eroberungspolitik und gestärkt durch die weltrevolutionäre Ideologie des Kommunismus[91]. Genauso selbstverständlich war für ihn, daß dem sowjetischen Expansionsdrang nur durch Wachsamkeit und Stärke begegnet werden konnte und daß der Westen in diesem Globalkonflikt nur bestehen könne, wenn die Gefahren eines *amerikanischen Isolationismus, selbstzerstörerischen europäischen Nationalismus, antideutschen Ressentiments* ausgeschaltet blieben[92]. Das bedeutete jedoch keineswegs, daß er Verhandlungen als unmöglich oder aussichtslos betrachtete; denn eine weitere Grundkonstante des Denkens und – dieses Moment sollte nicht unterschätzt werden – der geschichtlichen Erfahrung Adenauers bestand in der Erkenntnis, daß totalitäre Staaten *nur einen maßgebenden Faktor, und das ist die Macht*[93], kennen und daß folglich

[89] Ebd. Weiterhin war das Verhalten der USA im Weltsicherheitsrat während der Suezkrise für ADENAUER besonders kennzeichnend; er schreibt dazu: *Es bleibt ein historischer Markstein der Nachkriegspolitik, daß in der Suezkanalkrise die Vereinigten Staaten von Amerika und die Sowjetunion in den Vereinten Nationen das erste Mal gemeinsam stimmten gegen zwei Staaten der NATO.* Ebd. S. 226.
[90] Vgl. ebd. S. 140.
[91] Diese Fundamentalannahme ADENAUERS findet sich durchgängig in allen Bänden der Memoiren und in diversen Äußerungen gegenüber ANNELIESE POPPINGA, Meine Erinnerungen an Konrad Adenauer, Stuttgart 1970, etwa S. 44. H.-P. SCHWARZ, S. 111 ff. hat sie mit Einzelnachweisen treffend dargestellt.
[92] Vgl. H.-P. SCHWARZ, S. 112.
[93] Vgl. K. ADENAUER I, S. 382. Vgl. weiterhin die auch bei H.-P. SCHWARZ, S. 125 Anm. 17

nur auf der Basis gleicher oder stärkerer Macht mit ihnen erfolgreich zu reden sei. Die seiner Meinung nach einzig realistische Hoffnung auf positive Verhandlungsergebnisse beruhte auf dem festen Glauben, daß die westliche Welt, *gemessen an ihrer Menschenzahl, ihrer geistigen Entwicklung, ihrem militärischen und wirtschaftlichen Potential, dem ihr gegenüberstehenden Ostblock erheblich überlegen sei*[94] und daß die Sowjetunion in einen Zielkonflikt zwischen ihren innenpolitischen Aufgaben, ihrem Sicherheitsbedürfnis nach Westen und ihrem Sicherheitserfordernis nach Osten kommen werde[95].

Vor diesem Hintergrund muß man Adenauers Beurteilung der Entwicklungen in der Sowjetunion und im Ostblock seit Stalins Tod und insbesondere nach dem XX. Parteitag der KPdSU vom Februar 1956 sehen. Die »Friedensoffensive« der Sowjetunion nach Stalins Tod hatte Adenauer nur als eine geschickt inszenierte Methodenänderung bei gleichbleibender Zielsetzung interpretiert; er sah sich nachträglich bestätigt durch die Ausschaltung Malenkows, der nach gewissen Anzeichen einen wirklichen Ausgleich mit dem Westen gesucht habe[96]. Mußte man nicht Ähnliches aus dem XX. Parteitag schließen oder waren tatsächlich Anzeichen eines grundlegenden Wandels vorhanden? Adenauers Antwort darauf war vorsichtig: Er bestritt nicht, *daß sich in der Sowjetunion unteressante Dinge abspielten*, beharrte jedoch darauf, daß es *bis jetzt lediglich Hoffnungen und keine Tatsachen* seien[97]. Im Grunde genommen glaubte er jedoch nicht an eine plötzliche, sozusagen datierbare Änderung von heute auf morgen. Ihr widersprach ein seiner Meinung nach strukturelles Wesensmerkmal auch der Diktatur: Die Erfahrung, daß grundlegender Wandel sich evolutionär vollziehe, es sei denn, eine Revolution schaffe andere Voraussetzungen. Schließlich sprach auch der Augenschein des Faktischen dagegen: Bisher seien keine Ziele in konkreto aufgegeben worden. Gegenüber dem indischen Premierminister Nehru erklärte Adenauer im Sommer 1956, er glaube nicht, daß Menschen, die jahrzehntelang in den Kategorien diktatorischer Herrschaft gedacht und gehandelt hätten, dies auf einmal als etwas Schlechtes betrachteten und in der Freiheit den einzig möglichen Wert sähen. Eine Diktatur verändere immer den Geist des Menschen, sowohl des Volkes wie den des Diktators, der

---

aufgezählten Stellen: I, S. 341, S. 385, S. 562 f.; II, S. 63, S. 65, S. 554; III, S. 113, S. 140, S. 280, S. 310; IV, S. 99, S. 102, S. 229. Vgl. auch A. POPPINGA, S. 43.

[94] Vgl. K. ADENAUER III, S. 280.

[95] Vgl. etwa K. ADENAUER II, S. 553; III, S. 290.

[96] Vgl. K. ADENAUER III, S. 152.

[97] Vgl. ebd. S. 154.

Diktator habe folglich für die Person und ihre Freiheit nur Verachtung übrig[98]. Adenauer neigte daher dazu, die Moskauer Ereignisse für *interne Vorgänge, für einen Kampf der Diadochen untereinander* zu halten, den Vorgängen nach dem Tode Lenins vergleichbar[99]. In der Rede Chruschtschows auf dem XX. Parteitag sah er keinerlei Anzeichen für eine Bereitschaft zur Revision der imperialistischen Außenpolitik, und so stand für ihn fest, daß die Sowjetunion weiterhin *dieselben weltpolitischen Endziele wie Stalin, wenn auch mit teilweise neuen und elastischeren Vorzeichen* verfolge[100].

Dieser Beurteilung stand jedoch eine langfristige, wenn auch immer von Skepsis begleitete Hoffnung auf eine evolutionäre Wandlung gegenüber, die sich auf indirekte Wirkungen von Maßnahmen stützte, die das totalitäre Regime aus Zweckmäßigkeitsgründen ergreifen mußte[101]. Die sowjetische Führung konnte sich – so Adenauer – eine Versorgungskrise der Bevölkerung nicht mehr leisten, weil sie nicht mehr über die Autorität Stalins und seinen Polizei- und Unterdrückungsapparat verfüge. Daher versuche sie jetzt, die unter Stalin entstandene Lähmung jeder Initiative und Verantwortungsfreude zu überwinden. *Es konnte sein, daß hierin eine Chance lag. Es war nicht ausgeschlossen, daß das Regime in Zukunft zu größeren Zugeständnissen genötigt sein würde, als es ursprünglich beabsichtigte, um dem Drängen der Bevölkerung nach Hebung ihres Lebensstandards nachzukommen*[102]. Darüber hinaus hielt er es für nicht ausgeschlossen, daß auch die tragende Führungsschicht zu neuen Anschauungen gelangte: *Es könne sich eine allmähliche Evolution vollziehen, die zu einer besseren Regierung führe* [...] *Ich glaubte jedoch nicht an einen plötzlichen Wandel*[103].

Wie wenig man allerdings Adenauer ausschließlich auf nah- oder langfristige Erwartungen festlegen kann und wie eng sich gegenseitig ausschließende Urteile beieinanderliegen können, zeigt seine geradezu euphorische Beschreibung der möglichen Konsequenzen aus den Ereignissen in Polen und Ungarn im Herbst 1956. Zunächst einmal differenzierte er zwischen *Veränderungen in Polen* und *Aufstand in Ungarn*[104]. In Polen sah er eine Koalition nationalkommunistischer und antisowjetischer Bewegung am Werk, die die Mög-

---

[98] Vgl. ebd. S. 184. Vgl. auch ebd. S. 205 und A. POPPINGA, S. 168.

[99] Vgl. K. ADENAUER III, S. 110.

[100] Vgl. ebd. S. 110.

[101] H.-P. SCHWARZ, S. 129 charakterisiert ADENAUERS Erwartungshorizont in Bezug auf eine Änderung des sowjetischen Systems sehr treffend: *So schwankte er zwischen kurzfristiger Ungläubigkeit und vorsichtiger langfristiger Aufgeschlossenheit.*

[102] Vgl. K. ADENAUER III, S. 154.

[103] So ADENAUER gegenüber NEHRU, vgl. ebd. S. 184.

[104] Vgl. ebd. S. 228–234.

lichkeit einer evolutionären Entwicklung in sich bergen könne, während sich in Ungarn eine Entladung antikommunistischer und antisowjetischer Strömungen in einem Aufstand vollzogen habe. Welche Folgerungen zog Adenauer aus den Ereignissen? Zunächst die nüchterne Bilanz, daß die Chance der sofortigen Befreiung Osteuropas verlorenging, wobei er die Verstrickung Frankreichs und Englands sowie der USA in das Suez-Abenteuer mit als Grund ansah[105]. Auf der anderen Seite jedoch schöpfte er große Hoffnungen. Die *inneren Widersprüche im Kommunismus* seien deutlich geworden und die *Kräfte, die am Werk waren, konnten sich auf lange Sicht zur Schwächung des Kommunismus als internationalen Faktor auswirken*[106]. Adenauer setzte seine Hoffnungen auf folgende Anzeichen: In Ungarn und Polen hatte sich gezeigt, daß der Freiheitswille der Völker nicht beliebig und endgültig zu unterdrücken sei; der Aufstand hatte deutlich gemacht, daß die Satellitenstaaten für die Sowjetunion keine Hilfe, sondern eine Belastung und einen Gefahrenherd darstellten; in Polen war ein Zustand erreicht worden, der einen Rückfall in die totale Unfreiheit der vergangenen Jahre unmöglich machte und die Hoffnung auf einen unblutigen, aber unaufhaltsamen Fortschritt zu mehr Freiheit und Unabhängigkeit barg; dieser würde Rückwirkungen auf die übrigen Satellitenstaaten und letztlich auch auf die Sowjetunion selbst haben. Im Gegensatz zu der Beurteilung des XX. Parteitags der KPdSU glaubte Adenauer sogar vermuten zu können, daß im Kreml nicht Diadochenkämpfe um persönliche Macht Einzelner, sondern Richtungskämpfe stattfänden[107]. Adenauer gab keine nähere Charakterisierung der beiden Richtungen, die er im Kreml vermutete, doch deutete er an, daß es um die Frage gehe, ob die Welteroberungspläne weiter aufrecht erhalten werden könnten: *Aber es bestand für mich kein Zweifel, daß diejenigen, die die Macht in Sowjetrußland hatten, immer mehr zu der Erkenntnis gelangten, und zwar gerade durch die Vorgänge des letzten Jahres, daß derartige Pläne bei weitem über die Kräfte Sowjetrußlands hinausgingen. Sowjetrußland konnte nicht den niedrigen sozialen Stand seiner Bevölkerung heben, gleichzeitig in stärkerer Weise aufrüsten und die von ihm unterjochten Staaten, in denen sich der Freiheitswille regte, niedergedrückt halten. Das ging über seine Kraft*[108]. So glaubte er, daß sich eine Wende in der Nachkriegsgeschichte anbahne, weil die Sowjetunion aus

[105] Vgl. ebd. S. 233.
[106] Vgl. ebd. S. 240.
[107] Vgl. ebd. S. 241.
[108] Vgl. ebd. S. 242.

Mangel an Potenz neue Zielprioritäten aufstellen müsse und weil im Westen neue Impulse in der europäischen Einigung zu verzeichnen seien[109].

Diese Hoffnung, daß sich eine Nachkriegswende abzeichne, kontrastiert merkwürdig mit seiner Zurückhaltung in konkreten politischen Schritten in Richtung Osteuropa: zumindest öffentlich waren neue Ansatzpunkte kaum erkennbar. Allerdings ist die Frage der Osteuropa–, speziell der Polenpolitik Adenauers noch völlig unerforscht, und einigermaßen verläßliche Quellenaussagen stehen nicht zur Verfügung[109a].

Analysiert man die wenigen Bemerkungen in den Memoiren, so scheint eines festzustehen: Adenauer war sich spätestens seit 1956 der Bedeutung Osteuropas, oder besser gesagt, Polens für eine in seiner Sicht hoffnungsvolle Entwicklung im Ostblock bewußt. Dieser Tatbestand wird etwa in einer Bemerkung gegenüber Heinrich Krone Anfang 1957 deutlich ausgesprochen: *Man muß die Tendenzen zur Selbständigkeit in den osteuropäischen Staaten als Ansatzpunkte europäischer Politik begrüßen*[110]. Unmittelbar nach den Herbstereignissen 1956 schien es ihm jedoch unklug, aktiv in Osteuropa einzugreifen, und zwar aus zwei Gründen: einmal, weil er befürchtete, daß die Sowjetunion eine sofortige Initiative zum Anlaß nehmen könnte, zu einer *Diversion nach außen* überzugehen, um

---

[109] Vgl. ebd.: *Alle großen historischen Ereignisse – und es handelte sich hier um eine große historische Entwicklung – treten fast nie in stürmischer Entwicklung von heute auf morgen ein. In der Geschichte wirken die plötzlich eintretenden Ereignisse, wie Revolutionen und Kriege, mörderisch und zerstörend. Die auf Grund innerer Entwicklung mit Naturnotwendigkeit eintretenden Veränderungen sind zwar langsamer, aber erfolgreicher. Wir mußten diese Entwicklung fördern, mit Klugheit, mit Geduld und mit Beharrlichkeit.*

[109a] Immerhin gibt es ein Bündel von Vermutungen, weshalb eine nach außen sichtbare Politik nicht zum Tragen gekommen sei. Dazu gehört (so Dr. HANS-PETER SCHWARZ, seit 1967 Professor für Wissenschaftliche Politik und Direktor des Seminars für Sozialwissenschaften der Universität Hamburg, ab dem Wintersemester 1973/74 an der Universität Köln): Die Satelliten-Theorie; danach sei die Sowjetunion im Ostblock als unumschränkte Hegemonialmacht angesehen worden, so daß Beziehungen zu den Satelliten in der Deutschland-Frage nichts Positives oder sogar eine Verschlechterung des deutsch-sowjetischen Verhältnisses hätten bringen können; dann die Vermutung, ADENAUER habe die potentielle Rolle der Bundesrepublik in Osteuropa als unwichtig angesehen, weil dieser geographisch-politische Raum seinem außenpolitischen Denken fremd gewesen sei; weiter die Annahme, daß die ideologische Ablehnung der kommunistischen Regime eine Schranke gebildet hätte. Eine denkbare Erklärung könnte auch in der Hypothese gesehen werden, daß eine Normalisierung der Beziehungen zu Osteuropa als diplomatisches Spielmaterial angesehen worden sei, das zu gegebener Zeit, bei Druck der Sowjetunion oder des Westens, eingesetzt werden könnte.

Für die Zeit nach 1957 liegen noch zwei weitere Vermutungen nahe: einmal, daß der Abbruch der diplomatischen Beziehungen zu Jugoslawien Ende 1957, der für ADENAUER sehr ungelegen kam, aus Gründen der Glaubwürdigkeit aber notwendig war, einer bereits ins Auge gefaßten flexiblen Osteuropapolitik Fesseln angelegt hat; schließlich, daß die außenpolitische Offensive der Sowjetunion nach 1958 Konzessionen nur in Gestalt von Paketlösungen ratsam erscheinen ließ.

[110] Vgl. die Aufzeichnungen vom 11. Januar 1957, ADENAUER-STUDIEN III, S. 141. Vgl. weiterhin auch die Bemerkungen von FELIX VON ECKARDT, Ein unordentliches Leben. Lebenserinnerungen, Düsseldorf-Wien 1967, S. 524.

von den inneren Schwierigkeiten abzulenken – eine *große Gefahr, die vor uns stand und die noch geraume Zeit vor uns stehen würde*[111]. –, sodann weil er fürchtete, daß die Sowjetunion eine solche Initiative zum Vorwand nehmen könnte, in Polen mit Gewalt einzugreifen, was wiederum den evolutionären Weg zu größerer Selbständigkeit abgeschnitten hätte: *Dies war auch einer der Gründe, warum wir die Frage der Herstellung der Beziehungen zu Polen und überhaupt zu den Ostblockstaaten mit größter Vorsicht behandelten*[112]. Nach 1957 legten wohl der Abbruch der diplomatischen Beziehungen zu Jugoslawien, die unerwünschten Nebenwirkungen in der Diskussion über den Rapacki-Plan und wohl nicht zuletzt das neu begonnene Gespräch mit der Sowjetunion großzügigen Angeboten Schranken auf. Gegenüber Smirnow erklärte Adenauer, die Bundesrepublik habe keine diplomatischen Beziehungen zu den Ostblockstaaten aufgenommen, um nicht den Verdacht aufkommen zu lassen, sie wolle damit eine gegen die Sowjetunion gerichtete Politik betreiben[113]. Die Tatsache, daß Adenauer bis zum Ende seiner Kanzlerschaft Osteuropa im Auge behielt und immer wieder Ansatzpunkte für eine neue Politik suchte, ist auch ersichtlich aus der *Analyse unserer Situation* vom 30. Januar 1959, die erwog, diplomatische Beziehungen zu Polen und der CSSR aufzunehmen[114], wie aus der ausgearbeiteten, aber nicht abgeschickten Note vom Juli 1959 über einen Gewaltverzicht gegenüber diesen Ländern[115]. Wieweit Kontakte über die deutsche Botschaft in Washington 1957/58[116] oder inoffizielle Sondierungen, etwa durch den Krupp-Direktor Beitz, oder auch offiziöse im Jahre 1962 gediehen, ist unbekannt. Man kann jedoch vermuten, daß sie Bestandteil einer Paketpolitik Adenauers gegenüber der Sowjetunion waren, sei es, daß sie auf sowjetische Wünsche zurückgingen, sei es, daß sie nach Westen hin Aufgeschlossenheit demonstrieren sollten, so unter der Regierung Kennedy. Es kann jedoch angenommen werden, daß Adenauer zu keinem Zeitpunkt geglaubt hat, über die osteuropäischen Staaten in der Wiedervereinigungsfrage etwas zu erreichen oder an Moskau heranzukommen.

Des weiteren teilte er kaum die überaus optimistischen Erwartungen weiter Teile der Publizistik und der Opposition, man könne

[111] Vgl. K. ADENAUER III, S. 241.
[112] Vgl. ebd. S. 367.
[113] Vgl. HANS BUCHHEIM, Die Deutschland- und Außenpolitik Konrad Adenauers, in: POLITISCHE BILDUNG 4 (1971), S. 31–42, hier S. 39.
[114] Vgl. K. ADENAUER III, S. 467.
[115] Vgl. DIE AUSWÄRTIGE POLITIK, Dok. 119, S. 408 ff.
[116] Vgl. ebd. Einleitung, S. 48.

strukturelle Umwandlungen in Osteuropa durch die Aufnahme diplomatischer Beziehungen entscheidend fördern. Eine soche Umwandlung erwartete er nur von innen her und dort entscheidend beeinflußt von der wirtschaftlichen Lage der Bevölkerung. Andererseits bedeutete die Aufnahme diplomatischer Beziehungen für ihn wohl keine Prinzipienfrage dergestalt, daß dadurch ein Abgehen von der bisher verfolgten Außenpolitik nötig gewesen sei. Er ging wohl auch davon aus, daß das Verhältnis zu Osteuropa anders zu behandeln sei als das zu Jugoslawien, und zwar sowohl als die Anerkennung der DDR durch Jugoslawien bevorstand, als auch nach deren Vollzug. Es war für ihn wohl vielmehr ein pragmatisch zu entscheidendes Problem, abhängig von folgenden Fragen: Sollte man zu allen osteuropäischen Staaten gleichzeitig oder zunächst nur zu Polen Kontakt aufnehmen? Sollte das Problem der Oder-Neiße-Linie entweder durch die Art der Beziehungen oder durch Ausklammerung unberührt bleiben? Wie sollte die Grundlage des Potsdamer Vertrags gewahrt werden? Und schließlich, wann war sowohl vom deutsch-russischen Verhältnis wie von den Beziehungen Osteuropas zur Sowjetunion her der richtige Zeitpunkt gegeben?

7. *Das Beziehungsfeld Abrüstung, europäische Sicherheit und Deutschlandfrage*

Das eigentliche Problem in der Ost-West-Konfrontation, von dem alles andere abhing, sah Adenauer in der Abrüstung: sie konnte seiner Meinung nach sowohl der Ansatzpunkt für eine erfolgreiche Entspannungs- und Wiedervereinigungspolitik wie auch einer – für die Bundesrepublik und die Wiedervereinigung – höchst negativen Entwicklung auf der Basis des Status quo werden.

Die Politik der späteren fünfziger und frühen sechziger Jahre, speziell soweit sie den Komplex Deutschland berührte, bestand aus *Versuche*[n], *im Beziehungsdreieck zwischen weltweiter Abrüstung, europäischer Sicherheit und Deutschlandfrage einen Weg zu finden, um den sowjetischen Forderungen entgegenzukommen und doch die deutschen und alliierten Interessen in Europa zu wahren*[117]. Nun gab es im Prinzip drei Möglichkeiten, den Komplex Abrüstung zu behandeln. Erstens: Abrüstung, nachdem vorher oder gleichzeitig die politischen Ursachen für die vorausgegangene Aufrüstung beseitigt worden waren; zweitens: Abrüstung als Vorbedingung dafür, später politische Streitfragen leichter beilegen zu können; drittens: Abrüstung, um primär und getrennt von den übrigen politischen Fragen

---

[117] So H. BUCHHEIM, Deutschland- und Außenpolitik, S. 37.

eine militärische Konfrontation zu verhindern[118]. Adenauers Politik in diesem Beziehungsgeflecht von Abrüstung, Entspannung und Lösung politischer Fragen ist unter zwei Aspekten zu sehen: er wollte nicht nur – negativ – Übereinkünfte über die Köpfe der Betroffenen hinweg verhindern, die für die Bundesrepublik und die Wiedervereinigung ungünstig gewesen wären[119], sondern auch – positiv – versuchen, in einer in Bewegung geratenen Politik die deutsche Frage einer Lösung näher zu bringen, und sei es über den Umweg einer Zwischenstufe.

Unmittelbar nach den Genfer Konferenzen bis zum Frühjahr 1957 dominierte in Adenauers Aktivitäten und Überlegungen ohne Zweifel der negative Aspekt. Das Festhalten des Westens an dem Junktim zwischen Abrüstung und Wiedervereinigung als Grundlage des Ost-West-Dialogs war nur nach harten Interventionen Adenauers zwischen Gipfel- und Außenministerkonferenz festgelegt worden. Im Frühjahr 1956 wurde diese Linie jedoch insbesondere von Frankreich und England nicht nur in Frage gestellt, sondern expressis verbis verlassen[120]. Der neue französische Ministerpräsident Mollet erklärte offen, die Reihenfolge der Verhandlungsthemen – zuerst Wiedervereinigung, dann Abrüstung – sei unzweckmäßig, erst nach einer Abrüstung erscheine das Problem Wiedervereinigung klarer und lösbarer[121].

Bei einem Treffen Mollets mit dem britischen Premier Eden wurde bekannt, daß beide Länder für die bevorstehenden Abrüstungsverhandlungen des UN-Abrüstungsausschusses in London einen eigenen Kompromißvorschlag auf dieser Basis einzubringen gedachten, was dann auch geschehen ist[122]. Adenauer intervenierte sofort in London, Paris und Washington, bezeichnenderweise auch mit dem Argument, daß Maßnahmen, die den politischen und militärischen Status und das Gebiet der Bundesrepublik tangierten, nicht getroffen werden dürften, ohne daß die Bundesrepublik vorher zugestimmt habe[123]. Einziger Verbündeter in dieser prekären

---

[118] Vgl. CH. PLANCK, S. 181–184.
[119] H. BUCHHEIM, Deutschland- und Außenpolitik, legt den Schwerpunkt seiner Interpretation auf den negativen Aspekt und kommt zu dem Ergebnis, daß das Kardinalproblem der deutschen Politik seit Ende der fünfziger Jahre in der Frage bestanden habe, was getan werden müsse, Rückschritte in der Deutschlandfrage zu verhindern. Vgl. bes. S. 38.
[120] Vgl. die ausführliche Darlegung bei K. ADENAUER III, S. 113–120. Vgl. auch die Darstellung bei CH. PLANCK, S. 193 ff.
[121] Die entscheidenden Zitate aus Interviews und Erklärungen MOLLETS sind wörtlich wiedergegeben bei K. ADENAUER III, S. 115 f.
[122] Vgl. ebd. S. 118. Der Text des englisch-französischen Stufenplans ist abgedruckt in: DOKUMENTE ZUR DEUTSCHLANDPOLITIK, III Reihe, Band 2, Frankfurt/Berlin 1963, S. 183–187.
[123] Vgl. K. ADENAUER III, S. 119. Vgl. die z. T. hiermit wörtlich übereinstimmende Mitteilung im BULLETIN Nr. 55 vom 20. März 1956.

Situation blieben die USA, doch wurde Adenauer nie den Argwohn los, diese könnten entweder in Verkennung der europäischen Situation oder in Reaktion auf europäische Aufweichungstendenzen selber nachgiebig werden oder sogar stets latent vorhandenen isolationistischen Strömungen nachgeben[124]. Adenauers Reaktion konzentrierte sich daher – mit Erfolg – auf die USA, um das Ausbrechen Frankreichs und Englands abzublocken[125]. Doch erst im Sommer 1957 gelang es Adenauer, alle Verbündeten wieder auf eine gemeinsame Linie einzuschwören, die den Zusammenhang zwischen Abrüstung und Wiedervereinigung in seinem Sinne fixierte. In der Berliner Erklärung der drei Westmächte und der Bundesrepublik vom 29. Juli 1957[126] wurde die Wiedervereinigung als Vorbedingung einer europäischen Friedensordnung gefordert; sie müsse verwirklicht werden ohne jede Diskriminierung Deutschlands, aber bei Wahrung der Sicherheitsinteressen aller Beteiligten. Einleitende Schritte müßten zu einer umfassenden Abrüstung führen, die dann allerdings die Wiedervereinigung voraussetze. Damit hatte sich Adenauer den amerikanischen Standpunkt zu eigen gemacht, daß Einzelmaßnahmen wie Rüstungsbegrenzung und Luftinspektion ohne Verschränkung mit Fortschritten in politischen Fragen möglich sein könnten.

Adenauers konkrete Politik in der Abrüstungsfrage vollzog sich nicht in einer kontinuierlichen und konstanten Linie; sie paßte sich jeweils neuen Situationen an und ergab sich häufig aus der vermuteten Standfestigkeit oder Nachgiebigkeit des Westens. Für Adenauer ging es dabei um die Frage, in welchem Ausmaß dieser bereit sein würde, dem sowjetischen Nebenzweck bei Abrüstungsvereinbarungen – Festschreibung des Status quo in Europa – entgegenzukommen[127]. Nicht weniger Bedeutung hatte für ihn die Sorge, welche Konsequenzen sich aus den verschiedenen Abrüstungsvorschlägen für die Sicherheit der Bundesrepublik ergäben. Beide Probleme waren für ihn Zentralfragen; von deren Beantwortung hing es letztlich ab, ob er bremste oder mitging, wenn Ost-West-Verhandlungen anstanden.So war für ihn die Abrüstung ein Instrument der Entspannungspolitik und diese wiederum ein Instrument auch seiner Deutschlandpolitik[128].

Es spricht manches dafür, daß man in der Abrüstungs- und Entspannungspolitik differenzieren muß zwischen einer eher defensiv

---

[124] Vgl. in diesem konkreten Fall K. ADENAUER III, S. 118 und ansonsten passim.
[125] Vgl. CH. PLANCK, S. 194f.
[126] Vgl. K. ADENAUER III, S. 309. Die Erklärung ist abgedruckt in: DOKUMENTE ZUR DEUTSCHLANDPOLITIK III/3 (1957), S. 1304–1308.
[127] Vgl. H. BUCHHEIM, Deutschland- und Außenpolitik, S. 35.
[128] Vgl. dazu H.-P. SCHWARZ, S. 137f.

reagierenden Haltung Adenauers 1956, einer mit gewissen Hoffnungen verbundenen Phase 1957/Anfang 1958 und der anschließenden langen Periode im Schatten der Berlin-Krise. Die westlichen Versuche insbesondere 1956, *unter Ausklammerung der politischen Fragen eine Übereinstimmung mit den Sowjets ausfindig zu machen*[129], trafen Adenauers Sicherheitspolitik in einem kritischen Stadium. Weder war die Bundeswehr aufgebaut, noch konnten die Sicherheitsinteressen der Bundesrepublik über die NATO entscheidend mitbestimmt werden; diese wies außerdem ernsthafte Risse auf. Es mußte als eine *groteske Situation* erscheinen, daß die Bundesrepublik gemäß ihrer vertraglichen Verpflichtungen und ihres eigenen Interesses aufrüstete, während andere westliche Staaten auf Abrüstung drängten[130].

Wichtiger für Adenauer war allerdings seine Einschätzung der sowjetischen Politik. Ihm schien es, daß die Sowjetunion sein Konzept in der Ost-West-Auseinandersetzung erfolgreich kopierte und in ihrem Sinne gegen den Westen einsetzte. – Sein Konzept hieß: *Bei einem defensiven Verhalten auf militärischem Gebiet, was die volle Aufrechterhaltung der westlichen Verteidigungsbereitschaft voraussetzte, sollte die Gegenaktion des Westens auf politischem und wirtschaftlichem Gebiet geführt werden*[131]. Die Sowjetunion hatte es fertiggebracht, die Genfer Außenministerkonferenz *vor die Hunde gehen zu lassen*[132], keinerlei Konzessionsbereitschaft zu zeigen, im Gegenteil in der deutschen Frage offen den neuen Kurs der Zweistaatentheorie zu proklamieren und doch gleichzeitig den Eindruck zu erwecken, daß in der sowjetischen Politik *Dynamik und Aufgeschlossenheit für die Notwendigkeiten anderer Völker* enthalten seien, und daß das Eis zu schmelzen begonnen habe[133]. Adenauer teilte solchen Optimismus nicht. Er hielt die angekündigte Reduzierung der sowjetischen Streitkräfte für einen propagandistisch geschickt inszenierten Coup, für eine Umrüstung, die keinesfalls als erster Schritt einer Abrüstung mißverstanden werden dürfe[134]. Da die Sowjetunion geschickt durch verbale Ankündigungen und substanzlose Friedensgesten, durch Verlagerung des Schwerpunkts ihrer politischen Offensive in den Mittelmeerraum oder nach Indien, durch subtilere Methoden in der Diversion des Westens Erfolge erzielt hatte, war Adenauer weder selbst zu eigenen Gesprächen mit

[129] So CH. PLANCK, S. 193.
[130] Vgl. K. ADENAUER III, S. 119.
[131] Vgl. ebd. S. 155.
[132] Vgl. ebd. S. 205.
[133] Vgl. ebd. S. 128.
[134] Vgl. ebd. S. 148–155.

Moskau bereit[135], noch kam für ihn eine Unterstützung westlicher Verhandlungen mit der Sowjetunion in Frage; er blockierte und hintertrieb jeden Versuch, den großen Dialog mit der Sowjetuion in einer für den Westen so ungünstigen Situation zu beginnen.

Diese starr-defensive Einstellung wurde 1957 modifiziert. Entscheidend dafür waren wohl folgende Umstände: Adenauer sah, daß die Behandlung des zentralen Problems Abrüstung in den Ost-West-Verhandlungen unumgänglich war; die ärgsten Befürchtungen wegen einer Änderung der amerikanischen Politik – »Radfort-Plan«, Rückzug auf die Festung Amerika – waren zerstreut und die Risse in der NATO gekittet; die europäische Einigung war weitergebracht und die psychologische Wirkung der sowjetischen Entspannungsoffensive durch die Ereignisse in Ungarn und Polen paralysiert worden. Andererseits schien es, als ob die Sowjetunion nach den amerikanischen Präsidentschaftswahlen und aus einem Zustand innerer Schwäche heraus zu ernsthaften Verhandlungen bereit sein könnte.

In dieser Situation scheinen durchaus ernste Überlegungen angestellt worden zu sein, ob man nicht durch ein modifiziertes Junktim Abrüstung-Wiedervereinigung den deutschen Interessen dienen könne. Adenauer hat bei seinem Amerika-Besuch im Mai 1957 *weitgehenden Vorschlägen* von amerikanischer Seite zugestimmt[136] und er hat gleichzeitig bei den drei Westmächten *den Antrag gestellt, daß, sobald die Situation bei den Abrüstungsverhandlungen in London zeigen würde, daß die Atmosphäre für eine Lösung der deutschen Frage günstig geworden war, eine Konferenz der Außenminister der vier Siegermächte zusammentreten solle, um auch die Frage der Wiederherstellung der Einheit Deutschlands zu lösen*[137]. Im Zusammenhang mit dem Berlin-Ultimatum und den dann scharf abgelehnten neuerlichen britischen Disengagement-Plänen macht Adenauer in seinen Memoiren eine Bemerkung, die darauf schließen läßt, daß er 1957 wohl ernsthaft die Möglichkeit in Erwägung zog, ein Auseinanderrücken der Blöcke mit der Wiedervereinigung zu koppeln, wobei jedoch die Sicherheit gewahrt und verstärkt sein mußte. *Diese Frage war von uns sehr gewissenhaft geprüft worden, und auch wir hatten vor mehreren Jahren mit unseren Militärs die Frage studiert, ob auf diese Weise die Entspannung in Europa und in der Welt herbeigeführt werden könnte. Damals waren wir eher*

---

[135] Vgl. die Aufzeichnungen H. KRONES vom 29. Juni 1956, ADENAUER-STUDIEN III, S. 140, und entsprechende Bemerkungen bei K. ADENAUER III, S. 132.
[136] Vgl. ebd. S. 309.
[137] Vgl. ebd. S. 313.

geneigt zu sagen, es lasse sich auf diesem Wege etwas tun, andere Länder waren seinerzeit dagegen[138]. Es darf wohl angenommen werden, daß es sich hierbei um Überlegungen handelt, wie sie Felix von Eckardt berichtet[139], ohne daß es wahrscheinlich ist, daß der von ihm ausgearbeitete und mitgeteilte Vorschlag »der« Plan dieser Zeit ist[140]. Eckardts Kombination von europäischem Sicherheitssystem und Wiedervereinigung sah vor, daß in einer ersten Phase 1957/58 ein Rüstungsgleichgewicht zwischen der Rhein- und Weichsel/Narew-Linie mit einem sich gegenseitig überlagernden Radarwarnsystem herzustellen sei, beides unter Überwachung durch die UNO. Gleichzeitig sollte von der Bevölkerung der Bundesrepublik und der DDR unter Viermächtekontrolle ein »deutscher Nationalrat« gewählt werden, der ebenfalls unter Beteiligung der UNO ein Statut auszuarbeiten hätte, unter dem freie Wahlen möglich würden. In einer zweiten Phase 1959/60 sollten sich die anglo-amerikanischen Truppen an die Peripherie Westeuropas, die sowjetischen auf das Gebiet der Sowjetunion zurückziehen und das dazwischenliegende Gebiet eine wirksame völkerrechtliche Garantie gegen Aggressionen erhalten. 1960 sollten dann freie Wahlen stattfinden. Es ist nicht bekannt, wieweit solche Überlegungen von Adenauer geteilt oder gar mit den Verbündeten besprochen worden sind; aber sie wurden angestellt.

Auf der anderen Seite kann allerdings angenommen werden, daß Adenauer auch schon 1956/57 in der *Arms-Control-Komponente der Entspannungspolitik* fast nur Risiken für eine erfolgreiche Wiedervereinigungspolitik sah[141]. Man kann Adenauers Befürchtungen in drei Komplexe zusammenfassen: erstens die psychologischen Auswirkungen der Abrüstungs-, insbesondere der Disengagement-Diskussion im Westen, zweitens die fatalen Auswirkungen eines Rüstungsgleichgewichts für Verhandlungen und daraus resultierende Lösungen, drittens die politischen Auswirkungen eines amerikanischen Sicherheitsbedürfnisses, das auf der Grundlage eines Status quo primär amerikanische Interessen zu befriedigen suchte.

Einer der schwächsten Punkte für eine langfristige, geduldige und ausdauernde Außenpolitik überhaupt und besonders gegenüber totalitären Regimen lag nach Adenauers Meinung in der Labilität der öffentlichen Meinung in den westlichen Demokratien[142]. In Strö-

---

[138] Vgl. ebd. S. 480.
[139] Vgl. F. v. ECKARDT, S. 474f.
[140] Vgl. ebd. S. 523.
[141] Vgl. H.-P. SCHWARZ, S. 132f.
[142] Vgl. dazu den Überblick bei H.-P. SCHWARZ, S. 113f.

mungen der Publizistik und der veröffentlichten Meinung einfluß-
reicher Einzelgänger sah er immer die Gefahr einer Antizipation der
offiziellen Regierungspolitik von morgen. So registrierte er sehr
genau und sorgfältig Äußerungen in der amerikanischen Öffenlichkeit, die eine Erschütterung der offiziellen Politik vorwegnehmen
oder bedeuten konnten[143]. Er reagierte darauf mit Demarchen, mit
der Entsendung von Sonderbotschaftern[144], mit einer auf die amerikanischen Verhältnisse abgestimmten Pressepolitik und nicht zuletzt mit vielen eigenen Reisen in die USA[145]. Welche Bedeutung er
der psychologischen Wirkung von politischen Handlungen auf die
Öffenlichkeit und andererseits der notwendigen Übereinstimmung
der Bevölkerung mit der verfolgten Politik beimaß, geht u. a. aus
seinen beständigen Vorstößen gegenüber westlichen Staatsmännern
und bei NATO-Konferenzen hervor. So forderte er bereits 1955
gegenüber Dulles einen *ideologisch abgestimmten aufklärenden
Feldzugsplan* über die Ziele des Kommunismus, da die Öffentlichkeit in einem völlig unbegründeten Sicherheitsgefühl lebe[146]; im
Dezember 1957 forderte er auf der NATO-Tagung, daß man sich
nicht durch die weltweite Propaganda des Ostblock in die Defensive
drängen lassen dürfe. Man müsse in einem Kampf, der vorwiegend
um die öffentliche Meinung der Welt geführt werde, mehr Aktivität,
mehr Phantasie und mehr Vitalität zeigen. *Manchmal will es mir
nämlich scheinen, als ob wir uns der Anziehungskraft unserer Ideale
und unserer politischen Möglichkeiten nicht genügend bewußt
seien*[147].

Unter diesen Aspekten beurteilte Adenauer auch die sogenannten
Disengagement-Pläne, die 1957/58 zwar nicht so sehr die offizielle
Politik der Westmächte bestimmten, aber doch in der öffentlichen
Meinung heftig diskutiert wurden[148]. Sie brachten seiner Meinung
nach nur Verwirrung im Westen und nährten so die sowjetische
Hoffnung auf Uneinigkeit des Westens. Sie böten darüber hinaus
keine realistischen Ansatzpunkte zur Überwindung der wirklichen

---

[143] Vgl. etwa K. ADENAUER III, S. 203 ff., über Äußerungen der Senatoren FLANDERS und MANS-
FIELD; S. 213 im Gespräch mit ALLAN DULLES; S. 285 ff. über Äußerungen der Senatoren HUMPHREY
und KNOWLAND hinsichtlich neutralisierter Zonen in Europa.

[144] Vgl. dazu etwa F. v. ECKARDT über seine »Sondermissionen« in den USA, besonders S. 451 ff.

[145] Vgl. etwa die Aufstellung nur der offiziellen Besuche ADENAUERS in den USA in: DIE AUSWÄR-
TIGE POLITIK, S. 911.

[146] Vgl. den Brief ADENAUERS an DULLES vom 12. Dezember 1955, abgedruckt bei K. ADENAUER
III, S. 94 ff.

[147] Vgl. ebd. S. 343 f. Vgl. auch die Bemerkung ADENAUERS hinsichtlich einer politischen Aktivie-
rung der NATO ebd. S. 251: *Es mußte etwas unternommen werden, das eine psychologische Wirkung
in den USA, aber auch in Europa hatte. Der Westen trug oft dem psychologischen Wert gewisser
Vorschläge nicht genügend Rechnung.*

[148] Vgl. dazu CH. PLANCK, S. 199 ff.

Spannungen[149]. Insbesondere sah er keinerlei Chancen, durch solche Päne der Wiedervereinigung näher zu kommen, da er davon ausging, daß die Sowjetunion *die sowjetisch besetzte Zone als Faustpfand für die großen Verhandlungen über eine kontrollierte atomare Abrüstung* in der Hand behalten würde[150]. Für eine Wiedervereinigung seien die Entspannung der allgemeinen Weltlage und Fortschritte in der atomaren Abrüstung Voraussetzungen. Kleine Tauschgeschäfte wie atomwaffenfreie Zonen förderten das *große Tauschgeschäft* nicht.

Die Diskussion um ein Disengagement stand für ihn allerdings in erster Linie im Zusammenhang mit der Sicherheit der Bundesrepublik. Adenauers Beurteilung der politisch-militärischen Lage wich im Grundsatz nicht von seiner früheren Haltung ab: die Hartnäckigkeit der Sowjetunion führte er auf deren große Fortschritte in der Waffentechnik zurück und sah sie in Hoffnungen auf einen Zerfall des westlichen Bündnisses begründet[151]. Konsequenterweise mußte daher Adenauer darauf zielen, die westliche Einheit zu stärken und militärisch unter keinen Umständen ins Hintertreffen zu geraten.

Unter diesem Aspekt ist auch die Ende 1956/57 aufkommende Diskussion über die atomare Verteidigungsstrategie der NATO und die atomare Bewaffnung der Bundeswehr zu sehen. Abgesehen davon, daß eine rein konventionelle Verteidigung für unmöglich erachtet wurde, hoffte man, mit dem Vehikel der Nuklearkomponente politische Ziele zu verwirklichen. Adenauers politische Absichten in der Frage atomarer Mitbestimmung zielten darauf, jede Diskriminierung der Bundesrepublik zu vermeiden, die USA durch die atomaren Verteidigungspläne noch enger an Europa zu binden und gleichzeitig einen problematischen Bereich der Ost-West-Verhandlungen der alleinigen und ausschließlichen Dispostition der Supermächte zu entziehen. Er wollte ferner Ansatzpunkte eines für die westliche Einheit gefährlichen Nationalismus einzelner europäischer Staaten vermeiden und schließlich auch im Nuklearbereich einen Anreiz für die Sowjetunion schaffen, ein Globalarrangement unter Einschluß der Lösung der deutschen Frage anzustreben[152].

[149] Vgl. dazu K. ADENAUER III, S. 284–292.
[150] Vgl. die Unterredung ADENAUERS mit dem britischen Journalisten KINGSLEY-MARTIN am 11. April 1957, wiedergegeben ebd. S. 288–292.
[151] Vgl. ebd. S. 346.
[152] Vgl. dazu die Darstellung von DIETER MAHNCKE, Nukleare Mitwirkung. Die Bundesrepublik Deutschland in der atlantischen Allianz 1954–1970 (Beiträge zur auswärtigen und internationalen Politik, Band 6), Berlin-New York 1972, hier bes. S. 20–31 und S. 209ff.; zu ADENAUERS Haltung vgl. K. ADENAUER III, S. 166f.; S. 203ff.: S. 292–310; S. 323–327; S. 334–346.

Bis zum Wandel der amerikanischen Politik Ende der fünfziger / Anfang der sechziger Jahre, als die Nichtweiterverbreitung der Atomwaffen Priorität bekam[153], konnte Adenauer in der Nuklearfrage also durchaus auch positive Ansatzpunkte für eine Politik der westlichen Einheit und Stärke und damit zusammenhängend der Wiedervereinigung sehen.

Die politische Ambivalenz der neuen militärischen Situation zeigte sich jedoch bereits deutlich Ende 1957 beim Start des ersten Sputnik. Auf der einen Seite bedeutete der Start des sowjetischen Erdsatelliten für Adenauer eine *Art Himmelsgeschenk, weil ohne ihn die freie Welt in ihrem Dämmerschlaf weiter verharrt hätte,* auf der anderen Seite war er sich bewußt, daß die *hierdurch offenbar gewordene Möglichkeit einer unmittelbaren Bedrohung der Vereinigten Staaten durch Sowjetrußland* sehr weitgehende Konsequenzen für die gesamte amerikanische Außen- und Verteidigungspolitik nach sich ziehen könnte: *Es bestand die Gefahr, daß der Wert Europas für die Vereinigten Staaten in den Augen der amerikanischen Politiker und der amerikanischen Öffentlichkeit erheblich sinken würde*[154].

Das Leitthema der Adenauerschen Politik seit dem Ende der fünfziger Jahre faßte er in diesem Zusammenhang in einem Bild zusammen: Es mußte vermieden werden, daß ein amerikanischer Schnupfen sich für Europa zu einer Lungenentzündung entwickeln könnte.

IV. Versuche eines deutsch-sowjetischen Interessenausgleichs auf der Basis vorklärender Direktkontakte.

1. *Die Sowjetunion als Adressat deutscher Politik*

Adenauers Wiedervereinigungspolitik hatte die feste Verankerung der Bundesrepublik im Westen und die westliche Unterstützung zur Voraussetzung. Sie ließ jedoch nie außer Betracht, daß die Sowjetunion der andere Adressat war und blieb, der seine Zustimmung geben mußte. Daher stellte sich die Frage, von wem, zu welchem Zeitpunkt und mit welchen Vorschlägen und Zielen die Sowjetunion angesprochen werden könnte und müßte.

Bis 1955, bis die Bundesrepublik souverän und in den Westen integriert worden war, bis die Gipfeldiplomatie vorläufig gescheitert

---

[153] Vgl. dazu im einzelen D. MAHNCKE, S. 209 ff.
[154] Vgl. K. ADENAUER III, S. 319 f.

war, gab es kaum eine deutsche Aktionsfreiheit gegenüber der Sowjetunion. Die Möglichkeit deutscher Eigeninitiativen in der Wiedervereinigungsfrage waren beschränkt auf indirekte Vorstöße über die Westmächte. Allerdings war das Prinzip der Viermächteverantwortung für Adenauer kein Dogma der Methode, sondern Ausdruck der Letztverantwortlichkeit der Siegermächte, die von deutscher Seite aus immer wieder ins Bewußtsein gerufen und aktiviert werden mußte. Es scheint so, als habe Adenauer 1956 daran gedacht, diese Letztverantwortlichkeit durch einen Vorstoß in der UNO zu unterstreichen und dadurch moralischen Druck auf die Sowjetunion auszuüben. Gleichzeitig wollte er durch eine Eigeninitiative *der Gefahr entgegentreten, daß in zahlreichen Staaten der freien Welt die Auffassung um sich griff, daß die Wiedervereinigung nicht Voraussetzung für eine allgemeine Entspannung sei*[155]. Offensichtlich zog er in Erwägung, in der 11. Generalversammlung auf Grund von Artikel 107 der UNO-Charta eine Volksabstimmung in ganz Deutschland zu verlangen. Jedenfalls ließ er sich umfangreiche Analysen der Prozedur- und Erfolgsaussichten anfertigen[156]. Er selbst sprach mit dem indischen Premier Nehru über das Projekt, um sich die Unterstützung der Neutralen zu sichern[157]. Der geplante Vorstoß unterblieb jedoch schließlich aus einer Vielzahl von Gründen: Die Nahost- und Ungarndiskussion standen allzusehr im Vordergrund und erwiesen gleichzeitig die Ohnmacht und Wirkungslosigkeit moralischer Appelle der UNO; Nehru zeigte sich zurückhaltend, als Adenauer ihn auf eine Unterstützung ansprach; Generalsekretär Hammarskjöld warnte davor, die deutsche Frage berufsmäßigen »Gschaftlhubern« auszuliefern[158] – kurz, die Risiken schienen zu hoch und die Überlegung, moralischen Druck auszuüben, bei dem tief gehenden Eindruck der Ereignisse in Ungarn nicht mehr so geboten, und der Weg zur UNO versprach kaum noch den erstrebten Erfolg.

[155] Vgl. ebd. S. 234. Vgl. auch F. v. ECKARDT, S. 423f., der als UNO-Beobachter 1955 einen ähnlichen Vorschlag gemacht hatte. Danach sollte eine UNO-Resolution durchgebracht werden, die die Vier Mächte zu konkreten Beratungen über die Wiedervereinigung auffordern sollte; die Vier Mächte sollten weiterhin zu regelmäßigen Berichten über die Fortschritte ihrer Beratungen aufgefordert werden.

[156] Vgl. den bei K. ADENAUER III, S. 235 f., abgedruckten Bericht des deutschen Beobachters bei der UNO. ERNST-OTTO CZEMPIEL, Macht und Kompromiß. Die Beziehungen der Bundesrepublik Deutschland zu den Vereinten Nationen 1956–1970 (Krieg und Frieden. Beiträge zu Grundproblemen der internationalen Politik), Düsseldorf 1971, geht auf diese in Aussicht genommene Initiative nicht ein. Die von ihm gegenüber der UNO konstatierte Politik ADENAUERS – *Funktionabilität für die bundesrepublikanische Deutschlandpolitik*, vgl. S. 48 – schloß durchaus solche Initiativen nicht aus.

[157] Vgl. K. ADENAUER III, S. 239.

[158] Vgl. ebd. S. 237–239 den Bericht über ein Gespräch des deutschen Beobachters mit HAMMARSKJÖLD.

Der UNO-Plan ist jedoch kennzeichnend dafür, daß Adenauer im Gegensatz zur landläufigen Meinung sowohl der Zeitgenossen wie späterer Beobachter seiner Politik sich keineswegs mit einer deklamatorischen Bestätigung und Wiederholung der Viermächte-verantwortlichkeit begnügen wollte[159], sondern sich unablässig mit neuen Ideen beschäftigte, wie man in der Wiedervereinigung weiter-kommen könnte[160].

Als eine Komponente dieser Versuche, praktische Vorarbeit für eine Verwirklichung der Viermächteverantwortlichkeit in der Wie-dervereinigung zu leisten, sah er die deutsch-sowjetischen Bezie-hungen an. Allerdings sind diese im Jahre 1956 kaum aktiviert oder zu aussichtsreichen Vorstößen genutzt worden. Das hing mit der ungeklärten Lage im westlichen Bündnis zusammen, mit der schwer durchschaubaren Entwicklung im Ostblock und mit den innenpoli-tischen Auseinandersetzungen um ein Direktgespräch mit Moskau; weiterhin mit der Verhärtung des Standpunkts der Sowjetunion in der Deutschland-Frage, mit im Westen aufgetauchten Rapallo-Be-fürchtungen und schließlich auch mit einer vom Auswärtigen Amt und von Brentano nicht gerade glücklich gehandhabten Verbindung zur neuen sowjetischen Botschaft und deren Chef Sorin[161]. Adenau-er selbst ergriff 1956 jedoch auch nicht die Initiative, um mit Moskau in direkten Kontakt zu kommen. Ihn hielt wohl außer den dargeleg-ten ungünstigen Umständen die Erwartung zurück, daß vor den amerikanischen Präsidentschaftswahlen 1956 nicht mit einer weitge-henden sowjetischen Verhandlungsbereitschaft zu rechnen sei[162].

---

[159] In der Note der Bundesregierung an die USA vom 2. September, die im Zusammenhang mit dem deutschen Memorandum an die Sowjetunion vom gleichen Tag ähnlich lautend auch an Großbritan-nien und Frankreich übergeben wurde, hieß es denn auch: *Alle vier Mächte haben stets die Verant-wortlichkeit anerkannt, die sie für die Wiederherstellung der staatlichen Einheit Deutschlands tragen. Dieser Verantwortlichkeit ist nicht damit Genüge getan, daß man dem Grundsatz der Wiedervereinigung zustimmt, ohne jedoch praktische Schritte zu ihrer Herbeiführung zu vereinbaren.* Vgl. DOKUMENTE ZUR DEUTSCHLANDPOLITIK III/2 (1960), S. 706–720, das Zitat S. 720.

[160] Vgl. auch F. v. ECKARDT, S. 475: *Freunde und Feinde Konrad Andenauers taten bewußt, häufiger unbewußt alles, um seine Persönlichkeit und seine Politik als starr und unbeweglich darzustellen. Dieses Bild des Kanzlers ist völlig verzeichnet. Sein Geist beschäftigte sich unablässig mit neuen Ideen und Plänen, wie durch ein vertretbares Sicherheitssystem in Europa die Wiedervereinigungspolitik vor-wärtsgetrieben werden könne.*

[161] Zu ADENAUERS Kritik an der Behandlung der deutsch-sowjetischen Beziehungen durch das Auswärtige Amt vgl. K. ADENAUER III, S. 351 ff.

[162] Vgl. dazu den Brief ADENAUERS an DULLES vom 12. Dezember 1955, ebd. S. 95 f. Dort heißt es: *Es ist wenig wahrscheinlich, daß wir vor dem Jahre 1957 einen erheblichen Schritt weiterkommen. Die Russen werden die Wahlen in den Vereinigten Staaten und die voraussichtlich im Spätsommer 1957 stattfindenden Bundestagswahlen abwarten wollen. Trotzdem müssen wir alle ständig unsere Festig-keit und Geschlossenheit zeigen. Wir dürfen auch die Frage der Wiedervereinigung Deutschlands nicht zur Ruhe kommen lassen, damit nicht die Deutschen in der Sowjetzone und alle Satellitenvölker die Hoffnung verlieren.*

2. Direkte deutsch-sowjetische Kontakte 1957

Das deutsch-sowjetische Direktgespräch rückte denn auch erst Anfang 1957 stärker in den Vordergrund aktiver deutscher Politik, und substantielle deutsche Vorstöße sind erst 1958, also nach der Bundestagswahl, bei der die Unionsparteien die absolute Mehrheit errungen hatten, zu verzeichnen. Diese Direktkontakte mit der Sowjetunion waren durch folgende Merkmale bestimmt, die je nach Situation stärker im Vordergrund standen oder nur begleitend mitberücksichtigt wurden: Sie waren abhängig von Anzeichen sowjetischer Verhandlungsbereitschaft und vom Stand der Ost-West-Beziehungen, insbesondere im Hinblick auf Gipfelkonferenzen; sie hatten die Bereitschaft der Westmächte zu einem Kompromiß auf Kosten der Wiedervereinigung sowie die Einigkeit des Westens oder Bereitschaft einzelner Staaten zu Alleingängen im Auge; nicht zuletzt stellten sie die vermutete Konzessionsbereitschaft der Sowjetunion auf Grund innen- und/oder außenpolitischer Gegebenheiten in Rechnung. Was diesen Direktkontakten die besondere Bedeutung gab, sie aber auch delikat und schwierig machte, ergab sich daraus, daß in ihnen bilateral der Versuch gemacht werden mußte, einen Beitrag zur Lösung der deutschen Frage und zur Entspannung zu leisten, ein Beitrag, der letztlich jedoch nur in multilateralen und vor allem erfolgreichen Verhandlungen zwischen West und Ost sanktioniert werden konnte. Es gab allerdings auch Umstände, die diese Gespräche notwendig erscheinen ließen: einmal die Tatsache, daß das deutsch-sowjetische Verhältnis aus den weltpolitischen Friedens- und Entspannungsbemühungen nicht auszuklammern war, dann den Faktor Zeit. In ihm sah Adenauer weniger eine Gefahr, weil er die Entwicklung eines eigenen Staatsbewußtseins in der DDR fördern, sondern weil er das Durchhaltevermögen der deutschen Bevölkerung und das der Verbündeten schwächen könnte. Für die Situation Ende 1956 beschrieb Adenauer diese langfristigen Gefahren: *Zur Frage der Wiedervereinigung war meine Einstellung folgende: Wenn das gegenwärtige Regime in der Sowjetzone auf lange Zeit beibehalten würde, wenn die Teilung Deutschlands zu einer Art Dauerzustand werden sollte, wenn nicht die geringste Hoffnung auf die Wiedervereinigung gegeben war, dann könnte unter Umständen eines Tages eine Lage entstehen, bei der auf Grund einer Verschiebung der politischen Kräfte oder auch infolge einer Änderung der Einstellung der Westmächte zu dieser Frage es in einem entmutigten, ungeduldig gewordenen Deutschland dazu kommen würde, daß die Sowjetunion in diesem Land einen bedeutenden Einfluß gewinnen könnte*[163].

Im Jahre 1957 war das deutsch-sowjetische Verhältnis durch die Verbesserung der Beziehungen in einigen konkreten Einzelbereichen und durch den Austausch von Signalen charakterisiert. Die »eisigen« Beziehungen des Jahres 1956 schienen aufzutauen, als mit Smirnow eine *durchaus sympathische Erscheinung* Nachfolger des ersten Botschafters geworden war[164] und dieser am 7. Februar 1957 Adenauer erstmals eine persönliche Botschaft Bulganins überbrachte, die im Ton und in einigen konkreten Fragen Anhaltspunkte zu Verhandlungen zu bieten schien[165]. Zwar betonte Bulganin den unveränderten Standpunkt der Sowjetunion zur Wiedervereinigungsfrage – Zweistaatentheorie; Wiedervereinigung nur durch Verhandlungen zwischen diesen beiden Staaten –, er zeigte sich jedoch auch zu Übereinkünften auf wirtschaftlichen, kulturellen und wissenschaftlichen Gebieten bereit. Adenauer nahm dieses Angebot auf, zumal Bulganin auch die *Lösung der mit Repatriierung verbundenen Fragen* als Erörterungspunkt genannt hatte. Er formulierte in seiner Antwort vom 27. Februar die Bereitschaft zur Aufnahme von Verhandlungen über die genannten Fragen[166]. Nach einem erneuten Briefwechsel im März/April erklärte sich die Bundesrepublik in einer Verbalnote an das sowjetische Außenministerium auch offiziell bereit, Verhandlungen über die Entwicklung des Handels, über die Repatriierung deutscher Staatsangehöriger aus der UdSSR und über den Abschluß eines Konsularabkommens aufzunehmen. Die Verhandlungen begannen am 23. Juli 1957[167].

Was bewog nun Adenauer, gerade im Frühjahr/Sommer 1957 eine Verbesserung des deutsch-sowjetischen Verhältnisses anzustreben? Die Vermutung liegt nahe, daß er glaubte, die ungünstige Konstellation des vorangegangenen Jahres – Uneinigkeit des Westens, Schwanken der USA, »Friedens«-Offensive der Sowjetunion ohne substantielle Konzessionsbereitschaft – habe sich zum Vorteil für den Westen gewandelt. Er sah *hoffnungsvolle Zeichen* einer Konsolidierung des Westens in der Unterzeichnung der »Römischen Verträge« und in der Bereitschaft der USA, Führung und politische Konsultation in der NATO zu stärken[168], er deutete schließlich die Gesprächsbereitschaft der Sowjetunion als Anzeichen dafür, daß diese ihre bedrängte Lage einzusehen beginne[169]. So schien die von

[163] Vgl. ebd. S. 234.
[164] Vgl. ebd. S. 351 und S. 353.
[165] Vgl. ebd. S. 353–357, hier besonders S. 355. Der Text ist abgedruckt in: DOKUMENTE ZUR DEUTSCHLANDPOLITIK III/3 (1957), S. 297–315.
[166] Vgl. ebd. S. 357f.
[167] Vgl. ebd. S. 358f.
[168] Vgl. ebd. S. 280.
[169] Vgl. ebd. S. 356f.

Adenauer immer wieder gewünschte Ausgangssituation für Verhandlungen mit der Sowjetunion ansatzweise vorhanden: Einigkeit und Stärke des Westens gepaart mit der Einsicht der Sowjetunion, daß sie ihre Ziele im Innern nicht erreichen könne, wenn sie gleichzeitig Aggressionspolitik nach außen betreibe.

Adenauer setzte aus eben dieser Lagebeurteilung auch gewisse Hoffnungen auf einen Erfolg der im Frühjahr wiederaufgenommenen Londoner Abrüstungsverhandlungen. Er hielt sie für aussichtsreicher als alle bisherigen Versuche[170]. In diesen Zusammenhang gehört auch die vielbeachtete Erklärung Adenauers auf dem Hamburger CDU-Parteitag im Mai 1957: *Wenn die Sowjetunion in der Freigabe der Zone eine Stärkung des deutschen Wehrpotentials sieht, dann sind wir bereit, darauf zu verzichten, die Sowjetzone in das Wehrpotential einzugliedern*[171]. Als ein Signal von sowjetischer Seite hatte Adenauer einen Aufsatz der Zeitschrift ›Sowjetunion heute‹ über den Rapallo-Vertrag aufgefaßt. Er ließ Smirnow zu sich kommen, um ihn nach dem konkreten Hintergrund dieses Vorstoßes zu fragen[172]. In diese Atmosphäre sind auch die erwähnten Überlegungen Eckardts einzuordnen[173].

Wenn auch die Londoner Abrüstungsverhandlungen im September 1957 scheiterten und der deutsch-sowjetische Dialog nicht voran kam, ließ Adenauer doch gerade nach der so erfolgreichen Bundestagswahl den Gesprächsfaden nicht abreißen. Allerdings schob sich in seiner Motivation ein anderes Moment in den Vordergrund: seine mittel- und langfristige Beurteilung der amerikanischen Politik und des amerikanisch-sowjetischen Verhältnisses. Gerade im Herbst 1957 häuften sich die Anzeichen seiner Besorgnis, daß sich die amerikanische Politik ändern könnte im Gefolge der neuen waffentechnischen Entwicklungen. Er fragte Dulles im Dezember ganz offen, ob angesichts der erstmals vorhandenen unmittelbaren militärischen Bedrohung der USA, wenn nicht sofort, so doch 1960 oder 1964, Auswirkungen auf die amerikanische Öffentlichkeit und die amerikanische Politik zu erwarten seien[174]. Dulles bestritt zwar, daß, wie Adenauer befürchtete, eine »Wende« eingetreten sei oder eintreten werde; doch gab Adenauer nicht zu erkennen, daß er von Dulles überzeugt worden sei.

[170] Vgl. ebd. S. 284.
[171] Vgl. den Bericht über ADENAUERS Pressekonferenz am 15. Mai 1957 in: DIE WELT vom 16. Mai 1957, abgedruckt in: DOKUMENTE ZUR DEUTSCHLANDPOLITIK III/3 (1957), S. 951.
[172] Vgl. die Aufzeichnung H. KRONES vom 24. April 1957, ADENAUER-STUDIEN III, S. 142.
[173] Vgl. oben S. 190.
[174] Vgl. K. ADENAUER III, S. 338.

Adenauers Einschätzung der Lage geht klar aus einem »persönlichen Arbeitspapier« hervor, das er zur NATO-Ratssitzung angefertigt hatte, die vom 16. bis 19. Dezember 1957 auf der Ebene der Regierungschefs in Paris tagte[175]: Das Schicksal Europas hänge allein von der Bereitschaft des amerikanischen Präsidenten ab, nukleare Waffen auch dann einzusetzen, wenn die USA selbst angegriffen werden könnten. Ob diese Bereitschaft vorhanden sei, *ist eine Frage, die schwer zu beantworten ist.* Diese Unsicherheit habe aber zur Folge, daß der Wille zur Kapitulation gegenüber der Sowjetunion in Westeuropa stärker werde, sobald diese Tatsache ins öffentliche Bewußtsein dringe. Ohne jede Umschweife hatte er auch gegenüber Maurice Faure, dem Staatssekretär im französischen Außenministerium, geäußert, er befürchte, daß es in den USA Kräfte gebe, *die sich auf Kosten Europas direkt mit Rußland einigen würden*[176], und das Weiße Haus *sei aus vielen Gründen für den Frieden, wohl nicht für einen Frieden um jeden Preis, aber doch für einen Frieden um einen teuren Preis*[177].

Adenauer zog aus solchen Zukunftserwartungen zum einen die Konsequenz, daß es darauf ankomme, die NATO über das mögliche Kündigungsdatum 1969 hinaus schon jetzt durch eine Vertragsverlängerung zu sichern, d. h. die USA festzulegen, und eventuellen amerikanischen Alleingängen durch eine stärkere Konsultation innerhalb des Bündnisses Zügel anzulegen[178]. Zum anderen versuchte er, die starre Methode der Koppelung Wiedervereinigung-Abrüstung-Entspannung bei den Ost-West-Gesprächen zu modifizieren, indem er diplomatische Vorverhandlungen über eine Lösung der deutschen Frage stärker als Problem der deutschen Politik gegenüber der Sowjetunion betonte, während die Alliierten zuvörderst die Probleme Abrüstung und Entspannung zu lösen hätten: *Ich ging davon aus, daß der Versuch gemacht werden müßte, in stiller und zäher Arbeit auf diplomatischem Wege eine Verständigung mit dem Kreml über die deutsche Frage zu suchen. Am Ende eines solchen Bemühens würde dann eine Vier-Mächte-Konferenz abgehalten werden müssen, auf der die letzten Entscheidungen zu treffen wären. Die Entscheidungen mußten jedoch gründlich vorbereitet werden, sonst konnten sie nicht zu einem echten Frieden für alle führen*[179].

---

[175] Dieses persönliche Arbeitspapier ist im Wortlaut abgedruckt ebd. S. 334–337, das Zitat S. 336.
[176] Vgl. ebd. S. 327.
[177] Vgl. ebd. S. 328.
[178] Vgl. neben mehreren Bemerkungen ADENAUERS anläßlich der NATO-Ratssitzung, ebd. S. 319–346, auch die Aufzeichnungen H. KRONES vom 25. November und 2. Dezember 1957, ADENAUER-STUDIEN III, S. 143.
[179] Vgl. K. ADENAUER III, S. 369.

Diese Modifikation der Methode hatte außer den sich abzeichnenden *sachlichen Dissonanzen zwischen amerikanischer und deutscher Politik*[180] auch personelle Gründe, die besonders schwerwiegend wurden, als eine neue Gipfelkonferenz näher rückte. Überhaupt ist die Adenauersche Politik nur dann ganz verständlich, wenn man ihre personelle Komponente mitbeachtet. Heinrich Krone hat dies treffend beschrieben: *Immer geht es dem Kanzler vorrangig um Personen, wenn er von Machtverhältnissen in der Welt spricht. Er sprach von Eisenhower und von dem, der nächstens Präsident wird, und wen dann dieser zu seinem Außenminister machen werde. Er fragte sich und uns, ob de Gaulle nach seinen Besuchen und Empfängen in den Staaten und England sich jetzt nicht wieder seinen ehemaligen Freunden in der Entente nähere. Auf dieser Linie, die Politik im Lichte dessen zu sehen, der sie macht, liegt auch der Gedanke, dem Papst einen persönlichen Brief zu schreiben*[181].

Weil Entschlüsse wie Methoden der Adenauersche Politik außer von den gegebenen Realitäten in hohem Maße auch vom Urteil des Kanzlers über die Personen abhingen, mit denen er es in seiner Politik zu tun hatte, hat er sich stets bemüht, von den Partnern wie Kontrahenten ein möglichst genaues und vollständiges Bild zu bekommen. Zum vollen Verständnis der Adenauerschen Politik muß man daher auch berücksichtigen, daß Adenauer bereits 1957/58 den amerikanischen Präsidenten Eisenhower und den britischen Premierminister Macmillan keineswegs als völlig sichere Garanten wohlverstandener deutscher Interessen betrachtete. Macmillan hatte im Anfang 1957 davon gesprochen, man müsse durch eigene Elastizität die Hoffnung wecken, daß der monolithische Block der sowjetischen Politik sich lockern ließe. Adenauer sah in einem solchen Vorgehen die Gefahr, daß man durch beständige Minimalkonzessionen unaufhaltsam zur Preisgabe von Grundpositionen komme, ohne das Machtstreben der Sowjetunion eindämmen zu können, ja, daß man es sogar noch weiter wecke[182]. Eisenhowers Haltung schätzte er ähnlich ein. In einem Interview mit James Reston von der New York Times am 14. Oktober 1957 erklärte er, daß mögliche Direktverhandlungen Washington-Moskau unter dem Aspekt zu betrachten seien, wer die Verhandlungen führe: Dies sei ausschlaggebend dafür, ob man Vertrauen in die Vereinigten Staaten setze:

---

[180] So HANS MAIER, Konrad Andenauer (1876–1967), in: RUDOLF MORSEY/KONRAD REPGEN (Hrsg.), ADENAUER-STUDIEN I (Veröffentlichungen der Kommission für Zeitgeschichte bei der katholischen Akademie in Bayern, Reihe B: Forschungen, Band 10), Mainz 1971, S. 11.

[181] Vgl. die Aufzeichnung H. KRONES vom 19. Juni 1960, ADENAUER-STUDIEN III, S. 157f. Vgl. auch die Bemerkungen bei K. ADENAUER III, S. 539.

[182] Vgl. K. ADENAUER III, S. 305f.

200

Wenn ich von Vertrauen spreche, so meine ich nicht Vertrauen, daß man nicht getäuscht werde, sondern Vertrauen darauf, daß die Verhandlungen gut geführt würden[183]. Dulles sei schwer krank, und Eisenhower sei ein Mann, der, da er nicht wiedergewählt werden könne, der Welt den Frieden in den restlichen Jahren seiner Amtszeit bringen möchte. Es liege eine gewisse Gefahr darin, wenn man für dieses an sich gute Ziel alle Mittel einsetze, zumal man in der Politik nie die Zeit in der Hand habe. Überhaupt bestünden offensichtlich Meinungsverschiedenheiten zwischen Weißem Haus und State Departement[184].

Vor diesem Hintergrund ist die damals als sensationell empfundene Eröffnung Adenauers auf der Pariser NATO-Ratssitzung im Dezember 1957 zu sehen, daß er zu Direktverhandlungen mit Moskau bereit sei und dazu die Zustimmung der NATO-Partner wünsche[185]. Adenauer hatte unmittelbar vor seiner Abreise nach Paris ein Schreiben Bulganins erhalten, dessen Ton maßvoll war und das eine Anzahl von prüfenswerten Vorschlägen zu enthalten schien, die jedoch sehr vage gefaßt waren. *Ich war bereit, auf diplomatischem Wege mit der sowjetischen Regierung direkt zu verhandeln, um zu erfahren, welche präzisen Vorstellungen hinter den Vorschlägen steckten*[186]. Diese Bereitschaft ist um so bemerkenswerter, als sie keineswegs dem Verhalten entsprach, mit dem Adenauer gewöhnlich auf sowjetische Vorstöße reagierte. Die Haltung der Sowjetunion hatte sich nämlich im Herbst 1957 eher verfestigt als gelockert[187], ohne daß bereits eine westliche Einheitsfront in dieser neuen Situation aufgebaut war: Die Londoner Abrüstungsverhandlungen waren gescheitert, und die Sowjetunion hatte auch in der UNO gegen westliche Abrüstungsvorschläge gestimmt; die Feiern zum 40jährigen Revolutionsjubiläum in Moskau hatten das östliche Lager konsolidiert und zugleich harte Worte für den Westen gebracht; schließlich bedeuteten die Rapacki-Vorschläge einer atomfreien Zone in Mitteleuropa eine potentielle Einbruchsstelle in die gemeinsame Politik des Westens. Es scheint, daß Adenauer sich außer von der allgemeinen weltpolitischen Lagebeurteilung auch von der Befürchtung hat leiten lassen, es könne zu einer unmittelbaren Gefahr

[183] Vgl. ebd. S. 320–323, hier S. 322.
[184] Vgl. auch die Bemerkungen ADENAUERS zu EISENHOWERS Anregung einer neutralen Zone in Mitteleuropa ebd. S. 306.
[185] Vgl. die Aufzeichnung H. KRONES vom 16. Dezember 1957, ADENAUER-STUDIEN III, S. 143. Vgl. auch K. ADENAUER III, S. 344.
[186] Vgl. ebd. S. 337.
[187] Die Sowjetunion schaltete im Winter 1957/58 ihre Außenpolitik auf eine *weltpolitische Offensive gegenüber dem Westen* um. Vgl. dazu TH. WEINGARTNER, S. 39ff.

für den Weltfrieden kommen; gegenüber Heinrich Krone äußerte er zur Begründung seiner Pariser Rede, er sei *vor seinem Gewissen verpflichtet, gerade jetzt, wo er die Sorge nicht los werde, es könne zu einem Krieg kommen, alles, soweit er das könne, zu tun, um ein solches Unheil aufzuhalten*[188].

Als Bulganin zum Jahreswechsel eine Serie von Briefaktionen startete, forcierte Adenauer seine Bemühungen um ein deutsch-sowjetisches Direktgespräch, obwohl er dazu neigte, die Aktionen als *großangelegten Propagandafeldzug* und nicht als ernstlichen Verständigungsversuch zu sehen[189]. Er tat dies wohl, weil Verhandlungen über die von Bulganin vorgeschlagenen Themen – Gipfelkonferenz, atomwaffenfreie Zone, Wiedervereinigung – unausweichlich waren[190] und weil er trotz aller Skepsis die sowjetische Gesprächsbereitschaft testen wollte. Nach außen reagierte er hart auf den sowjetischen Vorschlag einer Konföderation über den Weg von Direktverhandlungen der beiden deutschen Staaten[191], wie ihn Bulganin in einem zweiten Schreiben vom 8. Januar 1958 aufgestellt hatte[192]; auch in seiner offiziellen Antwort auf die Briefe Bulganins wies er alle Vorwürfe hart zurück, er schlug aber zugleich vor, *daß wir mehr als seither von den bewährten Möglichkeiten eines diplomatischen Gesprächs Gebrauch machen sollten, um unsere Standpunkte zu klären und eine Ausräumung der bestehenden Schwierigkeiten auf diesem Wege vorzubereiten*[193].

Wie sehr Adenauer zu dieser Zeit das Gespräch mit der Sowjetunion suchte, beweist eine bezeichnende Episode, die Heinrich Krone mitteilt[194]. Smirnow hatte en passant bei der Gratulationscour zu Adenauers Geburtstag gefragt, warum die Bundesrepublik nicht wie andere Länder bei der NATO-Tagung in Paris auf Raketenbasen verzichtet habe. Adenauers Reaktion darauf: Er könne es nur als eine Unverschämtheit bezeichnen, daß ihn Smirnow so nebenbei in einer derart wichtigen Angelegenheit angesprochen habe.

---

[188] Vgl. die Aufzeichnung H. KRONES vom 18. Dezember 1957, ADENAUER-STUDIEN III, S. 143. Ähnlich äußerte sich auch H. GLOBKE. Vgl. die Aufzeichnung H. KRONES vom 6. Januar 1958, ebd., S. 144: *Es stimme, den Kanzler habe die Sorge bewegt, die Sowjets könnten eine gefährliche, kritische Lage heraufbeschwören.*

[189] Vgl. K. ADENAUER III, S. 360.

[190] Am 12. Januar 1958 hatte etwa EISENHOWER in seinem Antwortbrief an BULGANIN seine Bereitschaft zu Verhandlungen nach entsprechender Vorbereitung erklärt. Der Brief ist abgedruckt in: DOKUMENTE ZUR DEUTSCHLANDPOLITIK II/4 (1958), S. 100–109.

[191] Vgl. die Aufzeichnung H. KRONES vom 16. und 17. Januar 1958, ADENAUER-STUDIEN III, S. 144f.

[192] Vgl. dazu K. ADENAUER III, S. 361–365.

[193] Der Antwortbrief ADENAUERS an BULGANIN vom 20. Januar 1958 ist abgedruckt in: DOKUMENTE ZUR DEUTSCHLANDPOLITIK III/4 (1958), S. 172–177, das Zitat S. 177.

[194] Vgl. die Aufzeichnung H. KRONES vom 6. Januar 1958, ADENAUER-STUDIEN III, S. 144.

3. Der Vorschlag einer »Österreich-Lösung« für die DDR

Der eigentliche konkrete Vorstoß Adenauers erfolgte dann im März/April 1958. In Unterredungen mit Botschafter Smirnow und dem stellvertretenden Ministerpräsidenten Mikojan bei dessen Deutschland-Besuch unterbreitete er den Vorschlag einer Österreich-Lösung für die DDR. Ziel und Methode dieses neuartigen Vorstoßes hat Adenauer in einem Unterkapitel vor der Beschreibung dieser Unterredungen genau dargelegt: *Unser deutsches Problem*, so schreibt er, habe auch in dieser Zeit darin bestanden, die Freiheit in der Bundesrepublik zu sichern, um überhaupt eine Möglichkeit zu haben, auch für die DDR einen Weg zur Freiheit anzubahnen. *Es würde dies ein langer und mühseliger Weg schwieriger Verhandlungen sein, ein Weg, auf dem man manche Umwege in Kauf nehmen mußte, die zweifellos auch mit Gefahren verbunden sein würden. Es mußte versucht werden, einen Weg zu finden, der auch der Sowjetunion akzeptabel erschien und bei dem sie hoffen konnte, ihre Zielsetzungen gewahrt zu wissen. Ähnlich wie bei der Saarfrage mußte es ein Weg sein, der von dem Vertrauen in die deutsche Bevölkerung ausging, und auf Grund dieses Vertrauens mußten wir bereit sein, auch Risiken einzugehen. Die Wiedervereinigung würde nicht von heute auf morgen herbeigeführt werden können, es würden viele Jahre darüber vergehen*[195]. Es sind also insbesondere zwei Momente, die Adenauers Überlegungen zugrunde lagen: der Freiheit für die DDR Priorität vor dem Ziel der nationalen Einheit zu geben und der Sowjetunion in ihren Interessen, wohl in erster Linie ihren Sicherheitsinteressen, soweit wie nur möglich entgegenzukommen.

Um diese beiden Punkte kreiste denn auch das Gespräch Adenauer-Smirnow am 7. März 1958, das den Auftakt des intensiven deutsch-sowjetischen Dialogs markierte[196]. Adenauer versicherte Smirnow, die Bundesrepublik wolle sich keinesfalls in innere sowjetische Angelegenheiten einmischen oder Einfluß nehmen auf innersowjetische Entwicklungen, es sei im Gegenteil sein ausdrücklicher Wunsch, gute Beziehungen herzustellen. Zur eigentlich strittigen Frage der Wiedervereinigung sagte er: *Das Problem der Deutschen in der Sowjetzone ist keine Frage des Nationalismus, keine Frage der Stärkung des politischen Einflusses Deutschlands.* Wenn er für sie Selbstbestimmung fordere, so gehe er nicht von *nationalen Erwägungen* aus, sondern er wünsche, diesen Menschen *die Möglichkeit zu geben, so zu leben, wie sie leben wollen.* Unter diesem Aspekt

---

[195] Vgl. K. Adenauer III, S. 365–369, hier S. 365 f.
[196] Vgl. ebd. S. 369–376.

solle die Sowjetunion doch einmal überlegen, ob nicht durch eine Wiedervereinigung ihren Interessen letztlich besser gedient werde als durch ein Beharren auf der Teilung Deutschlands.

Adenauer gab Smirnow gleich ein Bündel von solchen für die Sowjetunion positiven Aspekten zur Berichterstattung nach Moskau: Auf die Dauer sei in der Sowjetzone immer mit Schwierigkeiten zu rechnen, da die Bevölkerung das SED-Regime nicht akzeptieren werde; der deutsche Nationalismus, den die Sowjetunion fürchte, werde durch eine Wiedervereinigung endgültig beseitigt; andernfalls bestehe die Möglichkeit, daß jetzt die Wurzeln für einen Nationalismus kommender Generationen gelegt würden; im Falle einer befriedigenden Lösung der Wiedervereinigung werde die Sowjetunion einen guten und ihr zu Dank verpflichteten Nachbarn haben, der weder willens noch fähig sei, die Sowjetunion zu bedrohen; dem Prestige der Sowjetunion in der Welt werde nichts mehr dienen als eine Einigung mit den Deutschen; im übrigen werde in einem solchen Falle keinerlei Rachejustiz in Deutschland geübt werden, also auch insofern auf das Prestige der Sowjetunion Rücksicht genommen; die Gipfelkonferenenz könne unbelastet vom deutschen Problem ihrer eigentlichen Aufgabe der Entspannung näher kommen, und die Sowjetunion sei in der Lage, in einer langandauernden Friedensperiode ihre schwierigen inneren Aufgaben zu lösen. Smirnow beharrte als *korrekter Interpret seiner Regierung* darauf, daß ein Friedensvertrag mit zwei deutschen Staaten geschlossen werden müsse und daß die Sowjetunion sich nicht in die inneren Verhältnisse der DDR einmischen könne.

Am 19. März schließlich fragte Adenauer Smirnow direkt, ob die Sowjetunion bereit sei, der DDR den Status Österreichs zu geben, d. h. ihr bestimmte Verpflichtungen über die militärische Neutralität aufzuerlegen, sie dafür aber ihre inneren Geschicke selbst gestalten zu lassen[197]. Offensichtlich hatte Adenauer bei diesem Gespräch keinen ausgetüftelten »Plan« in der Tasche, in dem alle Implikationen dieses Vorschlags genau abgewogen und die Einzelschritte logisch deduziert und in ihrer Abfolge festgelegt waren. Es war vielmehr ein Versuch, *aus der festgefahrenen Art des Dialogs, aus der Sackgasse, in der wir waren, herauszukommen und deutscherseits einen konkreten Vorschlag zur Lösung des deutschen Problems zu unterbreiten*[198]; es war auch ein Test, ob es möglich wäre, im Vorfeld der zu erwartenden Gipfelkonferenz die Vier Mächte auf eine Lösung der deutschen Frage vorzuprogrammieren. Der Westen sollte

[197] Vgl. die Darstellung dieser Unterredung ebd. S. 376–379.
[198] Vgl. ebd. S. 377.

nicht auf Kosten Gesamtdeutschlands seine eigenen Geschäfte betreiben, die Sowjetunion nicht in deklamatorischer Propagandahaltung die Konferenz scheitern zu lassen oder gegenüber dem Westen ihre langfristigen Ziele durchsetzen können.

Daß Smirnow, der nach Adenauers Eindruck *überrascht und verwirrt*[199] war, keine direkte Antwort geben konnte, sondern nur die üblichen sowjetischen Thesen von zwei souveränen deutschen Staaten wiederholte, hatte Adenauer wohl erwartet. Um so mehr hoffte er auf eine ernsthafte Prüfung seines Vorschlags und auf eine erste Antwort der Sowjetunion beim Besuch des stellvertretenden Ministerpräsidenten Mikojan vom 25. bis 28. April 1958 in Bonn. Zu seiner Enttäuschung brachte dieser keine Stellungnahme mit. Adenauer hatte jedoch Grund zu der Annahme, daß sein Vorstoß damit noch nicht gescheitert sei. In der Sowjetunion war nämlich am 28. März Bulganin gestürzt worden, und die persönlichen Unterredungen Adenauers mit Mikojan verliefen durchaus besser, als die z. T. unfreundlichen Auftritte Mikojans in der Öffentlichkeit vermuten ließen[200].

Adenauer zog in diesen Unterredungen alle Register seiner Überzeugungskünste, des Eingehens auf die Persönlichkeit des Gegenübers, der vertraulichen Aussprache, der Konzilianz im Ton und nicht zuletzt seines persönlichen Charmes[201]. In seinen Erinnerungen gibt Adenauer gleich zwei Berichte über diese Gespräche. Der eine beruht offensichtlich auf den Dolmetscher-Aufzeichnungen und gibt im wesentlichen seine eigenen Ausführungen wieder; beim zweiten handelt es sich um eine von ihm nachträglich angefertigte Aufzeichnung, die sich hauptsächlich mit Mikojans Stellungnahmen und deren Interpretation befaßt[202]. Danach hat Adenauer Mikojan recht offen vorgeschlagen, *einen Strich unter das Gewesene zu machen und von neuem anzufangen.* Dabei müsse man von folgenden Gesichtspunkten und folgender deutscher Motivation ausgehen: Die Bundesrepublik sei ein Element des Friedens und trete keinesfalls in die Fußstapfen Hitlers. Ziel seiner, Adenauers, Politik sei es, den Frieden in Europa zu sichern und diesem Europa eine Lebenschance zwischen den großen Machtblöcken zu ermöglichen. Er sei an einer friedlichen Entwicklung der Sowjetunion außerordentlich

---

[199] Vgl. ebd.; wörtlich genauso äußerte sich ADENAUER einen Monat später gegenüber MIKOJAN, vgl. ebd. S. 384.

[200] Vgl. zu diesen öffentlichen Auftritten MIKOJANS F. v. ECKARDT, S. 531 f.

[201] ADENAUER hatte sich, wie er es auch sonst bei wichtigen Gesprächen zu tun gewohnt war, mit MIKOJANS *Lebensgeschichte eingehend beschäftigt* und sprach ihn etwa auf seine Seminaristenzeit an. Vgl. K. ADENAUER III, S. 381 und S. 390 f.

[202] Vgl. ebd. S. 381–391 und 391–395.

interessiert, und Mikojan solle ihm seine Überzeugung glauben, *daß
alle Staaten, darunter auch die UdSSR und die Bundesrepublik, eine
längere Periode der Ruhe, der Konsolidierung dringend benötigten,
um ihre friedlichen Ziele verwirklichen zu können.* Das Hauptpro-
blem bestehe in einer befriedigenden Lösung der Abrüstungsfrage.
Er sei, ohne daß er dies mit jemandem abgesprochen habe, in eigener
Verantwortung und aus eigener Überzeugung bereit, alles nur Mögliche zu einer Verbesserung des Verhältnisses zwischen dem einen
großen Block – USA und ihre Partner – und dem anderen großen
Block – UdSSR und ihre Partner – zu tun. Zum Problem der DDR
wiederholte er seine Äußerungen gegenüber Smirnow: seine Haltung sei nicht vom Nationalismus getragen, er wolle lediglich
für die Menschen dort die Möglichkeit erwirken, so zu leben,
wie sie es wollten. Die Sowjetunion solle seinen Vorschlag gegenüber Smirnow ernsthaft bedenken und sich einmal fragen, *wel-
ches Ziel ich als Bundeskanzler mit dieser Anregung wohl verfolgt
hätte.*

Mikojans ceterum censeo bestand in der Warnung vor einer nuklearen Bewaffnung der Bundeswehr. Adenauer hatte den Eindruck, daß Mikojan nach Bonn geschickt worden war, um die
deutsche Politik davon zu überzeugen, daß es nicht im Interesse der
Bundesrepublik liege, nuklear aufzurüsten. Nachdem ihm dies nicht
gelungen sei, habe er sehr nachdrücklich versichert, daß die Sowjetunion keinen Krieg wolle und zur kontrollierten Abrüstung bereit
sei. Adenauer hatte den Eindruck, daß diese Erklärungen ernst zu
nehmen seien.

Was bezweckte nun Adenauer mit seinem Vorstoß und wie ernst
war es ihm dabei? Allem Anschein nach hatte Adenauers Vorschlag,
der DDR den Status Österreichs zu geben, einen Grund darin, daß
man mit den bisherigen Methoden der Wiedervereinigungspolitk
nicht weitergekommen war. Adenauer war sich wohl Mitte der
fünfziger Jahr darüber klar, daß eine staatliche Wiedervereinigung
Deutschlands nur nach Jahrzehnten erreichbar sei[203]. In diesem
Sinne ist auch folgende Bemerkung im Zusammenhang mit der
Österreich-Lösung zu interpretieren: *Wir mußten realistisch unsere
Möglichkeiten abschätzen und uns dessen bewußt bleiben, daß das
Wichtigste eine Erleichterung des Loses der Menschen in der Zone
war*[204]. Adenauer war also bereit, *eine Verbesserung des politischen
Status quo gegen eine Verfestigung des territorialen Status quo ein-*

[203] Vgl. dazu die Äußerungen von HANS GLOBKE gegenüber B. BANDULET, S. 49 Anm. 129 und S. 59
Anm. 169.
[204] Vgl. K. ADENAUER III, S. 379.

zuhandeln[205], die das Risiko einer endgültigen Teilung Deutschlands in sich barg. Es blieb die Chance einer Wiedervereinigung zu einem viel späteren Zeitpunkt der totalen Veränderung der Verhältnisse in Europa, doch der Preis, den Adenauer für grundlegende Änderungen in der DDR zu zahlen bereit war, war der Verzicht auf die unmittelbare »staatliche« Wiedervereinigung[206].

Hier taucht also erstmals offiziell die konkret gefaßte Bereitschaft Adenauers auf, in der Lösung der deutschen Frage ein Zwischenstadium einzuschieben. Man wird Adenauer wohl glauben müssen, daß er genügend Vertrauen in das Überleben einer einheitlichen Nation hatte – er verwies dazu gerne auf das polnische Beispiel –, um in einer de-jure-Trennung Deutschlands kein irreversibles geschichtliches Faktum und mehr als nur eine theoretische Chance für eine künftige staatliche Einheit sehen zu können[207].

Wenn man diesen Aspekt des langfristigen Zwischenstadiums mitberücksichtigt, war die Äußerung Adenauers *sensationell und logisch zugleich: sensationell, weil sie die Wiedervereinigungs- und Freiheitsforderung entkoppelte, und damit allen nationalorientierten Wiedervereinigungsvorstellungen konträr zuwiderlief; logisch, weil dies eine Formel gewesen wäre, um die Lösung der deutschen Frage mit der unauflöslichen Westbindung der Bundesrepublik zu verbinden* (H.-P. Schwarz).

Der Vorschlag einer »Österreich-Lösung« ist mit der interessanteste aller unkonventionellen Deutschlandpläne Adenauers. Er ist in vielem außerordentlich kennzeichnend für Adenauers Denken und für seine Politik. Denn sein Vorstoß war weder vom Westen gefordert[208], noch innenpolitisch notwendig; im Gegenteil: die Amerikaner ließen verlauten, ein Direktkontakt Bonn-Moskau störe nur die Vorbereitung der Gipfelkonferenz, und innenpolitisch war die heiße Bundestagsdebatte vom 23. Januar 1958 noch in frischer Erinnerung, in der Dehler und Heinemann Adenauer vorgeworfen hatten, er wolle gar keine Wiedervereinigung, sei also national unzuverlässig[209]. Der Vorstoß brachte folglich die Gefahr mit sich, Wasser auf die Mühlen der innenpolitischen Gegner zu leiten, und nicht ohne

[205] So B. Bandulet, S. 231.
[206] Vgl. K. Adenauer III, S. 379, wo er diese beiden Implikationen seines Vorschlags expressis verbis ausspricht. Vgl. auch die Aussagen von Hans Globke gegenüber B. Bandulet, S. 232, Anm. 80 und 81.
[207] Vgl. dazu auch seine Bemerkung gegenüber H. Krone, mitgeteilt in dessen Aufzeichnung vom 19. Mai 1960, Adenauer-Studien III, S. 157.
[208] Es scheint sogar, daß die Initiative Adenauers vorher nicht mit dem Westen abgestimmt war, es gibt zumindest keinen Beleg für eine Absprache.
[209] Vgl. Verhandlungen des Deutschen Bundestages. 3. Wahlperiode. Stenographische Berichte, Bd. 39, S. 384–406.

Grund hatte Adenauer Smirnow gebeten, öffentlich nichts über den Vorschlag verlauten zu lassen, denn er riskiere, *von den eigenen Leuten dafür gesteinigt zu werden*[210]. Andererseits hatte er innenpolitisch nach der Wahl von 1957 eine sehr starke Position und brauchte auf keinen Koalitionspartner Rücksicht zu nehmen. Es zeigt sich also, daß Adenauer nicht willens war, die Bundesrepublik als im Westen politisch saturiertes Deutschland zu verstehen, sondern, daß es ihm ernst war mit seiner Maxime: *keine deutsche Regierung kann auf das Recht des unterdrückten deutschen Volksteils, über sein politisches Schicksal in freier Selbstbestimmung zu entscheiden, verzichten*[211].

Aufschlußreich ist der Vorstoß Adenauers auch für sein flexibles Verhalten gegenüber der Sowjetunion bei gleichzeitigem Beharren auf den Grundpositionen seiner Poltik. Der Vorschlag eines Österreich-Status für die DDR griff nämlich in einer Anzahl von Aspekten sowjetische Vorstellungen auf und verband sie mit deutschen Zielen, so daß beide Teile ihre Interessen in einem Kompromiß gewahrt sehen konnten. Der Vorschlag signalisierte der Sowjetunion in etwa folgendes: Ihr wollt zwei deutsche Staaten – gut, ich bin bereit darauf einzugehen, wenn ihr dafür der DDR politische Freiheit gebt; ihr wollt, daß euch militärisch durch ein vereintes Deutschland kein Sicherheitsrisiko entsteht – gut, das Gebiet der DDR wird neutralisiert, und damit ist überdies ein Teilsück einer neutralen Zone in Mitteleuropa gegeben; ihr wollt eine Gipfelkonferenz, ohne daß die deutschen Probleme dort die Lösung der brennenden Abrüstungs- und Entspannungsfrage stören oder verhindern – gut, lösen wir die deutsche Frage vorher und schaffen so beste Voraussetzungen für ein Gelingen der Konferenz; ihr wollt über einen Friedensvertrag mit zwei deutschen Staaten auf der Gipfelkonferenz verhandeln – gut, die Möglichkeit besteht, wenn vorher die DDR einen Österreich-Status hat; ihr wollt, daß die Bundesrepublik nicht nuklear aufrüstet – gut, das könnt ihr verhindern, wenn die Gipfelkonferenz sich über eine Abrüstungsvereinbarung einigt, und das ist dann am wahrscheinlichsten, wenn vorher die deutsche Frage geklärt ist.

Der Vorstoß Adenauers ist weiterhin aufschlußreich für seine verhandlungspolitische Taktik gegenüber der Sowjetunion. Er wurde ja nicht aus heiterem Himmel in einen luftleeren Raum hinein unternommen. Die Signale des Jahres 1957 waren vorausgegangen, die Verhandlungen über ein langfristiges Handels- und Schiffahrts-

---

[210] Vgl. K. ADENAUER III, S. 378.
[211] Vgl. ebd.

abkommen und über einen Konsularvertrag, die Mikojan dann bei seinem Besuch unterzeichnete, gingen gut voran, und durch die Entsendung Botschafter Krolls war ebenfalls guter Wille und Bereitschaft zu Verhandlungen bekundet worden[212]. Die auffälligste Avance gegenüber Moskau war jedoch Adenauers Verhalten in der Frage der Einberufung einer Gipfelkonferenz. Adenauer, der solchen Konferenzen und den dabei gewöhnlich auftauchenden irrationalen Stimmungen – »Geist von Genf« –, meist mißtrauisch und ablehnend gegenüberstand[213], gab zu erkennen, daß er eine Gipfelkonferenz begrüße und daß die Bundesrepublik ihr Zustandekommen nicht an der deutschen Frage scheitern lassen wolle[214]. Diese Haltung Adenauers ist einesteils die Grundlage der Gespräche mit Smirnow und Mikojan gewesen, andernteils der Anlaß einer Verstimmung mit den USA. Nach dem Treffen Außenminister von Brentanos mit Dulles anläßlich der NATO-Konferenz in Kopenhagen stellte der deutsche Außenminister fest, frühere Äußerungen zur Frage der Gipfelkonferenz seien falsch interpretiert worden, die Bundesrepublik verzichte keinesfalls auf eine Behandlung der deutschen Frage[215]; Dulles äußerte denn auch in kleinem Kreise, er scheine viel stärker für die Wiedervereinigung einzutreten als Adenauer[216]. Adenauer hatte mit seiner Taktik hinsichtlich der Gipfelkonferenz wohl zweierlei im Sinn: er wollte die deutsche Frage als Verhandlungsobjekt in einem zu frühzeitigen Stadium der Abrüstungsgespräche ausklammern[217], und er wollte weiterhin durch seine Zustimmung zu einer Gipfelkonferenz erreichen, daß vorklärende deutsch-sowjetische Gespräche beginnen könnten[218].

[212] Botschafter KROLL war am 8. Mai 1958 in Moskau eingetroffen. Seine Berufung nach Moskau erfolgte offensichtlich auf direkten Wunsch ADENAUERS und GLOBKES (so F. J. BACH), der dem Auswärtigen Amt Ende 1957/Anfang 1958 anläßlich eines größeren Revirements mitgeteilt wurde. Der erste Bonner Botschafter in Moskau hatte es nicht vermocht, die deutsch-sowjetischen Beziehungen positiv zu beeinflussen. Dr. FRANZ JOSEF BACH, 1950–1954 Legationssekretär und später Gesandtschaftssekretär in Sydney (Australien), 1954–1957 Gesandtschaftsrat Erster Klasse in Washington, 1957–1961 persönlicher Referent von Bundeskanzler ADENAUER. Danach wieder im auswärtigen Dienst, zuletzt Botschafter im Iran vom 1964–1968.

[213] Vgl. dazu H.-P. SCHWARZ, S. 124f.

[214] Vgl. K. ADENAUER III, S. 369. Sehr deutlich hatte ADENAUER dies auch am 24. April in einem Interview mit dem amerikanischen Zeitungsverleger W. HEARST zu erkennen gegeben. Vgl. dazu H. BUCHHEIM, Deutschland- und Außenpolitik, S. 37. Das Interview ist inhaltlich wiedergegeben in: FRANKFURTER ALLGEMEINE ZEITUNG vom 28. April 1958.

[215] Vgl. dazu den Bericht, in: DIE WELT vom 6. Mai 1958, abgedruckt in: DOKUMENT ZUR DEUTSCHLANDPOLITIK III/4 (1958), S. 1096.

[216] Vgl. dazu die Meldung in: NEWSWEEK vom 9. Juni 1958 und die Erklärung von DULLES zu dieser Meldung auf seiner Pressekonferenz vom 10. Juni 1958, beides abgedruckt ebd. S. 1232f.

[217] Vgl. zu diesem Aspekt der ADENAUERSCHEN Politik H. BUCHHEIM, Deutschland- und Außenpolitik, S. 37, und B. BANDULET, S. 59. Dem entsprach auf der anderen Seite ADENAUERS Standpunkt: *Auf keinen Fall durften Verhandlungsobjekte für die Wiedervereinigung bereits in Abrüstungs- und Sicherheitsfragen vorzeitig preisgegeben werden.* Vgl. K. ADENAUER III, S. 362.

[218] H. BUCHHEIM, Deutschland- und Außenpolitik, betont ausschließlich die negative Intention

Die Sowjetunion griff schließlich trotz allem den Vorschlag Adenauers nicht auf, so daß sich seine Erwartungen *leider* nicht erfüllten. Adenauer vermutete eine Ursache darin, daß die Sowjetunion große Hoffnungen auf die Umwälzungen in Frankreich gesetzt habe[219]. Der Österreich-Plan blieb allerdings ein Bestandteil der Überlegungen zur Lösung des deutschen Problems, die Adenauer ständig anstellte. Anfang 1959 sprach er Krone wiederum darauf an, dieses Mal jedoch unter den veränderten Umständen des Berlin-Ultimatums und des Drängens der Amerikaner auf deutsche Vorschläge in der Ost-West-Frage[220]. In knappster Form hat Adenauer dabei auch nochmals seine Intentionen dargelegt: *Da mit der Wiedervereinigung auf Jahre nicht zu rechnen sei, solle man sie als jetzt nicht durchführbar ansehen; die Zone bleibe in der Macht Pankows, die Bundesrepublik im Bündnis des Westens, es müsse im Wissen um die Lage, wie sie ist, zu Gesprächen kommen, die auf eine Humanisierung der Verhältnisse in der Zone hinausgingen*[221]. Ein weiteres Mal kam Adenauer Anfang 1960 im Zusammenhang mit der Berlin-Problematik gegenüber Krone auf diese Vorstellung zurück. Er bat ihn, sich Gedanken zu machen, ob man nicht Berlin in das Gebiet der DDR eingliedern könne, wenn dieses einen Österreich-Status erhalten habe[222]. Wiederum betonte er dabei, daß es ihm *um eine zeitlich begrenzte Zwischenlösung von längerer Dauer* gehe und daß die deutsche Politik auf eine aktive Rolle in der Berlin- und Deutschland-Frage bedacht sein müsse, weil die Gefahr bestehe, *daß die Entwicklung über uns hinweggehe*. Man darf wohl annehmen, daß Adenauer von Anfang an durchaus bereit war, Berlin in dem Sinne seiner Anregung von 1960 in eine Österreich-Lösung miteinzubeziehen.

Es wäre falsch, den Vorschlag Adenauers als *den* Alternativ-Plan seiner Politik zu bewerten – das war er ohne Zweifel nicht. Er war eine Alternativ-Überlegung neben vielen anderen, besonders solchen, die in Zusammenarbeit mit den Westmächten entstanden[223]. Er war allerdings mehr als ein reines Denkspiel, zumal er der

ADENAUERS, nämlich Übereinkünfte der Großmächte auf der Basis des Status quo zu verhindern. M. E. darf man in diesem Stadium die genannten positiven Möglichkeiten für die Analyse von ADENAUERS Konzeption nicht außer acht lassen.

[219] Vgl. K. ADENAUER III, S. 395.

[220] Vgl. dazu die Aufzeichnung H. KRONES vom 22. Januar 1959, ADENAUER-STUDIEN III, S. 148.

[221] Vgl. die Aufzeichnung H. KRONES, vom 23. Januar 1959, ADENAUER-STUDIEN III, ebd., S. 148f. Interessanterweise hatte ECKARDT KRONE gegenüber ähnliche Gedanken entwickelt, nachdem er mit wenig guten Eindrücken von einer USA-Reise zurückgekehrt war. Vgl. ebd.; ECKARDT geht darauf in seinen Memoiren nicht ein, er druckt jedoch einen Brief an ADENAUER vom 21. Juni 1960 ab, der den Vorschlag einer Österreich-Lösung für die DDR enthält. Vgl. F. v. ECKARDT, S. 615–619.

[222] Vgl. die Aufzeichnung H. KRONES vom 19. Mai 1960, ADENAUER-STUDIEN III, S. 157.

[223] Es sei hier nur verwiesen auf die seit 1957 laufenden Planungen und Überlegungen der Arbeits-

Sowjetunion offiziell zur Kenntnis gebracht worden war. Adenauer sah in ihm wohl einen Ansatzpunkt, bei realistischer Einschätzung der Möglichkeiten ein Optimum an unaufgebbaren Prinzipien zu wahren und doch mit Hilfe eines Zwischenstadiums den sowjetischen Interessen entgegenzukommen.

Die auf den ersten Blick überraschende, scharf ablehnende offizielle Reaktion der Regierung und der CDU auf ähnliche Gedanken, wie sie 1958 und in den folgenden Jahren von Paul Wilhelm Wenger, Karl Jaspers und Golo Mann vorgetragen wurden[224], widerspricht dem nur scheinbar. Es ist anzunehmen, daß es Adenauer darauf ankam, seinem Plan nicht durch öffentliche Diskussion den eigentlichen Wert im direkten diplomatischen Kontakt zu nehmen und gleichzeitig gegenüber der Sowjetunion zu beweisen, wie kompromißbereit und wie entgegenkommend er sei. Wahrscheinlich überschätzt Wenger seinen Einfluß, wenn er ein Erstgeburtsrecht an diesem Plan in Anspruch nimmt und meint, man habe in der Diskussion über seine Tauberbischofsheimer Rede auf ihn eingedroschen, aber eigentlich Adenauer gemeint[225]. Irrig ist wohl auch Wengers Mitteilung, Adenauer habe mit seinem Vorstoß in der CDU/CSU-Fraktion eine 90:120 Abstimmungsniederlage erlitten[226] – der Fraktionsvorsitzende jedenfalls weiß nichts von einer solchen Abstimmung[227]. Der Gedanke einer Österreich-Lösung für die DDR ist wohl von Staatssekretär Globke in die Diskussion gebracht worden und vermutlich auch bei ihm entstanden (F. J. Bach).

gruppe der drei Westmächte und der Bundesrepublik. Diese hatte die Aufgabe, *die für die Genfer Konferenz der Außenminister 1955 gemeinsam erarbeiteten Vorschläge zu den miteinander verbundenen Fragen der Wiedervereinigung Deutschlands und der europäischen Sicherheit im Hinblick auf die seither eingetretene Entwicklung zu überprüfen.* Vgl. die Mitteilung des Auswärtigen Amtes vom 19. Februar 1957, in: DOKUMENTE ZUR DEUTSCHLANDPOLITIK III/3 (1957), S. 416. Über diese Überlegungen ist bisher kaum etwas bekannt.

[224] Vgl. dazu im einzelnen PAUL WILHELM WENGER, Die Falle. Deutsche Ost-, Russische Westpolitik, Stuttgart 1971, S. 130–138. Die Grundgedanken von JASPERS und MANN sind leicht zugänglich in: HANS-ADOLF JACOBSEN – OTTO STENZEL (Hrsg.), Deutschland und die Welt. Zur Außenpolitik der Bundesrepublik 1949–1963 (dtv-Dokumente 174/75), München 1964, S. 189–197 und S. 197–203. Es entbehrt nicht einer gewissen Pikanterie, wenn GOLO MANN 1962 seinen Vorschlag einer »Österreich-Lösung« u. a. mit folgendem Hinweis kommentierte: *Ob sich der schöpferische Künstler finden wird – der große alte Mann in Bonn wird es wohl nicht mehr sein können –, von dieser Frage hängt ab, ob Deutschland eine Zukunft haben wird.* Vgl. ebd. S. 202.

[225] Vgl. P. W. WENGER, S. 132ff. WENGER hatte am 20. April 1958 auf dem Landesparteitag der CDU von Nordbaden in Tauberbischofsheim eine Rede gehalten, in der eine *organische Raumverklammerung der drei Nachfolgestaaten des 1945 untergegangenen »großdeutschen Reiches«* und ein *Österreich-Status* für die DDR anvisiert wurden. ADENAUER war wohl für solche Konstruktionen auch deshalb wenig zu haben, weil er zum deutschen Südosten und zum donauländischen Raum, die in WENGERS Vorschlag eine wesentliche Rolle spielten, kein näheres Verhältnis hatte. Vgl. H. MAIER, S. 32 f.

[226] Vgl. P. W. WENGER, S. 135.

[227] Freundliche Mitteilung des damaligen Fraktionsvorsitzenden Dr. HEINRICH KRONE. Es hätte auch gar nicht ADENAUERS politischem Stil entsprochen, außenpolitische Vorhaben, die noch keineswegs ausgereift oder vertraglich fixiert waren, zur Abstimmung zu stellen.

4. Politik im Schatten des Berlin-Ultimatums

Der Politik eigener deutscher Explorationen in Richtung Sowjetunion wurden im Herbst 1958 zwangsläufig engere Grenzen gesetzt, als Chruschtschow mit dem Berlin-Ultimatum der weltpolitischen Offensive der Sowjetunion gefährlichen Nachdruck verschaffte, den Westen in eine Bewährungsprobe zwang und gleichzeitig den Dialog der Supermächte notwendig machte. Die Berlinkrise verdüsterte jedoch nicht plötzlich einen strahlend hellen Himmel der Ost-West- und der deutsch-sowjetischen Beziehungen, sondern ihr ging bereits im Sommer 1958 ein *Klimasturz zwischen Ost und West*[228] voraus. Dieser war gekennzeichnet durch den Umsturz im Irak, die amerikanische Intervention im Libanon und die Konfrontation um die fernöstlichen Inseln Quemoy und Matsu. Die deutsch-sowjetischen Beziehungen verhärteten sich nach dem »Demonstrationsaustausch« im Juni – nach einer Demonstration vor der sowjetischen Botschaft in Rolandseck wegen der Hinrichtung vom Imre Nagy und Pal Maleter, der Führer des Ungarnaufstands, war die deutsche Botschaft in Moskau von Demonstranten schwer demoliert worden[229] –, obwohl der neue deutsche Botschafter Kroll sich sehr um eine Verbesserung bemühte[230]. In einer Unterredung Adenauers mit Smirnow am 14. Oktober 1958 wurde endgültig klar, daß Adenauers Vorstoß gegenüber Smirnow und Mikojan gescheitert war[231]. Adenauer versuchte nochmals deutlich zu machen, daß der entscheidende Punkt für eine Verbesserung der deutsch-sowjetischen Beziehungen eine Humanisierung der Verhältnisse in der DDR sei und daß ihm sehr an guten bilateralen Beziehungen liege. Smirnow erklärte dagegen kategorisch, daß dieses Problem ausschließlich beide deutsche Staaten angehe und daß es absurd sei, die deutsch-sowjetischen Beziehungen vom Verhältnis der Bundesrepublik zu einem dritten Staat abhängig zu machen. Adenauer seinerseits wies Smirnow darauf hin, daß es eine schlechte Politik und eine grundlegende Änderung des sowjetischen Standpunktes seit dem Mikojan-Besuch sei, wenn man jetzt nicht mehr dazu beitragen wolle, *daß die Verhältnisse in der Zone, durch die die politische Atmosphäre vergiftet wird, normalisiert werden*[232].

---

[228] So K. ADENAUER III, S. 437.

[229] Vgl. dazu die Schilderungen bei HANS KROLL, Lebenserinnerungen eines Botschafters, Köln 1967, S. 378–383 und bei NIKOLAUS EHLERT, Große Grusinische Nr. 17. Deutsche Botschaft in Moskau, Frankfurt/M. 1967, S. 196–205.

[230] Vgl. dazu H. KROLL, S. 383–388; vgl. weiterhin die Äußerungen SMIRNOWS gegenüber ADENAUER am 14. Oktober 1958, K. ADENAUER III, S. 441.

[231] Vgl. K. ADENAUER III, S. 439–446.

[232] Vgl. ebd. S. 445.

Trotz allem scheint Chruschtschow nicht daran gelegen gewesen zu sein, im Verhältnis zur Bundesrepublik auf totale Feindseligkeit zu schalten. So erklärt sich die bemerkenswerte Tatsache, daß er nach seiner Rede im Moskauer Sportpalast am 10. November 1958, in der er das Potsdamer Abkommen »kündigte«, und vor dem offiziellen Berlin-Ultimatum in den Noten vom 27. November Smirnow zu Adenauer schickte, um mitteilen zu lassen, die sowjetischen Schritte beabsichtigen keinesfalls, die Beziehungen zur Bundesrepublik zu verschlechtern[233]. Man wird andererseits aber das Angebot deutsch-sowjetischer Direktverhandlungen, von dem der deutsche Botschafter Kroll berichtet und das Gromyko am 22. November über den österreichischen Botschafter Baron Bischoff gemacht hatte, wohl kaum als *einmalige Chance* beurteilen können. Eher wird man, wie Adenauer, darin einen Versuch sehen müssen, einen Keil zwischen die Bundesrepublik und ihre Verbündeten zu treiben[234]. Wie anders ließe sich nämlich sonst erklären, daß die vorangehenden Vorstöße Adenauers ignoriert worden waren und die Äußerungen Gromykos gegenüber Bischoff keinerlei Anzeichen einer Kompromißbereitschaft andeuteten[235]? Es scheint auch, daß Kroll die Gesamtsituation zu dramatisch und auch etwas naiv einschätzte: Gegenüber Krone äußerte er nämlich, die Sowjets würden sich auf keine Verhandlungen mit dem Westen einlassen und gleichzeitig meinte er, es sei höchste Zeit, daß die deutsche Seite direkt mit dem Kreml verhandele[236].

Wie beurteilte nun Adenauer das Berlin-Ultimatum und eine Ausweitung dieser Aktion durch einen Friedensvertragsentwurf in den Noten vom 10. Januar 1959, und welche politischen Konsequenzen schienen ihm angemessen? Zunächst einmal meinte er, den Coup nicht nur *im gesamtdeutschen, sondern im weltpolitischen Rahmen* sehen zu müssen[237]; das bedeutete für ihn, daß man von falschen Voraussetzungen ausgehe, wenn man den sowjetischen Vorstoß ausschließlich auf das Berlin- oder Deutschlandproblem beziehe. Adenauers *Analyse unserer Situation* vom 30. Januar 1959

[233] Vgl. ebd. S. 449–454, hier S. 449 und S. 453.
[234] Vgl. H. KROLL, S. 389–396, dort auch die Wiedergabe von ADENAUERS Meinung. In diese Richtung deutet auch die Bemerkung CHRUSCHTSCHOWS vom 9. Oktober 1958 gegenüber dem amerikanischen Journalisten WALTER LIPPMANN. Er warnte vor den Gefahren einer Wiederbewaffnung Deutschlands mit dem Argument, daß dieses Deutschland im Kriegsfall mit dem Osten gegen den Westen sich wenden könnte. Ein Zusammengehen Deutschlands mit der Sowjetunion sei nie näher gewesen als jetzt. Vgl. K. ADENAUER III, S. 459.
[235] Vgl. auch die überzeugende Analyse dieses Vorgangs, die von der Interpretation als einer *einmaligen Chance* wenig übrig läßt, bei N. EHLERT, S. 236ff.
[236] Vgl. die Aufzeichnung H. KRONES vom 26. November 1958, ADENAUER-STUDIEN III, S. 146f.
[237] So Adenauer gegenüber SMIRNOW am 20. November 1958, vgl. K. ADENAUER III, S. 454.

213

beschreibt eindrucksvoll – wiewohl psychologisch auf ihren Adressaten Dulles abgestimmt – seine Beurteilung der Lage[238]. Er warnte davor, die *Planmäßigkeit und die Weitsichtigkeit der sowjetischen Politik* zu unterschätzen und dabei zu vergessen, daß die Erringung der Weltherrschaft das eigentliche Ziel sei. Deshalb sei es falsch, den Berlin- und Deutschland-Vorstoß *nur unter dem Gesichtspunkt der Teilung Deutschlands* zu beurteilen. Man müsse im Gegenteil davon ausgehen, daß die Sowjetunion über den Umweg der wirtschaftlichen Machterweiterung dieses Ziel anstrebe, da sie die Unsinnigkeit eines nuklearen Krieges erkannt habe. Daher sei das Aufwerfen der Deutschland-Frage *ein ernstzunehmender Versuch der SU, zunächst über die wirtschaftliche Herauslösung der Bundesrepublik aus dem Verband der EWG und ihr späteres Einbeziehen in den sowjetisch dirigierten Wirtschaftsraum die wirtschaftliche Usurpation Westeuropas erfolgreich in die Wege zu leiten.* Aus dieser Sicht könne es nur eine globale Reaktion im Rahmen der Ost-West-Auseinandersetzung geben: der Westen müsse als Antwort und gleichzeitig als offensives Angebot vorschlagen, die Abrüstungsverhandlungen wieder aufzunehmen und diese *in einen Zusammenhang mit dem sowjetrussischen Vorstoß betreffend Berlin und Deutschland* bringen.

Adenauers langfristige Analyse und seine aus ihr resultierenden Anregungen beruhten auf zwei essentiellen Ausgangspunkten seiner Politik: erstens, daß die Sowjetunion eine Politik der Festschreibung des Status quo nur betreibe, um sie als offensive Ausgangsbasis für die weitere Penetration nach Westeuropa zu benutzen; zweitens, daß die deutschen Interessen nur gewahrt werden könnten, wenn die westlichen Verbündeten von der Identität ihrer eigenen mit den deutschen Interessen wirklich überzeugt seien und daher auch in ihrer Politik davon ausgingen. Folglich mußte er versuchen, das Deutschland-Problem aus der vordersten Verhandlungslinie herauszulösen, denn, so argumentierte er *wenn man die Wiedervereinigung Deutschlands als die wichtigste Frage bezeichnet, läuft man Gefahr, in manchen Ländern eine Bewegung dahingehend aufzulösen, daß man um der Wiedervereinigung Deutschlands willen die Welt keinen Gefahren aussetzen dürfe.*

Diese politische Strategie hatte jedoch auch einen ganz konkreten Hintergrund. Adenauer befürchtete, daß der Westen zur Lösung der Berlin-Frage Konzessionen auf Kosten der Wiedervereinigung machen könnte[239]. Er formulierte es in seiner Analyse etwas verklausu-

[238] Vgl. ebd. S. 463–468.
[239] H. BUCHHEIM, Deutschland- und Außenpolitik, S. 38 f., stellt diesen Aspekt in den Mittelpunkt

214

liert: Der Westen laufe Gefahr zu unterliegen, wenn er die Wiedervereinigung allzusehr in den Vordergrund der Ost-West-Verhandlungen stelle, *da die Zeit für die Lösung dieser Frage noch nicht reif ist*[240].

Für wie gefährlich Adenauer auch das Berlin-Ultimatum ansah – gegenüber Smirnow hatte er zu erkennen gegeben, daß der Ausbruch eines Krieges nicht auszuschließen sei[241] –, so gab er jedoch andererseits einer Bereinigung der Krise auch Chancen. Er sah sie sowohl in der Persönlichkeit Chruschtschows wie in der wirtschaftlich-politischen Lage der Sowjetunion gegeben. Adenauer hielt Chruschtschow nicht nur für einen *klugen Mann*, der es keinesfalls auf eine militärische, d. h. im Endeffekt nukleare Konfrontation ankommen lassen würde, sondern auch für einen *großen Schauspieler und Theaterregisseur*[242]. Weiterhin war er davon überzeugt, daß Chruschtschow wenigstens für eine gewisse Zeit eine friedliche Entwicklung benötige, einmal, um die hochgesteckten wirtschaftlichen Ziele seines Sieben-Jahres-Plans erfüllen zu können, zum anderen, weil er die für die Sowjetunion gefährliche Entwicklung Rotchinas nicht überblicken könne. Aus diesen Gründen interpretierte Adenauer die ausweichende Haltung Gromykos, als Kroll diesen um Erläuterungen einzelner Passagen des Berlin-Ultimatums bat, so, *daß auf jeden Fall eine Möglichkeit für klärende Verhandlungen bestand und daß es durchaus möglich war, daß Chruschtschow in seinen Forderungen zurückging*[243].

Verhandlungspolitisch ging Adenauer davon aus, daß man zunächst Ruhe bewahren und keinesfalls in der Siedehitze der ersten Tage auch noch öffentlich Kombinationen anstellen dürfe, die sich später als verfrüht herausstellen könnten. Als erstes gelte es, den mehr vordergründigen Zweck des sowjetischen Vorstoßes – zu testen, *ob der Westen einig und geschlossen und ob er entschlossen war, jeden Bruch eines Vertrages abzuwehren*[244] – klar zu beantworten. Echte Verhandlungen hielt er vor dem XXI. Parteitag der KPdSU im

---

seiner Interpretation der ADENAUERSCHEN Politik im Gefolge des Berlin-Ultimatums. Seine These, ADENAUER habe verhandlungspolitisch so taktiert, *daß die Berlinfrage aus dem Verhandlungspaket der geplanten Ost-West-Gipfelkonferenz herausgenommen werden müsse*, trifft in dieser Absolutheit wohl nicht zu. ADENAUER war sich bewußt, daß Verhandlung geführt werden müßten, wollte aber deren Hauptgewicht zunächst auf die Abrüstungsfrage konzentriert wissen; in einem späteren Zeitraum wollte auch er die Berlin- und Deutschlandfrage als Verhandlungsgegenstand der unvermeidlichen Konferenzen.

[240] Vgl. K. ADENAUER III, S. 467, Punkt 11 seiner *Analyse unserer Situation*.

[241] Vgl. ebd. S. 451.

[242] Vgl. ebd. S. 455.

[243] Vgl. ebd.

[244] Vgl. ebd. S. 458.

Januar 1959 für unmöglich. Sein eigenes Konzept für das weitere Vorgehen wird deutlich aus einem Brief, den er Dulles am 11. Dezember 1958 schrieb[245]. Danach mußte sich die westliche Reaktion auf zwei Punkte konzentrieren: erstens verhindern, daß eine Panik in der Berliner Bevölkerung durch ein Zaudern oder ein Schwanken der drei westlichen Garantiemächte ausbreche; zweitens durch ein Kommuniqué von großer Klarheit und Eindeutigkeit anläßlich der NATO-Ratssitzung in Paris der Sowjetunion deutlich machen, daß es keinerlei Chancen gebe, über eine Einschränkung der Rechte des Westens in Berlin zu verhandeln. Falls dies nicht geschehe, müßte auch nur ein Teilerfolg der Sowjetunion *das mühsam errichtete Gebäude der westlichen Geschlossenheit gegen den Kommunismus ins Wanken bringen, weil die notwendige Basis dieser Geschlossenheit, das Vertrauen in vertragliche Abmachungen und gegebene Zusagen, schwer erschüttert werden würde.*

Für das weitere Vorgehen warnte er eindringlich davor, sich unter dem Druck ultimativer Fristen auf Verhandlungen über den Gesamtkomplex Deutschland einzulassen. Es sei undenkbar, in einer Frist von sechs Monaten auch nur die Grundlinien einer Einigung mit den Russen zu finden, da diese Frist wie ein Damoklesschwert über allen Verhandlungen schweben würde. *Ich bin daher der Auffassung, daß die Frage Berlin und das größere Problem, nämlich die Wiederherstellung der deutschen Einheit, getrennt behandelt werden müsse. Ein Junktim in der Behandlung beider Fragen würde entweder die Freiheit Berlins in Frage stellen oder die Lösung des gesamtdeutschen Problems auf einen Weg führen, der uns zu einer mehr oder weniger verschiedenen Kapitulation vor den sowjetischen Forderungen führen müßte.*

Ebenso deutlich hatte er bereits in einer Rede in Berlin am 5. Dezember gesagt, das Ultimatum müsse vom Tisch, bevor verhandelt werden könne und bevor man Themen wie die Wiedervereinigung und die europäische Sicherheit ins Auge fassen sollte[246].

Adenauers Verhandlungskonzept sah also vor, das Berlin-Problem für sich allein oder gekoppelt mit den Abrüstungsgesprächen zu behandeln. Diese Abrüstungsgespräche machten in den Genfer Verhandlungen über einen Stopp der Kernwaffenversuche Fort-

---

[245] Dieser Brief ist abgedruckt bei F. v. ECKARDT, S. 558–561. Briefe ähnlichen Inhalts sandte er auch an den britischen Premierminister MACMILLAN und den französischen Ministerpräsidenten DE GAULLE. MACMILLAN gibt den an ihn gerichteten Brief in seinen Erinnerungen in wesentlichen Passagen wieder. Vgl. HAROLD MACMILLAN, Ridding the Storm. 1956–1959, London 1971, S. 578–580.
[246] Vgl. den Bericht über diese Rede in: DER TAGESSPIEGEL vom 6. Dezember 1958, abgedruckt in: DOKUMENTE ZUR DEUTSCHLANDPOLITIK IV/1 (1958/59), S. 268, Anm. 1. Vgl. auch die Aufzeichnung von H. KRONE vom 5. Dezember 1958, ADENAUER-STUDIEN III, S. 147.

schritte. Gleichzeitig war ihm jedoch klar, daß nach der Zurücknahme des Ultimatums Verhandlungen über die Deutschlandfrage aufgenommen würden, daß dann also das für die erste Phase von Verhandlungen abgelehnte Junktim Berlin-Deutschlandfrage wieder aktuell würde. Unter dieser Voraussetzung, so meinte er, *konnten Verhandlungen über die ganze Problematik der Deutschlandfrage und der europäischen Sicherheit eingeleitet werden, und darin war die Berlinfrage eingeschlossen*[247].

Der Spielraum Adenauers, dieses Konzept durchzusetzen, war natürlich begrenzt auf engste Beratungen mit den Verbündeten, die die Letztverantwortung für Berlin trugen, denn *es war klar, ohne unsere Verbündeten waren wir gegenüber Sowjetrußland machtlos*[248]. Die von ihm geforderte Einheitlichkeit und Klarheit der Haltung der Westmächte war zunächst zu seiner vollen Zufriedenheit durch die Erklärung der Pariser NATO-Ratssitzung vom 14. und 16. Dezember 1958 und die Antwortnoten der Westmächte vom 31. Dezember 1958 gewährleistet[249]. Auch mit dem amerikanischen Außenminister Dulles gelangte er bei dessen letztem Besuch in Deutschland im Februar 1959 sowohl prinzipiell wie konkret zu einer Übereinstimmung über das weitere Vorgehen, obwohl Dulles im November 1958 mit der allerdings schnell ad acta gelegten »Agententheorie« und Anfang Januar mit seiner Bemerkung, es gebe auch andere Wege zur Wiedervereinigung als den über freie Wahlen, für nicht geringes Aufsehen und auch Verärgerung in Bonn gesorgt hatte[250].

Gerade das Verhältnis zu Dulles ist ein Angelpunkt, um Adenauers weiteres Verhalten, insbesondere seine Befürchtungen im Verlaufe der kommenden Jahre, zu verstehen. Mit Dulles hatte er sich stets, wie weit auch die Differenzen im einzelnen gingen, auf der

[247] Vgl. K. ADENAUER III, S. 460.
[248] Vgl. ebd. S. 461.
[249] Vgl. das Kommuniqué der Besprechung der Außenminister der USA, Großbritanniens, Frankreichs und der Bundesrepublik vom 14. Dezember 1958, die Erklärung des Ministerrats der NATO zur Berlinfrage vom 16. Dezember und die Antwortnote der drei Westmächte an die Sowjetunion vom 31. Dezember 1958, abgedruckt in: DOKUMENTE ZUR DEUTSCHLANDPOLITIK IV/1 (1958/59), S. 373f., S. 382f. und S. 422–443.
[250] Vgl. zur »Agententheorie« die Äußerungen von DULLES auf einer Pressekonferenz vom 26. November 1958, abgedruckt in: DOKUMENTE ZUR DEUTSCHLANDPOLITIK IV/1 (1958/59), S. 144–150, hier S. 145f. DULLES hatte ausgeführt, daß man im Berlin-Verkehr eventuell solche DDR-Beamten akzeptieren könne, die als Beauftragte der Sowjetunion fungierten. Vgl. dazu auch die Ausführungen, die Staatssekretär ECKARDT auf einer Pressekonferenz am 27. November machte; sie sind im Protokoll wiedergegeben bei F. v. ECKARDT, S. 543–550. Am 13. Januar 1959 hatte DULLES auf einer Pressekonferenz geäußert, daß freie Wahlen der natürlichste, aber nicht der einzige Weg zur Wiedervereinigung Deutschlands seien, ohne dies allerdings zu spezifizieren. Der Text der Pressekonferenz ist abgedruckt in: DOKUMENTE ZUR DEUTSCHLANDPOLITIK IV/1 (1958/59), S. 589–596; die entsprechende Äußerung von DULLES auf S. 596.

Grundlage gleicher Einschätzung der sowjetischen Politik und in der gemeinsamen Überzeugung getroffen, daß ein sowjetisches Vordringen in Mitteleuropa letztlich den USA schaden würde. Schwierigkeiten zwischen der Bundesrepublik und den USA konnten also auf der Basis beiderseits unterstellter Interessenidentität ausgeräumt werden; in Dulles sah Adenauer den Garanten einer geradlinigen amerikanischen Politik auch gegenüber Präsident Eisenhower, der in Adenauers Augen nicht frei von naiven Vorstellungen war[251]. Bei dem Besuch von Dulles im Februar bewährte sich diese erprobte Kooperation ein letztes Mal[252]. Dulles versicherte Adenauer, daß die USA auf Grund von Drohungen, selbst auf die Gefahr eines Kriegsrisikos hin, zu keinerlei Zugeständnissen bereit seien. Er teilte Adenauers Meinung, daß die zur Diskussion stehende Deutschlandfrage unter zwei Aspekten betrachtet werden müsse: unter dem *mehr technischen Aspekt* der Abwehr der sowjetischen Bedrohung Berlins und unter dem allgemeineren Aspekt der Erörterung der Fragen der deutschen Wiedervereinigung und Sicherheit. Offensichtlich besprach Dulles mit Adenauer auch Fragen der militärischen Sicherung der Zufahrtswege nach Berlin. Sie waren sich darüber einig, was im einzelnen bei Störungen zu geschehen habe, wobei sie in ihren Überlegungen eine totale Konfrontation nicht ausschlossen[253]. Für Adenauer mindestens so bedeutsam war jedoch die Versicherung des amerikanischen Außenministers, daß bei den kommenden Verhandlungen, die auch Adenauer als unausweichlich ansah, die Wiedervereinigung *nicht um den Preis der Loslösung Deutschlands aus dem westlichen Bereich und der Aufgabe der Errungenschaften der europäischen Integration* erkauft werden könnte[254].

Der Dulles-Besuch in Bonn erfolgte zu einer Zeit, in der schon unverkennbare Anzeichen von Rissen in der westlichen Einheitsfront deutlich wurden, die sich im Laufe des Jahres erweiterten und damit in Adenauers Sicht die Voraussetzungen für eine befriedigende Lösung der Krise sehr in Frage stellten. Im Mittelpunkt seiner Befürchtungen stand zunächst der britische Premierminister Mac-

---

[251] Vgl. dazu und allgemein zur Einschätzung von DULLES u. a. die Bemerkungen ADENAUERS über die Konsequenzen des Todes von DULLES, K. ADENAUER III, S. 537f. Vgl. auch die Charakterisierung ebd. S. 161.

[252] DULLES war am 7. und 8. Februar 1959 in Bonn. Vgl. die ausführliche Darlegung der Gespräche ebd. S. 471–477. Vgl. auch die Aufzeichnung H. KRONES vom 7. Februar 1959, ADENAUER-STUDIEN III, S. 150.

[253] Vgl. die Andeutungen bei K. ADENAUER III, S. 473 und S. 477. H. MACMILLAN, Riding the Storm, S. 587, hatte bei seinen Besprechungen mit DULLES jedoch den Eindruck, daß der Pentagon-Plan, den freien Zugang, falls nötig, auch militärisch zu erzwingen, aufgegeben sei; er berichtet aber lediglich von einem solchen Eindruck, nicht von einer entsprechenden Aussage.

[254] Vgl. K. ADENAUER III, S. 474.

218

millan. Nach Adenauers Ansicht und zu seiner größten Verärgerung durchbrach dieser die westliche Einheitsfront durch seine ohne vorherige Konsultation angekündigte Moskaureise und noch mehr durch Äußerungen über Disengagement-Pläne, die man als Verhandlungsgegenstände in die Ost-West-Verhandlungen einbringen könnte[255].

Die deutsch-britischen Beziehungen erreichten einen Tiefpunkt und blieben bis 1963, als sowohl Adenauer wie Macmillan zurücktraten, gespannt und von Mißtrauen gekennzeichnet. Gegenüber dem britischen Botschafter Steel ließ Adenauer seinem Unmut freien Lauf, als dieser die Moskaureise Macmillans ankündigte[256]. Ohne Umschweife erklärte er ihm, Chruschtschow sehe sehr wohl die weichen Stellen in der westlichen Allianz und versuche, indem er die alte Waffenbrüderschaft des Weltkrieges herausstreiche, die Bundesrepublik zu isolieren. Er fragte Steel, ob ihm klar sei, was es für Großbritannien bedeute, wenn die Bundesrepublik für die westliche Welt verlorenginge, und entließ ihn mit der Feststellung, der Moskaubesuch sei ein Triumph für Chruschtschow und müsse in der übrigen Welt – er verwies dabei auf Asien – so aufgefaßt werden, als ob der Westen der Sowjetunion Vertragsbrüche gestatte und vor Drohungen zurückweiche.

Wie verärgert Adenauer über die britische Haltung war und welch weitreichende politische Konsequenzen er aus diesen Londoner Extratouren für die deutschen Interessen befürchtete, geht aus seinen Äußerungen gegenüber Heinrich Krone und in kleineren Kreisen hervor. Beim Besuch Macmillans in Bonn am 12. und 13. März 1959 gelang es offensichtlich nicht, Klarheit über die Moskauer Gespräche zu gewinnen[257]. Adenauers Befürchtungen wurden noch verstärkt durch Berichte, daß Macmillan gegenüber Eisenhower sogar noch weitergehende Ansichten vorgetragen habe[258]. Der Kanzler glaubte – und Macmillan war wohl auch tatsächlich dieser Ansicht[259] –, Großbritannien vertrete den Standpunkt, *daß die Sowjets juristisch zu Recht sagen, daß Berlin, Westberlin zur Zone*

[255] Vgl. ebd. S. 480 f.

[256] Vgl. ebd. S. 468 ff.

[257] Nach außen wurde allerdings insbesondere von Außenminister BRENTANO der Eindruck völliger Übereinstimmung erweckt. Vgl. dazu die Erklärungen Staatssekretär ECKARDTS und des Leiters der Presseabteilung des Foreign Office, HOPE, auf einer Pressekonferenz am 12. März 1959, die Erklärung BRENTANOS vom 13. März zu den deutsch-britischen Besprechungen und das Interview BRENTANOS für den WESTDEUTSCHEN RUNDFUNK am 15. März, alles abgedruckt in: DOKUMENTE ZUR DEUTSCHLANDPOLITIK IV/1 (1958/59), S. 1169–1172, S. 1173 und S. 1182 ff. Zur frostigen Atmosphäre und zu den offen zu Tage getretenen Differenzen vgl. den Bericht bei F. v. ECKARDT, S. 562. Vgl. auch den Bericht von H. MACMILLAN, Riding the Storm, S. 639 f.

[258] Vgl. dazu K. ADENAUER III, S. 481.

[259] Vgl. etwa H. MACMILLAN, Riding the Storm, S. 577 f.

gehöre[260]. Das britische Verhalten war im Urteil Adenauers *ein Sieg des Kreml*[261]; die westliche Einheitsfront sei von Macmillan durchbrochen und damit seien die westlichen Verhandlungschancen erheblich gemindert worden: *Wenn wir den Status quo für Berlin und die Zone behalten, haben wir für heute so gut wie alles erreicht. Wiedervereinigung – wer weiß wann!*[262] Wie immer, wenn ein Partner des Bündnisses auszubrechen drohte, versuchte Adenauer, dieses Vorgehen durch ein intensiveres Verhältnis zu anderen Partnern abzublocken. Er überlegte, ob man nicht ein engeres Verhältnis zwischen Bonn, Paris und Rom, natürlich in enger Verbindung mit Washington, herstellen sollte[263]. Im Dezember 1959 stellte er im Gespräch mit de Gaulle nochmals fest, *daß Großbritannien außenpolitisch der Führer bei der Schwenkung gegenüber Sowjetrußland gewesen sei*[264].

Es scheint, daß Adenauer in den ersten Monaten des Jahres 1959 durchaus noch auf eine feste Haltung der USA und Frankreichs baute, obwohl er beiden gegenüber nicht kritiklos und nicht ohne Skepsis war[265]. Der Zerfall des besonderen deutsch-amerikanischen Verhältnisses setzte nach dem Ausscheiden von Dulles ein, als bis dahin theoretische Planspiele, ob man auf Kosten Deutschlands ein Arrangement mit der Sowjetunion erreichen könne, als Bestandteile in die amerikanische Politik eingingen oder doch zumindest als Versuchsballons lanciert wurden[266]. Die amerikanische Politik war jedoch keinesfalls geradlinig, sondern bewegte sich eher sprunghaft zwischen Härte und Nachgiebigkeit; überdies fehlte ihr ein autoritativer Sprecher. Herausragende Stationen des – wie Adenauer Ende 1959 gegenüber de Gaulle sagte – *sich deutlich zeigenden Wechsels in der außenpolitischen Haltung der Vereinigten Staaten* waren die Außenministerkonferenz der drei Westmächte und der Bundesrepublik vom 31. März bis 1. April 1959 und die vorhergehenden Beratungen der Viermächtearbeitsgruppe, die Genfer Außenministerkonferenz im Sommer 1959, der Chruschtschowbesuch in den USA vom 15. bis 27. September 1959 sowie die Besprechungen der

[260] Vgl. die Aufzeichnung H. KRONES vom 24. März 1959, ADENAUER-STUDIEN III, S. 152.
[261] Vgl. ebd.
[262] Vgl. die Aufzeichnung H. KRONES vom 16. März 1959, ebd., S. 151 f. KRONE berichtet nicht Adenauers Reaktion auf Gerstenmaiers Schlußfolgerung, daß damit klar sei, daß das Ziel der bisherigen Politik – Wiedervereinigung über Geschlossenheit und Stärke des Westens – vorläufig nicht realisierbar sei.
[263] Vgl. die Aufzeichnung H. KRONES vom 24. März 1959, ebd., S. 152.
[264] Vgl. die Aufzeichnung über das Gespräch mit DE GAULLE vom 2. Dezember 1959 in Paris bei K. ADENAUER IV, S. 17.
[265] Vgl. K. ADENAUER III, S. 479; zur Skepsis ADENAUERS vgl. die Aufzeichnungen H. KRONES vom 16. Januar und 3. März 1959, ADENAUER-STUDIEN III, S. 148 und S. 151.
[266] Vgl. dazu auch B. BANDULET, S. 154 ff.

Regierungschefs Eisenhower, Macmillan, de Gaulle und Adenauer in Paris vom 19. bis 21. Dezember 1959 und am Vorabend der gescheiterten Ost-West-Gipfelkonferenz am 15. Mai 1960[267].

Gegen den heftigen Widerstand Adenauers war in den Vorbesprechungen der Viermächtearbeitsgruppe, die seit dem 4. Februar 1959 zunächst in Washington, dann vom 9. März ab in Paris tagte[268], ein Wiedervereinigungsplan entwickelt und auf der anschließenden Außenministerkonferenz auch behandelt worden, der u. a. eine vorübergehende Konföderation der beiden Teile Deutschlands vorsah, gekoppelt mit einer am Rapacki-Plan orientierten europäischen Sicherheitszone[269].

Das Konföderationsprojekt wurde erst auf deutsche Einwendungen hin fallen gelassen[270].

Der von dem amerikanischen Außenminister Herter auf der Genfer Außenministerkonferenz vorgelegte Friedensplan des Westens fand keineswegs Adenauers Billigung: er hielt ihn für zu nachgiebig[271]. Insbesondere mußte Bonn dann der Vorschlag einer Interims-Lösung für Berlin in helle Aufregung versetzen[272]. Felix von Eckardt gibt eine in ihrer düsteren Beurteilung wohl kaum übertriebene Darstellung des Ablaufs dieser Konferenz. Danach war sie gekennzeichnet durch schlechte westliche Verhandlungstaktik, durch unerwartete und in ihren Auswirkungen nicht zu überblickende Konzessionen und durch unzureichende oder fehlende Konsultationen. Die offiziellen Sitzungen waren schließlich nur noch Fassade für den unmittelbaren amerikanisch-sowjetischen Dialog, der mit der Einladung Chruschtschows in die USA endete[273]. Adenauer sah in Genf und mehr noch beim Chruschtschow-Besuch in den USA, mit dem in seinen Augen höchst verdächtigen »Geist von

---

[267] Vgl. K. ADENAUER IV, S. 17.

[268] Vgl. dazu die Presseverlautbarung des amerikanischen Außenministeriums über die Beratungen der Viermächtearbeitsgruppe in Washington vom 13. Februar 1959 und den Bericht, in: DIE WELT vom 14. Februar 1959 unter dem Titel *Geheimer Fragebogen zur Deutschlandfrage*, beides abgedruckt in: DOKUMENTE ZUR DEUTSCHLANDPOLITIK IV/1 (1958/59), S. 870.

[269] Vgl. dazu die Berichte in DIE WELT und in der FRANKFURTER ALLGEMEINEN ZEITUNG vom 19. März 1959, beide wiederabgedruckt ebd. S. 1203–1205.

[270] Vgl. die entsprechenden Aussagen eines amerikanischen Regierungssprechers am 2. April 1959, wiedergegeben in: HEINRICH VON SIEGLER, Dokumentation zur Deutschlandfrage, Band II, Bonn-Wien-Zürich 1961, S. 194. ADENAUERS Besorgnisse klangen unüberhörbar in seiner Rundfunk- und Fernsehansprache vom 8. April 1959 an, als er die deutsche Öffentlichkeit mit seiner Kandidatur für das Amt des Bundespräsidenten überraschte. Die Rede ist wiedergegeben in: DOKUMENTE ZUR DEUTSCHLANDPOLITIK IV/1 (1958/59), S. 1325–1328.

[271] Vgl. die Aufzeichnung H. KRONES vom 15. Mai 1959, ADENAUER-STUDIEN III, S. 153.

[272] Vgl. auch die Bemerkung ADENAUERS gegenüber DE GAULLE am 2. Dezember 1959, K. ADENAUER IV, S. 19: *Der Vorschlag vom 28. Juli 1959 auf der Genfer Konferenz dieses Sommers wäre meines Erachtens sehr gefährlich gewesen. Man könne aus ihm, wenn man wolle, entnehmen, daß damit die bisherige rechtliche Grundlage für den gegenwärtigen Status von Berlin aufgegeben werde.*

[273] Vgl. F. v. ECKARDT, S. 566–589.

221

Camp David«, seine Befürchtungen gegenüber der *Kombination Eisenhower-Herter*[274] bestätigt.

Die Divergenzen zwischen Eisenhower und Macmillan einerseits und Adenauer und de Gaulle andererseits, die den Kern der Adenauerschen Außenpolitik berührten, traten bei den westlichen Gipfeltreffen im Dezember 1959 und im Mai 1960 offen zutage[275]. Eisenhower ging so weit, daß er im Dezember zur Lage um Berlin bemerkte: *Die ausdrücklich vereinbarten Rechte der Westmächte in Berlin seien nicht so wichtig, daß die Öffentlichkeit außerhalb Deutschlands ihre Verletzung als ausreichenden Grund für ein gewaltsames Vorgehen ansehen werde*[276]. Der Eindruck der Mai-Konferenz war für Adenauer *deprimierend*[277]. Gegenüber v. Eckardt äußerte er, man habe nochmals *fies Jlück jehabt,* daß die Ost-West-Gipfelkonferenz geplatzt sei[278].

Adenauer konnte seinen Standpunkt in der Berlinfrage, wenn auch mit Abstrichen, nur behaupten, weil er de Gaulle auf seiner Seite hatte[279]. Allerdings bereitete ihm auch de Gaulle nicht eitel Freude, da dieser durch seine NATO-Politik die westliche Einheit und Stärke und damit indirekt die Verhandlungsposition des Westens gegenüber der Sowjetunion in Adenauers Augen schwächte[280]. Überdies war Frankreich nicht abgeneigt, Vorschläge zu unterstützen, die seine Rolle in der Welt verbessern und die Bundesrepublik diskriminieren mußten, indem sie die alte Siegerhoheit des Zweiten Weltkrieges belebten[281].

Die Krise im westlichen Bündnis korrespondierte mit Auseinandersetzungen im Innern[282]. Dabei war Adenauer weniger beunruhigt über den Deutschlandplan der SPD als über Tendenzen zur Nachgiebigkeit, die er im Auswärtigen Amt und beim Außenminister von Brentano vermutete. Seine Differenzen mit Brentano deutet Adenauer in seinen Erinnerungen nur an. Sie waren aber schwerwie-

---

[274] So F. v. ECKARDT, S. 467.
[275] Vgl. dazu die Gesprächsaufzeichnungen bei K. ADENAUER IV, S. 23–28 und S. 48–51.
[276] Vgl. ebd. S. 24 f.
[277] Vgl. ebd. S. 51.
[278] Vgl. F. v. ECKARDT, S. 614.
[279] Vgl. hierzu B. BANDULET, S. 193 ff.
[280] Vgl. dazu die Aufzeichungen über die Gespräche mit DE GAULLE bei K. ADENAUER IV, passim.
[281] Vgl. dazu die Ausführungen von W. WEIDENFELD, Der Einfluß der Ostpolitik de Gaulles auf die Ostpolitik Adenauers, in: ADENAUER-STUDIEN III, S. 116–125.
[282] Wenn man die krisenhafte Situation des Frühjars 1959 berücksichtigt, wird man einesteils Adenauers Bereitschaft im April 1959, die Nachfolge von HEUSS anzutreten, stärker als bisher als eher spontane Augenblicksentscheidung beurteilen müssen und seine beim Rücktritt von der Kandidatur angeführte außenpolitischen Beweggründe, die seinerzeit als Vorwände hintergründig belächelt wurden, noch ernster nehmen müssen. Vgl. dazu K. ADENAUER III, S. 483–551. Insoweit würde ich auch meine frühere Beurteilung modifizieren. Vgl. KLAUS GOTTO, Adenauer, die CDU und die Wahl des Bundespräsidenten 1959, in: KONRAD ADENAUER. Ziele und Wege, Mainz 1972, S. 97–144.

gend genug, daß er ihn während der Zeit seiner Kandidatur für das Bundespräsidentenamt nicht als Nachfolger wünschte[283]. Er hielt ihn für zu weich, um anglo-amerikanischem Druck genügend Widerstand leisten zu können[284], und er argwöhnte, Brentano habe sein Ministerium nicht im Griff und lehne selber Disengagement-Ideen nicht entschieden genug ab[285].

Es ginge jedoch an der Sache vorbei, wollte man Brentano einen bewußten Widerspruch zu Adenauers Politik unterstellen oder vermuten, Adenauer habe geglaubt, Brentano verfolge nicht mehr die bisherige Politik. Gerade Brentano war ein überzeugter Anhänger der Adenauerschen Außenpolitik. Adenauer befürchtete jedoch, daß aus Gründen, die in der Persönlichkeit Brentanos lägen, dieser unbewußt, und ohne es zu wollen, Tendenzen besonders im Auswärtigen Amt begünstige, die über kurz oder lang die Grundlagen seiner Außenpolitik unterminieren könnten.

Man kann also insgesamt feststellen, daß Adenauers Vorstellungen und seine Konzeption, wie man angesichts des sowjetischen Vorstoßes in der Berlin- und Deutschlandfrage mit der Sowjetunion reagieren und verhandeln sollte, sich im Westen nicht durchgesetzt haben. Die Berlinfrage wurde nicht mit den Abrüstungsverhandlungen gekoppelt, sondern sofort – also in Adenauers Sicht in einem zu frühen Stadium – in ein Junktim mit dem Gesamtproblem Deutschland gebracht; und anstatt das Berlin-Ultimatum rundweg abzulehnen, war man sogar nicht abgeneigt, eine Interimslösung zu erwägen. Es war Adenauer insbesondere nicht gelungen, den Westen davon zu überzeugen, daß der sowjetische Vorstoß in Berlin gegen den gesamten Westen gerichtet sei, daß also in dieser Frage eine vitale Interessenidentität der Bundesrepublik mit allen Verbündeten vorhanden sei[286].

Als es dann zu Verhandlungen über das Gesamtproblem Deutschland kam, waren alle wesentlichen Voraussetzungen, die Adenauer für ein positives Ergebnis als notwendig erachtete, nicht erfüllt. Zu solchen Verhandlungen hätte man nach Adenauers Ansicht einen langen Atem gebraucht und auf dem Grundsatz: Keine Konzession ohne Gegenkonzession beharren müssen. Der Westen

[283] Vgl. K. ADENAUER III, S. 499.
[284] Vgl. dazu die Äußerungen ADENAUERS in der Aufzeichnung H. KRONES vom 31. März 1959, ADENAUER-STUDIEN III, S. 153.
[285] Vgl. die Aufzeichnungen H. KRONES vom 15. Mai 1959, ebd., S. 153, und vom 17. Januar 1959, ebd., S. 148, wo diesbezügliche Äußerungen BRENTANOS mitgeteilt werden.
[286] Vgl. dazu die Aufzeichnung H. KRONES vom 26. Januar 1959, ebd., S. 149, und auch die Ausführungen ADENAUERS auf der westlichen Gipfelkonferenz am 15. Mai 1960 in Paris, K. ADENAUER IV, S. 49.

hätte keinesfalls in der Öffentlichkeit vor und während der Verhandlungen seine Konzessionsbereitschaft in den Einzelpunkten offenlegen dürfen, da die Sowjetunion diese Konzessionen einfach ohne Gegenleistung kassierte. Überhaupt warnte Adenauer vor einer unreflektierten Flexibilitätseuphorie, wie sie 1959 grassierte; wenn man nämlich einen Vertreter dieser Richtung fragte, *was er denn vorschlage, dann wußte er keinen anderen Rat, außer dem, man solle eben flexibel sein*[287].

Trotz aller bedenklichen Anzeichen westlicher Schwäche war Adenauer sich allerdings bewußt, daß es für die Bundesrepublik keine Alternative zur festen Verankerung im westlichen Bündnis gäbe: *Wir Deutschen mußten sehr gute Verbindungen und Fühlung halten mit unseren NATO-Partnern, besonders mit den Vereinigten Staaten, Frankreich und Großbritannien, weil diese als Siegermächte des Zweiten Weltkriegs die besondere Sorge und Verpflichtung haben, Deutschlands Einheit wiederherzustellen*[288]. Aus diesen Gründen und aus der Sorge um die Sicherheit der Bundesrepublik insistierte denn auch Adenauer auf dem Verbleib der Bundesrepublik in der NATO, auf deren Stärkung und Ausbau[289].

5. Der Globke-Plan

Adenauers Politik seit dem Berlin-Ultimatum hatte jedoch nicht ausschließlich das defensive Ziel, westliche Konzessionen auf Kosten deutscher Interessen zu verhindern[290]. Dafür war er sich zu sehr bewußt, daß man sich nunmehr in einem Stadium befinde, *in dem es sich nicht um die Lösung von jetzt akut auftretenden Schwierigkeiten handelte, sondern es galt nunmehr, eine ganze Entwicklungskette, die seit Beendigung des Zweiten Weltkrieges entstanden war, aufzulösen und zu einer hoffentlich guten oder jedenfalls besseren Situation zu kommen. Die Russen [...] wollten den Status quo in Europa zementieren*[291]. Außerdem war er sich sehr bewußt, daß – wie Krone niederschrieb –, die Welt sich arrangieren wolle: *Moskau und Washington sind die beiden Pole. Wir dürfen nicht abseits stehen. Mit dem Westen zusammen am Gespräch teilnehmen*[292]. So konnte Krone auch schon am 22. Januar 1959 notieren: *Der Kanzler*

---

[287] Vgl. K. ADENAUER III, S. 479; ebd. S. 478 f. auch die Darlegung der ADENAUERSCHEN Verhandlungsmaximen.

[288] Vgl. ebd. S. 481 f.

[289] Vgl. dazu die Äußerungen ADENAUERS, wiedergegeben in den Aufzeichnungen H. KRONES vom 23., 25. und 26. Januar, 5. Februar 1959 und vom 24. und 30. August 1960, ADENAUER–STUDIEN III, S. 148 f. und S. 158 f.

[290] H. BUCHHEIM, Deutschland- und Außenpolitik, S. 39.

[291] Vgl. K. ADENAUER III, S. 538.

[292] Vgl. die Aufzeichnung H. KRONES vom 21. August 1959, ADENAUER–STUDIEN III, S. 154.

will mich sprechen. Allein und länger. Die Westmächte wollen wissen, was unsere Überlegungen in der Ost-West-Frage sind. Wir kämen um eine Antwort nicht herum[293].

Vor diesem Hintergrund, daß Verhandlungen zwischen Ost und West über die Deutschland-Frage unumgänglich schienen und daß ein substantieller Beitrag von deutscher Seite sowohl erwartet als auch für erforderlich betrachtet wurde, ist der Anfang 1959 entstandene Globke-Plan zu sehen[294]. Insbesondere der Zeitpunkt der Konzipierung – wohl die Jahreswende 1958/59[295] – ist höchst aufschlußreich: die Divergenzen innerhalb des Westens und die Anzeichen von Schwäche waren noch nicht offenbar geworden. Daher ist dieser Plan nicht etwa als Reaktion und als Vorbeuge- oder Verhinderungskonzept entstanden. Er drückt eigenständige Gedanken aus, die im engsten Kreis um Adenauer als Lösungsmöglichkeit des deutschen Problems in der nun einmal faktisch vorhandenen Lage diskutiert wurden[296], was auch seinen ungewöhnlich großen Quellenwert für das historische Urteil ausmacht.

Die erste Niederschrift des Globke-Plans besteht aus einer Zusammenstellung logisch miteinander verbundener und sinnvoll untereinander abgestimmter Gedanken, die aber noch nicht in vertragsmäßige Form gebracht und z. T., wie die Nr. 8 und 23 zeigen, noch gar nicht schriftlich ausgearbeitet sind. Es fehlen auch Bestimmungen für den Fall, daß die Volksabstimmung nicht zur Wiedervereinigung führen sollte. Die erweiterte Fassung vom 17. November 1960[297] ist dann ein paragraphenmäßig durchkonstruierter Vertragsentwurf, der diese Mängel der ersten Niederschrift nicht mehr enthält. Sie ist des weiteren um einige Bestimmungen ergänzt und enthält eine weitaus detailliertere Sicherung des Status von Berlin und bezieht Berlin stärker in den Vertragskontext mit ein. Auch sollten die Vereinten Nationen von Anfang an eingeschaltet werden.

Der politisch bedeutsamste Unterschied der beiden Fassungen besteht in den Formulierungen der Nr. 1 und 7 der ersten und der ihnen korrespondierenden Artikel 1 und 10 der erweiterten Fassung,

[293] Vgl. ebd., S. 148.

[294] Vgl. den Text ebd., S. 202–209. Die Bezeichnung »Globke-Plan« ist in Anlehnung an die Aufzeichnungen H. KRONES gewählt. Sie entspricht auch dem tatsächlichen Sachverhalt, da der »Plan« – oder besser die diesem zugrundeliegenden Überlegungen – weitgehend auf GLOBKE zurückgehen.

[295] Spätestens am 4. Februar 1959 lag der schriftliche Text vor, vgl. die Aufzeichnung H. KRONES vom 4. Februar 1959, ebd., S. 149 f.; es ist jedoch anzunehmen, daß GLOBKE die Überlegungen schon einige Zeit vorher angestellt hatte.

[296] Zu diesem engsten Kreis um ADENAUER und zu den Methoden der politischen Entscheidungsfindung vgl. ebd., S. 131 f.

[297] Es ist derzeit nicht feststellbar, ob es nicht noch weitere Fassungen, evtl. eine dritte und vierte, gegeben hat. Es ist auch unbekannt, ob diese evtl. vor oder nach der erweiterten Fassung angefertigt worden sind.

die sich auf den Status der Bundesrepublik und der DDR in dem Zwischenstadium zwischen Vertragsabschluß und Volksabstimmung über die Wiedervereinigung beziehen. In der ersten Fassung wird davon ausgegangen, daß die Bundesrepublik und die DDR vom Tage des Vertragsabschlusses *getrennte souveräne Staaten* sind, die innerhalb von 6 Monaten *diplomatische Beziehungen* zueinander aufnehmen und die in diesem Status *bleiben*, falls die Wiedervereinigung durch die Volksabstimmung nicht zustande kommt. In der erweiterten Fassung *werden* die Bundesrepublik und die DDR erst *vom Tage der Volksabstimmung an getrennte souveräne Staaten*, natürlich nur, falls diese keine Wiedervereinigung bringt. Sie nehmen zwischen Vertragsabschluß und Volksabstimmung *amtliche Beziehungen zueinander auf.* Es wird hier also nichts über die völkerrechtliche Qualität der beiden Gebiete vor Vertragsabschluß ausgesagt, sondern nur nach Vertragsabschluß, und dort werden die Bundesrepublik und die DDR gleich behandelt, unabhängig davon, ob den beiden *Staaten* für die Zwischenzeit eine irgendwie geminderte oder eine volle Souveränität zugesprochen wird. Möglicherweise spielt hierbei auch die aus den Vertragsentwürfen nicht klar ersichtliche Frage eine Rolle, wer eigentlich die Unterzeichner dieses Vertrags sein sollten. Sollten das allein die Bundesrepublik und die DDR sein oder die vier Siegermächte allein oder die Siegermächte, die Bundesrepublik und die DDR gemeinsam? Sollten die Siegerrechte in bezug auf ganz Deutschland evtl. bis zur Volksabstimmung in Kraft bleiben, und sind so die Formulierungen der erweiterten Fassung in diesem Sinne zu verstehen? Aber vielleicht wird eine so ins Detail gehende Interpretation dem Ganzen nicht gerecht, weil diese Probleme wohl den Verhandlungen vorbehalten bleiben sollten, in denen ohne Zweifel den Siegermächten und insbesondere der Sowjetunion entscheidende Bedeutung zugekommen wäre.

Die einzelnen Elemente des Plans umfassen analog seiner Gliederung fünf Komplexe[298]. Im ersten Abschnitt, *Wiedervereinigung* überschrieben, ist das Selbstbestimmungsrecht des deutschen Volkes über sein zukünftiges staatliches und politisches Schicksal umschrieben. Innerhalb von fünf Jahren[298a] nach Inkrafttreten des Vertrags müßte eine Volksabstimmung stattfinden, die über die Wiedervereinigung entscheiden sollte. Diese wäre vollzogen, wenn am

---

[298] Es wird hier die erweiterte Fassung zu Grunde gelegt, da sie, wie schon dargelegt, die Grundgedanken der ersten Fassung ausführlicher und entfalteter darlegt.

[298a] ADENAUER bemerkte zu diesem Zeitvorschlag, mit 5 Jahren sei die Sowjetunion wahrscheinlich nicht zufrieden zu stellen; man könne ruhig 10 Jahre ins Auge fassen. Freundliche Mitteilung von Bundesminister a. D. Dr. HEINRICH KRONE. Vgl. auch die Aufzeichnung H. KRONES vom 4. Februar 1959, ADENAUER-STUDIEN III, S. 149 f., wo ebenfalls schon von 10 Jahren die Rede ist.

Abstimmungstag sowohl in der Bundesrepublik wie in der DDR sich eine Mehrheit für die Wiedervereinigung ausspräche. Sollte das in einem der beiden Gebiete nicht der Fall sein, wären sowohl die Bundesrepublik wie die DDR souveräne Staaten. Der Globke-Plan ging also nicht davon aus, daß das deutsche Volk in seiner zahlenmäßigen Gesamtheit die Mehrheitsentscheidung treffen sollte, sondern daß die jeweilige Mehrheit der Bevölkerung in den beiden vorhandenen Staatsgebieten jede für sich gleichsam ein Veto-Recht besitzen und darüber entscheiden könnte, ob es bei dem bisherigen Staat bleiben oder ob es ein wiedervereinigtes Deutschland geben sollte. Die Forderung nach Wiedervereinigung durch freie Wahlen ist also dahingehend spezifiziert, daß bei der Abstimmung keine Majorisierung des einen über den anderen Teil Deutschlands möglich gewesen wäre.

Die Abstimmungsmodalitäten waren in diesem Vertragsentwurf bis ins Detail bereits so festgelegt, daß eine freie Wahl auch wirklich garantiert gewesen wäre. Dabei war insbesondere Vorsorge getroffen, daß keine Manipulation etwa in Gestalt der Neuauflage einer »nationalen Front« durch Listenverbindung möglich gewesen wäre. Parteien sollten keiner Zulassung bedürfen und bisherige Parteiverbote – in der Bundesrepublik also auch das Verbot der KPD – sollten mit Ausnahme desjenigen der NSDAP aufgehoben werden. Es sollte weiterhin nach dem Verhältniswahlrecht gewählt werden, eine sowjetische Forderung bereits auf den Pariser Außenministerkonferenzen 1946, wobei jedoch die in der Bundesrepublik bewährte 5 %-Klausel als Einschränkung verlangt wurde.

Sehr charakteristisch für die Zielrichtung der Wiedervereinigungspolitik Adenauers sind die Bestimmungen über die Souveränität und den politischen und völkerrechtlichen Status Gesamtdeutschlands. Das wiedervereinigte Deutschland sollte ein souveräner Staat sein. Die Souveränität im Innern, abgesehen von der Weitergeltung des Verbots der NSDAP, sollte von Verpflichtungen jeglicher Art frei sein, allerdings und zugleich selbstverständlich gebunden an die Erklärung der Menschenrechte der Vereinten Nationen vom 10. Dezember 1948. Diese Bestimmung zielte, wie Globke in der ersten Fassung erläutert hatte, insbesondere auf das Recht, über die Wirtschafts- und Gesellschaftsstruktur des wiedervereinigten Deutschlands unbeeinflußt von außen frei bestimmen zu können. Demgegenüber war die Souveränität nach außen faktisch nach zwei Richtungen beschränkt. Das wiedervereinigte Deutschland hatte sich zu entscheiden, ob es der NATO oder dem Warschauer Pakt angehören, nicht aber, ob es neutral sein wolle.

In Adenauers Sicht bedeutete Neutralität die unvermeidliche Gefahr, daß Deutschland über kurz oder lang in die sowjetische Machtsphäre einbezogen würde. Dieser Gefahr sollte ein Riegel vorgeschoben werden. Gleichzeitig war die äußere Souveränität im Sinne des sowjetischen Sicherheitsbedürfnisses beschnitten. Der jeweils aus dem Machtbereich des einen Blocks ausscheidende Teil Deutschlands sollte nämlich entmilitarisiert werden; es sollte also auf dem ehemaligen Gebiet der DDR, wenn Gesamtdeutschland die Mitgliedschaft in der NATO wählte, keinerlei militärische Einrichtungen geben, und falls es sich für den Warschauer Pakt entschied, sollte umgekehrt das gleiche für das ehemalige Gebiet der Bundesrepublik gelten. Darüber hinaus hätte sich Gesamtdeutschland zu einem umfassenden Gewaltverzicht verpflichtet, insbesondere was die Änderung seiner Grenzen betraf. Es hätte weiterhin seinen Beitritt zu künftigen Abrüstungs- und Sicherheitsabkommen versprochen.

Der zweite Abschnitt des Globke-Plans fixiert den Zustand zwischen Vertragsabschluß und Volksabstimmung über die Wiedervereinigung. Abgesehen von der Modifikation über die Art der Beziehungen zwischen der Bundesrepublik und der DDR sind die Bestimmungen der ersten und der erweiterten Fassung identisch. Sie gingen davon aus, daß der territoriale Status quo – abgesehen vom Sonderfall Berlin – in dieser Zeit unverändert bleiben und daß die bisherigen Bündnisverpflichtungen beider Staaten nicht angetastet werden sollten. Die eigentliche politische Substanz dieses Abschnitts sind die Bestimmungen über den politischen Status quo, der zugunsten der Freiheit der Menschen in der DDR und der völligen Freizügigkeit im Verkehr zwischen beiden deutschen Staaten beträchtlich verändert werden sollte. Denn neben der verbrieften Geltung der Menschenrechte in beiden Staaten und des uneingeschränkten Verkehrs zwischen ihnen sollten innerhalb eines Jahres nach Inkrafttreten des Vertrages Bundestags- bzw. Volkskammerwahlen stattfinden, für die die vorher beschriebenen Modalitäten bei der Volksabstimmung in Kraft sein sollten. Das heißt also: man war bereit, von der Existenz zweier deutscher Staaten auf Zeit auszugehen, wenn sofort bzw. innerhalb eines Jahres in der DDR größere Freiheit und in absehbarer Zeit die Möglichkeit der Selbstbestimmung des deutschen Volkes über seine Wiedervereinigung gewährleistet war.

Die gravierendsten Änderungen zwischen der ersten und der erweiterten Fassung des Globke-Plans betrafen die Bestimmungen über Berlin. Zwar wurde jeweils davon ausgegangen, daß Berlin, – und zwar Groß-Berlin, sowohl der Westteil wie der Ostteil der Stadt

– in Anlehnung an die sowjtischen Vorstellungen den neuen Status einer »Freien Stadt« für den Zeitraum des Zwischenstadiums erhalten sollte; in der erweiterten Fassung war jedoch die Sicherung dieses neuen Status erheblich verstärkt, sowohl durch die sofortige Unterstellung unter die Garantie der Vereinten Nationen wie durch wirtschaftliche Bestimmungen. Im Prinzip galt für den vorgeschlagenen Zwischenstatus Berlins das gleiche wie für den Zwischenstatus der DDR und der Bundesrepublik: Die Beibehaltung der territorialen Sonderstellung war abhängig von der Garantie sofortiger oder kurzfristig wirksam werdender Selbstbestimmung im Innern und von der Selbstbestimmung – nach längerer, aber absehbarer Zeit – über eine Wiedervereinigung, sowie, falls diese nicht zustande kommen sollte, über das weitere politische Schicksal. Im einzelnen hätte für Berlin der Zwischenstatus so ausgesehen, daß es weitgehende Entscheidungsbefugnis für seine inneren Angelegenheiten und für seine Beziehungen zur Bundesrepublik und zur DDR erhalten hätte, nur eingeschränkt durch die Generalklausel, daß Entscheidungen der UNO-Kommission denen der eigenen Behörden vorgegangen wären. Die Beziehungen zu ausländischen Staaten sollten demgegenüber ausschließlich vom Hohen Kommissar der UNO wahrgenommen werden.

Die Sicherung des prekären Zwischenstatus sowohl nach innen wie nach außen sah eine Kombination aus der bisherigen Viermächtegarantie und einer neuen Garantie durch die UNO vor. Die bisherige Truppenpräsens der Viermächte qua Siegerrecht sollte abgelöst werden durch die Stationierung von je 1250 Soldaten der USA, Großbritanniens, Frankreichs und der Sowjetunion unter der Oberhoheit der Vereinten Nationen. Überhaupt sollte die UNO sowohl Garantie- wie Aufsichtsverpflichtungen übernehmen, die von einer ständigen Hohen Kommission aus je einem Vertreter der bündnisfreien europäischen Staaten Finnland, Irland, Jugoslawien, Österreich, Schweden, Schweiz und Spanien bestehen und deren Vorsitzender, in alphabetischer Reihenfolge der Länder jährlich wechselnd, die Funktion eines Hohen Kommissars haben sollte. Wenn auch Berlin institutionell und verfassungsmäßig sowohl von der Bundesrepublik wie von der DDR getrennt und lediglich durch jeweilige Vertretungen beim Senat der Freien Stadt mit den beiden deutschen Staaten verbunden sein sollte, so war doch seine politische und wirtschaftliche Lebensfähigkeit detailliert abgesichert. Dazu sollten insbesondere der ungehinderte Verkehr von Personen und Waren sowohl nach Westen wie nach Osten und entsprechende Zugangswege garantiert sein, ebenso das Recht, finanzielle Hilfen anzunehmen; gedacht war wohl an die bisherigen Bundeshilfen für Westberlin. Praktisch bedeutete dies, daß Berlin sein seit Kriegsende verlorenes wirtschaftliches Hinterland wiedererlangt hätte zugunsten der Konzession, daß der Handel für die Zwischenzeit über gesicherte »Transitwege« mit evtl. Zöllen geführt worden wäre.

Die zwischenzeitliche Sonderstellung Berlins sollte mit dem Tag der Volksabstimmung über die Wiedervereinigung enden, bei der die Berliner Stimmen, wieder in Ost- und Westberlin geteilt, zu denen der DDR und der Bundesrepublik zugezählt worden wären. Es hätte also nicht wie die jeweilige Mehrheit in der DDR und in der Bundesrepublik über ein Vetorecht gegen die Wiedervereinigung verfügt; es wäre aber für den Fall der Wiedervereinigung automatisch Hauptstadt geworden. Gleichzeitig mit der Volksabstimmung über die Wiedervereinigung sollte die Mehrheit der Stimmen aller Berliner zusammengenommen für den Fall der Ablehnung der Wiedervereinigung darüber entscheiden, ob das gesamte Gebiet der Freien Stadt Berlin den bisherigen Status beibehalten oder künftig zur DDR oder zur Bundesrepublik gehören sollte. Schließlich sollte die Berliner Bevölkerung in einem dritten Wahlakt am gleichen Tag an der Wahl der neuen Volksvertretung, sei es für das wiedervereinigte Deutschland, sei es für die nunmehr endgültig geteilten zwei deutschen Staaten teilnehmen. Dieser dritte Wahlakt wäre ohne praktische Konsequenz geblieben, falls man sich im Falle der Wiedervereinigung im zweiten Wahlakt für den Beibehalt des bisherigen Status entschieden hätte. In diesem Falle hätte die nunmehr endgültige Freie Stadt Berlin sich in einem erneuten Wahlgang spätestens nach 30 Tagen eine eigene Volksvertretung gewählt. Entscheidend für die Konzession einer Freien Stadt Berlin war also die Garantie ihrer von außen unabhängigen Lebensfähigkeit und der letzlichen Selbstbestimmung der Bevölkerung über ihr politisches Schicksal.

Die Abschnitte vier und fünf des Globke-Plans regelten die Mitwirkung der Vereinten Nationen bei der Volksabstimmung und den Wahlen sowie bei den aus dem Zweiten Weltkrieg herrührenden wirtschaftlichen Fragen. Indirekt wurde dabei, ohne daß das Wort auftauchte, einem Friedensvertrag vorgegriffen. Denn nicht mehr die Siegermächte trugen nach Abschluß dieses Vertrags die Letztverantwortung für Deutschland als Ganzes, sondern die Vereinten Nationen garantierten die Selbstbestimmung der Deutschen, und Deutschland wurde ohne formellen Friedensvertrag Befreiung von allen Reparationsforderungen zugesichert. Diese wären durch einen den Vereinten Nationen unterstellten Wiedergutmachungsfonds von insgesamt 10 Milliarden DM endgültig abgedeckt gewesen.

In diesem Vertragsentwurf sind also auf der einen Seite die Unterzeichner nicht genau bestimmt und ist implizit, wenn auch nicht expressis verbis, bereits ein Friedensvertrag vorweggenommen. Zwei weitere wesentliche Punkte sind entweder nur indirekt oder überhaupt nicht behandelt. Nicht geregelt ist die Frage, welche Verfassung das wiedervereinigte Deutschland haben sollte. Hierin liegt ohne Zweifel eine gewisse Unausgereiftheit des Plans, da zwar die zugleich mit der Volksabstimmung mitgewählte Volksvertretung für Gesamtdeutschland spätestens innerhalb von 37 Tagen einen Regierungschef zu wählen hatte, der aber, ohne Verfassung, gleichsam in der Luft gehangen hätte. Demgegenüber sind die ehemaligen deutschen Ostgebiete jenseits von Oder und Neiße zwar nicht erwähnt, aber praktisch und zunächst durch die Festlegung des wiedervereinigten Deutschlands auf die Gebiete der Bundesrepublik und der DDR als territoriale Bestandteile Deutschlands abgeschrieben und in ihrer de-facto-Zugehörigkeit zu Polen und der Sowjetunion anerkannt. Dies war möglicherweise sowohl als Konzession für die Erreichung des Selbstbestimmungsrechts der Bevölkerung in der DDR wie für die implizit vorweggenommene friedensvertragliche Regelung gedacht. Man war also bereit, das territoriale Recht an diesen ehemaligen deutschen Ostgebieten ruhen zu lassen, um das Selbstbestimmungsrecht der Bevölkerung der DDR zu gewinnen. Obwohl Einzelbestimmungen darüber fehlen, darf man aber als ziemlich sicher annehmen, daß insbesondere Adenauer nicht bereit war, für die Vertriebenen auf ihr Heimatrecht zu verzichten – wobei er unter Heimatrecht verstand, daß vertriebene Deutsche in ihre Heimat zurückkehren dürfen, dann aber Angehörige des Staates werden müssen, dem ihre Heimat schließlich eingegliedert ist.

Wenn man die einzelnen Elemente des Globke-Plans, die in der Erstfassung der Überlegungen besonders deutlich werden, auf ihre verhandlungstaktischen Erwägungen und auf die Grenzen ihrer Konzessionsbereitschaft hin untersucht, wird zweierlei deutlich: der Globke-Plan übernimmt in weitgehendem Maße sowjetische Vorschläge – Anerkennung zweier deutscher Staaten, Freie Stadt Berlin –; er geht vom territorialen Status quo aus und nimmt sogar das Risiko einer relativ langen Festschreibung dieses Status quo auf sich; er ist aber nicht bereit, auf das Selbstbestimmungsrecht des deutschen Volkes insgesamt und auf die garantierte sofortige Selbstbestimmung der Bevölkerung in der DDR zu verzichten. Heinrich Krone drückte das in seinem ersten Eindruck von den Gedanken Globkes so aus: *Im Grunde die Hinnahme, daß Pankow existiert, daß mit einer Wiedervereinigung in absehbarer Zeit nicht zu rechnen ist, und daß es uns deshalb zunächst auf eine Besserung der inneren, menschlichen Verhältnisse in der Zone ankommen muß. Die Forderung nach freien Wahlen in Ost und West wird nicht aufgegeben*[299].

Wie schon beim Österreichplan ist die Anerkennung des territorialen Status quo abhängig von der Veränderung des politischen status quo. Man war also nicht bereit, lediglich unter dem Rechtsvorbehalt der Selbstbestimmung des deutschen Volkes in ferner und nicht terminierter Zukunft und ohne vertragliche Garantie auf substantielle Verbesserung der Verhältnisse in der DDR das Risiko territorialer Festschreibung einzugehen. Hier liegen die unverrückbaren Grenzmarken der Adenauerschen Ost-Politik.

Der Globke-Plan basiert auf zwei Grundgedanken: einmal auf der Überzeugung, daß man die deutsche Frage nicht in einem Sturmlauf von einem zum anderen Tag erzwingen könne, daß also der Wiedervereinigung eine begrenzte Zeit des Ruhenlassens und gegenseitigen Stillhaltens auf der territorialen Grundlage des Status quo vorgeschaltet werden müsse. Voraussetzung war allerdings, daß das weitere Vorgehen nach Ablauf der Stillhaltefrist vorher vertraglich geregelt war. Diese vertragliche Regelung für das Zwischenstadium, und das ist der zweite Grundgedanke, mußte sofort freiere Verhältnisse in der DDR sichern. Adenauer war also bereit, über alle möglichen Modalitäten und Konzessionen, insbesondere auch über alle möglichen sowjetischen Vorstellungen zu reden, wenn das Resultat der Verhandlungen entweder freie Wahlen zu einem terminierten Zeitpunkt oder aber sofort freiere Lebensverhältnisse für die Menschen in der DDR einschloß. Diese beiden Sicherungen waren, entweder zusammen oder jede für sich allein, in alle Überlegungen zur Lösung der deutschen Frage eingebaut, die je unter Adenauer angestellt worden sind (H. Osterheld)[299 a].

Alle diese Überlegungen wären schon für sich allein genommen bemerkenswert genug, denn sie beweisen, daß die Führungsspitze in der Adenauer-Zeit entgegen damals wie heute weitverbreiteten Vorurteilen sich Gedanken über die Wiedervereinigung und das Selbstbestimmungsrecht in der vorgegebenen politischen Situation gemacht hat. Sie könnten jedoch allzuleicht als theoretische Fallstudien für die hintersten Schubladen der Panzerschränke klassifiziert werden. Aber auch das trifft nicht zu, wie bereits die öffentlichen

---

[299] Vgl. die Aufzeichnung H. KRONES vom 4. Februar 1959, ADENAUER-STUDIEN III, S. 149f.

[299 a] Dr. HORST OSTERHELD, Ministerialdirektor i. R., wurde 1960 von ADENAUER aus dem Auswärtigen Amt zum Leiter des außenpolitischen Büros ins Kanzleramt berufen. Er war dort einer der engsten Mitarbeiter von GLOBKE und ADENAUER. Er behielt seine Funktion (später einschließlich Deutschland- und Verteidigungspolitik) bis 1969.

Bemerkungen Adenauers im Oktober 1963 erkennbar machten[299b]. Die Vorstellungen des Globke-Plans sind Bestandteile der Adenauerschen Ostpolitik bis zum Ende seiner Kanzlerschaft geblieben, wenn auch mit unterschiedlichem Stellenwert in den einzelnen Phasen der weiteren Entwicklung. Man wird sich zwar davor hüten, den Globke-Plan in jeder einzelnen Formulierung als den Angelpunkt aller künftigen Politik zu werten; gleichzeitig aber wird man davon auszugehen haben, daß diese Überlegungen neben der offiziellen Politik, die öffentlich und vor erfolgversprechendem Verhandlungsbeginn an den bisherigen Forderungen festhielt, als Auffanglinie mitgedacht, als neue Ansatzpunkte sondiert und als offizielle Verhandlungsanregungen eingebracht worden sind.

6. Sondierungen für ein Gespräch mit Moskau

Ganz offensichtlich waren Globkes Überlegungen u. a. für Adenauers Gespräch mit dem amerikanischen Außenminister Dulles im Februar 1959 gedacht[300], sie wurden aber, wenn überhaupt, dann doch nicht detailliert zur Sprache gebracht[301]. Die Beratungen standen nämlich nicht so sehr im Zeichen westlichen Drängens nach deutschen Initiativen, wie das vorher befürchtet worden war, so daß Adenauer noch abwarten wollte[302]. Erste vorsichtige Fühler streckte er dann beim Besuch Premierminister Macmillans am 12./13. März 1959 aus, als er eines der Elemente des Globke-Plans, die Stillhalte-Idee, zur Diskussion stellte. Adenauer gab zu bedenken, ob man nicht als Bedingung für das Zustandekommen einer Gipfelkonferenz von der Sowjetunion die Garantie verlangen solle, über eine längere Frist, etwa 5 Jahre, keine Vorstöße gegen die bestehenden

[299b] Dieser Vorschlag eines »Burgfriedensplans« wurde erstmals in einem Interview ADENAUERS vom 3. Oktober 1963 mit dem Zweiten Deutschen Fernsehen publik. Das Interview wurde erst am 15. Oktober gesendet, aber schon am 5. Oktober 1963 brachte DIE WELT den Inhalt: ADENAUER nahm in dem Interview irrtümlich an, er habe den Vorschlag in einem Brief an CHRUSCHTSCHOW gemacht. Am 5. Oktober 1963 erklärte das Auswärtige Amt, daß der Vorschlag in einer Unterredung mit SMIRNOW gemacht worden sei. Vgl. HEINRICH VON SIEGLER, Dokumentationen zur Deutschlandfrage, Hauptband III, Bonn-Wien-Zürich 1966, Nr. 920, S. 278f. Vom sowjetischen Außenministerium wurde daraufhin am 11. Oktober 1963 eine Erklärung abgegeben – wiedergegeben ebd. S. 279 –, die ihrerseits kommentiert wurde durch eine Stellungnahme von Staatssekretär v. HASE am 11. Oktober 1963, abgedruckt bei BORIS MEISSNER (Hrsg.), Die deutsche Ostpolitik 1961–1970. Kontinuität und Wandel. Dokumentation, Köln 1970, Dok. 24, S. 62. ADENAUER informierte DE GAULLE, ersichtlich aus den Aufzeichnungen über die Gespräche anläßlich des Besuches von Staatspräsident DE GAULLE in der Bundesrepublik am 4. und 5. Juli 1963. Vgl. K. ADENAUER IV, S. 225. Bei seinem Besuch im November 1962 in Washington sprach er auch mit KENNEDY über einen solchen Plan. Vgl. die Aufzeichnungen von H. KRONE vom 18. November 1962 in: ADENAUER-STUDIEN III, S. 172. Vgl. zu diesem Vorschlag auch die Ausführungen von H. KROLL, S. 561f. und die Darstellung bei B. BANDULET, S. 232f. Eine Aufzeichnung über das Gespräch ADENAUER-SMIRNOW ist in Auszügen publiziert in: DIE AUSWÄRTIGE POLITIK, Dok. 153, S. 472f.

[300] Vgl. die Aufzeichnung H. KRONES vom 4. Februar 1959, ADENAUER-STUDIEN III, S. 149f.
[301] Vgl. die Aufzeichnung H. KRONES vom 7. Februar 1959, ebd., S. 150.
[302] Vgl. dazu oben S. 218.

233

Verhältnisse zu unternehmen. Wenn dann auf der Gipfelkonferenz mehr Freiheiten im Verkehr mit der DDR und in deren Innern erreicht würden, werde das deutsche Volk einen Zustand des Stillhaltens für eine Zwischenzeit wohl ertragen[303]. Macmillan berichtet in seinen Memoiren nur die ihn positiv überraschende Zustimmung Adenauers zu einer Gipfelkonferenz, nicht die daran geknüpften Bedingungen[304].

Wieweit intern im Westen die Adenauersche Anregung aufgenommen wurde, eine Stillhaltevereinbarung mit der Sowjetunion anzustreben, evt. als Ausgangsposition für den Fall, daß die Sowjetunion bereit sei, das Berlin-Problem im Gesamtzusammenhang mit der Deutschland-Frage zu erörtern, ist derzeit noch nicht genau zu klären. Es spricht jedoch einiges dafür, daß Entsprechendes beschlossen wurde. Denn auch gegenüber dem amerikanischen Botschafter Bruce erwähnte Adenauer den Globke-Plan und im Zusammenhang mit ihm den Stillhalte-Vorschlag, als dieser am 25. April Adenauer in Cadenabbia aufsuchte[305]. Auch in dieser Unterredung betonte er wie gegenüber Macmillan, daß man Chruschtschow die Gipfelkonferenz nicht ohne Gegenleistung konzedieren dürfe. Als Preis für ein Stillhalten sei ein freier Verkehr innerhalb ganz Deutschlands zu fordern.

Dieses Werben für ein Stillhalteabkommen im Frühjahr 1959 verlief jedoch im Sande, da durch die Genfer Außenministerkonferenz und durch den Versuch eines amerikanisch-sowjetischen Bilateralismus beim Chruschtschow-Besuch in den USA andere weltpolitische Aktivitäten im Vordergrund standen. Im Sommer und Herbst 1959 nahm Adenauer den Faden zu direkten Gesprächen mit der Sowjetunion wieder auf, der durch das – inzwischen jedoch entschärfte – Berlin-Ultimatum gerissen war.

Im Juli sollte als erstes neues Signal für die Bereitschaft zu Verhandlungen der CSSR und Polen ein Gewaltverzicht angeboten werden[306]. Der Plan scheiterte an der starren sowjetischen Haltung in Genf[307] und vermutlich auch an Widerständen im

[303] Freundliche Mitteilung von Bundesminister a. D. Dr. HEINRICH KRONE.

[304] Vgl. H. MACMILLAN, Riding the Storm, S. 639f.; möglicherweise bezieht sich MACMILLANS Mitteilung über ein »diffuses« Gespräch mit ADENAUER auf diesen Komplex.

[305] ADENAUER entwickelte während seines Urlaubs in Cadenabbia im April eine außerordentliche außenpolitische Aktivität. Vgl. K. ADENAUER IV, S. 517f. S. 524. Unmittelbar nach BRUCE waren Staatssekretär GLOBKE und der Fraktionsvorsitzende KKRONE in Cadenabbia, Staatssekretär GLOBKE bereits vorher einmal am 12. April.

[306] Vgl. dazu die Aufzeichnung H. KRONES vom 22. Juli und vom 1. August 1959, ADENAUER-STUDIEN III, S. 153, und die dortige Anm. 81.

[307] Vgl. dazu die Stellungnahme der DIPLOMATISCHEN KORRESPONDENZ zu Meldungen über ein Angebot eines Nichtangriffsvertrags an die CSSR und Polen vom 29. Juli 1959, wiederabgedruckt in: DOKUMENTE ZUR DEUTSCHLANDPOLITIK IV/2 (1959), S. 1110.

Innern[308]. Am 31. August 1959 hielt Adenauer aus Anlaß des 20. Jahrestages des Beginns des Zweiten Weltkriegs am 1. September eine Rundfunk-Rede, die außergewöhnlich positive Äußerungen an die Adresse Polens enthielt[309]. Im Spätsommer 1959 wurde dann der direkte Kontakt mit Moskau gleich auf drei verschiedenen Ebenen intensiviert: Adenauer begann im August einen persönlichen, bis zu seinem Rücktritt nicht mehr abreißenden Briefwechsel mit Chruschtschow; Botschafter Kroll entfaltete Aufsehen erregende Aktivitäten in Moskau, und in Bonn war der Gesprächspartner Botschafter Smirnow[310].

Der persönliche Briefwechsel Adenauers mit Chruschtschow[311], der geheim bleiben sollte, aber von sowjetischer Seite veröffentlicht wurde[312], war der Versuch, einen von diplomatischen Notwendigkeiten unabhängigen Gedankenaustausch zu führen, um so möglicherweise eine Basis für substantielle Verhandlungen zu finden. Zwar beharrten beide Briefpartner auf ihren Grundpositionen in der Deutschland- und Berlin-Frage, sie trafen sich jedoch in der Überzeugung, daß es notwendig sei, den Frieden zu erhalten und eine Abrüstung anzustreben[313]. So liegt das Entscheidende an diesem Briefwechsel vom Sommer 1959 bis zum Frühjahr 1960 nicht so sehr in neu auftauchenden Themen und Verhandlungsvorschlägen als in der Tatsache, daß er überhaupt und zum Teil in einem gemäßigten Ton stattfand.

Bemerkenswerter noch als dieser Briefwechsel sind die zur gleichen Zeit von Botschafter Kroll in Moskau geführten Gespräche, die er in seinen Memoiren wiedergibt[314]. Eine Interpretation der Krollschen Überlieferung ist allerdings schwierig, weil dessen eigene

[308] Vgl. dazu die Einleitung zu DIE AUSWÄRTIGE POLITIK, S. 49, und die Erklärung des Präsidiums des Bundes der Vertriebenen vom 31. Juli 1959, abgedruckt in: DOKUMENTE ZUR DEUTSCHLANDPOLITIK IV/2 (1959), S. 1117.

[309] Der Text ist abgedruckt in: DOKUMENTE ZUR DEUTSCHLANDPOLITIK IV/3 (1959), S. 88 f. Die Anregung zu dieser Rede ging wohl von ECKARDT aus. Vgl. dazu dessen Brief an ADENAUER vom 17. August 1959, ebd. S. 29–32, und bei F. V. ECKARDT, S. 589–592.

[310] Leider sind genaue Informationen über die Gespräche ADENAUERS mit SMIRNOW wegen der nicht vollendeten Erinnerungen ADENAUERS nicht zugänglich. Im vierten Band sind nur noch einige indirekte Kurzberichte zu finden. Vgl. K. ADENAUER IV, S. 122 und S. 168.

[311] Am 18. August 1959 richtete CHRUSCHTSCHOW ein erstes Schreiben an ADENAUER, dieser antwortete bereits am 27. August. Auf diese Antwort erwiderte CHRUSCHTSCHOW in einem Brief vom 15. Oktober 1959, den ADENAUER am 8. Januar 1960 beantwortete. CHRUSCHTSCHOW reagierte wiederum schnell am 28. Januar 1960. Der Briefwechsel wurde auch danach, zum Teil auf der ursprünglich vereinbarten Geheimebene, weitergeführt. Der Briefwechsel ist in der angegebenen Reihenfolge abgedruckt in: DOKUMENTE ZUR DEUTSCHLANDPOLITIK IV/3 (1959), S. 32–45, S. 74–76, S. 388–398; IV/4 (1960), S. 27–31 und S. 137–152.

[312] Vgl. ADENAUERS Eingangsbemerkung in seinem Brief vom 27. August 1959, ebd. S. 74.

[313] Eine ausgewogene und das Wesentliche treffende Interpretation dieses Briefwechsels findet sich bei H. KROLL, S. 444 f.

[314] Vgl. dazu H. KROLL, S. 442–452.

Anschauungen und Wunschvorstellungen sowie dessen Bedürfnis, die eigene Rolle herauszustellen, mit den tatsächlichen Gesprächsinhalten eng verwoben sind[315]. Auch wenn man in Rechnung stellt, daß Kroll seine Person zu sehr in den Mittelpunkt rückt, darf man die Bedeutung dieser Gespräche nicht unterschätzen. In einer Unterredung am 18. Januar 1960 fiel das Wort »Burgfrieden«[316], das hier erstmals nachweisbar ist und das Chruschtschow dann in seinem Brief vom 28. Januar 1960 an Adenauer aufnahm[317]. Dieser Burgfriedensgedanke wurde offensichtlich von Kroll in die Debatte geworfen; es ist jedoch nicht ersichtlich, ob von Adenauer inspiriert oder vielleicht auf einen Wink Globkes hin. Wieweit die Bemerkung Chruschtschows, die Sowjetunion würde sich zwar nicht freuen, es aber hinnehmen, wenn sich eines Tages die DDR-Bevölkerung in ihrer Mehrheit für ein nichtkommunistisches System entscheiden sollte, als Ansatzpunkt echter Diskussionsbereitschaft zu verstehen war, blieb selbst Kroll fraglich[318]. Daß Chruschtschow noch vor der für Mai verabredeten Gipfelkonferenz mit Adenauer substantielle Verhandlungen führen wollte, ist zumindest unwahrscheinlich. Die sowjetische Taktik lief wohl eher darauf hinaus, vor diesem Treffen, die Bundesrepublik von ihren Verbündeten zu isolieren, um eine möglichst günstige eigene Ausgangsposition zu erreichen. Der Brief Chruschtschows an Adenauer vom 28. Januar 1960 bot jedenfalls keine Anhaltspunkte für vernünftige Gespräche. Andererseits sind solche Bemerkungen in Bonn wohl sehr aufmerksam für künftige Initiativen registriert worden.

In diesem Zusammenhang muß auch die politische Bedeutung der Krollschen Tätigkeit in Moskau gesehen werden. Es ist erstaunlich, daß der sehr impulsive und wohl für jeden Außenminister schwierige Missionschef auf seinem Posten bleiben konnte und offenbar von Adenauer und seiner nächsten Umgebung, Globke und Krone, gedeckt und gehalten wurde. Kroll selbst gibt zu, daß er in einer das Auswärtige Amt brüskierenden Art und Weise Eigeninitiativen entfaltete und am Auswärtigen Amt vorbei den direkten Kontakt mit dem Bundeskanzleramt betrieb[319]. Adenauer sah wohl in Kroll, dessen Berufung nach Moskau er in Gang gesetzt hatte, *einen ihm sehr willkommenen Mann, der in Moskau, in seiner Art und weil er russisch sprach, Gespräche in Gang bringen konnte* (H. Krone). Er

---

[315] Vgl. dazu B. BANDULET, S. 236ff., der jedoch zu negativ urteilt, und N. EHLERT passim.
[316] Vgl. H. KROLL, S. 448.
[317] Vgl. DOKUMENTE ZUR DEUTSCHLANDPOLITIK IV/4 (1960), S. 152.
[318] Vgl. H. KROLL, S. 451f.
[319] Vgl. ebd. S. 443.

hat ihn deshalb lange gestützt, auch in Situationen, in denen es darüber zu Auseinandersetzungen mit den Außenministern von Brentano und Schröder kam. Kroll sollte daher als der willkommene Mittelsmann Adenauers in Moskau gesehen werden, nicht aber als der eigentlich politische Motor, der er selbst allzu gerne gewesen wäre.

Diese abtastenden Versuche, mit der Sowjetunion ins Gespräch zu kommen, hatten stets auch den jeweiligen Stand der Ost-West-Beziehungen, die nach dem Tod von Dulles wenig geradlinige amerikanische Politik sowie die Einheit und Festigkeit des Westens insgesamt zu berücksichtigen. Nach Adenauers Meinung verschlechterte sich die politische Situation Ende 1959/Anfang 1960 merklich[320]. Kennzeichnend dafür ist seine Zustimmung zu einer Analyse von Mc Cloy vom Frühjahr 1960. Mc Cloy hatte Adenauer geschrieben, *wenn es gelänge, aus dieser Gipfelkonferenz ohne schwere Einbußen herauszukommen, wäre der Westen auf der nächsten Gipfelkonferenz wesentlich stärker, und es bestünde dann die Aussicht, mit den Russen zu einer Verständigung zu kommen*[321].

Im Mittelpunkt der Bonner Besorgnisse stand Berlin, speziell die Gefahr einer Interimslösung, die den bisherigen Status erschüttert, die Lage Berlins geschwächt, ja für ihn *das Ende eines freien Berlin* bedeutet hätte[322]. Adenauer fand sich dabei in einer prekären Situation zwischen drei Faktoren, die nur schwer in Übereinstimmung zu bringen waren: einerseits suchten die Amerikaner und die Engländer einen Kompromiß in Berlin ohne eigenen Gesichtsverlust, aber evtl. auf Kosten deutscher Interessen; andererseits gaben sie zu verstehen, *daß sich in der deutschen Frage der Zustand von heute für längere Zeit verfestige. Nur dürften wir Deutsche diese resignierende Haltung des Westens nicht noch durch die Feststellung verhärten, daß wir uns mit dieser Lage abfänden*[323]; schließlich und nicht zuletzt mußte die deutsche Politik auf Aktivität in der Berlin- und Deutschlandfrage bedacht sein, um nicht überfahren zu werden und den allseits gewünschten eigenen Beitrag leisten zu können[324]. Aus dieser präkären Situation ist auch der Vorschlag Adenauers zu verstehen, in Berlin noch vor der Gipfelkonferenz über die Frage, ob der bisherige Status bis zur Wiedervereinigung beibehalten werden solle oder nicht, eine Volksabstimmung abzuhalten[325].

[320] Vgl. K. ADENAUER IV, S. 31.
[321] Vgl. ebd. S. 43 in dem Gespräch mit DE GAULLE am 14. Mai 1960.
[322] Vgl. die Aufzeichnung H. KRONES vom 21. September 1960, ADENAUER-STUDIEN III, S. 159.
[323] Vgl. die Aufzeichnung H. KRONES vom 4. Oktober 1959, ADENAUER-STUDIEN III, S. 154.
[324] Vgl. die Aufzeichnung H. KRONES vom 19. Mai 1960, ADENAUER-STUDIEN III, S. 157.
[325] Vgl. dazu die Rede ADENAUERS vor dem »National Press Club« in Washington am 16. März

Die Situation um Berlin verkomplizierte sich noch weiter, weil im Regierungslager Befürchtungen wuchsen, daß der Berliner Senat und der Regierende Bürgermeister Brandt eine eigene, vom Bonner Standpunkt abweichende Politik betrieben. Man nahm an, Brandt sei einer neuen Dreimächtegarantie für Westberlin oder einer Interimslösung nicht völlig abgeneigt, auf jeden Fall spreche er eine *schwebende Sprache* ohne klares Festhalten am bisherigen Viermächtestatus[326].

Sobald die Bonner Politik im Sommer 1960 nach der gescheiterten Pariser Gipfelkonferenz aus den ärgsten Nöten heraus war, wurden neue Sondierungen bei der Sowjetunion unternommen. Man bediente sich dabei der Vermittlung des österreichischen Außenministers Kreisky. Dieser hatte bereits 1959 und erneut im Juli 1960 zwischen der Sowjetführung und dem Regierenden Bürgermeister Brandt Kontakte vermittelt, die allerdings zur Unzeit bekannt wurden, und so kam es zu keinen Unterredungen[327]. Auch Adenauer hatte Kreisky ersucht, *die nie gänzlich abgerissenen Fäden mit den Sowjets in vorsichtiger Form weiterzuspinnen* und auch seine Zustimmung zu den Kontakten für Brandt gegeben, über die er voll informiert wurde[328]. Über die Kontakte Moskau-Wien-Berlin hinaus wurde Kreisky so auch als Vermittler im Dreieck Moskau-Wien-Bonn eingeschaltet. Adenauer bedankte sich bei Kreisky am 25. September 1960 und teilte ihm mit, er sei *voll der Anerkennung für die Art und Weise, wie Sie die Angelegenheit bisher behandelt haben;* ähnliche Worte übermittelte Staatssekretär Globke am 21. Oktober und bat um Fortsetzung der Bemühungen: *Wenn Sie etwas erfahren können, würde dies sicherlich dankbar begrüßt werden. Berlin ist ein solcher Gefahrenpunkt, daß jeder Ansatz zu einer Lösungsmöglichkeit ausgenutzt werden sollte[329].*

1960, abgedruckt in: DOKUMENTE ZUR DEUTSCHLANDPOLITIK IV/4 (1960), S. 515–518. Dieser Vorschlag war wohl auch eine Reaktion auf eine Äußerung CHRUSCHTSCHOWS gegenüber dem italienischen Staatspräsidenten GRONCHI eim Februar 1960. CHRUSCHTSCHOW hatte diesem gesagt, das Selbstbestimmungsrecht der Berliner gelte nur für soziale und wirtschaftliche Fragen. Vgl. dazu die Erklärung ADENAUERS vor dem Deutschen Bundestag am 10. Februar 1960, STEN. BERICHTE, Bd. 45, S. 5395–5397. Vgl. auch die Aufzeichnung H. KRONES vom 17. März 1960, ADENAUER-STUDIEN III, S. 156 f.

[326] Vgl. dazu die Aufzeichnungen H. KRONES vom 30. November, 27. und 28. Dezember 1959, 11. und 12. Januar und vom 19. Juni 1960, ebd., S. 155 f. und S. 157 f.

[327] Eine ausführliche und auf Quellen aus dem Besitz KREISKYS beruhende Darstellung dieser Vorgänge findet sich in: PAUL LENDVAI – KARL HEINZ RITSCHEL, Kreisky. Portrait eines Staatsmannes, Düsseldorf 1972, hier in dem Beitrag von PAUL LENDVAI, Der Beginner. Mut zum Unvollendeten, S. 133–135. Diese Darstellung wurde in einem Interview am 16. November 1973 dem Verf. von Bundeskanzler KREISKY voll bestätigt. Im Juli 1960 überreichte GROMYKO in Wien KREISKY eine fast sechs Seiten lange Denkschrift zur Berlin-Frage, die indirekt an BRANDT gerichtet war. Im Oktober sprach CHRUSCHTSCHOW KROLL auf diese Denkschrift an. Vgl. H. KROLL, S. 467.

[328] Vgl. P. LENDVAI, S. 135 f.

[329] Vgl. ebd. S. 136. Die Wertschätzung, die ADENAUER und insbesondere GLOBKE KREISKY

Diese Anerkennung Kreiskys als des *weitaus Geeignetsten* für solche Vermittlungen, verbunden mit der Bezeugung des *vollsten Vertrauens,* hatte jedoch noch einen über den konkreten Anlaß weit hinausgehenden Hintergrund. Adenauer und Globke überlegten nämlich im September 1960, ob sie nicht über Kreisky informell und natürlich ohne schon etwas Schriftliches vorzulegen, die Gedanken des Globke-Plans der Sowjetunion zur Diskussion und ersten Sondierung übergeben sollten. Kreisky hatte jedoch wissen lassen, daß er nach den mißlichen Erfahrungen bei seinen vorherigen Vermittlungsversuchen nur zur Verfügung stehe, wenn er etwas Schriftliches in der Hand habe[330]. Ein Adenauer und Globke sowie Kreisky gut bekannter Mittelsmann war bereits instruiert worden[331]. Er sollte im September 1960 mit Kreisky sprechen, damit dieser bei der UNO-Vollversammlung erste Kontakte mit der sowjetischen Führung – Chruschtschow stand an der Spitze der sowjetischen Delegation – aufnehmen könnte. Die Aktion wurde jedoch kurzfristig abgeblasen, wohl aus zwei Gründen: erstens befürchtete man, daß die für die damalige Zeit sensationellen Gedanken bekannt und damit verbraucht würden – es mag mitgespielt haben, daß Kreisky und Brandt gute Freunde seit den Zeiten der gemeinsamen Emigration waren –, und zweitens standen die amerikanischen Präsidentschaftswahlen vor der Tür, so daß der Zeitpunkt nicht gerade glücklich gewesen wäre. Kreisky ist später nicht mehr als Vermittler konkreter politischer Kontakte eingeschaltet worden, doch schätzte Adenauer ihn sehr und führte mit ihm jährlich mehrmals Gespräche über die Ost-West-Beziehungen[331a].

---

entgegenbrachte, ist auch belegt in verschiedenen Aufzeichnungen H. KRONES. Aus ihnen ist außerdem unmittelbar zu belegen, daß KREISKY als Vermittler eingeschaltet werden sollte. So notiert KRONE am 25. September 1960: *Gestern auch noch ein Gespräch mit Klaus Dohrn. Globke hatte ihn gerufen und wollte von ihm Auskunft über sein Gespräch mit Kreisky haben. Gromyko hatte Kreisky seiner Zeit in Wien gesagt, daß er ihm jederzeit zu Auskünften zur Verfügung stehe. Darum ging es Globke, der unter Berufung auf diese Zusage Kreisky zu Sondierungen ermuntern möchte.*

[330] So Bundeskanzler KREISKY in dem o. a. Interview.

[331] Der Mittelsmann war KLAUS DOHRN. DOHRN stammt aus einer im deutschen Geistesleben in mehreren Generationen bekannten Familie. Er war als Korrespondent deutscher Blätter in Rom bis zur Machtergreifung und dann in der katholischen, antinationalsozialistischen Publizistik in Wien bis 1938 und nachher in Paris tätig, entkam mit großen Schwierigkeiten über Spanien und Portugal nach USA, wo er zunächst europäischer Vertreter für das Verlagshaus MACMILLAN und später als europäischer Berater und Spezialkorrespondent für die »Time«-Gruppe unter HENRY LUCE tätig war. Er versuchte, seine amerikanischen Freunde über europäische Fragen zu beraten und seine in Amerika gewonnenen Erkenntnisse und Beziehungen seinen europäischen Freunden zugänglich zu machen und kam auf diese Weise mit zahlreichen führenden politischen und publizistischen Persönlichkeiten verschiedener Parteien und Richtungen auch in engere persönliche Beziehungen. Er hatte in der Bundesrepublik insbesondere enge Kontakte zu ADENAUER, GLOBKE und KRONE. Die folgenden Ausführungen beruhen auf einem Gespräch mit KLAUS DOHRN und Bundesminister a. D. Dr. HEINRICH KRONE, das der Verf. am 17. Oktober 1973 führte.

[331a] Vgl. P. LENDVAI, S. 137, und Bundeskanzler KREISKY gegenüber dem Verf.

Überhaupt war die zweite Jahreshälfte 1960 gleichzeitig von politischer Verhärtung und angedeuteter Gesprächsbereitschaft gekennzeichnet. Die Berlin-Krise spitzte sich zu durch Maßnahmen der DDR-Behörden im Berlinverkehr[332], Chruschtschow inszenierte vor der UNO seine berühmte »Schuhszene«, und nach außen setzte eine *erneute Versteifung* der deutsch-sowjetischen Beziehungen ein. Andererseits gab Chruschtschow in der umstrittenen Repatriierungsfrage für deutsche Rückwanderer Anweisung zu großzügiger Handhabung und zeigte sich an deutsch-sowjetischen Direktkontakten nicht uninteressiert[333]. Adenauer seinerseits hatte bei einem Zwischenfall mit Botschafter Smirnow, als dieser während einer Veranstaltung laut protestierend den Saal verlassen hatte, mäßigend eingegriffen[334]. Aufsehen erregte dann das Interview Adenauers mit Hilde Purwin, das am 12. November 1960 gedruckt wurde[335] und vorher schon im kleineren Journalistenkreise geäußerte Gedanken publizierte[336]. Auf die Frage, ob er eine Reise nach Moskau plane, schüttelte er den Kopf, um dann zu antworten: *Ich wüßte ja nicht, wie ein solcher Besuch ausgehen würde. Und außerdem war ich schon in Moskau, jetzt wäre es an Herrn Chruschtschow, mal nach Bonn zu kommen.* Er glaube, daß sich mit Chruschtschow reden lasse und daß es wegen der bevorstehenden Berlin-Verhandlungen notwendig sei, ein günstiges Klima zu haben. Dann sagte er einen Satz, der präzis die Maxime seines politischen Handelns ausdrückte: *In allen Dingen, die mit der Zone zusammenhängen, denke ich immer zuerst an die Menschen. Es geht mir nicht um die Grenze, sondern um die Menschen. Wenn wir ihnen helfen können, freier und besser zu leben, dann ist das wichtiger als alles andere.* Sichtbaren Ausdruck der entspannteren Atmosphäre und einen ersten konkreten Erfolg bedeutete der Abschluß des deutsch-sowjetischen Handelsabkommens am Jahresende, der als *guter Start für 1961* gewertet wurde[336a]

Um die Jahreswende 1960/61 und im Frühjahr 1961 führte auch

---

[332] Am 29. August und am 9. und 13. September 1960 erließ das Ministerium des Innern der DDR verschiedene Anordnungen, die Reisebeschränkungen für Bundesbürger nach Ostberlin verfügten. Vgl. HEINRICH VON SIEGLER, Wiedervereinigung und Sicherheit Deutschlands, 5. erweiterte Auflage, Bonn-Wien-Zürich 1964, S. 167–170. Als Gegenmaßnahme kündigte die Bundesrepublik das Interzonenhandelsabkommen.

[333] Vgl. dazu H. KROLL, S. 466f.

[334] Vgl. dazu und zum Eindruck von ADENAUERS Eingreifen auf die Sowjetführung ebd. S. 468.

[335] NEUE RUHRZEITUNG vom 12. November 1960.

[336] Es wäre ohne Zweifel aufschlußreich, Äußerungen ADENAUERS im kleinen Kreis zu untersuchen, etwa bei den berühmten »Kanzler-Tees«. Sie dürften bemerkenswerte Aufschlüsse über ADENAUERS Politik geben.

[336a] Vgl. dazu die Aufzeichnung H. KRONES vom 30. Dezember 1960, ADENAUER-STUDIEN III, S. 159f. und die dortigen Anm.

Kroll in Moskau intensive Gespräche. Chruschtschow gab Verhandlungsbereitschaft zu erkennen, betonte aber gleichzeitig, daß noch 1961 das deutsche Problem gelöst werden müsse, und zwar auf der Grundlage der sowjetischen Vorstellungen eines Friedensvertrags[337]. Man wird wohl in dem sowjetischen Memorandum vom 17. Februar 1961[338] den konkreten Ausfluß dieser Äußerungen gegenüber Kroll sehen dürfen. Die Sachaussagen des Memorandums waren zwar hart wie eh und je, sein Ton aber gemäßigt und einige Passagen deuteten sybillinisch Konzessionsbereitschaft an. Kroll drängte daraufhin in Bonn auf ein Treffen Adenauer-Chruschtschow, weil er Chancen *für eine Auflockerung der derzeitigen Verkrampfung und der gespannten Lage in der SBZ* sah[339].

Adenauer lehnte auch dieses Mal ab wie schon bei früheren Vorschlägen dieser Art. Seine abwartende und hinhaltende Reaktion hatte zwei Gründe: er übersah nicht, *daß dieses Memorandum im Effekt sehr hart ist*[340], und er konnte und wollte keinesfalls vor dem bereits am 22. Februar 1961 vorgeschlagenen Treffen Kennedy-Chruschtschow und bevor er die Ziele des neuen amerikanischen Präsidenten erkundet hatte, einen deutsch-sowjetischen Dialog in Gang bringen. Es zeigt sich hier ein häufig zu beobachtendes Verhaltens-Muster der deutsch-sowjetischen Beziehungen: die Sowjetunion bot direkte Kontakte an, wenn der Westen uneinig war oder vor neuen personellen oder politischen Entscheidungen stand; Adenauer dagegen zeigte sich gesprächsbereit, wenn der Westen relativ geschlossen oder wenn der west-östliche Gesamtdialog vorläufig gescheitert war.

Adenauers Aktivität im Frühjahr und Sommer 1961 richtete sich daher primär auf die USA und ihren neuen Präsidenten Kennedy[341].

---

[337] Vgl. dazu H. KROLL, S. 469–474 und S. 483–489.
[338] Das Memorandum ist abgedruckt in EUROPA-ARCHIV 16 (1961) D, S. 169–174. WALTER STÜTZLE, Kennedy und Adenauer in der Berlin-Krise 1961–1962 (Schriftenreihe des Forschungsinstituts der Friedrich-Ebert-Stiftung, Bd. 96), Bonn-Bad Godesberg 1973, S. 75, meint, die Note sei *im Grunde an Kennedy gerichtet* gewesen. Diese Annahme ist unwahrscheinlich, da das Memorandum klar und in erster Linie auf den deutsch-sowjetischen Dialog zielte. Dafür sprechen auch die Äußerungen SMIRNOWS bei einem Essen anläßlich der Unterzeichnung des deutsch-sowjetischen Handelsabkommens. Vgl. dazu die Aufzeichnung H. KRONES vom 30. Dezember 1960, ADENAUER-STUDIEN III, S. 159 f.
[339] Vgl. H. KROLL, S. 474.
[340] Vgl. ADENAUERS Erklärung vor dem Deutschen Bundestag am 8. März 1961, STEN. BERICHTE, Bd. 48, S. 8310.
[341] Vgl. dazu B. BANDULET, S. 134–138, S. 142–147, S. 152–156 und neuerdings die Arbeit von W. STÜTZLE. Diese ist allerdings so sehr von apologetischer Absicht für KENNEDY geprägt, daß das selbst einem Kritiker der Adenauerpolitik wie G. ZIEBURA in seinem Vorwort zu weit geht. Sie ist in erster Linie für KENNEDYS Politik aufschlußreich, obwohl sie seine Politik als geradlinig und von Anfang an konzeptionell einheitlich überinterpretiert. Für ADENAUERS Politik zieht sie in erster Linie öffentliche Erklärungen heran. Es ist auch bezeichnend, daß seine Memoiren, im Gegensatz zu KENNEDYS

Ohne Zweifel hatte Adenauer insgeheim bei den amerikanischen Präsidentschaftswahlen Kennedys Konkurrenten Nixon favorisiert. Dies und der erhebliche Altersunterschied haben zwar das Verhältnis zum neuen Präsidenten erschwert, aber nicht ernstlich belastet, zumal sich Adenauer von beiden Kandidaten auf jeden Fall eine Verbesserung der amerikanischen Politik – gemessen an den letzten Jahren der Eisenhower-Administration – erhoffte. Bereits am 9. Februar 1961 sagte Adenauer gegenüber de Gaulle, er habe einen *guten Eindruck* aus den ersten Äußerungen Kennedys gewonnen. Er, Adenauer, wolle die Entwicklung in Amerika zu diesem Zeitpunkt keineswegs stören: *Man dürfe nirgendwo auch nur den Verdacht aufkommen lassen, als treffe Europa jetzt Vorsorge für den Fall, den es zu vermeiden suche, nämlich, daß Amerika müde werde*[342]. Kurz bevor Adenauer zu seinem ersten Besuch bei Kennedy am 11. April nach den USA flog, kam der frühere Außenminister und damalige Berater Kennedys, Dean Acheson, am 9. April nach Bonn. Adenauer war sichtlich befriedigt vom Gespräch mit Acheson und zog regelrecht euphorische Schlußfolgerungen: *Die Vereinigten Staaten strebten geradezu eine »Verschmelzung« mit Europa an, politisch wie wirtschaftlich und militärisch. England lenke jetzt deutlich ein. In der Berlin-Frage gebe es nach Acheson keine andere Lösung als die Beibehaltung des jetzigen Viermächtestatus*[343].

In den Verhandlungen Adenauers mit Kennedy am 12. und 13. April 1961 stand, wie schon in den Gesprächen Adenauers mit de Gaulle 1960 und 1961, die Reform der NATO im Mittelpunkt[344]. Die Lösung dieses Problems war nach Adenauers Meinung die unbedingte Voraussetzung für erfolgversprechende Verhandlungen mit der Sowjetunion. Er war von Kennedys Vorstellungen im Prinzip offensichtlich angetan. Auch in der Deutschland- und Berlin-

---

Veröffentlichungen, im Literaturverzeichnis unter »Allgemeine Literatur« und nicht unter »Quellen« aufgeführt sind. ADENAUERS Politik wird durchweg mit markig-apodiktischen und durch nichts bewiesenen Vorurteilen charakterisiert, etwa folgender Art: *Es kann kein Zufall sein, daß es niemals einen Adenauer-Plan für die Wiedervereinigung Deutschlands gegeben hat. Für den Kanzler reichte es aus, auf die Verantwortung der Siegermächte für die Teilung Deutschlands und somit deren Verpflichtung hinzuweisen, Deutschland wiederzuvereinigen.* Vgl. S. 46.

[342] Vgl. K. ADENAUER IV, S. 80 und S. 84.

[343] Vgl. die Aufzeichnung H. KRONES vom 10. April 1961, ADENAUER-STUDIEN III, S. 160. W. STÜTZLE, S. 82 f., spricht fälschlicher Weise von einem Scheitern der ACHESON-Mission und begründet seine Meinung mit einer Äußerung ADENAUERS vom 10. April, in der er die mangelnde Führung der USA in der NATO kritisiert hatte. Diese Kritik bezog sich jedoch nicht, wie STÜTZLE meint, auf KENNEDY, sondern auf die vorhergehende Zeit. Zum tatsächlichen Verlauf der Unterredung ADENAUER-ACHESON vgl. auch K. ADENAUER IV, 92 f.

[344] Vgl. K. ADENAUER IV, S. 91–99. Die Interpretation GILBERT ZIEBURAS, Die deutsch-französischen Beziehungen seit 1945. Mythen und Realitäten, Pfullingen 1970, S. 107, ADENAUER habe KENNEDY die Leviten gelesen, der sich W. STÜTZLE, S. 89, anschließt, ist völlig willkürlich und läßt sich auch mit bestem Willen nicht aus den als Beweis zitierten Memoiren ADENAUERS belegen.

Frage wurde im Schlußkommuniqué ohne Abstriche an den bisherigen Positionen Übereinstimmung erzielt[344a]. Adenauer verteidigte Kennedy nach seinen Washingtoner Gesprächen gegenüber de Gaulle bei der Unterredung am 20. Mai 1961 in Bonn[345]. De Gaulle war erregt über das verabredete Treffen Kennedy-Chruschtschow in Wien und befürchtete, Kennedy werde sich überfahren lassen. Für Adenauers positive Meinung über die Kennedy-Administration war ohne Zweifel wichtig, daß er die Überzeugung gewonnen hatte, Acheson und Kissinger hätten als Berater Kennedys gegenüber den vielen anderen Köchen die Oberhand gewonnen[346].

Im ersten Halbjahr 1961 war die Adenauersche Politik also nicht ohne Hoffnung, *das besondere Verhältnis mit den USA, wie es zur Zeit von Dulles bestanden hatte, wiederherzustellen*[347]. Die amerikanische Politik war offensichtlich insbesondere nach dem Wiener Treffen Kennedy-Chruschtschow am 3. und 4. Juni 1961, bei dem ein sowjetisches Deutschland-Memorandum vorgelegt worden war, noch nicht endgültig fixiert; sie wurde definitiv wohl erst im Juni/Juli dahingehend festgelegt, daß mit allen Konsequenzen zwar Westberlin, aber nicht Gesamtberlin garantiert wurde. Das hieß, überspitzt ausgedrückt: *Kennedys Krisenfahrplan: Die Mauer wird möglich*[348].

7. Mauerbau und amerikanisch-sowjetische Koexistenzpolitik

Der 13. August 1961 brachte dann für Bonn die Desillusionierung, die Bestätigung lange vorher gehegter Befürchtungen, von denen man aber letztlich nicht geglaubt hatte, daß sie sich bewahrheiten würden. Schon im Mai 1960 hatte Adenauer gegenüber Krone zur Gefahr für Berlin geäußert, *der Westen sei zwar durch die Bedrohung aus Moskau aufgebracht; er halte aber den Kampf, den der Kreml um Berlin führe, nicht durch*[349]. Im Februar 1961 meinte er zu de Gaulle, er sei, was die sowjetische Drohung und die Anzeichen amerikanischer Ermüdung betreffe, weder pessimistisch noch vertrauensselig: *Wenn man aber keinen Optimismus mehr habe, sei*

[344a] Das Kommuniqué ist abgedruckt in: EUROPA-ARCHIV 16 (1961) D, S. 276. Vgl. auch die etwas gewundene Interpretation bei W. STÜTZLE, S. 94f., als eines KENNEDY abgezwungenen Kompromisses.

[345] Vgl. K. ADENAUER IV, S. 101–111.

[346] Vgl. ebd. S. 101. Zur Einschätzung der Berater KENNEDYS vgl. weiterhin B. BANDULET, S. 146. Vgl. zum Gespräch ADENAUER–DE GAULLE und zur positiven Meinung ADENAUERS über den Besuch bei KENNEDY auch die Aufzeichnung H. KRONES vom 23. Mai 1961, ADENAUER-STUDIEN III, S. 160.

[347] So B. BANDULET, S. 146. W. STÜTZLE, S. 88, interpretiert dagegen auch diesen Zeitraum als schon von *schroffen Dissonanzen* geprägt.

[348] Vgl. dazu im einzelnen die detaillierten Ausführungen bei W. STÜTZLE, S. 105–133, unter dieser Überschrift. Vgl. auch B. BANDULET, S. 161f.

[349] Vgl. die Aufzeichnung H. KRONES vom 19. Mai 1960, ADENAUER-STUDIEN III, S. 157.

alles umsonst, deswegen müsse man sich zum Optimismus zwingen[350].

Trotzdem waren Adenauer und die Bonner Regierung tief enttäuscht über die amerikanische Haltung. Was man erwartet hatte, war am 12. Juli 1961 in einer Sondersitzung des Berliner Senats unter Anwesenheit von Adenauer, Minister Lemmer und des Bundesbeauftragten für Berlin, Vockel, in fünf Punkten formuliert worden: Anwesenheit der Westmächte in Berlin, Erhaltung der wirtschaftlich-politischen Bindung an den Bund, freier Zugang, Vereinbarungen nur mit Zustimmung der Bevölkerung und: *Berlin muß weiterhin Begegnungsstätte der Deutschen bleiben*[351].

Nach dem 13. August wünschte man folglich nicht nur verbalen Protest, sondern wirkliche Gegenmaßnahmen, etwa den Aufmarsch von Panzern an der Sektorengrenze, um so die Einstellung der Sperrmaßnahmen zu erzwingen. Dies wurde auch der amerikanischen Regierung mitgeteilt, die jedoch ablehnte[352]. Adenauers Entschluß, nicht sofort nach Berlin zu fliegen, war durch dieses amerikanische Verhalten mitbedingt. Der Bundeskanzler wollte abwarten, um nicht mit leeren Händen kommen zu müssen. Hinzu kam, daß ihm von Lemmer und von amerikanischer Seite dringend abgeraten worden war, sofort zu fliegen, da man einen neuen 17. Juni in der DDR befürchtete, der niemandem dienen könnte und den man auf jeden Fall verhindern wollte[353]. Daß er stattdessen den Wahlkampf fortsetzte, ist allerdings einer der seltenen schweren und unverständlichen Fehler Adenauers gewesen, der mit dazu beigetragen hat, daß die Unionsparteien die absolute Mehrheit am 17. September verloren.

Die Bonner Erwartungen und Enttäuschungen spiegeln sich ungeschminkt in den Aufzeichnungen Heinrich Krones aus dieser Zeit[354]. Am 13. August notierte er: *Jetzt muß der Westen handeln. An einer entscheidenden Stelle packt Moskau an. Zweitausend Menschen fliehen täglich aus der Zone. Für alles, was in nächster Zeit*

---

[350] Vgl. K. ADENAUER IV, S. 81 f.

[351] Vgl. das Kommuniqué über diese Sitzung, abgedruckt in: H. v. SIEGLER, Wiedervereinigung, S. 185.

[352] Vgl. dazu B. BANDULET, S. 163 f., der entsprechende Aussagen von Staatssekretär GLOBKE wiedergibt.

[353] Vgl. ebd. S. 164 und W. STÜTZLE, S. 149 f.

[354] Nichts charakterisiert im übrigen treffender die westliche Reaktion – abgesehen von DE GAULLE – als die Weigerung des britischen Premiers MACMILLAN, wegen der Mauer seinen Golf-Urlaub abzubrechen, obwohl zur gleichen Zeit auch sein Außenminister in Urlaub war, des weiteren seine Äußerung, nicht die Sowjetunion, sondern die Presse in England inszeniere eine Krisenstimmung. Vgl. H. MACMILLAN, Pointing the Way. 1959–1961, London 1972, S. 392–396.

244

verhandelt wird, ist entscheidend, daß wenigstens dieses schmale Tor in die Freiheit offen bleibt. Diese Tür darf nicht zugehen. Wenn der Westen diese Stunde verspielt, hat Moskau schon vor Beginn einer Verhandlung das Spiel in einer für den Frieden wichtigen Frage gewonnen[355].

Bereits einige Tage später war Krone klar, daß die Amerikaner nichts tun würden: *Zone und auch Ostberlin ist für sie kein Anlaß zum Eingreifen.* Die Stunde der *großen Desillusion* war gekommen[356]. Die vor dem 13. August nur als potentielle Gefahr betrachtete Anerkennung und Festschreibung des Status quo durch die Supermächte war reale Politik geworden. Krone zog am Jahresende 1961 Bilanz: *An der Mauer entlang ist Deutschland getrennt, verläuft die Grenze des kommunistischen Ostens gegen die freie Welt. Und – was wir immer nicht glauben wollten, die amerikanische Politik nimmt diese Grenze zur Kenntnis. Was später einmal ist, daß die Westmächte uns in Verträgen versprochen haben, daß sie nicht rasten würden, bis Deutschland wieder ein Volk und ein Land ist, das alles hat im Augenblick keine aktive Bedeutung*[357].

Diese Beschreibung der gegebenen Lage, auch der Zukunft Berlins, konstatierte also nüchtern, daß mit einer westlichen Unterstützung der Wiedervereinigung nicht mehr ernstlich zu rechnen sei, weil das der angestrebten Koexistenz auf der Basis des Status quo zuwidergelaufen wäre. Und doch war Krone nicht ohne Hoffnung, solange der Westen Deutschlands seinen Teil nicht für das Ganze hielt: *Erst wenn wir im Westen versagen, hört Deutschland an der Mauer auf.*

Adenauer stand nach dem 13. August vor einem schweren Dilemma: einerseits konnte und wollte er nicht den notwendigen Eckpfeiler seiner Politik, das deutsch-amerikanische Bündnis, ernsten Belastungen aussetzen, andererseits mußte er verhindern, daß der amerikanische Bündnispartner über die de-facto-Anerkennung des Status quo hinaus noch im direkten Dialog mit der Sowjetunion jede Chance auf Selbstbestimmung des deutschen Volkes als Konzession für die Sicherung Westberlins opferte. In vielerlei Hinsicht spitzte sich daher das deutsch-amerikanische Verhältnis 1961/62 zu; an die Stelle des ehemaligen besonderen trat ein schlechtes Verhältnis mit den dafür typischen Merkmalen des Drucks und der mangelnden

---

[355] Vgl. unten S. 161 f.
[356] Vgl. die Aufzeichnung H. KRONES vom 15./16./17. und vom 18. August 1961, ADENAUER-STU=
DIEN III, S. 162 f.
[357] Vgl. die Aufzeichnung H. KRONES vom 30./31. Dezember 1961, ebd., S. 165 f.

Konsultation einerseits und Störmanövern und Torpedierungen andererseits[358]. Adenauer konnte aus dem amerikanisch-sowjetischen Bilateralismus nicht einfach aussteigen, er konnte ihn jedoch bremsen und, wenn nötig, stören, weil Amerika die Bundesrepublik für seine europäischen Interessen brauchte. Er konnte weiterhin durch den Ausbau Europas, und sei es nur durch die erste Stufe einer deutsch-französischen Entente, das Gewicht Europas im atlantischen Bündnis stärken, und er konnte schließlich durch direkte deutsch-sowjetische Kontakte versuchen, selbst einen modus vivendi mit der Sowjetunion zu finden.

Die amerikanische Politik setzte sich nach dem Mauerbau keineswegs das Ziel, das nun einmal nicht verhinderte Faktum als weitestgehende und vorweg geleistete Konzession in Verhandlungen mit der Sowjetunion einzubringen, sondern war bereit, über die Sicherung der berühmten »three essentials« – Anwesenheit, Zugang nach West-Berlin, Lebensfähigkeit der Stadt – in Verhandlungen einzutreten und für einen neuen Status Westberlins erhebliche Konzessionen in der Deutschland-Frage anzubieten. Was die Amerikaner anzubieten bereit waren, zeigte sich schon im September 1961, als Äußerungen von McCloy und Clay bekannt wurden, zwei Persönlichkeiten also, die Deutschlanderfahrung und Sympathie für Deutschland hatten. McCloy hatte lanciert, es gehe um drei Fragen: *um die Oder-Neiße-Linie als Grenze, um die Anerkennung Pankows, um Berlin als eine freie Stadt*[359]. Clay äußerte in einem vertraulichen Gespräch, man müsse von der Existenz zweier deutscher Staaten ausgehen und der DDR mehr Kontrollrechte über die Verbindungswege nach Berlin einräumen[360]. Vor Adenauers Besuch in den USA im November 1961 herrschte in Bonn der Eindruck, man werde aus der amerikanischen Politik nicht mehr klug[361]. Auf allen Ebenen – Sondierungen durch Botschafter, Außenministergespräche, persönlicher Briefwechsel Kennedy-Chruschtschow – wurde verhandelt, ohne daß eine ausreichende Information der Bundesrepublik und der übrigen Partner erfolgte[362]. Am 22. September kam es schließlich zum Eklat: Der deutsche Botschafter in Washington, Grewe, gab ein Interview, in dem er unumwunden darlegte, die

[358] Vgl. dazu B. BANDULET, S. 155 f.

[359] Vgl. die Aufzeichnung H. KRONES vom 25. September 1961, ADENAUER-STUDIEN III, S. 163.

[360] Vgl. dazu W. STÜTZLE, S. 162 f. STÜTZLE bietet eine sehr materialreiche Darstellung der sowjetisch-amerikanischen Gespräche 1961/62, spielt aber die Bedeutung der amerikanischen Konzessionsbereitschaft herunter.

[361] Vgl. die Aufzeichnung H. KRONES vom 9. Oktober 1961, AENAUER-STUDIEN III, S. 164.

[362] So war in Bonn lediglich die Tatsache, nicht aber der Inhalt des Briefwechsels KENNEDY-CHRUSCHTSCHOW bekannt. Vgl. die Aussage von Staatssekretär GLOBKE gegenüber B. BANDULET, S. 166, Anm. 145.

amerikanische Politik stehe nicht mehr in Übereinstimmung mit den Verpflichtungen aus dem Deutschland-Vertrag, und er warne davor, auf *maximale Forderungen der östlichen Seite mit maximalen Konzessionen der westlichen Seite zu antworten*[363].

Adenauer konnte jedoch bei seinem Besuch vom 20. bis 22. November 1961 Kennedy entscheidende Zusicherungen abringen: er stimmte zwar Berlin-Verhandlungen zu, jedoch gab Kennedy das Versprechen, bei diesen Verhandlungen keine Konzessionen in der deutschen Frage anzubieten[364]. Es scheint, daß Adenauer Ende 1961 mit einem neuen Status für Berlin rechnete und daß er diese Konzession an die Amerikaner als unumgänglich ansah[365].

Adenauers Position in dieser verworrenen Lage wie auch seine Taktik wurden deutlich erkennbar in der Unterredung mit de Gaulle am 9. Dezember 1961 in Paris[366]. De Gaulle und Adenauer waren sich in der Lagebeurteilung einig. Adenauer sagte ganz offen, im Sommer und Herbst 1961 habe ihm die amerikanische Regierung *große Sorge bereitet.* Als Beweis zitierte er eine Äußerung von Außenminister Rusk, zwischen den USA und der Sowjetunion gebe es keine Gegensätze, diese bestünden zwischen der Sowjetunion und Deutschland oder zwischen Formosa und der Sowjetunion. Adenauers Kommentar, *Rusk habe offensichtlich nicht verstanden, daß der sowjetische Druck sich letzten Endes gegen die Vereinigten Staaten richte,* war in seiner Sicht eines der schärfsten überhaupt möglichen Verdikte gegen eine solche Politik. Er widersprach auch nicht der Analyse de Gaulles, daß Berlin nur dank der französischen Haltung noch in den Händen des Westens sei, daß England ein Arrangement um jeden Preis suche und dafür bereit sei, die sowjetischen Forderungen zu akzeptieren[367], und daß das Ergebnis der anglo-amerikanischen Kontakte mit der Sowjetunion zu diesem Zeitpunkt nur die Annahme der sowjetischen Lösung sein könne.

Erregte Auseinandersetzungen gab es jedoch um die Taktik, um die französische Weigerung, an den alliierten Vorbesprechungen für Berlin-Verhandlungen teilzunehmen[368]. Die Divergenzen in dieser

[363] Das Fernsehgespräch GREWES ist abgedruckt in: BULLETIN Nr. 181 vom 27. September 1961. Vgl. zur »Grewe-Affäre« W. STÜTZLE, S. 163 ff.

[364] Zum ADENAUER-Besuch in den USA vgl. W. STÜTZLE, S. 170–177.

[365] Vgl. die Bemerkungen gegenüber H. KRONE in dessen Aufzeichnungen vom 12. und 19. November und vom 15. Dezember 1961, ADENAUER-STUDIEN III, S. 164 f.

[366] Vgl. dazu K. ADENAUER IV, S. 119–128. Vgl. auch die Interpretation dieses Gespräches bei W. STÜTZLE, S. 187 f.

[367] Der französische Botschafter in Washington nahm an den Besprechungen des entsprechenden Botschafterausschusses teil, ohne sich jedoch zu äußern. Die französische Regierung weigerte sich, unter den gegebenen Umständen Verhandlungen mit der Sowjetunion zu führen.

[368] Vom 24.–26. November hatte DE GAULLE MACMILLAN besucht. Vgl. dazu die ausführliche und kennzeichnende Darstellung bei H. MACMILLAN, Pointing the Way, S. 410–428.

Frage gingen soweit, daß Adenauer gegenüber seiner Begleitung bemerkte, *auch zwischen den Deutschen und den Franzosen* könne sich eine *katastrophale Entwicklung* anbahnen. Der Streit ging um Folgendes: De Gaulle meinte, die einzige Möglichkeit, die geschilderte Entwicklung zu verhindern, bestehe darin, daß Frankreich einfach nicht mitmache. Adenauer war dagegen der Ansicht, man müsse aktiv versuchen, die anderen Gesprächspartner von der eigenen Ansicht zu überzeugen. Er führte dafür im wesentlichen drei Gründe an: rein passives Verhalten gäbe allein der Sowjetunion die Initiative, und es sei zu befürchten, daß bei einem Ausbleiben von Verhandlungen die Lage im nächsten Jahr noch schlechter würde; Frankreich müsse die Bundesrepublik gegen die angelsächsischen Mächte unterstützen; schließlich durchbreche Frankreich, und das sei ein Gewinn für Chruschtschow, die westliche Einheit, und diese Sorge gehe über die reine Berlinfrage hinaus. Mit anderen Worten ausgedrückt bedeutete diese Argumentation, daß Adenauer die Divergenzen mit Kennedy und Macmillan nicht zu einer entscheidenden Belastung für das westliche Bündnis werden lassen wollte[369].

Im Frühjahr 1962 war allerdings auch für Adenauer der Punkt erreicht, an dem er die öffentliche Konfrontation mit den USA nicht mehr vermied. Schon die Instruktionen für die Sondierung zwischen dem amerikanischen Botschafter in Moskau, Thompson, und Außenminister Gromyko hatten in Bonn Bestürzung hervorgerufen[370]. Zum offenen Konflikt kam es im April/Mai 1962 wegen des neuen Pakets von Vorschlägen, das die Amerikaner für die Gespräche der Außenminister Rusk und Gromyko vorgelegt hatten. Dieses Paket enthielt fünf Vorschläge: die Einrichtung einer internationalen Zugangsbehörde im Berlinverkehr, Nichtangriffserklärung zwischen NATO und Warschauer Pakt mit der Zusicherung der Achtung der bestehenden Grenzen, die Nichtweitergabe von Atomwaffen durch die beiden Supermächte, die Einsetzung technischer Kommissionen aus Vertretern der Bundesrepublik und der DDR und schließlich den Vorschlag einer ständigen Konferenz der stellvertretenden Außenminister der Siegermächte über die Deutschland- und Berlinfrage[371]. Der Bundesregierung wurde am 12. April das Paket überreicht mit der ultimativen Aufforderung, binnen 24 Stunden zuzustim-

[369] Ähnlich verlief auch das Gespräch ADENAUER-DE GAULLE am 15. Februar 1962 in Baden-Baden. Vgl. K. ADENAUER IV, S. 136–139.
[370] Vgl. dazu die Aufzeichnungen H. KRONES vom 1. Februar 1962, ADENAUER-STUDIEN III, S. 167. Zu den Sondierungsgesprächen THOMPSON–GROMYKO vgl. W. STÜTZLE, S. 192–198.
[371] Vgl. dazu die ausführlichen Darstellungen bei B. BANDULET, S. 166–169, und W. STÜTZLE, S. 204–222.

men. Bonn reagierte darauf mit einer Flucht in die Öffentlichkeit: zunächst durch eine spektakuläre Information der Fraktionsvorsitzenden der im Bundestag vertretenen Parteien[372], dann durch die Weitergabe des Inhalts der Vorschläge an die Presse. Die höchst drastisch artikulierte Verärgerung der Amerikaner führte zur Abberufung von Botschafter Grewe, obwohl nicht er, sondern höchstwahrscheinlich der CDU/CSU-Fraktionsvorsitzende von Brentano für die Indiskretion verantwortlich war; die USA setzten jedoch trotz des indirekten Bonner Vetos die Gespräche auf der Grundlage ihres Verhandlungspakets fort.

Daraufhin entschloß sich Adenauer zu einem Schritt, der kennzeichnend ist für den damals erreichten Tiefpunkt der deutsch-amerikanischen Beziehungen. Am 7. März erklärte er auf einer Pressekonferenz in Berlin: *Ich habe nicht die leiseste Hoffnung, daß es bei den Ost-West-Verhandlungen zu einem Ergebnis kommen wird;* er lehne insbesondere die internationale Zugangsbehörde sowie jede Anerkennung der DDR ab[373]. Vom 4. bis 6. Mai, also kurz zuvor, hatte Außenminister Schröder bei der NATO-Ministerratssitzung in Athen die deutsche Position dahingehend vertreten, daß die Fortsetzung des amerikanisch-sowjetischen Dialogs folgende Grundsätze zu beachten habe: westliche Anwesenheit in Berlin, Bindung Berlins an die Bundesrepublik, freier Zugang, modus vivendi unter Koppelung einer endgültigen Berlin-Lösung an die Wiedervereinigung[374]. Die gesamte Berlindiskussion versandete schließlich nach erneuten Drohungen der Sowjetunion im Sommer 1962, als nach der Kuba-Konfrontation für die Siegermächte eine neue Lage eingetreten war.

Adenauers Politik stand 1961/62 vor zwei großen Schwierigkeiten: Nach außen mußte Bonn sich des konzentrischen Drucks der angloamerikanischen Politik erwehren. Diese verfolgte die Taktik, Adenauer durch Pression und Ausspielen gegen de Gaulle zum Nachgeben zu zwingen[375]. Da es Adenauer nicht gelang, de Gaulle für ein taktisch abgestimmtes Vorgehen gegen die USA und England in den alliierten Vorgesprächen zu gewinnen, mußte er in Washington Konzessionen machen, die er bei den NATO-Gesprächen mit

---

[372] Vgl. dazu die Aufzeichnungen H. KRONES vom 14. April 1962, ADENAUER-STUDIEN III, S. 169.

[373] Vgl. dazu H. V. SIEGLER, Wiedervereinigung, S. 242–245.

[374] Vgl. W. STÜTZLE, S. 223–225. SCHRÖDER war vor der Konferenz zu ADENAUER nach Cadenabbia gekommen, damit die Verhandlungsrichtung endgültig festgelegt werde. Offenbar befürchtete ADENAUER, von den Amerikanern überrumpelt zu werden. Vgl. dazu die Bemerkung in der Aufzeichnung H. KRONES vom 5. August 1963, ADENAUER-STUDIEN III, S. 178.

[375] Vgl. dazu die aufschlußreiche Passage über das Zusammenspielen von KENNEDY und MACMILLAN bei H. MACMILLAN, Pointing the Way, S. 422–425.

Hilfe der Franzosen in ein solches Korsett einzwängte, daß sie leidlich erträglich wurden. Die angelsächsischen Mächte durchkreuzten jedoch diese Taktik, indem sie diesen Grundsätzen zwar theoretisch zustimmten, sie in ihren konkreten Verhandlungsvorschlägen an die Sowjetunion aber praktisch außer acht ließen. Adenauer konnte schließlich nur noch durch öffentliche Torpedierungs- und Störmanöver reagieren, da er nicht bereit war, die *Schwenkung der amerikanischen Politik* mitzumachen und eine Verständigung der USA und der Sowjetunion *auf dem Rücken der Deutschen*, d.h. Anerkennung der Oder-Neiße-Linie und der DDR ohne Gegenkonzession für ein Lösung der deutschen Frage, auch noch zu sanktionieren[376].

Aber auch innenpolitisch hatte Adenauer Schwierigkeiten, seine Politik durchzusetzen. Der neue Außenminister Schröder neigte mehr als Adenauer dazu, dem amerikanischen Druck nachzugeben, zumal er im wesentlichen die Detailinstruktionen für die Botschaftergespräche in Washington gegeben hatte[377]. Schröder schätzte die Belastbarkeit des deutsch-amerikanischen Bündnisses geringer und die direkte sowjetische Gefahr stärker ein als Adenauer; er war folglich um der Sicherheit der Bundesrepublik willen gegenüber den USA konzessionsbereiter als Adenauer. Die Situation 1961/62 war also ähnlich wie die 1959/60, nur daß die Krise zwischen der Bundesrepublik und den USA tiefgehender war und die Dissonanzen zwischen Kanzler und Außenminister dieses Mal schriller klangen.

8. *Die deutsch-sowjetischen Beziehungen nach dem Mauerbau*
Parallel zum amerikanisch-sowjetischen Dialog liefen kontinuierlich, wenn auch nicht ohne Auf und Ab, deutsch-sowjetische Kontakte, die vom Ausmaß der westlichen Nachgiebigkeit zwar beeinflußt, aber nicht determiniert waren; sie waren gleichzeitig Bremse gegenüber westlicher Konzessionsbereitschaft und Ansatzpunkte eigenständiger deutscher Politik. Es war bereits bemerkenswert, daß Botschafter Smirnow schon am dritten Tag nach dem Mauerbau, am 16. August 1961, Adenauer aufsuchte, um ihm zu sagen, die russischen Maßnahmen seien nicht gegen die Bundesrepublik gerichtet. Im Kommuniqué hieß es dann, der Kanzler habe seinerseits darauf hingewiesen, *daß die Bundesregierung keine Schritte unternimmt, welche die Beziehungen zwischen der Bundesrepublik und der UdSSR erschweren und die internationale Lage verschlechtern*

[376] Vgl. die Aufzeichnung H. KRONES vom 14. April 1962, ADENAUER-STUDIEN III, S. 169.
[377] Zu SCHRÖDERS Position und Taktik vgl. die ausgewogene Darstellung bei B. BANDULET, S. 189–192. Vgl. auch W. STÜTZLE, S. 213 f. und S. 220 f.

könnten[378]. Das war wohl eine erste Reaktion auf das amerikanische Verhalten in Berlin[379]. Überhaupt ist es charakteristisch für die Zeit nach dem Mauerbau, daß Adenauer gegenüber der Sowjetunion keinesfalls Verhandlungen ausschloß[380]. Am 15. September 1961 ließ er gegenüber der Presse sogar durchblicken, daß ein Treffen zwischen ihm und Chruschtschow nicht undenkbar sei, es hänge jedoch von der weiteren internationalen Entwicklung ab[381]. Dies war ohne Zweifel in erster Linie als Wink an Washington gedacht, in den kommenden Verhandlungen die deutschen Interessen genügend zu berücksichtigen, hatte aber einen mehr als nur theoretischen Charakter. Heinrich Krone notiert als Reaktion Adenauers auf Informationen über weitgehende amerikanische Konzessionsbereitschaft am 25. September 1961: ehe er solchem Ansinnen zustimme, *werde er es riskieren, mit Chruschtschow zu sprechen*[382].

Chruschtschow wiederum hatte Botschafter Kroll Anfang September gesagt, er wolle Adenauer gerne seine Politik erläutern[383]. Zur Überraschung Krolls zeigte sich Adenauer auf ein solches Anerbieten hin, im Gegensatz zu früher, nicht mehr so ablehnend; nach einem Bericht Globkes, so wie ihn Kroll wiedergibt, sei auch ein weiteres Gespräch Adenauer-Smirnow sachlich und freundlich verlaufen[384]. Am 9. November kam es zu dem Aufsehen erregenden Gespräch Kroll-Chruschtschow, in dem Kroll einen eigenen, nicht von Bonn autorisierten Rahmenplan entwickelte[385]. Dieser Plan ist weniger interessant als die Reaktion Adenauers auf Krolls Sondertour. Kroll wurde zwar zur Berichterstattung nach Bonn gerufen, kehrte aber nach Moskau zurück, obwohl das Auswärtige Amt scharfe Kritik äußerte und seine Abberufung forderte. Adenauer ging es wohl nicht darum, über Kroll substantielle Vorgespräche zu führen, sondern darum, in Moskau einen Zugang zu Chruschtschow zu haben und gleichzeitig *ein taktisches Korrektiv zum sowjetisch-amerikanischen Bilateralismus* einsetzen zu können[386].

Wenn man die deutsch-sowjetischen Annäherungsversuche im Herbst 1961 wohl in erster Linie unter dem Aspekt der Signalwirkung nach Washington betrachten muß, so scheinen die Bemühun-

[378] Vgl. BULLETIN Nr. 152 vom 17. August 1961.
[379] So B. BANDULET, S. 164.
[380] Vgl. dazu mit Einzelbelegen W. STÜTZLE, S. 152ff.
[381] Vgl. FRANKFURTER ALLGEMEINE ZEITUNG vom 16. September 1961.
[382] Vgl. die Aufzeichnung H. KRONES vom 25. September 1961, ADENAUER-STUDIEN III, S. 163f.
[383] Vgl. H. KROLL, S. 512.
[384] Vgl. ebd. S. 516 und S. 518.
[385] Zur »Kroll-Affäre« und zum Inhalt des Rahmenplans vgl. H. KROLL, S. 525–534; N. EHLERT, S. 320–328; weiterhin die Darstellung bei W. STÜTZLE, S. 168ff. und W. BESSON, S. 292ff.
[386] So W. STÜTZLE, S. 170.

gen im Winter und Frühjahr 1961/62 einen erheblich ernsthafteren Charakter gehabt zu haben. Am 7. Dezember notiert Krone über ein längeres Gespräch mit Adenauer, dieser habe gesagt, *für den Rest seines Lebens halte er es für das Wichtigste, was er noch tun wolle, unser Verhältnis zu Rußland in eine erträgliche Ordnung zu bringen*[387]. Adenauer hatte zuvor Smirnow empfangen. Dieser hatte Adenauer versichert, die Sowjetunion wolle keinen Krieg, sondern Verhandlungen. Adenauer seinerseits bemerkte dazu, am Testfall Berlin müsse festgestellt werden, ob vernünftige Abmachungen über Abrüstung und Deutschlandfrage möglich seien. Er verneinte nicht die Frage Smirnows, ob er diese Anregung an Chruschtschow weitergeben solle und ob Adenauer in diesem Sinne mit de Gaulle zu sprechen gedächte[388].

Anlaß zu weitreichenden öffentlichen Spekulationen gab am Jahresende 1961 und zu Anfang 1962 ein sowjetisches Memorandum, das am 27. Dezember 1961 überreicht worden war[389]. In diesem undatierten und unsignierten Memorandum nahm Chruschtschow den Ball möglicher Direktkontakte auf, spielte ihn allerdings in einer Weise zurück, die in Bonn Mißtrauen hervorrufen mußte. Zwar in höflicher Form, aber in der Sache eher starr versuchte Chruschtschow, Bonn zu einem Alleingang nach Moskau gegen und ohne die Verbündeten zu animieren. Lediglich die Bemerkung, daß man nichts gegen *regste Verbindungen der Bundesrepublik mit West-Berlin auf wirtschaftlichem, politischem und kulturellem Gebiet* einzuwenden habe, wurde in Bonn *mit Interesse vermerkt*[390]. So verwundert es nicht, daß Adenauer zu de Gaulle, gegen den sich die heftigsten Vorwürfe des Memorandums richteten, am 15. Februar 1962 sagte: *Es waren keine neuen Punkte darin enthalten, und ich betrachtete es als eine Bauernfängerei. Ich hatte den Eindruck, daß das sowjetische Memorandum nur geschrieben worden war, um in*

[387] Vgl. die Aufzeichnung H. KRONES vom 7. Dezember 1961, ADENAUER-STUDIEN III, S. 164. Solche Äußerungen ADENAUERS sind allerdings, da er oft zu einer apodiktischen Aussageweise neigte, zu relativieren. Er hat in anderem Zusammenhang auch andere Kataloge aufgestellt über das, was er als wichtigste Aufgaben vor seinem Rücktritt zu lösen habe. So schrieb er im Herbst 1962 in einem Brief an HEINRICH KRONE, folgende Fragen seien in dieser Reihenfolge und im Hinblick auf sein späteres Ausscheiden am vordringlichsten: Die Gestaltung des Verhältnisses zu Frankreich, die Reorganisation der NATO, die Gestaltung des Verhältnisses zu den USA, die Frage der Ostpolitik, die Erhaltung der militärischen Sicherheit und schließlich die Erhaltung der innenpolitisch-wirtschaftlichen Ordnung. Freundliche Mitteilung von Bundesminister a. D. Dr. HEINRICH KRONE.

[388] Vgl. K. ADENAUER IV, S. 122, wo ADENAUER wiedergibt, was er DE GAULLE über das Gespräch mit SMIRNOW berichtete.

[389] Das Memorandum ist abgedruckt in: EUROPA-ARCHIV 17 (1962) D, S. 60–70. Vgl. auch H. KROLL, S. 537–543. Vgl. auch die Darstellung bei W. STÜTZLE, S. 200–204.

[390] So die Formulierung in der offiziösen DIPLOMATISCHEN KORRESPONDENZ Nr. 1 vom 8. Januar 1962.

deutschen Kreisen Mißtrauen gegen den Westen zu säen, verbunden mit der Verlockung, daß man in Rußland gut verdienen könne[391]. Selbst Kroll sah in diesem Schriftstück keine substantiellen Angebote[392]. Offiziell und sehr klar wurde das Memorandum am 21. Februar von der Bundesregierung beantwortet; dabei wurde die Viermächteverantwortung für Deutschland und Berlin herausgestrichen und die Selbstbestimmung des deutschen Volkes als Voraussetzung für tragbare Lösungen betont. Andererseits gab man der Hoffnung Ausdruck, daß das begonnene Gespräch fortgesetzt werde[393].

Bei dem Treffen Adenauer-de Gaulle am 15. Februar, als beide sich in der negativen Beurteilung der amerikanischen Politik näher kamen[394], ging Adenauer auch auf die Möglichkeit von Verhandlungen mit der Sowjetunion ein: *Es ergebe sich natürlich die Frage, was man tun könne, zumal Berlin sich ständig in der Zange befinde und Amerika es auf die sanfte Tour versuche. Die Bundesregierung müsse äußerst vorsichtig sein. Ein Teil der deutschen Presse und sogar eine Koalitionspartei seien der Meinung, die Bundesregierung solle einen Alleingang unternehmen. Dies jedoch hielt ich für absolut unmöglich. Dennoch müsse man diesen Strömungen Rechnung tragen*[395]. Für den Berlin-Komplex schloß Adenauer also einen »Alleingang« aus, zu vorbereitenden Direktkontakten über die gesamte Deutschland-Frage hatte er nichts gesagt. Im übrigen stimmten sowohl Adenauer wie de Gaulle darin überein, daß Europa die USA als Verbündete brauche, daß dieses Europa aber in seiner Gesamtheit stärkeren Einfluß auf die Politik nehmen müsse, daß also die europäische politische Union kommen müsse.

Wenn Adenauer auch nicht bereit war, über Kroll in Moskau Verhandlungen parallel zu den Gesprächen Thompson-Gromyko führen zu lassen[396], so war dies nur die eine Seite der Medaille, denn andererseits war Adenauer, nicht zuletzt unter dem Eindruck der amerikanischen Instruktionen für Thompson[397], durchaus bereit,

[391] Vgl. K. ADENAUER IV, S. 137.

[392] Vgl. H. KROLL, S. 539.

[393] Das Memorandum ist abgedruckt in: EUROPA-ARCHIV 17 (1962) D, S. 139–147.

[394] Vgl. K. ADENAUER IV S. 136–140. ADENAUER sagte, die amerikanische Haltung gegenüber der Sowjetunion *beunruhige* ihn; der Erfolg der Politik während des ersten Jahres der KENNEDY-Administration liege bei den Sowjets. DE GAULLE faßte seine Meinung dahingehend zusammen, *daß immer Chruschtschow die Initiative ergreife, die dann Kennedy in der bequemsten Art beantworte.*

[395] Vgl. ebd. S. 140. ADENAUER spielte hier auf Äußerungen von GERSTENMAIER und MENDE an; vgl. dazu WOLFGANG WAGNER, Das geteilte Deutschland, in WILHELM CORNIDES (†) – DIETRICH MENDE, Die internationale Politik 1962 (Jahrbuch des Forschungsinstituts der deutschen Gesellschaft für Auswärtige Politik), München 1968, S. 210–240, hier S. 216ff.

[396] Vgl. dazu H. KROLL, S. 547, und die in diesem Punkte richtige Interpretation bei W. STÜTZLE, S. 202. STÜTZLES Ansicht, Bonn habe im Grunde das Gespräch auch nicht gesucht, ist allerdings unzutreffend.

[397] Vgl. dazu die Aufzeichnung H. KRONES vom 1. Februar 1962, ADENAUER-STUDIEN III, S. 167.

einen direkten Kontakt mit Moskau zu wagen. In diesem Punkt gibt der Bericht Botschafter Krolls über seine Gespräche mit Adenauer vom 7. Februar gute Auskunft, ohne daß subjektive Wertungen und Interpretationen den Kern verändern[398]. Adenauer und Kroll waren sich einig, daß die Tür nach Osten auf keinen Fall zugeschlagen werden dürfe. Dafür gebe es vor allem zwei gewichtige Gründe: *Wir brauchten eine Bremse gegenüber den Plänen des Westens, und wir dürften mögliche Chancen zur Rettung Berlins und zur Lösung der deutschen Frage in einem Direktgespräch nicht versäumen.* Krone berichtet, was als Leitlinie festgelegt wurde: *Die deutsche Politik müsse bei der Klarheit und Festigkeit im Grundsätzlichen das Gespräch mit Moskau ins Auge fassen. Chruschtschow wolle das Direktgespräch mit Konrad Adenauer –, und der Kanzler will es auch*[399]. Es wurde für ein solches Gespräch Adenauer-Chruschtschow allerdings kein Datum genannt, und die Angabe Krolls, Adenauer habe ihn beauftragt, mit Krone und Globke Besuchsprogramm und Tagesordnung zu entwerfen, ist wohl mehr als Hinweis auf allgemein notwendige Vorüberlegungen zu interpretieren, denn als konkrete Besuchsvorbereitung.

Überhaupt sind die Überlegungen dieser Zeit nie in ein Stadium getreten, in dem ein Treffen Adenauer-Chruschtschow unmittelbar bevorgestanden hätte. Was versprachen sich nun Adenauer und seine engste Umgebung von einem solchen Direktkontakt? Es scheint sicher, daß hinter diesen Überlegungen der 1960 abgebrochene Versuch stand, auf der Grundlage des Globke-Plans zu einem modus vivendi zu kommen. Krone, dem die Entwicklung zu schnell ging[400], bemerkte dazu, Ziel müsse es sein, die Freiheit West-Berlins zu sichern, die Lebensverhältnisse in der DDR zu humanisieren und die Wiedervereinigung nicht ad calendas graecas zu verschieben[401]. Man käme um diesen Versuch nicht herum: *Der Westen ist nicht mehr der bisherige Westen, und das deutsche Volk will alles versucht sehen, um wieder zueinander zu kommen. Doch es muß unentwegt bei unserer Position in der Welt der Freiheit bleiben. – Ein Versuch, mehr nicht. Ein wohl notwendiger Versuch. Mit Wissen und im Einvernehmen mit den Verbündeten.* Das Adenauersche Diktum

---

[398] Vgl. H. KROLL, S. 546ff. Die objektive Darstellung des Gesprächsverlaufs ist nachweisbar aus den Berichten KRONES über entsprechende Gespräche mit ADENAUER und KROLL in den nächsten Tagen. Vgl. die Aufzeichnungen H. KRONES vom 9. und 10. Februar 1962, ADENAUER-STUDIEN III, S. 167f.

[399] Vgl. die Aufzeichnung H. KRONES vom 9. Februar 1962, ebd., S. 167.

[400] KRONE hatte noch in einem Artikel in der POLITISCH-SOZIALEN KORRESPONDENZ vom 1. Februar 1962 vor einem Alleingang nach Moskau gewarnt. Vgl. auch die Aufzeichnung vom 1. Februar 1962, ADENAUER-STUDIEN III, S. 167.

[401] Vgl. die Aufzeichnung H. KRONES vom 10. Februar 1962, Ebd., S. 168.

gegenüber Krone – *Trauen Sie den Amerikanern nicht; sie bringen es fertig, sich auf unserem Rücken mit den Russen zu verständigen* – kennzeichnet den Hintergrund der Gesprächsbereitschaft[402]. Kurz nach diesem Gespräch mit Kroll am 8. Februar goß Adenauer jedoch schon *viel Wasser in die Krollschen Pläne*[403]. Er ließ Kroll mitteilen, daß er sich das weitere Vorgehen in Bezug auf eine Begegnung mit Chruschtschow nochmals gründlich überlegen wolle[404].

9. Burgfriedensplan und Stillhalteabkommen

Wie ernstlich Adenauer allerdings ein Direktgespräch mit der Sowjetunion ins Auge faßte, wurde knapp 4 Monate später deutlich, als er am 6. Juni 1962 das später Aufsehen erregende Burgfriedensangebot machte[405]. Über diesen »Burgfriedensplan« sind zwar von sowjetischer und deutscher Seite widersprüchliche Angaben gemacht worden, die Mosaiksteine des Bekanntgewordenen legen aber nahe, daß seine Substanz identisch ist mit dem Globke-Plan. Der unmittelbare Bericht, den Adenauer Krone über das Gespräch mit Smirnow gab, sagt lediglich, Adenauer habe den Vorschlag gemacht, *man möge für die nächsten 10 Jahre die Dinge so belassen, wie sie jetzt seien. In zehn Jahren sähe man weiter. Smirnow solle diesen Vorschlag Chruschtschow mitteilen*[406]. Als die negative sowjetische Antwort auf den Vorschlag Adenauers in Bonn eingetroffen war, spezifizierte Krone in der Rückschau das Angebot Adenauers und schrieb, vor kurzem habe Adenauer dem sowjetischen Botschafter den Vorschlag gemacht, *Moskau möge die deutschen Fragen für die nächsten zehn Jahre so belassen, wie sie zur Zeit seien, und wir würden uns damit diese Jahre hindurch einverstanden erklären, nur möge der Kreml dafür Sorge tragen, daß die menschlichen Verhältnisse in der Zone besser würden. Was dann später zu tun sei, das solle man eben später überlegen*[407]. Als Adenauer nach seinem Rücktritt

---

[402] Bei der Interpretation solcher Aussprüche in kleinem Kreis muß man berücksichtigen, daß ADENAUER zu apodiktischer Ausdrucksweise, zu Überpointierungen neigte, die nur einen Aspekt der Sache betrafen. Es konnte durchaus vorkommen, daß er kurze Zeit später in entgegengesetzter Richtung genauso apodiktisch formulierte. Freundlicher Hinweis von Frau A. POPPINGA. Diese Eigenart ADENAUERS ist bei der Interpretation intimer Quellen über ihn stark zu berücksichtigen.

[403] Vgl. die Aufzeichnung H. KRONES vom 13. Februar 1962, ADENAUER-STUDIEN III, S. 169.

[404] Vgl. H. KROLL, S. 549, Hierbei mag mitgespielt haben, daß der sehr redselige und publicity-freundliche KROLL gegenüber der Presse nicht still blieb und eine neue »Affäre Kroll« heraufbeschwor. Vgl. ebd. S. 549 ff. KROLL meint auch über diesen Vorgang, es sei *eine Sternstunde verpaßt* worden. Mit der Vergabe solcher Bilder ist er jedoch gemeinhin allzu großzügig.

[405] Vgl. dazu B. BANDULET, S. 232 f., der erstmals auf dieses Angebot näher eingeht. Auszüge aus der Aufzeichnung über das Gespräch, an dem neben ADENAUER auch VLR I Dr. OSTERHELD teilnahm, sind erstmals veröffentlicht in: DIE AUSWÄRTIGE POLITIK, Dok. 153, S. 472 f. Leider scheinen bei diesem Auszug gerade die näheren Erläuterungen ADENAUERS zu seinem Vorschlag ausgelassen zu sein.

[406] Vgl. die Aufzeichnung H. KRONES vom 6. Juni 1962, ADENAUER-STUDIEN III, S. 169 f.

[407] Vgl. die Aufzeichnung H. KRONES vom 21. Juli 1962, ebd., S. 170.

den ersten Schleier von diesem Vorgang zog, faßte er seinen Vorschlag dahingehend zusammen, er habe Chruschtschow gefragt, *ob wir nicht einen Burgfrieden für zehn Jahre schließen sollten und nach zehn Jahren dann eine Abstimmung erfolgen könnte. Voraussetzung: daß es auch während der zehn Jahre für die Menschen in der Sowjetzone größere Freiheiten gäbe als jetzt*[408].

Das sowjetische Außenministerium konterte auf diese 1963 als sensationell empfundene Mitteilung Adenauers mit einer eigenen Version des Adenauer-Smirnow-Gesprächs[409]. Es bestätigte den Vorschlag und stellte Adenauers Ausführungen folgendermaßen dar: *Vielleicht wäre es möglich, auf zehn Jahre eine Art Burgfrieden zu schließen, in dem Sinne, daß alles so bleibt, wie es jetzt ist. Ich denke, nach diesen zehn Jahren legen sich die Leidenschaften, und es entsteht eine Atmosphäre der notwendigen Ruhe und Achtung, in der es leichter wird, die jetzigen Probleme zu lösen. Das ist mein Wunsch. Sie respektieren unsere Rechte und wir die Ihren. Später sehen wir dann, was man zur Lösung der Streitfragen tun kann. Ich möchte eine Pause, damit die wirklichen Probleme gelöst werden können. Als Grundlage sehe ich dabei das Problem der kontrollierten Abrüstung an.*

Der Bonner Regierungssprecher von Hase wiederum gab daraufhin eine Gegenerklärung ab, die diese Version als *Umdeutung auf der Grundlage der bekannten propagandistischen Terminologie der Sowjetunion charakterisierte*[410]. Der tatsächliche Vorgang sei so verlaufen: *Der Kanzler hat sein Angebot eines zehnjährigen Waffenstillstandes nicht nur von der Beseitigung der »Mauer« abhängig gemacht, sondern auch von einer Gestaltung des Lebens der deutschen Bevölkerung in der Sowjetzone in wirklicher Freiheit. Solcherart sollte eine bessere Atmosphäre geschaffen werden, die die nötigen Voraussetzungen geboten hätte, um die Spannungsmomente zu beseitigen. Den Abschluß dieser Entwicklung hätte dann die freie*

---

[408] ADENAUER machte die Äußerung am 3. Oktober 1963 in einem Interview des ZWEITEN DEUT-SCHEN FERNSEHENS, das aber erst am 15. Oktober gesendet wurde. Am 5. Oktober brachte DIE WELT den hier zitierten Satz. Ähnlich äußerte er sich in einem Interview der DEUTSCHEN WELLE. Vgl. auch den Bericht und die Wiedergabe in FRANKFURTER ALLGEMEINE ZEITUNG vom 7. Oktober 1963.

[409] Hier zitiert nach der wörtlichen Wiedergabe in: FFRANKFURTER ALLGEMEINE ZEITUNG vom 14. Oktober 1963. Vgl. auch NEUE ZÜRCHER ZEITUNG, Fernausgabe Nr. 281, vom 13. Oktober 1963. Die Stellungnahme des sowjetischen Außenministeriums, datiert vom 11. Oktober, wurde am 12. Oktober von der Nachrichtenagentur TASS verbreitet.

[410] Hier zitiert nach der wörtlichen Wiedergabe in: NEUE ZÜRCHER ZEITUNG, Fernausgabe Nr. 283, vom 15. Oktober 1963. Vgl. auch den entsprechenden Bericht in: FRANKFURTER ALLGEMEINE ZEITUNG vom 14. Oktober 1963. Bereits am 5. Oktober hatte das Auswärtige Amt die irrige Annahme ADENAUERS in seinem Interview, er habe seinen Vorschlag CHRUSCHTSCHOW brieflich mitgeteilt, korrigiert und erklärt, der Vorschlag sei Botschafter SMIRNOW mündlich mitgeteilt worden. Vgl. NEUE ZÜRCHER ZEITUNG, Fernausgabe Nr. 277, vom 9. Oktober 1963.

Entscheidung der Bevölkerung über ihr Schicksal dargestellt. Die Widersprüche dieser Darstellungen betreffen also die Kernfrage, ob Adenauer einen bedingungslosen »Burgfrieden« auf der Grundlage aller bestehenden Verhältnisse angeboten hat, oder im Sinne des Globke-Plans an einen »Burgfrieden« auf der Grundlage des territorialen, aber unter entschiedener Änderung des politischen Status quo dachte. Da es allen Äußerungen und allen politischen Motiven Adenauers widersprochen hätte, auf eine Humanisierung der Lebensverhältnisse in der DDR als Mindestbedingung für ein Arrangement zu verzichten, konnte es als sicher gelten, daß seine und von Hases Darstellung die Substanz des Vorschlages zutreffend wiedergaben. Letzte Zweifel daran wurden durch die Publizierung eines Teils der Aufzeichnung über dieses Gespräch beseitigt, in der eindeutig Adenauers Vorbedingung aufgeführt ist: *Allerdings müsse dafür gesorgt werden, daß die Menschen in der DDR freier leben könnten, als es jetzt der Fall sei.*

Dieser Vorschlag ist jedoch nicht in Gestalt eines ausgearbeiteten Vertragsentwurfs, sondern im mündlichen Gespräch gemacht worden. Ob Smirnow etwas schriftlich Fixiertes übergeben wurde, ist zwar nicht bekannt, aber unwahrscheinlich. Das Ganze verlief ähnlich wie 1958, als Adenauer Smirnow die Österreich-Lösung anbot: Adenauer schob zur Verblüffung Smirnows die üblichen Gesprächsthemen beiseite und begann ohne Vorbereitung seine Überlegungen zu erläutern[411]. Ob dann im Gesprächsverlauf alle mitgedachten Implikationen einzeln von Adenauer aufgeführt worden sind, bleibt dahingestellt. Ihm kam es darauf an zu erkunden, ob auf der vorgeschlagenen Grundlage Gespräche möglich seien, Einzelheiten blieben späteren Verhandlungen vorbehalten. So ist es sehr wohl möglich, daß er die für die sowjetische Seite weniger angenehmen Punkte nur verklausuliert erwähnte[412]. Daß das Burgfriedensangebot in der Substanz auf dem Globke-Plan beruhte, wurde auch indirekt von Globke selbst bestätigt, als er B. Bandulet sagte: *Schon seit 1959 wurde in Bonn überlegt, in welcher Form der Plan eines*

---

[411] Dieser Gesprächsablauf ist sehr gut erkennbar aus der teilweise publizierten Aufzeichnung über das Gespräch, vgl. oben S. 255 Anm. 405. Vgl. dazu auch die Schilderung in der Aufzeichnung H. KRONES vom 6. Juni 1962, ADENAUER–STUDIEN IV, S. 169f.

[412] In der Gesprächsaufzeichnung heißt es zu diesem Problem: *Der Herr Bundeskanzler betonte, daß es heute nur sein Ziel gewesen sei, dem Botschafter überhaupt einmal diese Idee zu unterbreiten, und zwar mit der Bitte, seinem Regierungschef ausführlich darüber zu berichten. Sollte Chruschtschow diesen Gedanken für erwägenswert halten, dann könne man über die Einzelheiten sprechen. Ihm gehe es in erster Linie darum, einen neuen Gedanken in die Diskussion zu bringen, um vielleicht auf diese Weise zu einer Entspannung und Verbesserung des Verhältnisses zwischen den beiden Ländern zu gelangen [. . .].*

»Burgfriedens« an Moskau heranzutragen sei[413]. Diese Äußerung kann sich nur auf den zur damaligen Zeit entstandenen Globke-Plan beziehen, zumal andere Pläne ähnlichen Inhalts aus diesem Zeitraum mindestens Heinrich Krone nicht bekannt sind[414].

Adenauer hat später am 4. Juli 1963 auch mit de Gaulle über ein Burgfriedensangebot im Jahre 1962 gesprochen[415]. Es ist jedoch nicht ganz klar ersichtlich, ob er sich dabei auf den Vorschlag gegenüber Smirnow vom 6. Juni bezog oder auf den weiter unten zu behandelnden Stillhaltevorschlag vom Oktober 1962, der den Westmächten zugeleitet wurde.

Wichtiger als diese Frage ist jedoch die Tatsache, daß Adenauer ausführlich gegenüber de Gaulle seine Motive und Absichten darlegte. Er wies darauf hin, daß er sich bei seinem Vorschlag in erster Linie von menschlichen Gründen habe leiten lassen. Als politische Gründe nannte er zwei Gesichtspunkte: einmal, *daß ich mir von einem freien Leben in der sowjetischen Besatzungszone eine Stärkung der Widerstandskraft in Deutschland und Europa erhoffte;* dann, daß mit einem solchen Burgfrieden zwar weder die deutsche Frage noch die Ost-West-Auseinandersetzung beigelegt seien, daß aber ein Beitrag dazu geleistet werden könnte, daß *die Ost-West-Probleme außerhalb der deutschen Frage leichter lösbar seien, als wenn die deutsche Frage dabei eine so entscheidende Rolle spiele.*

Zwei Momente hatten also auch beim »Burgfriedensangebot« für Adenauer entscheidende Bedeutung: Die Humanisierung der Lebensverhältnisse in der DDR als Voraussetzung für weitgehende Konzessionen in der Wiedervereinigungsfrage und das Bestreben, die deutsche Frage als Verhandlungs- und mögliches Konzessionsobjekt aus dem Dialog der Supermächte herauszulösen. Dafür bot er die zeitlich begrenzte Hinnahme des territorialen Status quo an. Es ist sehr unwahrscheinlich, daß Adenauer darüber hinaus auch nur indirekt einen unbefristeten Verzicht auf Selbstbestimmung der Deutschen im Auge hatte.

Bemerkenswerter ist, daß Adenauer die Westmächte weder vorher konsultiert noch sofort danach informiert hat. Gegenüber Smirnow betonte er allerdings am 6. Juni, er möge für eine schnelle Antwort sorgen, damit der amerikanische Außenminister bei dem für den 21. bis 23. Juni 1962 geplanten Besuch in der Bundesrepublik und daran anschließend wohl auch die anderen Westmächte unter-

---

[413] Vgl. B. BANDULET, S. 233, Anm. 89.
[414] Freundliche Mitteilung von Minister a. D. Dr. HEINRICH KRONE.
[415] Vgl. den Bericht über das Gespräch mit DE GAULLE am 4. Juli 1963 in Bonn bei K. ADENAUER IV, S. 221–230, hier S. 225.

richtet werden könnten[416]. Das ist aber wohl nicht geschehen, da die sowjetische Antwort erst am 2. Juli eintraf und da Adenauer de Gaulle bei seinem Staatsbesuch in Frankreich vom 2. bis 8. Juli 1962 zwar mitteilte, Smirnow habe ihn kurz vor seiner Abreise aufgesucht und deutsch-sowjetische Direktgespräche angeboten, seinen eigenen Vorstoß aber verschwieg[417]. Adenauer wollte wohl zu Beginn seinen Versuch des Direktgesprächs weder mit dem festgefahrenen amerikanisch-sowjetischen Dialog noch mit der weitgehenden Konzessionsbereitschaft der angelsächsischen Mächte betrachten. Wie schon beim Österreich-Vorschlag ist es charakteristisch, daß Adenauer seine originären Vorstellungen auch im Westen erst offiziell zur Diskussion stellen wollte, wenn die Moskauer Bereitschaft zu substantiellen Gesprächen darüber eruiert war. Vermutlich wollte er ein vorzeitiges Bekanntwerden, das seine Pläne entwertet hätte, verhindern.

Die sowjetische Reaktion auf den Vorschlag Adenauers überbrachte Smirnow am 2. Juli 1962[418]. Sie fiel negativ aus: *man möge doch statt später sofort die deutsche Frage anpacken, und das solle der Kanzler tun*[419]. Die Erklärung des sowjetischen Außenministeriums vom 11. Oktober 1963 ging auch auf diese Antwort ein. Chruschtschow habe auf dem Abschluß eines Friedensvertrages mit beiden deutschen Staaten bestanden und betont, daß sowjetischer Ansicht nach Freundschaft und Zusammenarbeit ohne zehnjährige Pause möglich seien, man müsse die Aufgabe unverzüglich in Angriff nehmen[420]. Adenauer hat aber wohl trotzdem eine Chance gesehen, den Faden weiterzuspinnen. Nur so läßt sich eine Bemerkung gegenüber de Gaulle verstehen, die Unterredung mit Smirnow am 2. Juli habe nur aus einer Frage bestanden, *nämlich, ob direkte Verhandlungen zwischen der Sowjetunion und der Bundesrepublik möglich seien. Ich hätte Smirnow geantwortet, daß eine derartige Frage sehr wichtig sei und reiflicher Überlegung bedürfe*[421].

Es scheint, daß Adenauer seinem Prinzip folgte, weitere Versuche zu unternehmen, wenn der erste Anlauf ohne Erfolg war. Die ablehnende Haltung der Sowjetunion beantwortete er zwar zunächst mit

[416] Vgl. die Aufzeichnung H. KRONES vom 6. Juni und 21. Juli 1962, ADENAUER-STUDIEN IV, S. 169f. Vgl. auch die Aussage von GLOBKE gegenüber B. BANDULET, S. 233, Anm. 93: *Über seine Fühlungnahme hatte Adenauer weder die amerikanische noch die französische Regierung unterrichtet. Adenauer setze Smirnow davon in Kenntnis und fügte hinzu, er werde dies nachholen, sobald Moskau grundsätzlich mit direkten deutsch-sowjetischen Verhandlungen einverstanden sei.*
[417] Vgl. K. ADENAUER IV, S. 168.
[418] Vgl. dazu auch B. BANDULET, S. 233.
[419] Vgl. die Aufzeichnung H. KRONES vom 21. Juli 1962, ADENAUER-STUDIEN III, S. 170.
[420] Vgl. dazu oben S. 256, Anm. 409.
[421] Vgl. K. ADENAUER IV, S. 168.

einer Pause[422], setzte dann aber neue Signale, um seine fortdauernde Gesprächsbereitschaft mit Moskau zu bekunden. So bezeichnete er im September in einem Aufsatz die deutsche Frage *in letzter Analyse* als eine menschliche Frage[423]. In diesem Aufsatz hatte er seine Regierungserklärung vom 9. Oktober im wesentlichen schon vorweggenommen. Die Prioritäten seiner Politik waren hier in einer glücklichen Formulierung für jeden sichtbar: *Ich erkläre erneut, daß die Bundesregierung bereit ist, über vieles mit sich reden zu lassen, wenn unsere Brüder in der Zone ihr Leben so einrichten können, wie sie wollen. Menschliche Überlegungen spielen hier für uns eine noch größere Rolle als nationale*[424].

Diese Signale waren jedoch nicht nur nach Moskau gerichtet, sondern auch nach Westen. Adenauer legte nämlich nach der ablehnenden Reaktion Moskaus seine Grundgedanken keineswegs ad acta, sondern versuchte jetzt, sie über die Westmächte in die Diskussion zu bringen. Dazu mag dreierlei mitgespielt haben: die sowjetisch-amerikanischen Sondierungen und Verhandlungen hatten sich, wie Adenauer erwartet hatte[425], so festgefahren, daß ein Ergebnis unwahrscheinlich war; die amerikanische Politik hatte durch die sich abzeichnende Kuba-Konfrontation und durch die sowjetischen Aktionen vom Sommer 1962 gegen Berlin an Härte gewonnen[426]; und nicht zuletzt zeichnete sich nach dem Besuch de Gaulles in der Bundesrepublik vom 4. bis 9. September 1962 eine enge politische Kooperation ab, die Adenauers Handlungsspielraum erheblich erweitern konnte[427]. Der Vorstoß richtete sich zunächst jedoch direkt an die Amerikaner, ohne Konsultation und Information de Gaulles, wohl weil dieser gegenüber west-östlichen Verhandlungen immer noch skeptisch war. Bei seinem Besuch in den USA vom 14. und 15.

---

[422] Auf die negative sowjetische Antwort hin gab ADENAUER dem Drängen des Auswärtigen Amtes nach und stimmte der Abberufung Botschafter KROLLS aus Moskau endgültig zu. Vgl. die im wesentlichen zutreffende Schilderung bei H. KROLL, S. 561 ff. Es ist bezeichnend für die wirkliche Funktion KROLLS in Moskau – ein guter Mittelsmann für die Vorbereitung von Gesprächen zu sein –, daß er nie bei den wichtigen Vorstößen ADENAUERS eingeschaltet war; beim »Österreich-Vorschlag« war er gerade erst nach Moskau gekommen, als dort die Antwort überlegt wurde, im September 1960 dachte man an KREISKY als Vermittler, im Juni 1962 war er über das Burgfriedensangebot nicht informiert. Es ist auch bezeichnend, daß er nachträglich seine und ADENAUERS Vorstellungen über einen Ausgleich mit der Sowjetunion identifiziert, was zum großen Teil nicht zutrifft. Auch seine etwas egozentrische Interpretation, das deutsch-sowjetische Verhältnis habe entscheidend durch seine Abberufung gelitten, stimmt so nicht, zumal er ein paar Seiten später selbst die wichtigen Kontakte KROLL–SMIRNOW vom Frühjahr 1963 andeutet. Vgl. H. KROLL, S. 563 und S. 581. Zur Beurteilung von KROLL vgl. auch die Aufzeichnung H. KRONES vom 8. August 1967, ADENAUER–STUDIEN III, S. 194 f.

[423] Vgl. FOREIGN AFFAIRS vom 17. September 1962.

[424] Vgl. STEN. BERICHTE, Bd. 51, S. 1639.

[425] Vgl. dazu das Gespräch ADENAUER–DE GAULLE am 5. Juli 1962, K. ADENAUER IV, S. 172 f.

[426] Vgl. dazu im einzelnen W. STÜTZLE, S. 225–230.

[427] Zum Staatsbesuch DE GAULLES vgl. K. ADENAUER IV, S. 177–184.

November 1962 unterbreitete Adenauer Kennedy den Vorschlag eines »Stillhalteabkommens«[428]. Diese Initiative des Kanzlers war sorgfältig vorbereitet worden. Wohl noch vor dem Ausbruch der Kuba-Krise hatte Adenauer den amerikanischen Botschafter Dowling – Adenauer und Dowling hatten am 12. Oktober eine Unterredung – die Überlegungen zur Kenntnis gegeben, damit dieser sie Kennedy vor dem Besuch unterbreite: bei dieser Gelegenheit sollte dann darüber gesprochen werden. Dies geschah, und Kennedy stimmte dem Gedanken grundsätzlich zu; überhaupt wurde diese Reise in Bonn als einer der *besten Kanzlerbesuche* gewertet, der in großem Maße Übereinstimmung insbesondere über Berlin gebracht habe[429].

Was waren nun Inhalt und Ziel dieses Stillhaltevorschlags[430]? Adenauer hatte schon 1959 für den Gedanken eines Stillhaltens geworben, um so die Sowjetunion zu zwingen, während einer begrenzten Zeit auf unberechenbare und jeweils neue Situationen schaffende Vorstöße zu verzichten, so daß in ruhiger Atmosphäre über die grundlegenden Probleme gesprochen werden könnte. Es liegt nahe, daß dieses Element in dem Vorschlag eines Stillhalteabkommens vom Herbst 1962 inhaltlich mit den Überlegungen des Globke-Plans ausgefüllt war. Darauf deutet bereits der Zeitvorschlag von zehn Jahren. Möglicherweise waren im Stillhalteabkommen von 1962 die Viermächteverantwortung stärker herausgestellt und die Frage der zwischenzeitlichen völkerrechtlichen Stellung der Bundesrepublik und der DDR ausgeklammert. Stillhalteabkommen und Globke-Plan sind also wahrscheinlich nicht identisch, aber doch im Kern von den gleichen Überlegungen getragen, wenn auch das Stillhalteabkommen einige nicht unerhebliche Nuancen und Modifikationen aufweisen dürfte. Für diese Annahme spricht auch, daß dieser Vorschlag wohl nicht von Globke selbst zu Papier gebracht worden ist, sondern vom Auswärtigen Amt[431], aber über

[428] Vgl. die Aufzeichnung H. KRONES vom 18. November 1962, ADENAUER-STUDIEN III, S. 172.

[429] Vgl. ebd. Vgl. dazu auch das bemerkenswert freundschaftlich und ohne stillschweigende Vorbehalte formulierte Kommuniqué über diesen Besuch, abgedruckt in: EUROPA-ARCHIV 18 (1963) D, S. 29 f.

[430] Der folgende Abschnitt beruht im wesentlichen auf Informationen von Herrn Bundesminister a. D. Dr. HEINRICH KRONE. Vgl. zum folgenden auch die spätere Aufzeichnung H. KRONES vom 25. Juni 1963, ADENAUER-STUDIEN III, S. 176. Dort heißt es unter Bezugnahme auf ein mögliches Gespräch ADENAUER–CHRUSCHTSCHOW: *Es müsse auf der Basis geführt werden, die ich den Globke-Plan nenne, von dem Kennedy durch den Kanzler bereits in Washington* [am 14. und 15. November 1962; d. Verf.] *unterrichtet wurde: Nicht Anerkennung der Zone, sondern die Tatsache der Zone für eine zeitlich begrenzte Spanne hinnehmen unter der Bedingung der Humanisierung der Lebensverhältnisse. Nach zehn (!) Jahren müsse es zur Abstimmung kommen, die dem deutschen Volke auch seitens der Siegermächte zusteht.*

[431] Bemerkenswerterweise unterrichtete Staatssekretär CARSTENS vom Auswärtigen Amt KRONE. Es liegt daher auch nahe, anzunehmen, daß CARSTENS der Autor ist.

Globke und mit dessen Kommentar dem Kanzler vorgelegt worden ist.

Im Gegensatz zu den früheren Usancen bei so weitreichenden Vorstößen Adenauers war dieses Mal das Auswärtige Amt beteiligt. Außenminister Schröder und sein Staatssekretär Carstens waren in Washington bei den Beratungen anwesend und voll an den Überlegungen beteiligt. Bemerkenswert ist auch die Absicht, der Plan solle *vorerst nicht in die Debatte, auch nicht mit den anderen Alliierten, geworfen werden. Die Zeit muß abgewartet werden, ob der Vorschlag gemacht werden kann, er müßte dann vom Westen kommen*[432]. Es ist jedoch sehr wahrscheinlich, daß der Vorschlag kurze Zeit später den anderen Alliierten in schriftlicher Form zur Kenntnis gebracht wurde; ein längeres Hinauszögern hätte auch nur – besonders bei de Gaulle – Mißtrauen hervorgerufen, zumal das enge anglo-amerikanische Verhältnis eine Geheimhaltung illusionär machte[433]. Offensichtlich ist dieser Vorschlag eines Stillhalteabkommens aber nie in den West-Ost-Dialog eingebracht worden. Seit dem Frühjahr 1963 stand das Teststoppabkommen im Mittelpunkt des neuen Ost-West-Dialogs nach der Kuba-Krise.

Adenauer verfolgte neben seinem eigentlichen Ziel, Fortschritte in der Ost-West-Entspannung ohne vitale deutsche Konzessionen zu begünstigen, mit seinem Vorstoß zwei weitere Absichten. Zum einen konnte er dem permanenten Drängen der Amerikaner nach eigenen deutschen Vorschlägen in den Ost-West-Verhandlungen das Wasser abgraben. Dieses Drängen war besonders laut geworden nach Adenauers öffentlicher Intervention gegen die amerikanischen Pläne im April/Mai 1962[434]. Zum anderen war ihm daran gelegen, den Eindruck zu verwischen, als sei der Berliner Regierende Bürgermeister Brandt der deutsche Politiker, der in Washington Aufgeschlossenheit und Phantasie entwickele. Man hatte nämlich im Regierungslager die Befürchtung, daß Kennedy mehr auf Brandt als auf Adenauer hören könnte[435]. Von Brandt nahm man jedoch an, daß er eine eigene Berlin- und Ostpolitik betreiben wolle, die einen neuen Dreimächte-Status für Westberlin anstrebe, und daß er den Vier-

---

[432] Vgl. die Aufzeichnung H. Krones vom 18. November 1962, Adenauer–Studien III, S. 172.

[433] Als Adenauer sich am 4. Juli 1963 mit de Gaulle über die Möglichkeit eines zehnjährigen Burgfriedens unterhielt, setzte er die Kenntnis seines *Vorschlags im Jahre 1962* voraus. Vgl. K. Adenauer IV, S. 225.

[434] Vgl. die einzelnen Belegstellen bei W. Stützle, S. 219; vgl. weiterhin die Aufzeichnung H. Krones vom 9. Oktober 1962, Adenauer–Studien III, S. 171.

[435] Vgl. die Aufzeichnung H. Krones vom 11. Oktober 1962, ebd., S. 171, und vorher vom 9. September 1961, ebd., S. 163.

mächtestatus nur noch für einen fiktiven Rechtstitel halte[436]. Man geht wohl nicht fehl in der Annahme, daß sich die scharfe Wendung Adenauers in der Regierungserklärung vom 9. Oktober 1962 gegen jene, *die von der Bundesregierung ständig neue Initiativen erwarten um der Geschäftigkeit willen,* u. a. auch gegen Brandt gerichtet war[437]. Auch in dieser Hinsicht gab es also auffallende Parallelen zu der Situation des Frühjahrs 1959[438].

10. Ostpolitische Aktivitäten im Rücktrittsjahr

Das gute Einvernehmen mit Kennedy im Herbst 1962 hielt nicht lange an. Bereits das Treffen auf den Bahamas zwischen Kennedy und Macmillan und das dabei wieder offensichtliche anglo-amerikanische Zusammenspiel über die Köpfe der anderen Alliierten hinweg, aktivierte erneut das stets latente Mißtrauen in Bonn[439]. Zwar stimmte man dem Projekt einer multilateralen Atomstreitmacht zu[440], der Dialog Kennedy-Macmillan wurde aber als Vorbereitung eines weiteren Versuchs angesehen, mit der Sowjetunion auf deutsche Kosten zu einem Ausgleich zu kommen[441]. Einen neuen und die politische Überzeugung Adenauers hart treffenden Schlag erhielt das deutsch-amerikanische Verhältnis dann beim Abschluß des deutsch-französischen Vertrags, der keinesfalls die vorbehaltlose amerikanische Billigung fand[442]. Wie weit Kennedy gegen diesen Vertrag zu intervenieren bereit war, zeigt sein Brief an Adenauer mit dem Hinweis, die Bundesrepublik müsse sich klar darüber sein, ob sie mit Frankreich oder mit den USA den Weg gehen wolle. Heinrich Krone bezeichnete, wohl die Worte Adenauers wiedergebend, den Brief als *schulmeisterlich und arrogant*[443].

So verwundert es nicht, daß Adenauer und de Gaulle bei ihrem Treffen vom 21. bis 23. Januar 1963 zur Unterzeichnung des deutsch-französischen Vertrags weitgehende Übereinstimmung in der Beurteilung der politischen Lage und insbesondere der amerika-

---

[436] Vgl. dazu die Aufzeichnungen H. KRONES vom 9. September 1961 vom 2. Januar, 1./2. September, 6. September und 9. Oktober 1962, ebd., S. 163, S. 166 und S. 170f.

[437] Vgl. dazu STEN. BERICHTE, Bd. 51, S. 1639.

[438] Vgl. dazu oben S. 223f.

[439] Vgl. zum Treffen auf den Bahamas vom 18. bis 21. Dezember 1962 das Schlußkommuniqué, in: EUROPA-ARCHIV 18 (1963) D, S. 30ff. Sowohl ADENAUER wie DE GAULLE waren nicht konsultiert worden, vgl. K. ADENAUER IV, S. 200.

[440] Vgl. dazu im einzelnen D. MAHNCKE, S. 155ff.

[441] Vgl. die erste Analyse von Staatssekretär GLOBKE gegenüber H. KRONE, wiedergegeben in der Aufzeichnung H. KRONES vom 1. Januar 1963, ADENAUER-STUDIEN III, S. 172.

[442] Vgl. zu der amerikanischen Reaktion und zu vermutlichen Schritten der KENNEDY-Administration B. BANDULET, S. 205–208. Vgl. auch die kurzen Bemerkungen bei G. ZIEBURA, S. 177.

[443] Vgl. die Aufzeichnung H. KRONES vom 25. Januar 1963. ADENAUER-STUDIEN III, S. 173.

nischen Haltung erzielten[444]. Adenauer erklärte, die Unsicherheit über die amerikanische Politik sei heute *abnorm hoch;* wenn auch Amerika niemanden täuschen wolle, so könne doch keiner wissen, wie es morgen denke: *Angesichts der sprunghaften amerikanischen strategischen Auffassungen könne man nie wissen, ob sich nicht auch die politischen Auffassungen änderten, so daß eine allgemeine Malaise übrigbleibe*[445]. Adenauer verwies auf den Gegensatz zur Politik von Dulles, die *auf ethischen Grundsätzen beruht und sich nicht sprunghaft geändert habe*[446]. Während de Gaulle direkte Konsequenzen zu ziehen wünschte, sah Adenauer allerdings keine andere Möglichkeit, *als den Amerikanern Vertrauen einzuflößen, damit sie eine auf Vertrauen basierende Verantwortung gegenüber Europa empfänden*[447]. Er konzedierte auch, daß die USA ein *inneres Verhältnis* zu Berlin gefunden hätten, nicht aber zu Deutschland.

Auch die andere Supermacht, die Sowjetunion, war über den deutsch-französischen Vertrag nicht gerade erfreut. Sie witterte geheime militärische Zusammenarbeit zwischen der Bundesrepublik und Frankreich, insbesondere eine indirekte deutsche Verfügungsgewalt über Nuklearwaffen. In fast gleichlautenden Noten an die Bundesrepublik und Frankreich vom 5. Februar 1963 – später wiederum am 17. Mai – hieß es, daß die Sowjetunion diesen Fall als Bedrohung ihrer lebenswichtigen nationalen Interessen betrachte[448]. Die deutsch-sowjetischen Beziehungen hatten damit wieder für einige Zeit ein Tief erreicht, das sich bereits vorher in dem Briefwechsel Adenauer-Chruschtschow vom August/Dezember 1962 angekündigt hatte[449]. Der Brief Chruschtschows vom 24. Dezember 1962 wiederholte und verschärfte im harten Propagandaton die bekannten sowjetischen Forderungen in der Berlin- und Deutschlandfrage und griff Adenauer persönlich als Friedensfeind an. Das im Dezember von der Bundesregierung im Rahmen einer NATO-Direktive beschlossene Röhrenembargo gegen die Sowjetunion hatte diesen Brief, auch den Ton, wohl mitverursacht.

Trotz allem war Adenauer nicht dagegen, als der Regierende Bürgermeister Brandt zu einem Gespräch mit Chruschtschow nach

[444] Vgl. die Gesprächsaufzeichnungen bei K. ADENAUER IV, S. 198–211.
[445] Vgl. ebd. S. 200.
[446] Vgl. ebd. S. 207.
[447] Vgl. ebd. S. 201.
[448] Vgl. dazu B. BANDULET, S. 205 f.
[449] ADENAUER hatte am 28. August 1962 CHRUSCHTSCHOW einen Brief wegen des Vorfalls an der Mauer um den Flüchtling PETER FECHTER geschrieben. CHRUSCHTSCHOW antwortete am 24. Dezember 1962. Beide Briefe sind abgedruckt in: EUROPA-ARCHIV 18 (1963) D, S. 33–43.

Ost-Berlin gehen wollte[450]. Offensichtlich versuchte die Sowjetunion im Januar 1963, sei es über Brandt, sei es über die Fraktionsvorsitzenden im Bundestag, an Adenauer vorbei einen Gesprächsfaden in die Bundesrepublik zu knüpfen. Adenauer war wohl ein Kontakt soviel wert, daß er die Brüskierung seiner Person, die in diesem Vorgehen lag, ignorierte[451].

Anfang 1963 traten Verhandlungen mit den osteuropäischen Staaten, insbesondere mit Polen, über den Abschluß von Handelsverträgen und die Einrichtung von Handelsvertretungen in ein ernsthaftes Stadium. Mit Polen wurde am 7. März 1963 ein derartiges Abkommen geschlossen, am 17. Oktober mit Rumänien, am 9. November 1963 mit Ungarn und schließlich am 6. März 1964 mit Bulgarien[452]. Diese Politik hatte eine Grundlage in der Entschließung des Deutschen Bundestages vom 14. Juni 1961, die die Bundesregierung aufgefordert hatte, die Beziehungen zu den osteuropäischen Staaten zu intensivieren[453]. Sie wurde jedoch erst, als es Adenauer richtig schien, verwirklicht. Adenauer besprach das Thema bei seinem Januar-Besuch in Paris mit de Gaulle; er teile, so meinte er, mit de Gaulle die Meinung, *daß die Bundesrepublik versuchen müsse, zu diesen Ländern ein Verhältnis zu finden, das die Schärfe der jetzigen Lage mildere*[454]. Darüber hinaus bat er ihn, *über den französischen Kontakt in diesen Ländern eine Brücke zur Bundesrepublik zu schlagen*[455]. Man wird wohl annehmen können, daß diese Politik für Adenauer nicht den Beginn einer Neuorientierung seiner Ostpolitik darstellen sollte, um quasi von den Rändern her zum Zentrum Moskaus zu gelangen, sondern eher flankierender Bestandteil seiner bisherigen Politik war, die allein in Verhandlungen mit Moskau erfolgversprechende Aussichten sah. Ob Außenminister Schröder, der diese Politik unter Erhard forciert fortsetzte, schon zu diesem Zeitpunkt das Ziel verfolgte, in Osteuropa eine eigenständige, von den deutsch-sowjetischen Beziehungen unabhängige Politik zu betreiben, sei dahingestellt[456].

---

[450] Vgl. dazu die Aufzeichnungen H. KRONES vom 16. und 18. Januar 1963, ADENAUER-STUDIEN III, S. 172f.

[451] Bemerkenswert ist, daß der Kontakt CHRUSCHTSCHOW–BRANDT auch dieses Mal über Wien, wohl über KREISKY, lief. Vgl. dazu die Aufzeichnung H. KRONES vom 11. März 1963, ebd., S. 175.

[452] Die entsprechenden Texte der Vereinbarungen, die zunächst im BULLETIN veröffentlicht wurden, sind jetzt leicht zugänglich in: DIE AUSWÄRTIGE POLITIK, Dok. 167, 175, 178 und 182, S. 494f., S. 504, S. 512 und S. 516f. Vgl. auch die knapp zusammenfassende Einleitung ebd. S. 63ff.

[453] Vgl. STEN. BERICHTE, Bd. 49, S. 9364–9367.

[454] Vgl. K. ADENAUER IV, S. 202.

[455] Vgl. die Aufzeichnungen H. KRONES vom 25. Januar und vom 1. Februar 1963, ADENAUER-STUDIEN III, S. 173f.

[456] SCHRÖDER hat die Ziele seiner Politik in den beiden grundlegenden Reden am 28. Juni 1963 vor der Wirtschaftsvereinigung Eisen- und Stahlindustrie und am 3. April 1964 vor dem evangelischen

Adenauer jedenfalls setzte trotz der scharfen Reaktion Moskaus auf den deutsch-französichen Vertrag seine Bemühungen um einen modus vivendi mit der Sowjetunion fort. Am 6. Februar 1963 wiederholte er in einer Regierungserklärung sein Angebot vom 9. Oktober 1962, über vieles mit sich reden zu lassen, falls menschlichere Verhältnisse in der DDR einträten; er bedauerte, daß auf dieses Angebot und das Angebot von Verhandlungen im deutschen Memorandum vom 21. Februar 1962 noch immer keine positive Antwort erfolgt sei[457]. Völlig überraschend gelangten die deutsch-sowjetischen Beziehungen im Frühjahr und Frühsommer 1963 in ein neues Stadium[458]. Zum ersten Mal seit 1955 trat die Sowjetunion an Adenauer heran, ein Direktgespräch auf höchster Ebene und auf einer für beide Seiten akzeptablen Basis zu führen.

Wohl im April trafen sich zweimal der sowjetische Botschafter Smirnow und der ehemalige deutsche Botschafter in Moskau, Kroll[459]. Bei der ersten Unterredung besprachen beide das sich immer mehr verschlechternde deutsch-sowjetische Verhältnis[460]. Dabei machte Kroll Smirnow darauf aufmerksam, daß die sowjetische Regierung im Juni 1962 beim Burgfriedensangebot Adenauers eine einmalige Chance verpaßt habe. Adenauer habe damals ernstlich und erneut den Versuch gemacht, das schlechte Verhältnis mit der Sowjetunion vor seinem Rücktritt zu bereinigen. Aus der negativen sowjetischen Reaktion habe Adenauer schlußfolgern müssen, daß Chruschtschow an einer wirklichen Entspannung nicht gelegen sei. Smirnow entgegnete, Adenauer habe die sowjetische Antwort, die nur eine erste Stellungnahme gewesen sei, falsch interpretiert. Chruschtschow habe das Gespräch sehr wohl fortsetzen wollen[461]. Bereits kurz danach konnte Smirnow Kroll mitteilen, er habe Chruschtschow informiert und dieser sei zu einer Fühlungnahme bereit, die über Kroll laufen könne[462]. Smirnow sprach seinerseits auch Adenauer direkt an[463]; es scheint, daß die Sowjetunion ihre Bereitschaft andeutete, *über alles zu verhandeln, nicht nur über den*

Arbeitskreis der CDU/CSU in München dargelegt. Die entsprechenden Passagen der Reden sind abgedruckt in: DIE AUSWÄRTIGE POLITIK, Dok. 173 und 183, S. 501 ff. und S. 517–521.

[457] Vgl. STEN. BERICHTE, Bd. 52, S. 2576.

[458] Bisher ist nur B. BANDULET, S. 233–236, näher hierauf eingegangen.

[459] Vgl. dazu die Aufzeichnung H. KRONES vom 1. Mai 1963, ADENAUER-STUDIEN III, S. 175.

[460] Vgl. dazu H. KROLL, S. 581 f.; KROLL fertigte über dieses Gespräch eine Aktennotiz an, die wohl im wesentlichen mit dieser Schilderung übereinstimmte. Vgl. dazu die Aufzeichnung H. KRONES vom 1. Mai 1963, ADENAUER-STUDIEN III, S. 175.

[461] Vgl. H. KROLL, S. 562.

[462] Vgl. die Aufzeichnung H. KRONES vom 1. Mai 1963, ADENAUER-STUDIEN III, S. 175.

[463] Vgl. die Aufzeichnung H. KRONES vom 29. Mai 1963, ebd., S. 175.

sowjetischen Wunsch nach Abschluß eines Friedensvertrages mit beiden Teilen Deutschlands, sondern auch über die deutschen Vorstellungen[464]. Smirnow teilte Kroll mit, *Chruschtschow wolle das sowjetisch-deutsche Verhältnis in keinem Punkte verschärfen; er sei bereit, nach Bonn zu kommen, um mit dem Kanzler Adenauer die deutschen Fragen zu besprechen*[465]. Anscheinend trifft Krolls Mitteilung im Kern zu, daß *unter ausdrücklicher Zustimmung der beiden Regierungschefs* im Verlaufe des Sommers 1963 regelrechte Vorgespräche zwischen ihm und Smirnow mit dem Ziel geführt worden sind, *die Differenzen zwischen der Bundesrepublik und der Sowjetunion zu verringern, die über Berlin lastende Unsicherheit zu beheben und damit zugleich die Situation der Zonen-Bevölkerung zu verbessern*[466]. Inwieweit Krolls Urteil richtig ist, diese Vorgespräche hätten eine *weitgehende Annäherung der Standpunkte* und eine günstige Perspektive *für eine zum mindesten provisorische Regelung des deutsch-sowjetischen Verhältnisses und für einen ehrlichen fairen und ehrenvollen Interessenausgleich zwischen den beiden Ländern* gebracht, läßt sich im Augenblick nicht nachprüfen. Daß diese Gespräche aber auf der Basis des Globke-Plans geführt wurden und daß Kroll ein »Papier« für Adenauer entworfen hat, dürfte sicher sein[467]. Adenauer ist von Chruschtschows Offerte offensichtlich überrascht worden. Seine erste Reaktion war ablehnend: er könne das Gespräch nicht mehr beginnen, da er seinem Nachfolger nicht vorgreifen wolle[468]. Als jedoch das sowjetische Verhandlungsangebot ohne Vorbedingungen kam, schwankte er. Er wich zunächst aus und taktierte auf Zeitgewinn mit der Bemerkung, *deutsche Vorbereitungen für eine deutsch-sowjetische Konferenz würden eine gewisse Zeit in Anspruch nehmen*[469]. Dann unterrichtete er de Gaulle und Kennedy und besprach mit ihnen das mögliche Verhalten[470]. Kennedy nahm bei einem Deutschlandbesuch vom 23. bis 26. Juni 1963 nach Adenauers Eindruck die Sache *etwas unwillig* auf, weil dieses Angebot nicht ihm gemacht worden sei[471]. Ein paar Tage später schrieb er

---

[464] So GLOBKE gegenüber B. BANDULET, S. 233, Anm. 94.

[465] Vgl. die Aufzeichnung H. KRONES vom 25. Juni 1963, ADENAUER-STUDIEN III, S. 176.

[466] Vgl. H. KROLL, S. 582.

[467] Vgl. die Aufzeichnungen H. KRONES vom 25. Juni und vom 4. Juli 1963, ADENAUER-STUDIEN III, S. 176. Es dürfte danach wahrscheinlich sein, daß GLOBKE für KROLL eine entsprechende Diskussionsgrundlage angefertigt hat. Vgl. auch K. ADENAUER IV, S. 225; ADENAUER fragte DE GAULLE im Zusammenhang der Besprechung der KROLL-Kontakte, *ob man vom Westen her gesehen überhaupt auf der Grundlage eines etwa zehnjährigen Burgfriedens in der deutschen Frage verhandeln sollte.*

[468] Vgl. die Aufzeichnung H. KRONES vom 1. Mai 1963, ADENAUER-STUDIEN III, S. 175.

[469] So GLOBKE gegenüber B. BANDULET, S. 233f., Anm. 95.

[470] Vgl. K. ADENAUER IV, S. 223–226.

[471] Vgl. die Aufzeichnung H. KRONES vom 25. Juni 1963, ADENAUER-STUDIEN III, S. 176.

jedoch Adenauer einen Brief, er habe sich das Ganze nochmals überlegt und bitte nun den Kanzler dringend, diesen Schritt zu tun[472].

De Gaulle hatte zwar Einwände gegen die Kontakte, gab aber zu bedenken, *wenn allerdings Chruschtschow nach Bonn käme, dann wäre dies ein größeres und geradezu sensationelles Unternehmen*[473]. Er glaube nicht an eine echte Regelung, es bestehe wohl nur die Möglichkeit eines modus vivendi, der ein menschlicheres Verhalten der Kommunisten in Ostdeutschland herbeiführen würde. De Gaulle wollte sich die Frage nochmals überlegen und am nächsten Tag eine präzise Antwort geben. Adenauer berichtet sie in seinen Erinnerungen nicht. Aus der Unterredung mit de Gaulle wird jedoch deutlich, daß Adenauer selber zu diesem Zeitpunkt nicht abgeneigt war, das Wagnis eines Chruschtschow-Besuches in Bonn einzugehen. Er frage sich, so sagte er zu de Gaulle, warum Chruschtschow sich so unmittelbar vor seinem Rücktritt an ihn wende. Er könne es sich nur so erklären, daß, wenn Chruschtschow es ernst meine, er nur in Verhandlungen mit ihm Aussicht auf Erfolg sähe, da er, Adenauer, allein die Belastung auf sich nehmen könne, bei Verhandlungen in Fragen der Wiedervereinigung nachgeben zu müssen. Erhard könne seinen Amtsantritt nicht mit einer so schweren Hypothek belasten.

Adenauer sah sich jedoch *gehindert*, den Besuch Chruschtschows zu veranlassen: *Es wurde die Befürchtung geäußert, ich wolle diese Angelegenheit benutzen, um länger im Amt zu bleiben, und ich konnte deshalb nicht mit der erforderlichen Unterstützung rechnen*[474]. Der spürbare Autoritätsverlust des Kanzlers auf Zeit machte sich in dieser Frage verhängnisvoll bemerkbar.

Andererseits sollte man nicht annehmen, daß der Chruschtschow-Besuch in Bonn nur aus diesem Grunde gescheitert sei. Zwar waren im Prinzip von der Sowjetunion Verhandlungen ohne Vorbedingungen eingeräumt worden, die wirklichen Schwierigkeiten hätten sich aber wohl erst ergeben, wenn konkret die Verhandlungsthemen hätten festgelegt werden müssen.

Mitten in diese Versuche der Vorbereitung eines deutsch-sowjetischen Arrangements platzte der Abschluß des Moskauer Atomteststoppabkommens, das eine schwere Krise im deutsch-amerikanischen Verhältnis zur Folge hatte[475]. Die USA hatten nach der Kuba-

---

[472] Vgl. K. ADENAUER IV, S. 226.

[473] Vgl. ebd. S. 224.

[474] Vgl. ebd. S. 226.

[475] Vgl. dazu B. BANDULET, S. 212–215. Die Stellungnahme zu diesem Abkommen und die einzelnen

Konfrontation unter Ausklammerung der direkt die Deutschland- und Berlinfrage tangierenden Probleme die Ost-West-Verhandlungen wieder aufgenommen, die schließlich in der Paraphierung dieses Abkommens am 25. Juli 1963 und mit der Unterzeichnung am 5. August einen ersten Abschluß fanden. Das Abkommen traf die deutsche Politik unvorbereitet und in einem Zustand gewissen Schwankens durch divergierende Führungsgruppen. Kennedy hatte gerade erst seinen enthusiastisch gefeierten Deutschland-Besuch beendet, und es schien, als breche eine neue Ära der besonderen deutsch-amerikanischen Beziehungen an. Der deutsch-französische Vertrag war im Gestrüpp der unterschiedlichen Koalitions- und CDU-Meinungen desavouiert und zu keiner engeren politischen Zusammenarbeit ausgestaltet worden[476].

Durch das Atomteststoppabkommen wurde blitzartig das Dilemma der deutschen Politik in einer Periode des amerikanisch-sowjetischen Bilateralismus in ein grelles Licht getaucht. Auf der einen Seite war das Ende der Kernwaffenversuche natürlich begrüßenswert und die Haltung naheliegend, *wer wolle nein sagen, wenn die Großmächte sich verständigt hätten; auch unsere Partner, auf die es ankommt, wenn wir in Frieden und Sicherheit weiterleben wollen*[477]. Auf der anderen Seite hatte die DDR erstmals die Möglichkeit, einem Vertrag beizutreten, der Bündnispartner der Bundesrepublik zu Vertragspartnern hatte. Mindestens so schwerwiegend war jedoch der offenkundige Versuch der USA, durch die Hintertür und auf indirektem Weg Bonner Widerstände, die im Frühjahr 1962 die amerikanisch-sowjetischen Verhandlungen torpediert hatten, zu umgehen. Zwar war Bonn wohl vor der Aufnahme der Moskauer Verhandlungen durch den amerikanischen Sonderbotschafter Harriman orientiert worden; wie diese Orientierung allerdings aussah, wird dadurch deutlich, daß Außenminister Schröder erklärte, er habe durch den Bonner Generalanzeiger die ersten wichtigen Infor-

---

Schritte der Bundesregierung sind aufgeführt in den Anmerkungen zu den Aufzeichnungen H. KRONES vom 27. Juli bis 18. August 1963, ADENAUER-STUDIEN III, S. 176–180, Anm. 168–178.

[476] Vgl. dazu ebd. S. 209–212. BANDULET stellt unter Bezugnahme auf eine u. a. von Spitzenvertretern der Industrie und der Gewerkschaften, von führenden Politikern wie ERICH MENDE, WILLY BRANDT und HEINRICH V. BRENTANO unterzeichneten Erklärung vom 21. März 1963, in der es hieß, die Allianz mit den USA sei zu einem elementaren Grundsatz der politischen Philosophie im Deutschland der Nachkriegszeit geworden, treffend fest: *Der prominenteste Begründer dieser Philosophie war Adenauer selbst gewesen. Als er sie im letzten Jahr seiner Kanzlerschaft den Veränderungen der internationalen Politik anpassen wollte, um den Handlungsspielraum der Bundesrepublik zu erhalten, zeigte es sich, daß die Solidität dieser Philosophie inzwischen größer war als die politischen Möglichkeiten ihres pragmatischen Schöpfers.* Vgl. ebd. S. 212.

[477] Vgl. die Aufzeichnungen H. KRONES vom 27. und 29. Juli 1963, ADENAUER-STUDIEN III, S. 176 f.

mationen erhalten[478]. Vorher hatte man in Bonn angenommen, daß es sich lediglich um ein Abkommen der Atommächte handele[479]. Als man dann drei Tage vor der Paraphierung davon unterrichtet wurde, daß das amerikanische Veto gegen den Beitritt bestimmter Staaten fallengelassen worden sei, waren deutsche Vorstellungen natürlich überholt[480]. Adenauers erste Reaktion war entsprechend: *Sollen die anderen den Pakt abschließen! Wir sind nicht gefragt worden. Wir dürfen nicht mitmachen*[481]. Es müssen in vitalen Fragen, die die deutsche Politik beträfen, völlige Klarheit herrschen.

Erst nach harten deutsch-amerikanischen Verhandlungen bei Besuchen von Verteidigungsminister McNamara vom 31. Juli bis 5. August und von Außenminister Rusk am 10. August und erst, nachdem durch Außenminister Rusk vor dem amerikanischen Senat eine Erklärung abgegeben worden war, der Beitritt der DDR bedeute keine Anerkennung durch die USA, beschloß das Bundeskabinett am 13. August 1963 den Beitritt der Bundesrepublik[482].

Zwei Tage nach dieser Kabinettserklärung beschrieb Heinrich Krone ausführlich die Bonner Beurteilung des Atomteststoppabkommens und der amerikanischen Politik[483]. Bei aller Würdigung des Endes der Kernwaffenversuche in der Atmosphäre sei der Vertrag *für die Bundesrepublik und die Wiedervereinigung von Nachteil*, da die DDR aufgewertet worden sei und die USA erstmals vertraglich gegen den *Text und Sinn des Deutschland-Vertrages* verstoßen hätten. Die Erklärungen der USA zur Nichtanerkennung der DDR durch diesen Vertrag seien nur auf ausdrückliche Forderung der Bundesrepublik erreicht worden. Die amerikanische Politik und ihre Konsequenzen lägen klar auf der Hand: *Die Amerikaner sind entschlossen, eine Politik der Entspannung mit den Sowjets durchzuführen; sie muten uns dabei Zugeständnisse zu, zu denen sie bisher selber nicht bereit waren. [...] Sie stellen uns vor vollendete Tatsachen, weil das für uns leichter zu tragen ist. Die Sowjets sind die Gewinner. Sie stabilisieren ihre Stellung in der Zone. Sie setzen diese Politik im Zeichen des Friedens fort. Wo für die Westmächte die Grenze verläuft, hängt mehr von den Sowjets als von ihnen selber ab. Es werden immer mehr Stimmen laut, die das geteilte Deutsch-*

---

[478] Vgl. die Aufzeichnungen H. KRONES vom 18. August 1963, ebd., S. 180.

[479] Vgl. die Aufzeichnung H. KRONES vom 31. Juli 1963, ebd., S. 177.

[480] So SCHRÖDER vor dem CDU/CSU-Fraktionsvorstand am 3. September 1963. Vgl. B. BANDULET, S. 213, Anm. 203.

[481] Vgl. die Aufzeichnung H. KRONES vom 31. Juli 1963, ADENAUER-STUDIEN III, S. 177.

[482] Vgl. dazu B. BANDULET, S. 214, und die Anmerkungen 175 und 177 zu den Aufzeichnungen H. KRONES vom 13. und 18. August 1963, ADENAUER-STUDIEN III, S. 179.

[483] Vgl. die Aufzeichnung H. KRONES vom 18. August 1963, ebd., S. 179 ff.

land als die Lösung der deutschen Frage erklären. Wie sehr diese Einschätzung der amerikanischen Politik zutraf, zeigte sich genau 2 Jahre später, als wiederum Harriman in Moskau über einen Atomwaffensperrvertrag verhandelte. Harriman besprach im Juli 1965 mit Bundeskanzler Erhard die Auswirkungen eines solchen Vertrags auf die Wiedervereinigungspolitik und erklärte ohne Umschweife und ohne Verklausulierung: *That is not the american aspect*[484].

Wie sehr Adenauer sich vom Moskauer Abkommen betroffen fühlte, beweisen seine Frage an McNamara, ob die USA ihre Deutschland-Politik ändern wollten[485], und seine Bemerkung, *ich hätte mein Amt niedergelegt und wäre gegangen,* falls die USA nicht in der Frage einer besonderen Erklärung nachgegeben hätten[486]. Er hatte wohl von Anfang an klar gemacht, daß er am Ende seiner Kanzlerschaft keinem Pakt zustimmen würde, der *auf einen Verrat an seiner Wiedervereinigungspolitik hinausliefe*[487]. Vor seinem Rücktritt versuchte er noch, der Zustimmung zu weiteren Abkommen dieser Art wenigstens in der Bonner Politik einen Riegel vorzuschieben. In seinem Urlaubsort Cadenabbia legte er u. a. mit Erhard, Schröder, von Brentano und Krone als Richtlinie künftiger Politik fest, daß in Zukunft weitere derartige Entspannungsabkommen, insbesondere ein im Moskauer Vertrag bereits anvisiertes Nichtangriffsabkommen zwischen der NATO und dem Warschauer Pakt, nur dann Zustimmung finden sollten, wenn gleichzeitig Fortschritte in der deutschen Frage oder zumindest eine zusätzliche Sicherung Berlins erzielt würden[488].

Einen letzten Versuch, während seiner Kanzlerzeit ostpolitische Aktivität zu entwickeln, unternahm Adenauer im September 1963. Die Sowjetunion war im Sommer 1963 in eine akute Wirtschafts- und Ernährungskrise geraten, sie mußte im Westen erhebliche Mengen Getreide kaufen. Adenauer sah in dieser Situation die lange erhoffte und erwartete Gelegenheit, eine Schwächeperiode der Sowjetunion auszunutzen, um zu politisch sinnvollen Übereinkünften zu gelangen[489]. Geradezu fasziniert von diesem Gedanken entwickelte er den Plan, entweder durch einen Handelsboykott des We-

[484] Vgl. die Aufzeichnung H. KRONES vom 5. August 1965, ebd., S. 186.
[485] Vgl. die Aufzeichnung H. KRONES vom 31. Juli 1963, ebd., S. 178.
[486] Vgl. die Aufzeichnung H. KRONES vom 13. August 1963, ebd., S. 179.
[487] Vgl. die Aufzeichnung H. KRONES vom 31. Juli 1963, ebd., S. 177.
[488] Vgl. dazu B. BANDULET, S. 215, Anm. 213. Es ist bemerkenswert, daß ADENAUER nach dem Abschluß des Atomteststoppabkommens GLOBKE nochmals gebeten hatte, zu prüfen, *ob wir nicht doch zu Moskau die direkte Verbindung aufnehmen sollten.*
[489] Vgl. die Aufzeichnung H. KRONES vom 27. August 1963, ADENAUER-STUDIEN III, S. 181.

stens gegenüber der Sowjetunion oder durch das Angebot einer großzügigen Wirtschaftshilfe Moskau verhandlungsbereit zu machen. Er sprach darüber mit de Gaulle bei seinem Abschiedsbesuch in Rambouillet am 21. September 1963 und trat in Kontakt mit Washington[490]. Positive Antwort erhielt er nicht mehr. Adenauer war jedoch so von seiner Idee eingenommen, *daß er für die Schwierigkeiten, sie zu verwirklichen,* nicht zu haben war[491]. Noch im März 1966 beklagte er auf dem CDU-Parteitag in Bonn unter Bezugnahme auf die sowjetische Wirtschaftskrise im Jahre 1963: *Das verdammte Geschäft in der Politik kann die beste Politik kaputtmachen*[492].

Was nun bewog Adenauer zu seinen seit 1955 bzw. 1957 in mehr oder weniger großen Abständen ununterbrochenen Versuchen, mit der Sowjetunion in Kontakt, in Verhandlungen und zu Übereinkünften zu gelangen? Welche Erwartungen hegte er, von welchen Vorstellungen ging er insbesondere bei den Projekten einer Österreich-Lösung für die DDR und eines Burgfriedensangebots aus? Ohne ein allzu feines Raster anzulegen, kann man folgende Motivations- und Erwartungskomplexe unterscheiden:

– Adenauer ging es darum, den Frieden zu erhalten[493]. Er war zwar fest davon überzeugt, daß Chruschtschow keinen Krieg wolle, da er sich keinen Vorteil daraus versprechen könne; trotzdem blieb in seinen Augen die Gefahr, *daß eine Diktatur, ein diktatorisches Regime, aus irgendeinem innenpolitischen Grund heraus doch zu einer kriegerischen Handlung nach außen sich entschließt*[494]. Er wollte der Sowjetunion zeigen, daß auch nicht der mindeste Vorwand einer Bedrohung durch die Bundesrepublik existierte.

– Adenauer fühlte sich verantwortlich für die Menschen in der DDR. Er war sich bewußt, daß man die Bevölkerung dort nicht um jeden Preis und auf unbegrenzt lange Dauer in unmenschlichen Verhältnissen belassen konnte. Seine Politik gab daher der Humanisierung der Lebensverhältnisse in der DDR Vorrang vor nationalstaatlichen Zielen, ohne diese jedoch aufzugeben[495].

– Adenauer war davon überzeugt, daß der Faktor Zeit nicht ausschließlich für, sondern auch gegen die Sowjetunion arbeite, solange der Westen einig sei. So sehr er die Gefahr des sowjetischen

[490] Vgl. die Aufzeichnung H. KRONES vom 22. September 1963, ebd., S. 182.
[491] Vgl. die Aufzeichnung H. KRONES vom 28. September 1963, ebd., S. 182.
[492] Vgl. CDU-BUNDESPARTEITAG. Bonn, 21. bis 23. März 1966, Niederschrift, Bonn o. J., S. 172.
[493] Besonders deutlich war dieses Motiv bei seiner Pariser NATO-Rede vom Dezember 1957, vgl. oben S. 201 f. und bei seinem Verhalten nach dem 13. August 1961, vgl. oben S. 243 f.
[494] Vgl. K. ADENAUER III, S. 456.
[495] Vgl. dazu K. ADENAUER III, S. 379; IV, S. 182, 203, 225.

Expansionsdrangs beschwor, so sehr baute er auch darauf, daß die Sowjetunion aus innenpolitischen Gründen ihre Hauptkraft auf eine Hebung des Lebensstandards ihrer Bevölkerung setzen müsse; dies wiederum habe Konsequenzen für die innere Struktur und trage dazu bei, den Expansionsdrang abzuschwächen[496].

– Adenauer setzte auf einen über kurz oder lang unvermeidlichen Zielkonflikt in der sowjetischen Politik zwischen sich steigernden Rüstungskosten und der Entwicklung einer den Bedürfnissen der Bevölkerung adäquaten Wirtschaft. Beide Ziele zusammen zu erreichen, schien ihm die Kräfte der Sowjetunion zu übersteigen. Daher müßte sie an einem guten Verhältnis zum wirtschaftlich überlegenen Westen ein übergeordnetes Interesse haben, was wiederum vorhergehenden politischen Ausgleich voraussetzte[497].

– Adenauer versprach sich vom sicher zu erwartenden sowjetisch-chinesischen Konflikt auf die Dauer wohl am meisten. Er war überzeugt, daß die Sowjetunion sich bewußt sei, daß sie eines Tages *im Westen Freunde brauche.* Allerdings werde sie vorher noch versuchen, *durch Gewinne im europäischen Westen ihre Kraft gegenüber Rotchina zu stärken*[498].

– Adenauer glaubte, daß der westeuropäische Zusammenschluß, insbesondere die deutsch-französische Freundschaft, die Sowjetunion von der Hoffnung abbringe, ihre Ziele durch Diversion und Vereinzelung der europäischen Länder erreichen zu können. Fakten solcher Art nahm sie seiner Meinung nach sehr wohl zur Kenntnis und richtete ihre Politik neu ein[499].

– Adenauer war besonders in seinen letzten Kanzlerjahren durch den aufkommenden Bilateralismus der Supermächte immer stärker beunruhigt, weil er befürchtete, daß dabei die Interessen kleinerer Länder übergangen werden könnten. Er zog daraus den Schluß, daß diese ihre politischen Ziele erreicht haben müßten, bevor die Supermächte sich geeinigt hätten[500].

---

[496] Vgl. dazu ebd. III, S. 159, 184, 205, 240ff., 482; IV, S. 131f., 223f.

[497] Vgl. ebd. III, S. 151, 301, 310f., 369, 383, 456; IV, S. 121f., 137, 223, 227f.

[498] Vgl. ebd. IV, S. 137. Seit 1952 nahm diese Frage in ADENAUERS Überlegungen einen immer größeren Stellenwert ein. In den Gesprächen mit DE GAULLE fehlte sie fast nie. Vgl. die einzelnen Ausführungen ebd. II, S. 63, 66, 87f., 125, 202, 243, 264, 446, 451f., 553; III, S. 187f., 394f., 427, 456, 466, 481; IV, S. 94f., 121f., 131, 137, 183f., 203f., 223, 225, 227.

[499] Vgl. ebd. III, S. 205, 284, 301, 382, 437, 466f.; IV, S. 99, 102, 168, 177. Bezeichnenderweise gab ADENAUER DE GAULLE stets zu bedenken – und das war der eigentliche Kern ihrer Differenzen –, daß DE GAULLES NATO-Politik den Westen schwäche und die Sowjetunion stärke. Dies wiederum mindere die sowjetische Verhandlungsbereitschaft.

[500] Vgl. ebd. III, S. 223, 226, 249, 323; IV, S. 81, 119, 127f., 139, 199f.

– Adenauer verfolgte, getragen von all diesen Motivationen und Erwartungen, Wiedervereinigungspolitik; zwar nicht mit Plänen, die die Überwindung der Teilung Deutschlands in den nächsten Wochen und Monaten als erreichbar vorgaben, aber in der Hoffnung, daß die Sowjetunion eines Tages einsehen würde, daß die Trennung Europas und Deutschlands ihr nicht zum Vorteil gereiche: *Wir müssen aufpassen, ob der Augenblick kommt. Aber wenn ein Augenblick naht oder sich zu nahen scheint, der eine günstige Gelegenheit bringt, dann dürfen wir ihn nicht ungenutzt lassen*[501].

V. Schluß

Eine angemessene Charakterisierung der Adenauerschen Außenpolitik, speziell seiner Deutschland- und Ostpolitik, hat davon auszugehen, wie Adenauer die weltpolitisch vorgefundene Situation beurteilte. Für ihn bedeutete die Analyse der weltpolitischen Lage und die Kalkulation der jeweiligen Interessenlage der einzelnen Staaten die Grundlage einer guten, weil realistischen Außenpolitik, deren Ziel für die Bundesrepublik strikt auf die Rangordnung der Werte Freiheit, Friede, Einheit festgelegt war[502].

Das Koordinatensystem seines außenpolitischen Konzepts ist ohne Zweifel vom Ost-West-Gegensatz markiert, d. h. von der Grundüberzeugung, daß die Sowjetunion ideologisch und machtpolitisch motivierte Expansions- und Penetrationspolitik betreibe, der nur durch eine geschlossene westliche Politik erfolgreich begegnet werden könne.

Die Abwehr der von der antidemokratischen Weltmacht Sowjetunion drohenden Gefahr und damit die Sicherung der Freiheit besaß für ihn absolute Priorität. Sein Konzept umfaßte also zwei alles bestimmende Orientierungseinheiten: den *sowjetischen Schlagschatten über Deutschland und Europa als konstante Grundgegebenheit westdeutscher Außenpolitik und die Wir-Gruppe* der freien

[501] Vgl. die Ausführungen ADENAUERS auf dem 14. CDU-BUNDESPARTEITAG, S. 41.
[502] Vgl. A. POPPINGA, S. 172 und S. 202 ff. Die Erinnerungen POPPINGAS bieten, mißt man sie an der bisher erschienenen Literatur, die besten systematischen Überblicke über Grundlagen, Methoden und Voraussetzungen von ADENAUERS Deutschland-Politik. Leider sind diese Überblicke wegen des fehlenden Sachregisters nur mühsam im Buch auffindbar. ADENAUER selbst hat in verschiedentlichen Äußerungen nach seinem Rücktritt ebenfalls Systematisierungen seiner Politik gegeben. Das trifft besonders für seine Reden auf den CDU-Parteitagen 1964 und 1966 zu. Sowohl die von A. POPPINGA wiedergegebenen Äußerungen ADENAUERS wie das öffentlich Gesagte beruhen darauf, daß ADENAUER durch die Arbeit an seinen Memoiren gezwungen war, die Grundlagen, die Ziele und die Methoden seiner Politik zu artikulieren, und beziehen daher ihren Reiz und Quellenwert.

Welt, deren ständig von Auflösung bedrohte Staatengemeinschaft es zu stabilisieren und zu institutionalisieren galt[503].

Die westliche Einheit hatte sowohl Selbstwert wie funktionalen Charakter. Den Selbstwert könnte man mit der Formel »europäischer Nationalismus« umschreiben[504]. Adenauer war fest davon überzeugt und richtete seine Politik darauf ein, daß Europa zwischen den Supermächten eine große wirtschaftliche, kulturelle und politisch-friedenssichernde Rolle in der Weltpolitik spielen könne und müsse. Von daher gesehen, hätte ein vereinigtes Europa auch ohne die ideologische Bedrohung durch die Sowjetunion und allein auf Grund der neuen weltpolitischen Mächtekonstellation angestrebt werden müssen: die Zeit der europäischen Nationalstaaten gehörte in seiner Sicht endgültig der Vergangenheit an[505].

Die Notwendigkeit europäischer Einheit in der atlantischen Allianz ergab sich jedoch in erster Linie aus der Einschätzung der russisch-kommunistischen Bedrohung. Adenauer ging davon aus, daß die Sowjetunion langfristige Politik betreibe mit dem Ziel, über Deutschland ganz Westeuropa in die Hand zu bekommen; denn erst mit diesem Potential könne sie ein wirklich ebenbürtiger und möglicherweise überlegener Partner der USA werden, um dann ihr Endziel der kommunistischen Weltbeherrschung zu realisieren. Die eigentliche weltpolitische Auseinandersetzung zwischen der Sowjetunion und den USA sah er folglich in Europa sich vollziehen[506]. Dieser Tatbestand bedeutete für ihn sowohl schwerste Gefährdung wie auch größte Hoffnung. Größte Hoffnung schöpfte er aus dieser Situation, weil er durch sie auf evidente Weise eine übergeordnete, vitale Interessenidentität sowohl aller westeuropäischen Staaten untereinander wie mit den USA vorgegeben sah, die nationale Sonderinteressen relativieren und überlagern konnte. Diese Interessenidentität ist der Ausgangs- und Angelpunkt der gesamten Adenauerschen Außenpolitik, die ständig bemüht war, diese Identität immer wieder bewußt zu machen und in aktuelle Politik umzusetzen[507]. Adenauer ging davon aus, daß alle westeuropäischen Staaten das

[503] Vgl. H.-P. Schwarz, S. 152. Der Verfasser ist, was die Zusammenfassung angeht, insbesondere dieser Darstellung des außenpolitischen Konzepts Konrad Adenauers verpflichtet.

[504] Vgl. H.-P. Schwarz, S. 147; vgl. weiterhin A. Poppinga, S. 90f.

[505] Vgl. dazu auch die Bemerkungen Golo Manns in seiner Rezension von Band IV der Adenauer-Erinnerungen und dessen Aufzeichnungen über ein Gespräch mit Adenauer 1966. Abgedruckt in: Golo Mann, Zwölf Versuche, Frankfurt/M. 1973, S. 133–147 und S. 160–167.

[506] Vgl. A. Poppinga, S. 203f.

[507] Vgl. dazu seine Ausführungen auf dem CDU-Parteitag 1966, als er u. a. sagte: *Machen Sie sich bitte immer klar, daß jedes Land Außenpolitik in seinem Interesse betreibt. Nur dann, wenn das Interesse eines anderen Landes mit seinem Interesse übereinstimmt, wird die Außenpolitik eine gemeinsame Außenpolitik sein.* Vgl. 14. CDU-Parteitag, S. 175.

275

gemeinsame Interesse hatten, zu überleben und nicht zu Spielbällen der Politik der Supermächte zu werden; daher sei es möglich, mit langem Atem und auf immer wieder neuen Wegen und Anläufen die europäische Einigung zu versuchen und in Gang zu setzen. Er ging weiterhin davon aus, die USA könnten aus Gründen der Selbsterhaltung kein Interesse daran haben, daß Europa von der Sowjetunion vereinnahmt werde; daher sei bei kluger Bündnispolitik sowohl der Schutz Europas wie die Mitbestimmung der amerikanischen Politik erreichbar.

Nur wenn man dieses Grundmuster der außenpolitischen Lagebeurteilung Adenauers in Rechnung stellt, wird auch seine Deutschland- und Ostpolitik verständlich und dann allerdings auch in sich schlüssig und konsequent. Denn dann mußte das Herzstück seiner Politik und gleichzeitig die Grundvoraussetzung für die angestrebten weiteren Ziele – Friede und Einheit – die feste und unabänderliche Entscheidung für den Westen sein. Die Zielsetzung der sowjetischen Politik gestattete nämlich nach Adenauers Auffassung kurzfristig keine Wiedervereinigung in Freiheit. Chancen sah er nur, wenn durch eine vereinte westliche Politik die Sowjetunion zu einer Änderung ihrer Zielsetzung gezwungen würde. Er sah daher zur Westorientierung keine Alternative, wollte man nicht eine nationalstaatliche Wiedervereinigungspolitik um jeden Preis, auch um den des Verlustes der Freiheit für die Bundesrepublik, betreiben oder auf das Ziel der Wiedervereinigung überhaupt verzichten[508].

Noch eine weitere Überlegung lag dieser Konzeption zugrunde: Eine Wiedervereinigung ohne die Zustimmung der Siegermächte anzustreben, schien ihm aussichtslos[509]. Da die Unterstützung von Seiten der Sowjetunion kurzfristig nicht erreichbar war, mußten zunächst einmal die übrigen Siegermächte gewonnen werden. Damit wurden die Pariser Verträge, das Bündnis des souverän gewordenen freien Teils Deutschlands mit dem Westen und die vertraglich gesicherte Unterstützung der Bündnispartner für eine Wiedervereini-

[508] ADENAUER wies die Annahme nicht von der Hand, daß vor dem Vollzug der Westintegration zum Preis einer Neutralisierung und Diskriminierung Gesamtdeutschlands die Wiedervereinigung evtl. erreichbar gewesen wäre; diesen Preis wollte er aber nicht zahlen, weil das für ihn schon, mittelfristig gesehen, den Verlust der Freiheit dann für alle Deutschen bedeutete. Ein möglicher anderer Weg hätte darin bestanden, Entspannungspolitik durch Anerkennung der Realitäten zu betreiben, um danach politisch mit ihnen zu arbeiten. In ADENAUERS Sicht wäre es keine realistische Politik gewesen, einen verfestigten Status quo zum Ausgangspunkt von späterer Wiedervereinigungspolitik zu machen. Denn er war überzeugt, daß man dadurch der Sowjetunion einen Besitzstand rechtlich legitimierte und sie durch eine solche Politik geradezu ermuntert würde, auf dieser für sie günstigeren Basis ihre Expansions- und Penetrationspolitik verstärkt fortzusetzen.
[509] Vgl. H.-P. SCHWARZ, S. 143, dort auch Einzelbelege aus den Erinnerungen. Vgl. auch A. POPPINGA, S. 42 f.

gungspolitik im deutschen Sinne, notwendiges Erstziel und gleichzeitig Voraussetzung für seine Ost- und Deutschlandpolitik.

Und doch hätte es in der Konsequenz seiner außenpolitischen Lagebeurteilung gelegen, die Bundesrepublik, den bei den gegebenen Machtverhältnissen freigebliebenen Restbestand Deutschlands, als den neuen deutschen Staat zu konstituieren, wenn Adenauer den Status quo als unabänderlich angesehen hätte. Er ging jedoch in seiner Politik von weiteren Fundamentalannahmen aus. Er war nämlich überzeugt von der letztlichen Überlegenheit des geistig-sittlichen Fundaments und des ökonomisch-technischen Potentials des Westens, und er ging langfristig von der These eines Überengagements der sowjetischen Politik aus, das deren Kräfte überfordere. Zwei weitere moralisch-ethische Motive kamen hinzu: Sein Denken und Handeln war auch begründet in Rechtskategorien und nicht zuletzt bestimmt von seinem Patriotismus. Er hielt die Teilung Deutschlands, die aus der Verweigerung des Selbstbestimmungsrechts resultierte, für ein Unrecht, das nicht ohne schwerwiegende Konsequenzen sanktioniert werden dürfe.

Adenauer, dieser seinem eigenen Volk und dessen Vergangenheit gegenüber zutiefst skeptische alte Mann, war dennoch und wohl auch gerade wegen dieses Mißtrauens überzeugt von der Notwendigkeit eines geläuterten und in der westlichen Verankerung gebändigten nationalen Selbstbewußtseins. Er wollte *seinem Vaterland* dienen, und dieses hörte für ihn weder an der Elbe noch in der Rhön auf[510].

In diesem prinzipiellen Rahmen sollte auch das Problem der Periodisierung und die Frage der Kontinuität oder Diskontinuität seiner Außen- wie seiner Deutschland- und Ostpolitik diskutiert werden. Daß man keinesfalls allzu schematisch von einer *rheinischen Phase* 1945–1950, einer *föderalistischen* 1950–1954, einer *atlantischen* 1954–1958/59 und schließlich einer *gaullistischen* Spätphase bis 1963 sprechen kann[511], ist überzeugend nachgewiesen worden[512].

Eine solche Periodisierung dürfe nur dann der tatsächlichen Politik gerecht werden, wenn sie als wechselnde Akzentsetzung aus der stets vorhandenen und beachteten Maxime gemeinschaftsorientierter Außenpolitik des westlichen Bündnisses abgeleitet wird. Es gab für Adenauer keine Alternativen zum und im Bündnis[513]. Allerdings

[510] Vgl. zu ADENAUERS patriotischer Grundeinstellung neuerdings HORST OSTERHELD, Konrad Adenauer. Ein Charakterbild, Bonn 1973, S. 90–93.
[511] Diesen Versuch einer Periodisierung macht W. BESSON.
[512] Vgl. H.-P. SCHWARZ, S. 122.
[513] In dieser Frage liegt m. E. der schwerwiegendste Vorbehalt gegen die Interpretation von B. BANDULET. ADENAUER hat wohl nie in der Kategorie *Alternativen der deutschen Außenpolitik* – so der

war er je nach Situation und politischer Lage bereit und willens, Akzente neu zu setzen. Wenn man die westliche Einheit einmal als ein Kräfteparallelogramm ansieht, so war er bestrebt, das Kräftegleichgewicht, auf dem diese Einheit beruhte, durch stärkere oder abgeschwächte Hinwendung zu diesem oder jenem Partner zu erhalten oder wiederherzustellen. In dieser Grundfrage ist die Adenauersche Politik von geradliniger Kontinuität.

Genauso wie in seiner Westpolitik, kann man in seiner Deutschland- oder Ostpolitik Phasen finden, in denen die Akzente unterschiedlich gesetzt sind. Diese Akzentuierungen hingen davon ab, wie er die faktische Zielsetzung der sowjetischen Politik und den Zustand der westlichen Einheit glaubte einschätzen zu müssen. Bis zur vertraglich abgesicherten Westintegration und bis zur Wiedererlangung der Souveränität, die auch Voraussetzung für einen größeren Handlungsspielraum war, hatte Adenauers Ostpolitik einen primär defensiven Charakter. Seine Deutschland-Politik konzentrierte sich bis dahin darauf, die westlichen Verbündeten auf die Wiederherstellung der deutschen Einheit festzulegen und in der Bundesrepublik eine in seinen Augen gefährliche Selbstüberschätzung niederzuhalten, die in einem neutralen Gesamtdeutschland die Chance einer Brückenfunktion zwischen West und Ost sah. So wollte er ein kurzfristiges sowjetisches Vordringen über die Demarkationslinien verhindern und langfristig einen Damm gegen die Penetration Westeuropas errichten.

Obwohl er nicht ausschloß, daß die sowjetische Politik überraschend und zu jeder Zeit aus aktuellen strategisch-weltpolitischen Gründen zu der Konzession der Wiedervereinigung sich bereit finden könnte[514], kalkulierte er seine Politik in langen Fristen. Seine Skepsis gegenüber vorschnellen Erwartungen, die sowjetische Politik habe oder werde sich kurzfristig ändern, wurde besonders deutlich in den Diskussionen über die Motive und Hintergründe des österreichischen Staatsvertrages, die Gärungen im Ostblock und die personellen Änderungen in der sowjetischen Führung[515]. Man könnte sagen, daß in der politischen Entfaltung der Wertetrias Freiheit, Friede, Einheit bis zur Mitte der fünfziger Jahre der größere Nachdruck auf der Freiheit für die Bundesrepublik lag, während das Problem der Einheit stärker auf die Verbündeten zugeordnet war. Wenn man diese Akzentuierung als Kriterium nimmt, wird man

---

Untertitel der Untersuchung BANDULETS – gedacht, sondern war bestrebt, notwendige Modifikationen bei veränderten Umständen vorzunehmen.

[514] Vgl. A. POPPINGA, S. 167f. und H.-P. SCHWARZ, S. 130f.

[515] Vgl. oben S. 168 und S. 179ff.

für die Deutschland- und Ostpolitik nach 1955, nach dem Vollzug der Westintegration und nach den Erfahrungen auf den Genfer Konferenzen, eine Evolution erkennen können. Diese ist bestimmt von zwei Kennzeichen. Auf der einen Seite versuchte Adenauer Tendenzen im Westen gegenzusteuern, die die Wiedervereinigungsproblematik aus dem Ost-West-Dialog auszuklammern versuchten, um so in Teilbereichen der Abrüstung mit der Sowjetunion zu Übereinkünften zu gelangen[516]. Er sah darin die doppelte Gefahr, daß die Westmächte sich durch diese Hintertür ihren Verpflichtungen aus dem Deutschland-Vertrag entziehen könnten; daß weiterhin auf Kosten deutscher Interessen Lösungen erzielt würden, die die fundamentalen Ost-West-Gegensätze nur temporär überdecken, aber nicht grundsätzlich beseitigen könnten. Hier zeigte sich im übrigen, daß die von Adenauer angenommene Interessenidentität mit den Alliierten in der Frage der Wiedervereinigung zwar stets deklamatorisch von allen betont, in der praktischen Politik aber immer wieder neu durchgesetzt werden mußte. Es war Adenauers beständige Mahnung an die Verbündeten, das deutsche Volk werde sich vom Westen ab- und dem Osten zuwenden, falls es in seinem Wiedervereinigungsanspruch nicht mehr Unterstützung finde[517]. De Gaulle hat dieser Argumentation stets Tribut gezollt, bei den angelsächsischen Mächten fand sie nicht immer Gehör. Das zweite Kennzeichen betrifft Modalitäten der Wiedervereinigungskonzeption. Immer stärker trat neben der Sicherung der Freiheit für die Bundesrepublik das Streben nach mehr Freiheit für die Bevölkerung in der DDR in den Vordergrund. Es wurde zum zwischenzeitlich zu lösenden Kardinalproblem der Wiedervereinigungspolitik. Der Weg, die Freiheit für alle Deutschen zu gewinnen, stand nicht mehr ausschließlich unter der Parole Einheit; die zumindest nach außen bis dahin vertretene These, Freiheit für alle Deutschen sei nur durch Einheit zu erreichen, wurde modifiziert. Dem Ziel Freiheit in Einheit wurde eine Zwischenstufe Freiheit für die Menschen in der DDR vorgeschaltet. Anders ausgedrückt: die sofortige Überwindung des territorialen Status quo war nicht mehr die alleinige Voraussetzung zur Lösung der deutschen Frage; die konkrete Änderung

[516] Vgl. dazu H. BUCHHEIM, Deutschland- und Außenpolitik; BUCHHEIM betont diesen Aspekt so stark, daß der falsche Eindruck entstehen könnte, ADENAUER habe seine Deutschland-Politik nach 1955 stillschweigend revidiert: Das Kardinalproblem habe seither darin bestanden, wie Rückschritte in der deutschen Frage vermieden und wie verhindert werden könne, daß von den Alliierten negative Entscheidungen präjudiziert würden, die direkt oder indirekt zu einer Sanktionierung des Status quo der Teilung geführt hätten. Diese Deutung der ADENAUERSCHEN Politik als Verhinderungsstrategie trifft jedoch nur einen Teilbereich.

[517] Vgl. etwa K. ADENAUER IV, 45 und S. 182.

der politischen Verhältnisse in der DDR blieb aber die Bedingung für ein Arrangement zwischen West und Ost[518].

Genau an diesem Punkt erhebt sich jedoch die Frage: Was bedeutete eigentlich für Adenauer Wiedervereinigung? Bedeutete sie für ihn Wiederherstellung des alten deutschen Reiches, nationalstaatlich abgesteckt durch die Grenzen des Jahres 1937? War es sein Ziel, die zerstückelten Reste des Reiches wieder zusammenzufügen, und war es für ihn eine conditio sine qua non, daß an den verbliebenen Rechtsbeständen des alten Reiches festgehalten würde?

Es dürfte sicher gut sein, bei der Beantwortung dieser Frage zu unterscheiden zwischen der Taktik vor erfolgversprechenden Verhandlungen und strategischem Verhandlungsziel. Adenauer war nicht bereit, aus welchen Gründen auch immer, Rechtspositionen zu räumen, ohne dafür ein Äquivalent zu erhalten. Folglich blieb die offizielle Politik immer auf sogenannte Maximalforderungen, etwa die Formel Wiedervereinigung in den Grenzen von 1937, fixiert. Diese Festlegung bedeutete jedoch nur eine juristische Ausgangsposition für eine politische Lösung. Deren Preis vorher öffentlich bekanntzugeben, ohne mit den Kontrahenten unmittelbar am Verhandlungstisch zu sitzen, hielt er allerdings für wenig sinnvoll. Dies läßt sich am offenkundigsten in der Frage der Gebiete jenseits von Oder und Neiße nachweisen. Adenauer glaubte wohl kaum daran, diese Gebiete wieder für einen deutschen Staat im traditionell-nationalstaatlichen Sinn zurückgewinnen zu können, er hat dies aber nie öffentlich gesagt[519]. Ungleich schwieriger sind Adenauers Vorstellungen über den Status zu eruieren, der dem wiedervereinigten Deutschland zukommen sollte. Solange keine überraschenden Quellenfunde auftauchen, sind diese Vorstellungen wohl eher negativ abgrenzbar als in einem konkreten Zukunftsentwurf faßbar. Eines scheint sicher: Adenauer strebte keine Restauration eines nationalstaatlichen Deutschland an, wie es seit 1871 bestanden hatte. Jede Art eines solchen Nationalismus war ihm fremd. Langfristig gesehen konnte er sich ein wiedervereinigtes Deutschland wohl nur in einem vereinten Europa vorstellen, wobei Adenauer nicht auf eine bestimmte Gestalt oder Form des künftigen Europas festzulegen

---

[518] Dies bedeutet nun keinesfalls, daß ADENAUER das Endziel Wiedervereinigung aufgegeben hätte. ADENAUERS Deutschland-Politik nach 1955 modifizierte ohne Zweifel die Methoden, beharrte jedoch auf dem Ziel. Insoweit ist der Interpretation von THILO VOGELSANG, Deutsche Geschichte seit dem Ersten Weltkrieg (Veröffentlichung des Instituts für Zeitgeschichte, Bd. 2), Stuttgart 1973, S. 585, nicht zuzustimmen, daß ADENAUER *die Ziele und die Methoden der herkömmlichen Wiedervereinigungspolitik* abzubauen trachtete und zuletzt den *inneren Punkt eines Absprungs zur Neuorientierung erreicht zu haben scheint.*

[519] Vgl. oben S. 231.

ist[520]. Adenauers Wiedervereinigungsvorstellungen sind also postnationalstaatlich, ohne daß dadurch das patriotische deutsche Interesse an staatlicher Einheit seinen Wert verloren hätte.

Unter dem Aspekt, daß er die Überwindung der deutschen Teilung nicht nur als ein national begrenztes, als ein rein deutsches Problem betrachtete, sondern als eine europäische Frage, als eine eminent wichtige Bedingung für die Sicherheit und Freiheit Europas, verliert die Diskussion um die Unvereinbarkeit von Westintegration und Wiedervereinigung viel an Schärfe. Diese Diskussion beruht im wesentlichen auf einem Mißverständnis der Adenauerschen »nationalen« Wiedervereinigungsvorstellung. Widersprüche ergeben sich nicht aus etwaigen strukturellen Paradoxien seines Konzepts; sie ergeben sich nur, wenn man von anderen Fundamentalannahmen über die weltpolitischen Entwicklungstendenzen und die daraus resultierenden Konsequenzen für die deutsche bzw. europäische Politik ausgeht, als dies Adenauer getan hat[521].

Im Grunde genommen gab es für Adenauer – läßt man einmal die bei ihm stets mitgedachte Möglichkeit plötzlicher und unvorhersehbarer geschichtlicher Wendungen außer acht – nur eine langfristige Wiedervereinigungspolitik, begründet in der Hoffnung auf eine Änderung der bestehenden Machtkonstellation und in der Zuversicht auf den letztlichen Erfolg geduldig verfolgter Ziele. Konkret bedeutet dies, daß eine Wiedervereinigung nur dann erreichbar sei, wenn die Sowjetunion zu einem strategischen Rückzug aus Deutschland gezwungen sein würde, um auch in ihrem eigenen Selbstverständnis übergeordnete Zielprojektionen verwirklichen zu können. Die Chance eines solchen strategischen Rückzugs für eine Wiedervereinigung auszunützen, ist Adenauers eigentliches politisches Wieder-

---

[520] Vgl. H.-P. Schwarz, S. 146–152.

[521] Die entschiedensten Vorbehalte gegen Adenauers Außenpolitik, die vornehmlich für die Zeit nach 1954/55 von der späteren Forschung erhoben worden sind, lassen sich in zwei Punkten zusammenfassen. Sie erstrecken sich auf das Selbstverständnis des westdeutschen Staates und auf den Bewegungsspielraum bzw. die Bewegungsgrenzen bundesrepublikanischer Außenpolitik in der weltpolitisch vorgegebenen Situation. Das eigentliche Dilemma der von Adenauer geführten westorientierten Außenpolitik wird darin gesehen, daß sie der Bundesrepublik keine vollstaatliche und erst recht keine nationale Identität gegeben habe; der Provisoriumsvorbehalt für die Bundesrepublik habe jede nach innen und nach außen glaubwürdige Politik unmöglich gemacht. So vor allem Arnulf Baring, Die Westdeutsche Außenpolitik in der Ära Adenauer, in: Politische Vierteljahrsschrift, März 1968, S. 45–55. Der zweite Vorbehalt zielt darauf, daß sich ein tiefer Graben zwischen den weltpolitischen Tendenzen und dem subjektiven Verständnis in der Bundesrepublik aufgetan habe. Die Bedeutung der sich schnell wandelnden Welt sei zwar verbal bekundet worden, ohne daß jedoch entsprechende Konsequenzen gezogen worden wären. So vor allem Waldemar Besson, Prinzipienfrage der Westdeutschen Außenpolitik, ebd. S. 28–44. Der Widerspruch zwischen supranationaler Westintegrationspolitik und Wiedervereinigungsanspruch einerseits und das Verharren im nationalen Abseits andererseits seien nur zu lösen gewesen durch die Klärung des Verhältnisses zur DDR und durch die Anerkennung der Grenzen, die der Bundesrepublik nun einmal gesetzt gewesen seien.

vereinigungskonzept. Dieses Konzept beruhte auf zwei Grundannahmen: daß die Sowjetunion in einen über kurz oder lang eintretenden Zielkonflikt zwischen Aufrüstung und Hebung des Lebensstandards der eigenen Bevölkerung geraten würde und daß sie weiterhin über kurz oder lang in eine machtpolitische Auseinandersetzung mit China gezwungen würde. Die Lösung aller dieser Probleme ohne jeden Abstrich würde das Potential der Sowjetunion übersteigen. Daher müßte sie, um ihr Überengagement auf ein durchführbares Maß zu reduzieren, neue Prioritäten setzen, die zwangsläufig der Abwehr der machtpolitischen Bedrohung und der inneren Stabilität Vorrang vor expansiven Zielen im Westen geben würden[522].

Es war das Ziel der Adenauerschen Außenpolitik, über ein einiges Europa und eine starke atlantische Allianz die Sowjetunion zu der Einsicht zu bringen, daß eine Penetration Westeuropas nicht realisierbar und daß folglich eine Revision der bisherigen Politik unumgänglich sei. Erst danach könnte ein wirklicher Ausgleich zwischen Ost und West gefunden werden. Dies verstand Adenauer unter dem oft mißverstandenen Begriff der »Politik der Stärke«, die eine Vorbedingung für ein späteres Arrangement war.

Das Problem der Interdependenz von Innen- und Außenpolitik, insbesondere der Einfluß innenpolitischer Kräftekonstellationen auf die Deutschland- und Ostpolitik Adenauers, soll hier nur knapp angerissen werden[523]. Zunächst ist festzustellen, daß das Postulat der Wiedervereinigung von der überwiegenden Mehrheit der Bevölkerung erhoben und daß Adenauers Politik von weiten Teilen der Wähler gebilligt wurde.

Die Auseinandersetzung um Konzeptionen und Methoden hat ohne Zweifel in der Zeit vor 1955 und später für den Übergang zur Nach-Adenauer-Ära eine größere Rolle gespielt. Innerhalb der CDU/CSU und der Regierung gab es zumindest 1957 bis 1961 keine ernsthaften Auseinandersetzungen, da die Deutschland- und Ostpolitik als in starkem Maße vom Kanzler festgelegt galt[524] und die

---

[522] Die knappste, aber beste Zusammenfassung dieser langfristigen Politik und der Erwartungen ADENAUERS hinsichtlich der Entwicklung der Sowjetunion findet sich – neben der Darstellung bei A. POPPINGA, S. 43 ff. und abgesehen von den Memoiren ADENAUERS – in seiner Rede auf dem CDU-Parteitag 1966 und in seinem Diskussionsbeitrag während einer Plenarsitzung. Vgl. 14. CDU-BUNDES-PARTEITAG, S. 31–42 und S. 170–176. Obwohl ADENAUER sich dagegen verwahrte, haben diese Beiträge eine Art testamentarischen Charakter. Es war das letzte Mal, daß er als Parteivorsitzender sprach.

[523] Für die Zeit vor 1955 ist diese Problematik ein Zentralthema der Arbeit A. BARINGS, für die Zeit seit 1962 finden sich einige Bemerkungen in dem Aufsatz von A. BARING, Westdeutsche Außenpolitik. Eine gründliche Untersuchung fehlt jedoch.

[524] Vgl. dazu ARNOLD J. HEIDENHEIMER, Adenauer and the CDU, Den Haag 1960, besonders S. 221–229.

entscheidenden neuen Überlegungen in einem engen Kreis um Adenauer angestellt und öffentlich überhaupt nicht bekannt wurden[525]. Nach der Bundestagswahl 1961 zeigten sich jedoch intern bereits Ansätze für die später öffentlichen Auseinandersetzungen der verschiedenen Führungsgruppierungen. Seit Ende 1962 und besonders in den Auseinandersetzungen um den deutsch-französischen Vertrag wurde deutlich, daß der Kanzler auf Zeit nicht mehr die überragende Autorität besaß, divergierende außenpolitische Richtungen verbindlich zu koordinieren[526]. Das Ausmaß des Autoritätsverlustes zeigte sich vor allem im Rücktrittsjahr 1963, als Adenauer sich nicht mehr in der Lage sah, auf das Angebot Chruschtschows für ein direktes Gespräch einzugehen, weil das innenpolitisch sofort als Trick zur Machtverlängerung mißdeutet worden wäre.

Entschieden bedeutsamer dürften sich die Vorstöße, Pläne und Überlegungen ausgewirkt haben, die von den übrigen Parteien und von anderen gesellschaftlichen Gruppen unternommen worden sind. Adenauer argwöhnte sowohl bei der SPD wie bei der FDP stets Tendenzen, die dem nationalen Wiedervereinigungsinteresse Vorrang vor der Westintegration und damit der Sicherung der Freiheit im westlichen Bündnis zu geben bereit wären[527]. Darüber hinaus mußte er zwangsläufig mit deren natürlich öffentlich vorgebrachten Alternativ-Überlegungen in Konflikt geraten. Denn der von Adenauer erstrebte Dialog mit der Sowjetunion war im Grunde auf Geheimdiplomatie angelegt; ihm kommte es nur schaden, wenn der Eindruck entstand, daß nicht die überwiegende Mehrheit des deutschen Volkes hinter den offiziellen Forderungen stand und wenn mögliche Konzessionen öffentlich diskutiert wurden[528].

Noch völlig unerforscht ist die Rücksichtnahme auf im traditionellen Sinn nationalstaatlich orientierte Wählerschichten[529]. Daß Adenauer auf solche Strömungen Rücksicht genommen hat, scheint selbstverständlich. Es ist sogar wahrscheinlich, daß einzelne Initiativen dieser Rücksichtnahme zum Opfer fielen; es dürfte mit ein Grund für das Fallenlassen des Gewaltverzichtsangebotes an die

---

[525] Vgl. meine Bemerkungen in: ADENAUER-STUDIEN III, S. 131 f., dort auch Literaturhinweise. Eine Analyse des politischen Entscheidungsprozesses unter ADENAUER, zumindest für die Zeit nach 1955, ist bisher noch nicht erschienen.

[526] Vgl. dazu B. BANDULET, S. 183–212 und A. BARING, Westdeutsche Außenpolitik, S. 50 ff.

[527] Dies gilt etwa für die von der FDP 1956 entwickelten Vorstellungen, vgl. K. ADENAUER III, S. 63–108, wie für den »Deutschland-Plan« der SPD 1959.

[528] Vgl. etwa die Reaktion auf die öffentlich gemachten Vorschläge einer »Österreich-Lösung« für die DDR, oben S. 208. Dies ist auch mit ein Grund, daß der Eindruck einer starren und phantasielosen Deutschland-Politik entstehen konnte.

[529] Einige Bemerkungen finden sich bei H.-P. SCHWARZ, S. 144 f.

283

CSSR und an Polen im Sommer 1959 gewesen sein, daß die Vertriebenenverbände Bedenken erhoben[530]. Andererseits ist es unwahrscheinlich, daß Adenauer sich in grundsätzlichen Fragen von solchen Erwägungen leiten ließ. Die Neuansätze und unkonventionellen Vorstellungen seiner Deutschlandpolitik, die keinesfalls gängigen Stereotypen entsprachen, geben dafür Anschauungsmaterial. Auch die Bemerkung gegenüber dem sowjetischen Botschafter Smirnow, er solle von dem Vorschlag einer Österreich-Lösung für die DDR öffentlich nichts verlauten lassen, da er, Adenauer, ansonsten Gefahr laufe, dafür von seinen eigenen Leuten gesteinigt zu werden, legt dies nahe[531].

Schließlich spricht einiges für die Annahme, daß Adenauer trotz aller harten Konfrontation mit der SPD, und obwohl er die Westintegration gegen sie vollzogen hatte, erwog, im Falle eines Arrangements mit der Sowjetunion ein Kabinett unter Einschluß der Opposition zu bilden. Er wollte die unvermeidlichen Konzessionen von allen demokratischen Parteien mitgetragen wissen. Dies scheint mit ein Grund für die Fühlungnahme über eine Große Koalition 1961 und 1962 gewesen zu sein[532].

Obwohl Adenauers Deutschland- und Ostpolitik der Zeit 1955–1963 eine *nur in Umrissen zu erahnende Arkanpolitik*[533] bleibt, zeichnen sich inzwischen die Konturen deutlicher ab. Die Vorstellung einer phantasielos-starren, auf juristische Formalien fixierten und auf Negation beschränkten Deutschland-Politik Adenauers war und ist ein Zerrbild. Nur ist davor zu warnen, seine Politik nun in ein strenges System zu konzeptualisieren und nur die politischen Alternativpläne zum Dreh- und Angelpunkt einer neuen Bewertung zu machen[534]. Auch damit würde man seiner Politik nicht gerecht. Sie fußte nicht auf einem starren Konzept, sondern versuchte verschiedene, dem Fluß der Ereignisse angepaßte Möglichkeiten bereit zu halten und in die Politik einzuführen. Einer

[530] Vgl. S. 234 f.

[531] Vgl. K. ADENAUER III, S. 378. Der reale Kern dieser Bemerkung wird nicht dadurch geringer, daß sie auch die diplomatische Funktion hatte, den Vorschlag für die Sowjetunion noch interessanter zu machen.

[532] Vgl. auch schon die Aufzeichnungen H. KRONES im Umkreis des Berlin-Ultimatums 1958/59, ADENAUER-STUDIEN III, S. 147 f. Nach Aussage von Herrn Bundesminister a. D. Dr. HEINRICH KRONE war ADENAUER der festen Absicht, eine große Koalition einzugehen, sobald ein solches Arrangement in die Nähe der Verwirklichung rücken sollte.

[533] So H.-P. SCHWARZ, S. 140.

[534] Manche Untersuchungen verfallen allzu leicht dem Fehler, Politik nur am Vorhandensein oder Fehlen von Plänen und Alternativkonzepten zu messen, wobei für gewöhnlich davon ausgegangen wird, daß das öffentlich Bekanntgewordene die ganze Wirklichkeit deckt. Dies trifft besonders für die Untersuchung von W. STÜTZLE zu, der sich zudem noch zu dem apodiktischen Satz verleiten ließ: *Es ist wohl kein Zufall, daß es niemals einen Adenauer-Plan zur Wiedervereinigung Deutschlands gegeben hat.* Vgl. S. 245.

seiner Mitarbeiter fand dafür das Bild, Adenauer habe immer mehrere Pferde laufen lassen und erst auf der Zielgeraden auf ein bestimmtes gesetzt (H. Osterheld). Man könnte die gesamte Deutschland- und Ostpolitik Adenauers auf den gemeinsamen Nenner bringen, daß alle Vorstöße, Pläne und Angebote Versuche waren, im sowjetischen Blick irgendwelche Risse zu entdecken. Adenauer fand keine genügend großen, und doch blieb er überzeugt, daß sich solche Risse langfristig zeigen würden.

Adenauers Deutschland-Politik hat ihre Ziele nicht erreicht und die Konzeption überlebte die Kanzlerschaft ihres Schöpfers nur kurze Zeit. Die Sowjetunion war nicht aus der DDR zu verdrängen, der Dialog über ein Arrangement kam nicht über Ansätze hinaus, eine Humanisierung der Lebensverhältnisse in der DDR blieb unerreicht.

Es stellt sich die Frage, ob das nicht an inneren Widersprüchen in den Voraussetzungen seiner Wiedervereinigungspolitik lag. Diese basierte – was den Westen anging – im wesentlichen auf folgenden drei Hypothesen: Auf der Annahme, daß das Ziel nur durch eine langfristige Politik erreichbar sei; auf dem Vertrauen, daß das deutsche Volk geschlossen in seinem Wiedervereinigungswillen durchhalten werde; und auf der Zuversicht, daß das Ziel der Wiedervereinigung mit den Interessen der europäischen Verbündeten und denen der USA identisch sei und Grundlage der praktischen Politik bleibe. Adenauer war sich der Brüchigkeit seiner Annahmen durchaus bewußt. Eine seiner ständigen Befürchtungen war, daß die Außenpolitik demokratisch verfaßter Staaten der von Diktaturen unterliegen müsse, da Diktaturen viel eher in der Lage seien, Ziele langfristig und unbeirrt anzustreben[535]. Seine Hoffnung auf den Durchhaltewillen des deutschen Volkes korrespondierte mit einer tiefen Skepsis über dessen politisch-historische Gebrochenheit[536]. Die These von der objektiv vorgegebenen Interessenidentität mit den Verbündeten hinderte nicht seinen *cauchemar de renversement des alliances* und die Befürchtung, daß die Eigeninteressen der Supermächte über die der kleineren Staaten hinweggehen könnten[537].

Ensprachen seine Befürchtungen eher der Wirklichkeit als seine Hoffnungen? Blieb seiner Wiedervereinigungspolitik der Erfolg versagt, weil im Laufe der Zeit die Voraussetzungen für den Erfolg schwanden: die feste westliche Politik des ersten Jahrzehnts und das Durchstehvermögen des eigenen Volkes?

[535] Vgl. A. POPPINGA, S. 57f.
[536] Vgl. H. OSTERHELD, S. 91 und A. POPPINGA, S. 216f.
[537] Vgl. insbesondere seine Madrider Rede vom 16. Februar 1967, abgedruckt bei K. ADENAUER IV, S. 238–246, sowie A. POPPINGA passim.

Adenauer selbst blieb bis zu seinem Tode von der Tragfähigkeit seiner Annahmen überzeugt; das Risiko des Scheiterns sei zwar gegeben, die Chancen bei beharrlichem Bemühen jedoch größer. Diese Hoffnung beruhte auf einer prinzipiellen Grundhaltung Adenauers, nicht nur im Bereich der Politik, sondern in seinem ganzen Wesen: einmal gefaßte Ziele mit zäher, unerschöpflicher Geduld und mutigem Selbstvertrauen anzustreben. Bei seiner Abschiedsrede als Parteivorsitzender hat er dieses für ihn charakteristische Prinzip so formuliert: [...] *Unsere Arbeit ist noch nicht getan. Wir müssen weiterarbeiten, so wie bisher, stetig, das gleiche Ziel verfolgend, nicht wankend und mit großer Geduld. Denn Geduld bleibt die stärkste Waffe des Besiegten – und wir sind immer noch ein besiegtes Volk*[538].

---

[538] Vgl. 14. CDU-PARTEITAG, S. 38.

Register

Acheson, Dean 103, 162, 242f.
Adenauer, Paul 32
Albers, Johannes 41, 46f.
Altmeier, Peter 68
Amelunxen, Rudolf 51, 54
Arnal, Pierre 43f., 55
Arnold, Karl 33, 40, 46f., 49, 54, 59, 68, 82ff., 92
Augstein, Rudolf 98

Bach, Franz Josef 162, 209, 211
Bandulet, Bruno 23, 27, 127, 157, 163, 166, 168, 177, 206f., 209, 220, 236, 241, 243f., 246, 248, 250f., 255, 257ff., 264, 266–271, 283
Baring, Arnulf 30, 42, 62, 88, 98, 120, 156, 161, 165, 281ff.
Baumgarten, Eduard 106
Bebber, Ärztin 30
Behr, Hermann 70
Beitz, Berthold 184
Berberich, Walter 43f.
Besson, Waldemar 23, 27, 34, 82, 99, 100, 120f., 127, 151, 157, 177, 251, 277, 281
Bidault, Georges 103
Bischoff, österr. Botschafter 213
Bismarck, Otto von 31, 33, 115, 118
Blankenhorn, Herbert 81, 93
Blücher, Franz 73
Blum, Hans 16, 42
Böckler, Hans 41
Bollig, Joseph 38
Bracher, Karl Dietrich 156
Brandt, Willy 63, 74, 154, 238f., 262–265, 269
Braun, Otto 15
Brentano, Heinrich von 80f., 83, 195, 209, 219, 222ff., 237, 249, 269, 271
Brentano, Lujo 10
Bruce, David K. E. 234
Brüning, Heinrich 33, 132
Buchheim, Hans 21, 23, 25, 27, 33, 159, 173, 184f., 187, 209, 214, 224, 279
Buchheim, Karl 55
Bulganin, Nikolai 25, 197, 201f., 205

Carr, E. H. 139
Carstens, Karl 261f.
Chapeaurouge, de, Abgeordneter 64
Chruschtschow, Nikita Sergejewitsch 25f., 175, 181, 212f., 215, 219ff., 233–236, 238–241, 243, 246, 248, 251–257, 259, 261, 264–268, 272, 283
Churchill, Sir Winston 53, 104, 147
Clay, Lucius Dubignon 69f., 82, 246
Conze, Werner 44, 55, 100, 141
Cornides, Wilhelm 253
Couve de Murville, Maurice 179
Czempiel, Ernst-Otto 194

Dehler, Thomas 207
Deuerlein, Ernst 100
Diederichs, Georg 67
Dohrn, Klaus 239
Donner, Oberstleutnant 48
Dowling, amerik. Botschafter 261
Dreher, Klaus 39, 42, 48f.
Dulles, Allan 177, 191
Dulles, John Foster 24, 27f., 97, 121f., 136f., 162f., 168–172, 174f., 177f., 191, 195, 198, 209, 214, 216ff., 220, 233, 237, 243, 264

Eckardt, Felix von 103, 130, 132, 134f., 183, 190f., 194f., 205, 210, 216f., 219, 221f., 235
Eden, Anthony 103, 110, 121, 135, 171, 186
Edinger, Lewis 80
Ehard, Hans 68, 85f., 90
Ehlert, Nikolaus 212f., 236, 251
Eichendorff, Joseph 30
Eisenhower, Dwight D. 113, 165, 168, 171, 200ff., 218f., 221f., 242
Erdmann, Karl Dietrich 11, 13–16, 18, 42, 98, 102f., 105f., 148
Erdmenger, Klaus 23
Erhard, Ludwig 28, 35, 57, 68, 93, 265, 271
Erzberger, Matthias 85
Eschenburg, Theodor 94, 153
Etzel, Franz 47

Faure, Maurice 199
Fechter, Peter 264
Figl, Leopold 176
Flanders, Senator 191
Först, Walter 45, 51, 54, 56, 82f.
François-Poncet, André 90
Franken, Änne 46
Friedrich II., der Große 31
Fromme, Friedrich Karl 59

Gablentz, Otto Heinrich von der 54
Gaitskell, Hugh Todd 133
Gaulle, Charles de 20, 27, 30, 103f., 112–115, 121ff., 136, 138, 148, 150f., 200, 216, 220ff., 233, 237, 242ff., 247ff., 252f., 258ff., 262–265, 267f., 272f., 279
Gaus, Günter 34
Gelsner, Kurt 62
Gerstenmaier, Eugen 158, 161f., 220, 253
Geyer, Dietrich 167
Gimbel, John 69, 82
Globke, Hans 157, 202, 206f., 209, 211, 224f., 227f., 230–234, 236, 238f., 244, 246, 251, 254f., 257, 259, 261, 263, 267, 271
Görlinger, Robert 41
Gotto, Klaus 157, 222

287

Grewe, Wilhelm 246f., 249
Gromyko, Andrej 213, 215, 238f., 248, 253
Gronchi, Giovanni 238
Gumbel, Staatssekretär 157
Gumppenberg, Freiherr von 46f.
Güttsches, Arnold 16, 42

Hallstein, Walter 27, 123, 130, 135, 144
Hammarskjöld, Dag 194
Hanrieder, Wolfram F. 156
Harriman, William Averell 269, 271
Hartrich, Erwin 82
Hase, Karl-Günther von 233, 256f.
Hausenstein, Wilhelm 30ff., 175
Hearst, William R. 209
Hegel, Georg Wilhelm Friedrich 21
Heidenheimer, Arnold J. 30, 40, 48ff., 54, 56, 81f., 282
Heine, Heinrich 30
Heinemann, Gustav 207
Hensel, Walther 40f., 46
Hermes, Andreas 41, 48
Hermes, Anna 48, 50
Herter, Christian A. 221f.
Herwegen, Abt Ildefons 32
Heuss, Theodor 28, 30, 67f., 70, 76, 82, 89f., 94f., 222
Hilty, Carl 11
Hindenburg, Paul von Beneckendorff u. H. 17
Hitler, Adolf 114, 116, 205
Hocevas, Rolf H. 9
Hoegner, Wilhelm 44
Holsti, K. J. 107
Holzapfel 48
Höpker-Aschoff, Hermann 71
Horkheimer, Max 11
Humphrey, Hubert H. 133, 191
Hüttenberger, Peter 48, 64

Jacobsen, Hans-Adolf 211
Jansen, Thomas 156
Jarres, Karl 15
Jaspers, Karl 145, 211
Joest, von 47
Johnson, Lyndon B. 133
Joos, Josef 71

Kaiser, Jakob 33, 44, 55, 73, 88, 141, 161
Kannengießer, Josef 48f.
Katz 77
Kaufmann, Theophil 66
Kausen, Justizrat 11
Kennan, George F. 78
Kennedy, John F. 27f., 103f., 113, 133, 184, 233, 241ff., 246–249, 253, 261ff., 267, 269
Kingsley-Martin, Journalist 192
Kissinger, Henry 143, 243
Kleindinst, Josef Ferdinand 64, 78, 80
Knowland, Senator 191
Koenig, Pierre 69, 71

Kopf, Hinrich Wilhelm 68
Kreisky, Bruno 238f., 260, 265
Krekeler, Botschafter 177
Kroll, Hans 26, 134, 136, 145, 209, 212f., 215, 233, 235–238, 240f., 251f., 253ff., 260, 266f.
Krone, Heinrich 157, 162, 166, 169f., 176, 183, 189, 198–202, 207, 210f., 213, 216, 218f., 220f., 223–226, 231–234, 236–245, 247ff., 254f., 257–263, 265ff., 269–272, 284

Laforet 85, 88
Lammers, Clemens 57
Landmann, Georg Peter 102
Lange, Erhard 59
Lehr, Robert 51
Leisewitz 64, 68, 71, 74ff., 83f.
Lemmer, Ernst 44, 103, 244
Lendvai, Paul 238f.
Lenin, Wladimir Iljitsch 181
Ley, Richard 59
Lippmann, Walter 213
Löbe, Paul 95
Löwenthal, Richard 63, 74
Luce, Henry 239

Macmillan, Harold 103, 113, 124, 134f., 200, 216, 218–222, 233f., 239, 244, 247ff., 263
Mahncke, Dieter 192f., 263
Maier, Hans 9, 200, 211
Malenkow, Georgi Maximilianowitsch 129, 180
Maleter, Pal 212
Mann, Golo 211, 275
Mansfield, Senator 191
Marx, Karl 21
McCloy, John Jay 142, 237, 246
McNamara, Joseph T. 270f.
Medefind, Heinz 87
Meissner, Boris 233
Mende, Dietrich 253
Mende, Dirk 90
Mende, Erich 116, 253, 269
Mendes-France, Pierre 113, 121
Menzel, Walter 70f., 74, 76, 82, 85
Merkl, Peter H. 69f., 73f., 76, 78, 82
Mikojan, Anastas 203, 205f., 209, 212
Molitor, Jan 66, 76, 86, 95
Mollet, Guy 110, 186
Molotow, Wjatscheslaw 131
Morsey, Rudolf 11f., 15, 39, 42, 46, 57, 59, 86, 156f., 200
Müller, Josef 33

Nagy, Imre 212
Nehru, Jawaharlal 109, 180f., 194
Nerlich, Uwe 107
Neumann, Erich P. 31, 58
Nicolson, Harold 17
Nixon, Richard M. 242
Noack, Paul 157
Noelle, Elisabeth 31, 58

Ollenhauer, Erich 70, 74, 77, 116
Osterheld, Horst 157, 162, 232, 255, 277, 285
Otto, Volker 58f., 70, 76, 95

Pfeiffer, Anton 61f., 71, 77f., 85, 90
Pferdmenges, Robert 47
Pikart, Eberhard 64, 73, 82, 89f.
Planck, Charles R. 133, 171, 186ff., 191
Poincaré, Raymond 16
Poppinga, Anneliese 10, 28, 30, 33, 101ff., 106, 157, 162, 179ff., 255, 274, 282, 285
Pünder, Hermann 39f., 69, 84, 89f., 92ff., 103
Purwin, Hilde 240

Rapacki, Adam 130, 133, 135, 184, 201, 221
Reimann, Max 63, 66
Renner, Heinz 65ff.
Repgen, Konrad 156f., 200
Reston, James 200
Reuter, Ernst 63, 74
Ritschel, Karl Heinz 238
Ritter, Waldemar 82
Robertson, Brian Hubert 69, 83
Rodens, Franz 50
Rott 46
Rusk, Dean 247f., 270

Schäfer, Erich 70
Schäffer, Hans 77
Schaeven, Peter Josef 39, 49
Scharmitzel, Theodor 42
Scharnagl 46
Schlange-Schöningen, Hans 48, 50
Schlegel, F. 29
Schlesinger, Arthur M. 103
Schlüter-Hermkes, Maria 42
Schmid, Carlo 70, 73, 78, 82, 92
Schmid, Karl 61, 68, 70ff., 77f., 80
Schmidt, Otto 40, 47, 49, 52
Schmittmann, Benedikt 12
Schönfelder, Adolph 60, 63, 65
Schreiber, Hans 49
Schröder, Gerhard 237, 249f., 262, 265, 269, 271
Schubert, Klaus von 88, 156
Schulz, Gerhard 52ff., 56, 93
Schumacher, Kurt 21, 27, 29, 34f., 51, 53, 56, 58, 60, 74f., 78ff., 82, 84, 93ff., 116
Schuman, Robert 21, 69, 123, 149
Schwarz, Hans-Peter 18, 20, 33, 42, 44f., 55, 57, 69, 97f., 141, 147, 156ff., 161f., 165f., 179, 181, 183, 187, 190, 207, 209, 275ff., 281, 283f.
Schwarz, Jürgen 151
Schwend, Karl 68
Schwering, Ernst 42, 46
Schwering, Leo 38–42, 46–50, 52, 54, 56
Seebohm, Hans-Christoph 65, 67
Seiffert, österr. Presseattaché 176
Severing, Carl 41

Siegler, Heinrich von 221, 233, 240, 244, 249
Skalnik, Kurt 168
Smirnow, Andrej 184, 197f., 202–206, 208f., 212f., 215, 233, 235, 240f., 250ff., 255–260, 266f., 284
Sorensen, Theodore C. 103
Sorin, Valerian 195
Spaak, Paul Henri 103, 117, 166
Stalin, Jossif Wissarionowitsch 22, 25, 128, 130, 140, 142, 170, 180f.
Steel, brit. Botschafter 219
Stegerwald, Adam 55
Stehkämper, Hugo 16f., 38
Stikker, Dirk 103, 113
Stinnes, Hugo 16
Stock, Christian 67f.
Strauß, Franz Josef 61, 83
Strauss, Walter 77f., 80, 94
Stresemann, Gustav 15f., 43
Strunk 46f.
Studnitz, Hans-Georg von 115
Stützle, Walter 241–244, 246–253, 260, 262, 284
Suhr, Otto 75
Süsterhenn, Adolf 75

Talleyrand, Charles Maurice 9
Teusch, Christine 46f.
Thompson, amerik. Botschafter 248, 253
Thukydides 102
Tirard, Präsident der Hohen Interalliierten Rheinlandkommission 15
Trossmann 93

Uhl, Bernd 56

Vockel, Heinrich 48, 244
Vogelsang, Thilo 63, 280

Wagner, Wolfgang 253
Wandersleb, Hermann 82f., 93
Warsch, Wilhelm 39, 48
Weber, Max 106
Weidenfeld, W. 222
Weihnacht, Paul Ludwig 9
Weingartner, Thomas 166, 201
Weinzierl, Erika 168
Weitz, Oberbürgermeister von Duisburg 18
Wenger, Paul Wilhelm 79f., 211
Wettig, Gerhard 88, 98, 156
Weymar, Paul 10f., 17, 28, 41f., 50, 52, 56, 61, 67, 69f., 81f., 93f.
Wieck, Hans Georg 40, 44
Wirth, Joseph 33
Wolff, Georg 99, 117
Wucher, Albert 70, 82

Ziebura, Gilbert 151, 241f., 263
Zimmermann, Generalsekretär 50

ADENAUER-STUDIEN

Herausgegeben von Rudolf Morsey und Konrad Repgen

Adenauer-Studien I

Mit Beiträgen von Hans Maier, Rudolf Morsey, Eberhard Pikart und Hans-Peter Schwarz
IX und 115 Seiten. Leinen 22,– DM

Man merkt, daß die Verfasser dieses Eröffnungsbandes der „Adenauer-Studien" alle auf ihren Gegenstand wohlwollend eingestimmt sind. Aber es wäre verfehlt, wenn man deshalb annehmen wollte, Verehrung hätte ihren Blick getrübt.
Die Zeit

Adenauer-Studien II

Wolfgang Wagner

Die Bundespräsidentenwahl 1959

IX und 99 Seiten. Leinen. 22,– DM

Zwei Punkte verdienen nach der Lektüre des Buches besonders festgehalten zu werden. Einmal ist es überraschend, in welchem Grade es dem Verfasser gelang, die Ereignisse kurz nach einem derartig komplexen politischen Vorgang zu rekonstruieren. Zum anderen zeigt sich deutlich, daß die CDU/CSU-Fraktion die Präsidentenfrage zwar im Einvernehmen mit Bundeskanzler Adenauer entscheiden wollte, daß aber schon zu dieser Zeit seine Autorität nicht mehr so weit ging, daß sie seine Beschlüsse unbesehen und widerspruchslos akzeptierte.
Stuttgarter Zeitung

Adenauer-Studien III

Zur Biographie und zur Ostpolitik

Mit Beiträgen von Klaus Gotto, Heinrich Krone, Hans Georg Lehmann, Rudolf Morsey, Jürgen Schwarz, Wolfgang Stump und Werner Weidenfeld
VIII und 274 Seiten. Leinen. 34.– DM

Im Unterschied zur populären Vorstellung von der Außenpolitik Adenauers, die sich bezeichnen ließe durch die Stichworte Nato, europäische Einigung, Aussöhnung mit Frankreich und „starres Festhalten" der Rechtstitel in der Deutschland-Frage, gab es seit 1955 auch eine Ostpolitik Adenauers. Die Memoiren-Literatur hat in den letzten Jahren die Umrisse dieser Ostpolitik Konrad Adenauers erkennen lassen. Doch ein zentrales Stück, der sogenannte „Globke-Plan", und Adenauers Versuche, ihn in die Ost-West-Politik der Verbündeten und Chruschtschows einzubringen, werden erst jetzt bekannt.
Frankfurter Allgemeine Zeitung

Die Adenauer-Studien werden fortgesetzt. Sie sind in der Reihe „Veröffentlichungen der Kommission für Zeitgeschichte" erschienen, von der über 35 Bände vorliegen. Bitte verlangen Sie unseren Sonderprospekt!

Matthias-Grünewald-Verlag,   65 Mainz,   Postfach 30 80

dtv Augenzeugenberichte

Jeder Band dieser Reihe läßt durch die Form der authentischen Dokumentensammlung große Ereignisse und Epochen der Weltgeschichte zur unmittelbaren Gegenwart werden.

Die Kreuzzüge
Hrsg.: Régine Pernoud
763

Die Reformation
Hrsg.: Helmar Junghans
887

Der Dreißigjährige Krieg
Hrsg.: Hans Jessen
781

Die Amerikanische Revolution
Hrsg.: Willi Paul Adams
Originalausgabe
1054

Der Amerikanische Bürgerkrieg
Hrsg.: Victor Austin
964

Die Befreiungskriege
Eine Dokumentation der Feldzüge der Jahre 1813–15 gegen Napoleon
Hrsg.: Eckart Kleßmann
912

Die Deutsche Revolution 1848/49
Hrsg.: Hans Jessen
927

Der Spanische Bürgerkrieg
Hrsg.: Hans-Christian Kirsch
796

Der Aufstieg der NSDAP
Hrsg.: Ernst Deuerlein
1040

Der Kampf um Berlin 1945
Hrsg.: Peter Gosztony
1088